殷虛文字丙編選讀

朱歧祥 著

臺灣 學生書局 印行

序

1899 年（清光緒廿五年）河南安陽小屯村靠近洹水南岸出土甲骨。甲骨經過作為「龍骨」的中藥用途，繼而引起古董商販的興趣，被介定為三代的古物，最終才落到北京、天津的讀書人之手，開始純學術的研究。

甲骨文的發現，據傳最早是因北京國子監祭酒王懿榮患病，在北京宣武門外菜市口的達仁堂購得的藥包中發現「龍骨」版上有字。但這一美好傳說是否真確，迄今仍是歷史之謎。我曾訪遊北京的菜市口，查無達仁堂。據中藥店用藥的習慣，「龍骨」作為用藥藥引，一般會先經舂搗碎裂，甚至成粉末，才混進藥包之中。當年好學的王懿榮因好奇打開藥包，看到的該是一粒粒的龍骨粉，而並非是整塊的龍骨版。因此，他不可能發現龍骨版上的文字。此其一。據羅振玉早年的調查記錄，藥商收購安陽的「龍骨」，有字的骨頭是不要的。農民通常會先將骨版上的文字剔除。如此說屬實，王懿榮也沒有機會看到有字的龍骨。此其二。但不管如何，王懿榮是最早發現甲骨文的其中一人，應是沒有問題的。而挖掘甲骨之首功，自應歸諸殷墟的農民。

甲骨在清末劉鶚、羅振玉等的積極搜購和無私的拓印流布，抱殘守缺齋和貞松堂本甲骨譽滿學林，讓甲骨文經歷三千載的埋沒，重為世人知曉。又因緣際遇，得清末國學大師孫詒讓比核金文，開創體例，窮兩月之力完成首部研究甲骨文的範例《契文舉例》。民國初年，甲骨四堂羅（振玉）、王（國維）、董（作賓）、郭（沫若）承絕學，落實「科學整理國故」，羅振玉首倡「由《說文》推金文、由金文推甲骨」的研究方法，王國維繼而在清華國學院「古史新證」一課中提出「二重證據法」，董作賓通過大龜四版的發現，開創十個斷代分期的標準，最後是郭沫若應用甲骨研究上古社會形態。四堂的業績，成就了近百年顯學的甲骨學。

甲骨文是刻、寫在龜甲獸骨上的文字。目前經考古發掘，主要有殷甲骨和周甲骨。殷甲骨一般見於河南安陽小屯村的殷墟，是盤庚遷殷以迄帝辛（商紂）滅亡的一段 273 年的殷人記錄，迄今已經挖出超過十萬片的有字甲骨。山東濟南大辛莊亦出土少量殷甲骨。周甲骨見於陝西岐山的周原和周公廟，是早周周人的文字記錄，其中亦可能混雜有晚商殷王室的甲骨。

甲骨文大部分是占卜詢問鬼神的卜辭，亦偶有記事刻辭，如外族貢龜和殷史官

收納甲骨的簽署、用龜的記錄等是。殷墟所見卜辭，包括王卜辭和非王卜辭，王卜辭是殷王室直系占卜的卜辭，非王卜辭是殷王旁系庶出的血親貴族卜辭，日人貝塚茂樹有稱為多子族卜辭，如近出的殷墟花園莊東地甲骨是，也涵蓋有少量附庸部族的卜辭。殷王室和非王的貴族都具有獨立占卜和祭祖問神祇的權力，然而，祭拜上帝和自然神仍是屬於殷王的特權。

有關殷商的占卜集團，董作賓首創五期斷代的縱線分王研究，陳夢家就貞人提出卜人群組的系聯，一縱一橫，各執一偏。其後，李學勤將甲骨的貞人組類理解為村南、村北二系並行發展，但恐不可靠。林澐又提倡只有字形是絕對的斷代標準，也是不正確的。目前判斷甲骨時限的方法，仍應以董作賓五期斷代為基礎，配合陳夢家貞人群組大類的區隔，期中分組，最為實用可靠。

甲骨整治的流程，最初是經由甲骨裁切、鑽鑿而歸檔；當用甲骨占問時，卜人會先選取特定數量的甲骨，燒炙反面的若干鑽鑿，而在正面受熱爆裂成兆。不同時期見有不同的鑽鑿形狀和兆的組合。殷人問卜，往往是成組多次的炙龜，遂在甲骨的正面處弄出許多裂紋：「卜兆」，其後殷人有在相關卜兆的坼紋上標示問卜的先後次序數字，稱為「兆序」，而在其中的某少數特定兆坼紋下刻寫認同該兆否的簡單語詞：「兆語」。「卜兆」、「兆序」、「兆語」，是成兆後三合一的完整結構。最後才有在這群卜兆的側邊刻上卜問的內容：「卜辭」。

一條完整的卜辭，可以區分為四部分：

1、 前辭。記錄問卜的時間、問卜的人，晚期卜辭有附問卜的地點。常態文例是「干支卜，某貞」、「干支卜，在某地貞」，作二分句的呈現。因為這些記錄都是習慣在占卜內容之前羅列敘述，故稱「前辭」。非王卜辭一般只見「干支卜」、「干支貞」，或省作「天干卜」。

2、 命辭。屬於問卜的內容，也是卜辭最重要、複雜的核心所在。一般有用「對貞」成組對應的方式詢問鬼神的同意否，也有用單貞的方式詢問。

3、 占辭。殷王考量整體卜兆而作出吉凶順否的判斷語。一般用「王占曰」一句帶出，非王卜辭則見「子占曰」句。

4、驗辭。事後追記的問卜結果。一般有用一「允」字或時間詞帶出。

卜辭的書寫，往往是前辭、命辭、占辭、驗辭一併書寫，也有將占辭和驗辭分開書寫。

卜辭的問卜方式，有用單辭卜問吉否宜否，早期更多的是對貞卜問和成套卜問。「對貞」，有正反對貞、選擇對貞，亦有正正對貞和反反對貞。其中以正反對貞為常態句型，即用一正一反的對應方式，詢問鬼神對事情的取捨。其次是以選擇的方式來詢問鬼神的取捨。

卜辭是求神問神的記錄，屬於問句，故在句末一般都應標示問號。其中的命辭內容常分前後句，前句陳述句，交代具體的事項；後句詢問句，才是卜問的內容。但許多時候後句習用的詢問格式，如「亡禍」、「亡尤」、「若」、「受佑」否等句組會遭省略，遂讓卜辭的性質和通讀上產生誤解。如〈丙100〉。

卜辭命辭的完整常態句，一般作「主—動—賓」的句型，但亦有大量移位、省略、互補等變異句型。透過完整甲骨版面的對貞，可由完整的常態句式判讀變異句，是理解卜辭文法和內容的合理方法。後人往往依據不完整的變異句分析文法，反易流於失誤。

卜辭一般用對貞方式刻寫在龜腹甲和牛肩胛骨上。龜版由上而下區分為首甲、前甲、中甲、後甲、尾甲和兩邊的甲橋，多見右左甲分書正反對貞，偶見偏在右甲作右左對貞和偏在左甲作右左對貞，也有作下上對貞和正反面對貞。牛骨則多見右左並列式向下書寫的對貞和下上分段式對貞，偶有下上隔段對貞。殷人儲存經問卜的甲骨，會有將龜版和牛骨分開成坑分層放置。殷人用龜和用牛占卜的實質差別，是否和稀有或通靈程度有關，目前仍待觀察。

卜辭有根據占卜的內容，刻寫在同版的不同位置而相互區隔，如〈丙 26〉、〈丙 86〉。依義類區隔的，有細分上下、上中下、上外下外和中內等差別。同版甲骨的字形又有大小不一致的特例，字溝的寬窄亦不同，可能是由於刻手或刻寫工具的不同使然。殷人書寫字形並不固定，甲骨多見同版異形例，同人同版書寫的字形不見得完全相同。因此，字形自然不能作為甲骨斷代區分時間的「絕對標準」。

甲骨正反面的卜辭辭例可以互補。有見對貞的肯定句和否定句分別在甲骨的正背面緊貼書寫；有卜辭前辭、命辭在甲骨的正面，而占辭、驗辭則寫在背面；有命辭在甲骨的正面，而前辭卻在甲骨的背後；有兆序在甲骨的正面，而卜辭刻在背面；有驗辭重複的在甲骨正背面書寫，如〈丙 59〉；也有相關句意的卜辭分別在甲骨的正背面連接書寫。由此看來，正反面卜辭的互參，有拓大研究殷商史料和解讀文例的價值，值得注意。

對貞的書寫，一般是並排並列對應的，偶會交錯或對角呈現。正反對貞習慣是先右後左，先上後下，先外後內；偶亦有先下而後上，先內而後外的。

成套卜辭，是針對同一事例進行連串占問的卜辭。對比事例和序數，有見於同版成套，亦有在不同版的成套。同一套同時刻寫的卜辭，前後會有主從、完整與省略的不同，亦有句意互補的現象。成套有與對貞卜問同時並行，如〈丙 117〉。卜辭亦偶見在不同時期應用在同版成套的特例，如〈丙 55〉。

卜辭在兆序的坼紋之下有見兆語。兆語可供判別貞卜者對成套或對貞的卜兆主觀贊同與否的依據。然而，兆語的由來，似非源自卜兆裂紋的形狀，亦無法在甲骨

中考知，此或與貞卜者另利用筮草對同事再卜問的結果有關。這問題仍待深究。

一般卜辭的出現順序，是先有卜兆和兆序，再刻上兆語，最後才書寫卜辭；但偶有見先出現卜兆和卜辭，最後才補上兆序的特例，如〈丙 334〉是。

對貞正反二句理論上是逐對的卜問，二者的兆序數目一般是右左相對應刻寫的，但亦有正反句兆序不對應，甚至有差別的，主要原因是其中的右一辭兆序習慣上先佔了中甲位置，遂使後來兩邊的卜序不再對應，另亦有漏刻，或問卜次數不相對等的特殊現象。卜辭復有對貞二句的兆序數字彼此相承接的特例，如〈丙311〉。

卜辭一般由一人主導貞問，主要是時王或貞人（史官），非王卜辭有由子貞。另有二貞人共卜一事的特例，如〈丙 264〉、〈丙 381〉是。

卜辭除一辭單貞外，一般是用對貞或選貞的方式問神，偶亦見對貞和選貞混用，如〈丙 261〉、〈丙 271〉等特例。殷人先卜後貞，貞問多連串依序進行。有先用單辭作總的、大方向的詢問，再以對貞方式詢問細部內容的宜否。

龜版偶見作上下區隔，上半甲卜問的是向上蒼神靈禱告，下半甲則卜問諸人間事安否的二分記錄。當時是否已有天上人間的認知，仍待觀察。

中央研究院歷史語言研究所由 1928～1937 年在殷墟進行十五次的科學發掘，其中最重要的一次是在第十三次挖掘的 YH127 坑，出土有字龜版 17756 號、有字骨版 48 號。這坑甲骨以龜版的儲存為主，先發表在中研院史語所出版的《殷虛文字乙編》，其後由張秉權經拼兌復原，重新編輯，自 1957 年陸續至 1972 年完成《殷虛文字丙編》（簡稱《丙編》）上中下三輯六冊總 632 版較完整的龜甲。《丙編》綴合的內容主要是殷武丁時期的王卜辭，也有少數屬於非王卜辭，這批相對完整的綴甲，無疑是尚好的方便了解甲骨文、學習甲骨文的甲骨匯編教材。透過這套《丙編》，當日殷人貞卜的過程、在甲骨版面上刻寫文字的基本順序、卜辭與卜辭之間的關係、卜兆兆序兆語和正反面卜辭的對應、對貞和成套的問卜形式等，都能一目了然，得到充份的對比了解。我們對於殷商史的認識，亦能由《丙編》掌握更多的線索。如：

1、 殷人祭祖有親疏厚薄而具禮儀輕重的差別，參〈丙 39〉、〈丙 117〉、〈丙197〉、〈丙 251〉。

2、 殷人有由上位者迎神求佑之習，間亦會由近祖接迎遠祖、重要的遠祖接迎上帝的分段祭祀儀式，參〈丙 39〉、〈丙 49〉。

3、 殷祖先神主置於宗廟的報櫃之中，以始祖居正中，餘右左依序外排。另有將自然神亦置放於報櫃中，與祖先神一併祭祀，參〈丙 117〉。

4、 卜辭習見並祭「上甲」和「咸」（成湯），作為殷王朝開國的先公和先王之始

祭，參〈丙 381〉。「咸」有借用鳳鳥圖騰為代稱，見〈丙 393〉。

5、　殷王祭祀重視弟及庶出的旁支先祖，似已兼具宗教和政治意識的考量，藉此鞏固以王室為核心的政權，參〈丙 47〉、〈丙 159〉、〈丙 394〉、〈丙 492〉。

6、　方，用為外邦的泛稱；亦有指四方，屬於祭拜的對象，參〈丙 201〉。

7、　殷甲骨見附庸、地名、人名通用例，參〈丙 28〉。

8、　殷王有以「人」為勞動單位，參〈丙 41〉；有以「王族」、「多子族」為軍事單位，參〈丙 261〉；有以「羢」、「羌」、「執」、「方」、「係」用為人牲單位，參〈丙 271〉、〈丙 354〉。

9、　殷人田獵和出巡，兼具拓展領土和娛樂的功能，參〈丙 88〉、〈丙 323〉。

10、卜辭中已有「五行」木火相生相剋的用法，參〈丙 302〉，此誠為文化史的一大發現。

　　以上，是我對於甲骨卜辭的一些知識，不見得是正確的，僅供初學朋友閱讀這本《丙編》甲骨選辭的參考。

　　本「序」是此書的第二篇序文，而原第一篇序文已拓充為《古文字入門》一書稿，容後出版。這部甲骨選辭的撰述目的，在於普及甲骨和甲骨文。書中透過分析卜辭語法和對比卜辭辭例，嘗試歸納每一條選辭的合理斷句，從而通讀卜辭的上下文。每版甲骨的按語不強調嚴肅的考字論證過程，盡量以通俗淺易的行文為主體，將需要釐清的卜辭內容和殷商歷史文化的特殊面向傳遞給讀者。本書稿能幫助讀者較完整的了解甲骨卜辭，並提供讀者一些客觀有效的研治方法，作為讀者獨立研讀古文字的參考。

　　今日在台的甲骨學趨於息微，單純沈深治學的人才凋零殆盡，靜心的讀書風氣已不多見，如何透過有計劃的隔代傳承，讓正確的古文字知識和解碼的靈光能跳接給下一代，無疑是我輩的歷史任務。古文字不僅是單純的知識，研究文字的方法亦不僅限在文字之中。解讀古文字重在於印證古文獻，一綫相生，而文獻的研治目的是要通古今之文化。文化的了解又在乎文化精神的掌握。知識背後的智慧和溫情，是通往真正民族文化的鑰匙。能慧悟此智，真善兼修，才是傳遞學術的真正傳人。甲骨文是漢文字的啟迪先行，也是了解民族生命和文化的源頭。今後有志研讀甲骨的年青朋友，需體察這一冰冷學問背後的溫情所在，才能掌握治學的活水，取法其大，成就新一代的學術。

殷虛文字丙編選讀

目　次

序 …………………………………………………………………………… I

凡例 …………………………………………………………………………… 1

《丙編》上輯（一）………………………………………………………… 1

　選讀版號：1、3、5、7、8、12、26、28、39、41、45、47、49、51、55、
　　　　　　57、59、65、76、78、80、81、83、86、88、90。

《丙編》上輯（二）………………………………………………………… 69

　選讀版號：96、98、100、102、104、110、112、114、116、117、120、
　　　　　　121、122、123、124、128、130、132、134、135、136、139、
　　　　　　141、143、145、147、149、150、151、152、153、154、155、
　　　　　　156、157、159、160、161、163、165、167、169、171、172、
　　　　　　174、175、177、178、179、182、184、187、189、190。

《丙編》中輯（一）………………………………………………………… 211

　選讀版號：197、198、199、200、201、203、205、206、207、211、217、
　　　　　　219、221、223、227、229、233、235、237、239、241、243、
　　　　　　247、249、251、255、257、259、261、263、264、265、267、
　　　　　　271、275、278、280、282、284、293、300。

《丙編》中輯（二）………………………………………………………… 325

　選讀版號：302、303、304、307、309、311、313、316、317、319、321、
　　　　　　323、326、328、330、334、340、342、345、349、351、353、

354、356、360、373、377、381、385、386、390、392、393、
394、398、409。

《丙編》下輯（一） ……………………………………………… 413

選讀版號：411、413、420、423、425、427、431、436、440、442、448、
450、452、454、455、457、463、467、469、471、473、485、
492、498、500、508、512。

《丙編》下輯（二） ……………………………………………… 479

選讀版號：513、514、515、517、519、521、522、523、527、531、533、
540、546、548、549、555、558、559、564、589、605、607、
612、613。

凡　例

一、本書是根據 1957 年中央研究院歷史語言研究所張秉權著《殷虛文字丙編》上中下三輯六冊的選辭讀本，凡 208 版。選讀按《丙編》圖版序號的先後次第討論，在每版甲骨釋文前先標示圖版的序號，每條選辭釋文之前的數目是依循張秉權的原釋文，方便核對原書。每版甲骨選辭在釋文之後，導讀各條選辭的位置、釋文的內容說明、諸條釋辭的關係和順讀的原因、與張秉權原釋讀不同的意見、個別文字考釋和拓大辭例文化的理解。每版選辭釋讀之後，再附上原拓片重點放大的圖片，供讀者對應閱讀。

二、釋文一般採取嚴式的隸定。

三、釋文引用符號：

　　▱　　　表示缺文字數不詳。

　　□　　　表示缺漏一字。

　　〔　〕　表示據殘筆或互較文例擬補的缺文。

　　（　）　表示注釋的字，或在釋文中殘缺不全的字。釋文中的兆語，為了方便與兆序區隔，也固定的增（）以資識別。

四、一條完整的卜辭，分前辭、命辭、占辭、驗辭四部分。其中的前辭是紀錄占卜的時間和占卜的人或地名，常態文例是「干支卜，某貞」。命辭是占卜的內容，一般用對貞或選貞的方式呈現，亦有用單貞的形式卜問。占辭是殷王針對卜兆的判斷語，一般王卜辭是用「王占曰：」一句帶出。驗辭是卜問事情發生後追記的結果，有用一「允」字帶出。因為命辭是問句，句末以問號作結，其他的前辭、占辭、驗辭、用辭、兆語、兆序、記事刻辭，率以句號作結。

五、甲骨分期，據董作賓五期斷代區分：

　　第一期：武丁或其以前卜辭

　　第二期：祖庚、祖甲卜辭（一世二王）

　　第三期：廩辛、康丁卜辭（一世二王）

　　第四期：武乙、文丁卜辭（二世二王）

　　第五期：帝乙、帝辛卜辭（二世二王）

六、干支表

甲子	乙丑	丙寅	丁卯	戊辰	己巳	庚午	辛未	壬申	癸酉
甲戌	乙亥	丙子	丁丑	戊寅	己卯	庚辰	辛巳	壬午	癸未
甲申	乙酉	丙戌	丁亥	戊子	己丑	庚寅	辛卯	壬辰	癸巳
甲午	乙未	丙申	丁酉	戊戌	己亥	庚子	辛丑	壬寅	癸卯
甲辰	乙巳	丙午	丁未	戊申	己酉	庚戌	辛亥	壬子	癸丑
甲寅	乙卯	丙辰	丁巳	戊午	己未	庚申	辛酉	壬戌	癸亥

七、商代世系對照表

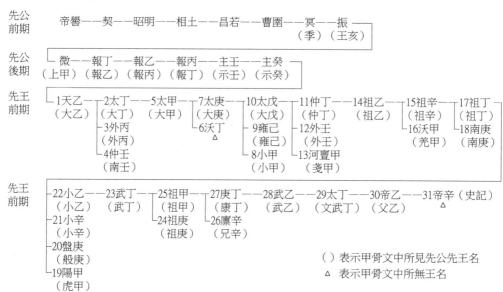

先公
前期　　帝嚳——契——昭明——相土——昌若——曹圉——冥——振——
　　　　　　　　　　　　　　　　　　　　　　（季）（王亥）

先公
後期　　微——報丁——報乙——報丙——主壬——主癸——
　　　（上甲）（報乙）（報丙）（報丁）（示壬）（示癸）

先王
前期　　1天乙——2太丁——5太甲——7太庚——10太戊——11仲丁——14祖乙——15祖辛——17祖丁
　　　（大乙）（大丁）（大甲）（大庚）（大戊）（仲丁）（祖乙）（祖辛）（祖丁）
　　　　　　　3外丙　　　　　6沃丁　　9雍己　　12外壬　　16沃甲　　18南庚
　　　　　　　（外丙）　　　　△　　　（雍己）　（外壬）　（羌甲）　（南庚）
　　　　　　　4仲壬　　　　　　　　8小甲　　13河亶甲
　　　　　　　（南壬）　　　　　　　（小甲）　（戔甲）

先王
前期　　22小乙——23武丁——25祖甲——27庚丁——28武乙——29太丁——30帝乙——31帝辛（史記）
　　　（小乙）（武丁）（祖甲）（康丁）（武乙）（文武丁）（父乙）　△
　　　21小辛　　　24祖庚　　26廩辛
　　　（小辛）　　（祖庚）　（兄辛）
　　　20盤庚
　　　（般庚）
　　　19陽甲
　　　（虎甲）

（ ）表示甲骨文中所見先公先王名

△ 表示甲骨文中所無王名

《丙編》上輯（一）

〈1〉

（1）壬子卜，〔爭〕貞：自今〔五〕日我弌胄？

（2）貞：自五日我弗其弌胄？

（3）癸丑卜，〔爭〕貞：自今至于丁巳我弌胄？王固曰：「丁巳我毋其弌，于來甲子弌。」旬㞢一日癸亥，車弗弌，之夕朶甲子允弌。一二

（4）癸丑卜，〔爭〕貞：自今至于丁巳我弗其弌胄？一二

　　《丙編》甲骨大都是武丁王卜辭，少數有非王卜辭。本版〈丙 1〉屬武丁時期的大龜版。（1）（2）辭在龜版右左首甲外側，直行向內書寫。二辭屬正反對貞。其中的（1）辭命辭「五」字刻後被削，（2）辭省前辭的「壬子卜，爭」和命辭前的時間詞「今」。卜辭自「今」的「壬子」日下推五天詢問我災外邦胄否的時間是至「丙辰」日（前後日合算）。

　　（3）（4）辭在中甲靠中間千里線兩側，直行向外書寫。二辭屬正反對貞。兆序（一）（二）在卜辭的外上側，表示正反各自卜問了兩次，兼屬成套的關係。卜辭「自今至于丁巳」是癸丑日至丁巳日，前後也是五天。

　　（1）（2）、（3）（4）兩組對貞屬大字書寫，而（1）（2）辭字溝窄細，（3）（4）辭字溝寬大，但彼此都是中鋒書寫，這可能是刻刀的差異使然。（1）（2）、（3）（4）辭位於前甲的上方為一組，用大字書寫；其他卜辭對應刻於前甲下方，卻均用小字書寫。龜版卜辭明顯分作上下兩堆。殷人貞卜，已有據相類內容成組的區分刻寫位置的習慣。（1）（2）、（3）（4）辭在前後兩天緊接的卜問同一事，命辭句首先點出時間，（1）（2）辭泛言天數，（3）（4）辭明確指稱干支日。兩組對貞都是卜問以五天為一單位，五天之內我災胄的吉否。占辭是：「王固曰：丁巳我毋其弌（災）。于來甲子弌（災）。」，具體的只判斷在「丁巳」日的一天，但在語意似已涵蓋由占卜「癸丑」一直至「丁巳」的五天時間內無災。介詞「于」帶出時間較遠的「來甲子」，是指下一旬的甲子日。驗辭「旬㞢（又）一日癸亥」，是指由占卜日「癸丑」起算過渡了十一天的癸亥日。「㞢」字用作連

詞，帶出個位數，即「又」，文獻作有。字或象手的正形，示三指正豎之形，與「又」字象手的側形，示三手指橫書，可對比觀之。「之夕」，即此夕，指當天晚上。盟，字象豆形盛食器，上具八形，示蒸氣上冒，引申有延續、過渡意。學界有讀為「向」字，備參。卜辭習見「干支盟干支」的用法，意指在某日延至某日。

　　胄，字作，可隸作西，用為第一期武丁卜辭的敵對外族名，甲文見殷王「敦胄」〈合集 20530〉、「伐胄」〈合集 6829〉例。（1）（2）、（3）（4）兩組對貞各正反卜問連續五天的「我災胄」否。（3）辭對貞肯定句之後，見占辭判斷至丁巳日我們都沒法災害胄族，唯有下旬甲子日才有機會災害於胄。接著是驗辭追記結果，過了十一天，一直至癸亥日，戰車仍未能災害（平定）於胄。而癸亥日的傍晚過渡至次日甲子才果然（如占辭判斷）應驗有災胄。

1

〈3〉

（11）貞：我其出囚？一（二告）二
（12）貞：我亡囚？一二
（15）今夕雨？一二三
（16）今夕不其？一二三
（23）叀王？一
（24）勿隹？一

　　（11）（12）、（15）（16）、（23）（24）三組正反對貞，和龜版反面〈丙4〉卜辭有句意互補的辭例：
　　　　〈丙4〉　　（1）羽〔辛〕酉其出？
　　　　　　　　　（2）其攺？
　　　　　　　　　（3）于妣己钔？
　　　　　　　　　（4）勿于妣？
　　〈丙3〉（11）（12）辭在後甲上方千里線的右左側，向外書寫。二辭屬正反對貞，卜問我「出（有）囚（禍）」否。反面〈丙4〉（1）辭位於後甲上方千里線的左側，恰好在正面〈丙3〉（11）辭：「貞：我其出囚？」的相對背面位置，彼此語意相關，可以正反面互補。二辭整合的完整句，應是「貞：羽（翌）辛酉我其出（有）囚（禍）？」。〈丙3〉（11）和〈丙4〉（1）二辭都是肯定句，正面和反面緊貼著書寫，這似乎是殷商占卜和刻手書寫卜辭的一種習慣。「出（有）囚（禍）」和「亡囚（禍）」對貞。「其」，虛字，屬將然之詞，有加強語氣的功能。
　　（11）辭的兆序（一）下有兆語「二告」，應是一肯定此兆內容的判斷用語，意即通過兩種稟告神靈的方式，可能是指龜占和著問，鬼神認同此一次的兆問內容，我即將有禍害。
　　（15）（16）辭在後甲（11）（12）辭的正下方，向外書寫。二辭屬正反對貞，卜問今夕雨否。（16）辭應是「今夕不其雨？」的省動詞「雨」字。反面〈丙4〉（2）辭刻於後甲中間千里線的右側，據句意應和正面〈丙3〉（15）（16）一組對貞屬互補的句型。〈丙4〉（2）辭在〈丙3〉（16）辭的背後稍上方，「其攺」的「攺」，即啓，有放晴意。「啓」和「不雨」語意相約，這裡正反甲面相對應。〈丙3〉（16）辭的完整句意，應是「今夕不其雨，其攺？」。卜辭的「雨」和「啓」多見於同辭。如：

〈合集 20990〉　　　戊子卜：己其雨不雨，戉少☒？

〈懷特 1496〉　　　戊子卜，余：雨不？庚大戉。

〈屯 744〉　　　　　癸卯卜：甲戉不戉？冬夕雨。

（23）（24）辭一組又在（15）（16）辭的下面，靠右左甲尾的上方。（23）辭直書，（24）辭向外橫寫。二辭屬正反對貞，句型嚴重省略。（23）辭肯定句只見發語詞和主語「王」，（24）辭否定句更只剩下否定詞和語詞「唯」。反面〈丙4〉（3）（4）辭正在甲尾上靠千里線的左右兩側，位置與正面〈丙 3〉的（23）（24）辭相鄰接，可合讀作：

　　叀王于妣己卻（禦）？

　　勿隹（唯）王于妣己卻（禦）？

正反句句首語詞「叀」和「勿隹（唯）」相對。對貞句又是常態句「王禦于妣己？」、「王勿禦于妣己？」的移位，介賓語前移。

　　以上，見〈丙 3〉龜版正反面卜辭，三組對貞的刻寫位置和內容正反面相連。其中的前二組屬句意互補的關係，末一組屬句意相承接的關係，或為同組對貞卜辭的前後分書例。

　　此外，互較〈丙 3〉、〈丙 4〉正反面卜辭的內容，〈丙 4〉（1）辭命辭明白點出卜問次日「辛酉」的事件，另參（3）辭的禦祭對象「妣己」，可推知〈丙4〉諸辭省略前辭的占卜日，當是「己未」日。此例足見甲骨正反面卜辭互參的重要意義。

3

〈5〉

（1）庚子卜，爭貞：西史旨亡囧，叶？一
（2）庚子卜，爭貞：西史旨其出囧？一

　　本版龜甲屬成套卜辭，一版中共十條卜辭分右左對應五組，由上而下在甲邊正反對貞，不斷反覆卜問西史旨的無禍否，叶（協）辨王事否？其中的（1）（2）辭對貞為完整句，餘四組對貞文字省略。殷人為同一事連續正反各卜問了五次：

　　（1）庚子卜，爭貞：西史旨亡囧（禍），叶（協）？一
　　（2）庚子卜，爭貞：西史旨其出（有）囧（禍）？一
　　（3）貞：西史旨亡囧（禍），叶（協）？二
　　（4）西史旨其出（有）囧（禍）？二
　　（5）貞：旨亡囧（禍）？三（二告）
　　（6）旨其出（有）囧（禍）？三
　　（7）旨亡囧（禍）？四
　　（8）其出（有）囧（禍）？四（不啎）
　　（9）旨亡囧（禍）？五（不啎）
　　（10）其出（有）囧（禍）？五

（1）（2）辭在右左前甲上方外沿，向內書寫。二辭屬正反對貞。在（2）辭的反面位置，見占辭：

　　〈丙6〉　　（2）王固曰：其隹（唯）丁弘弋（災）。

正反面二辭都屬肯定的句意，似乎針對〈丙5〉（1）（2）辭的對貞，神靈認同的是（2）辭肯定句的內容：西史旨這次協王事將有禍害。反面占辭是殷王武丁親自判斷卜兆，說：在丁日（七天後的丁未）將會有重大的兵災。

　　史，職官名。旨，私名。「出（有）囧（禍）」和「亡（無）囧（禍）」正反相對，前者肯定句的前面固定增一「其」字，對比（8）（10）辭的省略主語例，「其」字除了強調將然語氣的作用，似乎已漸有代詞的功能。由卜辭的詞位，見「出（有）囧（禍）」和「弘弋（災）」二用詞的語意有相承接的關係。弘，有大的意思。「囧（禍）」是泛指抽象的大類有禍害意，「弋（災）」則是特有所指的兵災專稱。

　　兆語「二告」是正面肯定語意的判斷語，鬼神認同此兆。相對的，「不啎」可能是一負面的兆語。

5

〈7〉

（1）丙辰卜，旹貞：其㝵羌？一
（2）貞：于〔庚〕申伐羌？一
（3）貞：㝵羌？二
（4）貞：庚申伐羌？二
（5）貞：㝵羌？三四（二告）五
（6）貞：庚申伐羌？三四（二告）五

　　本版文字見三組祭祀卜辭，屬右左選貞的關係。三組選貞由上而下刻於龜版右左外沿，向內書寫。（1）（2）辭為完整句，二辭句意互補，（1）辭的命辭省時間詞「于庚申」，（2）辭省前辭「丙辰卜，旹」。「㝵」，由手持杖擊蛇，引申有擊殺意；「伐」為砍人首。二動詞用為殺牲法。選貞卜問是將用㝵抑或用伐的方式殺羌以祭。

　　（3）（4）、（5）（6）兩組選貞，都是（1）（2）辭的省略。（1）（2）、（3）（4）、（5）（6）是針對同一事占卜的成套卜辭。嚴格言，（5）（6）辭應作「貞：㝵羌？三」、「貞：庚申伐羌？三」的選貞，而另增（7）「四（二告）」、（8）「四（二告）」、（9）「五」、（10）「五」的兩組選貞。這兩組選貞全省卜辭，只保留兆序和兆語。

　　三組成套的卜辭中，「其」字作為句首語詞的用法，強調未來將要進行的語氣，明顯是可有可無的。「于」字介詞帶出一般比較遠的時間，在這裡也是可以隨意省略的。

　　兆語「二告」應屬正面語意的吉兆用語，「告」字從屮，下從阱，設阱捕獸，以屮告警於人，原為告誡意；「二告」，指重覆的告示、確認、稟告，似言此兆所問事兼獲經龜甲和蓍草問卜的神明同時認可。卜辭習見「二告」，另偶用「小告」和「告」，但罕見「三告」、「四告」以上數字的用例，可見兆語的「告」是固定經由兩種神力裁示的。張秉權原釋文釋作「上吉」；恐非是。

　　貞字（1）辭作𝍖，兩外豎筆下延外突出，（2）辭作𝍖，兩豎筆和內斜筆相接。庚字（4）辭作𝍖，三豎筆平齊，（6）辭作𝍖，中豎筆明顯突出。諸字屬同版異形例。此見甲文字形不能作為卜辭斷代或區分組類的「絕對」標準。

7

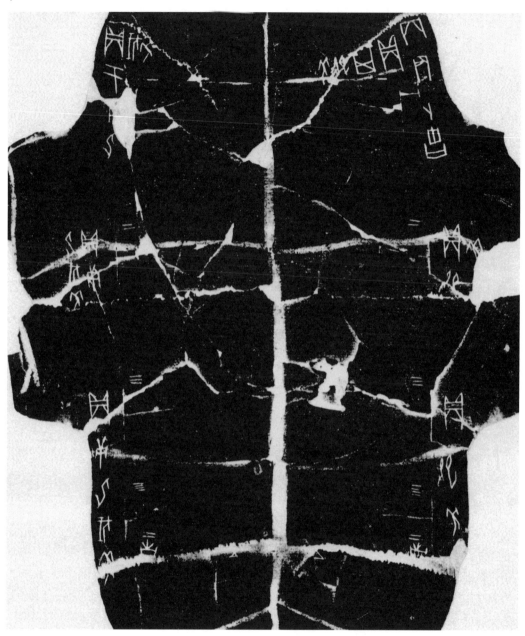

〈8〉

（1）丙辰卜，殼貞：我受黍年？一二三四五
（2）丙辰卜，殼貞：我弗其受黍年？四月。一二三四（二告）五

　　本版屬成套的農業卜辭，命辭中的「我」指我們，為祈求種黍的豐收一事將得到鬼神保佑否，正反的各卜問了五次。文字只見於（1）（2）辭對貞，在右左甲外側向外書寫。先讀右邊的肯定句，再讀左邊的否定句。月份「四月」押在對貞的句末。嚴格而言，本版對貞可就成套的觀念，分讀為：

（1）丙辰卜，殼貞：我受黍年？一
（2）丙辰卜，殼貞：我弗其受黍年？四月。一
（3）二
（4）二
（5）三
（6）三
（7）四
（8）四（二告）
（9）五
（10）五

　　占辭見於反面〈丙9〉左甲橋上方向外書寫，亦即在（1）辭的背面：
　　〈丙9〉　王固曰：吉。受屮（有）年。
正反面相背二辭都是肯定句。殷商刻工將占辭刻意寫在甲骨的反面，而占辭內容又與正面對貞中相同句意的一條命辭相靠。這似乎是當日刻寫卜辭的一種習慣。

　　兆語「二告」刻於（2）辭兆序（四）的卜兆橫紋之下，應是占卜者對這套對貞卜問內容所認可的一兆。至於兆語判別的標準，與卜兆爆裂的紋路形式或角度似沒有必然的關係，而可能是依據甲骨以外的他物為吉凶取捨的標準，目前懷疑是與殷人另用蓍草同占的結果有關。「二告」，是指此兆得到龜甲和蓍草問神的同意。

　　對比卜辭常態句的「我受年」，本版對貞的「黍」字用為修飾語，修飾其後代表農作豐收的「年」字。（2）辭否定句增虛字「其」，加強將然的語氣。占辭殷王的判斷語針對整組卜問，認為是「吉」的。「屮（有）」作為「年」的詞頭，指特定的此一次豐年。「受屮（有）年」，是指得到鬼神的保佑，得享此次的豐收。

8

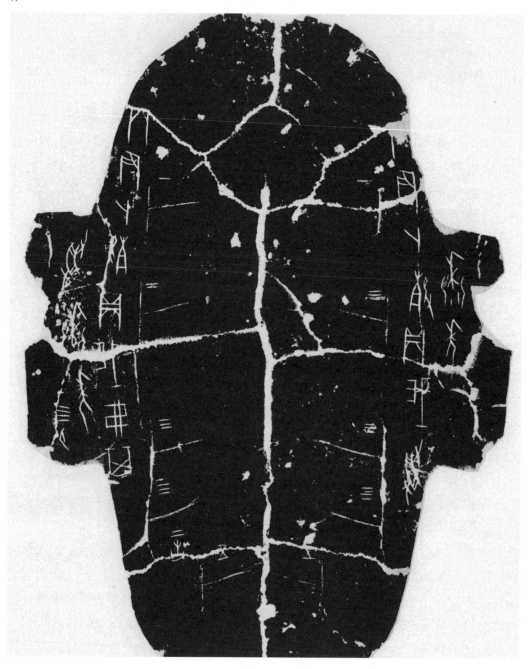

9

〈12〉

（7）貞：屮犬于父庚，卯羊？一

（7）辭刻於殘甲右中甲的下方，靠中間千里線向外書寫。相對應的卜辭，見於反面恰好也是在中甲下方千里線兩側的〈丙13〉（3）（4）辭：

〈丙13〉 （3）隹（唯）☒？

（4）不隹（唯）父庚？

（3）辭殘辭正在前面〈丙 12〉（7）辭的偏下，二辭相靠，都是肯定句。（3）辭應是「隹（唯）父庚？」之省。「隹（唯）」和「不隹（唯）」正反相對，帶出祭祀對象「父庚」。

再對比成套關係的異版：〈丙 12〉（正）、〈丙 13〉（反）（成套：兆序一）；〈丙 14〉（正）、〈丙 15〉（反）（成套：兆序二）；〈丙 16〉（正）、〈丙 17〉（反）（成套：兆序三）；〈丙 18〉（正）、〈丙 19〉（反）（成套：兆序四）；〈丙 20〉（正）、〈丙 21〉（反）（成套：兆序五），以上五版是同時占卜刻寫的成套甲骨。由完整的〈丙 15〉、〈丙 17〉觀察，見諸版反面完整的內容是四組正反對貞：

（1）隹父甲？

（2）不隹父甲？

（3）隹父庚？

（4）不隹父庚？

（5）隹父辛？

（6）不隹父辛？

（7）隹父乙？

（8）不隹父乙？

以上諸父，無疑順序是「父甲」即陽甲、「父庚」即盤庚、「父辛」即小辛、「父乙」即武丁直系父親小乙。由此可證，〈丙 13〉殘甲的內容，同樣當有上述四組對貞，分別卜問時王武丁侑祭陽甲、盤庚、小辛、小乙四位父輩先王宜否。這是相對於正面〈丙 12〉（7）辭侑祭盤庚一辭之後拓大占卜的內容。

屮，讀侑，求佑的動詞，作為祭儀的泛指，後接祭牲「犬」。卯，即卿，作為殺牲法，另以對剖的羊獻祭。殷人侑祭祖先以全隻「犬」，「犬」為是次祭祀的主牲，對剖以「羊」，屬於配牲。

12

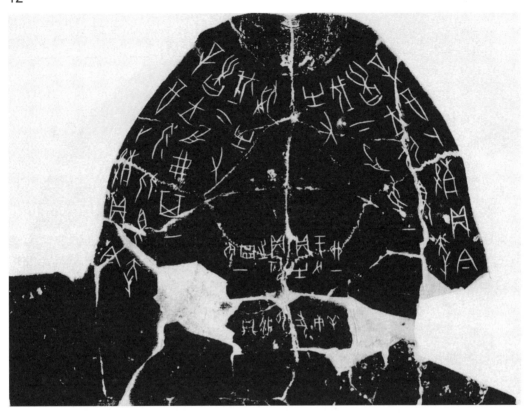

〈26〉

（1）貞：王从沚歔伐印？一二
（2）王勿从沚歔印？一二
（3）王往出？一二三四
（4）王勿往出？一二三（小告）四
（5）羽乙巳屮祖乙？一
（6）貞：降？一

　　（1）（2）、（3）（4）、（5）（6）辭理論上是三組對貞，分別刻在龜甲的上外、下外和中內三處，明顯有故意的空間區隔。（1）（2）辭在右左前甲上方，（3）（4）辭在右左甲尾外側，屬兩組正反對貞。（5）（6）辭在前甲右左中間千里線兩邊，向外書寫，應有對應的關係。（1）（2）辭是征伐卜辭，（3）（4）辭是出巡卜辭，（5）（6）辭是祭祀卜辭。

　　（1）（2）辭命辭卜問殷王武丁聯同（或經過）沚歔出伐印方。「沚」和「歔」是並行的兩個殷西附庸族名或地名。（3）（4）辭卜問「王往出」否，「往出」，即出某地往某地意，強調前動詞移動意的「往」。（5）（6）辭見侑祭祖乙和祖乙由上天降臨否對言。「羽」，讀翼，即翌，次日也。經史多假為昱字。

　　相對的，〈丙27〉是〈丙26〉的反面，相當的位置見有：
〈丙27〉　（1）貞：屮于祖辛：五伐，卯三宰？
　　　　　（2）屮母己众屮卯宰？（朱書）
　　　　　（3）疾身，〔不〕邙姁己，嬴？
　　　　　（4）貞：王重人正？（朱書）
　　　　　（5）王勿隹人？（朱書）
　　　　　（6）王固曰：屮戠。

據張秉權目驗，〈丙27〉若干卜辭有塗上淡褐色的朱書和墨混雜，文字局部不清。目前只好據張的原釋，僅供參考。其中的（1）（2）（3）辭見於中甲由左而右並排分書，（4）（5）辭在右左前甲中間的千里線，向外書寫，屬正反對貞。（6）辭在左甲尾中間直書，是占辭。而（1）（2）辭為祭祀祖辛、母己卜辭，（3）辭是問疾於姁己卜辭，與正面〈丙26〉相對位置的（1）（2）辭征伐卜辭並無明顯的語意關係，應是三條各自獨立問卜的卜辭。（4）（5）辭為殷王征伐人方的卜辭，與正面〈丙26〉相對的（5）（6）辭祭祖乙和祖乙降的內容似乎亦無對應的關係。只有（6）辭占辭的「屮（有）戠」一句可能和正面的卜辭有關。

戠，字从戈从倒懸三角形，本象武器的戈解除下戈頭的援，有止兵意。近人是根據字的晚出字形增从口而隸定為「戠」字，可商。我改隸作戠，《說文》：「戠，藏兵也。」字由藏兵，引申有暫停、不行動的用意。「有戠」，指殷王暫不動武的意思。卜辭的「戠」字，常接於「入」、「征」、「出」、「步」、「歸」、「復」等移動類動詞的否定句之後。如：

〈合集 5165〉　　乙亥卜，爭貞：生七月王勿衣入，戠？

〈合集 32956〉　庚寅卜：王弜入，戠？

〈合集 15508〉　貞：伐勿征，戠？

〈合集 5068〉　　☒卜，設☒王勿出，戠？二月。

〈合集 16230〉　己卯卜，賓貞：勿步，戠？十一月。

〈合集 16102〉　貞：勿衣歸，戠？

〈合集 34445〉　弜复（復），戠？

對應正反面句意，〈丙 27〉（6）辭應與〈丙 26〉（3）（4）辭相接。（3）（4）辭對貞卜問殷王武丁「往出」否，其中的（3）辭為肯定句，〈丙 27〉（6）辭正位於（3）辭所處右甲尾一邊的反面，可見是承接在肯定句後的占辭，判斷「王往出」此一行動有暫停的必要。

本版見龜甲反面所刻的文字，分別有獨立成組貞問的對貞，又有單辭貞卜的卜辭，與正面相關位置的卜辭並不相涉。但亦有與正面對貞相承接的占辭。由此可見，當日占卜者用龜和刻寫卜辭的靈活。

26

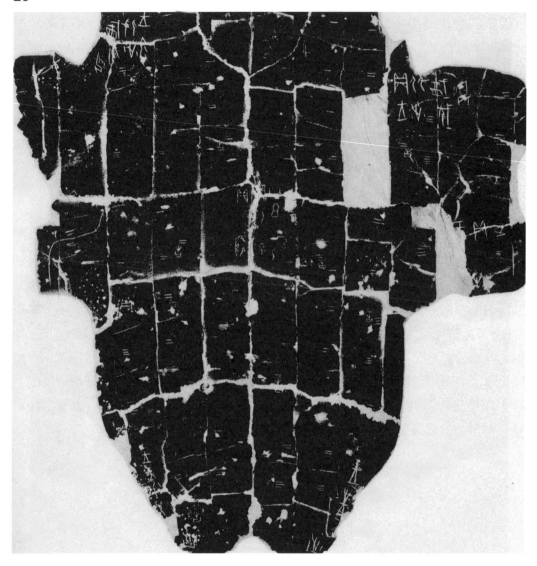

〈28〉

（1）戊寅卜，𣪊貞：沚𢧜其來？三

（2）貞：𢧜不其來？三

（3）戊寅卜，𣪊貞：霝其來？三

（4）貞：霝不其來？三

　　本版為武丁時期的小龜版。（1）辭在右首甲外側起向內書寫，（2）辭在左甲橋上方向外書寫，二辭屬正反對貞。（3）辭在左首甲外側起向內書寫，（4）辭則在右甲橋上方向外書寫。二辭屬正反對貞。兩組對貞成斜角交錯相對。正面兩組對貞的占辭刻在反面的左右首甲上，由中間千里線向外書寫，即：

　　　〈丙29〉　（1）王固曰：𢧜其出，重庚其先𢧜至。

　　　　　　　　（2）王固曰：鳳其出，重丁。丁不出，鳳其出疾，弗其凡。

這版甲骨是成套卜辭中的第三次問卜。相關的同事成套卜辭，見〈丙30〉和〈丙31〉正反面：

　　　〈丙30〉　（1）戊寅卜，𣪊貞：沚𢧜其來？四

　　　　　　　　（2）沚𢧜不其來？四

　　　　　　　　（3）戊寅卜，𣪊貞：霝鳳其來？四

　　　　　　　　（4）貞：鳳不其來？四

　　　〈丙31〉　（1）王固曰：𢧜其出，重庚其先𢧜至。

　　　　　　　　（2）王固曰：鳳其出。隹丁不出，其出疾，弗其凡。

〈丙28〉〈丙30〉為成套卜辭中的兩套，前者見兆序（三），後者見兆序（四）。可見此事的占卜，殷人正反各至少卜問了四次。

　　卜辭卜問殷西附庸「來」至殷都一事。〈丙28〉的附庸「沚𢧜」可省作「𢧜」，省略前字；〈丙28〉〈丙30〉的附庸「霝鳳」，可省作「霝」，又可省作「鳳」。「沚、𢧜」和「霝、鳳」，可分別理解為並列對稱的兩鄰近附庸族名。但又由〈丙29〉占辭的「鳳其出（有）疾」一句，見「鳳」字當用為人名。「霝鳳」，意為霝族或霝地的人名鳳。如此，「沚𢧜」於此亦相對的可釋為沚族或沚地的人名𢧜。

　　龜版正面在戊寅日占卜，卜問附庸的𢧜和霝將會由外「來」殷商否，而反面〈丙29〉的占辭（1）是站在𢧜的立場言，判斷𢧜將「出」（離開）其邦族沚地，在兩天後的「庚辰」日𢧜將會率先的「至」（到達）殷地。而占辭（2）又判斷另一附庸人鳳將「出」其邦族（霝）地於「丁亥」。然又強調在「丁亥」日鳳因有疾

而「不出」。末句復言鳳的疾病並非是骨關節之疾。「唯丁不出，鳳其屮（有）疾，弗其凡（臼）」一段，似可獨立理解為事後記錄的驗辭。

28

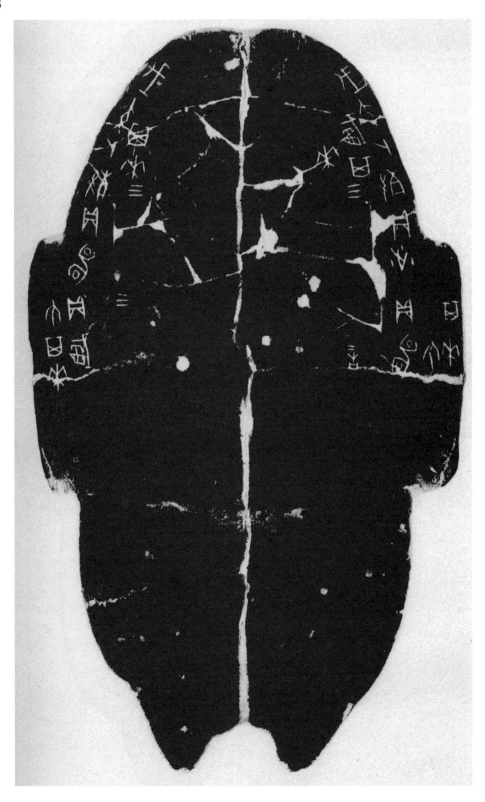

29

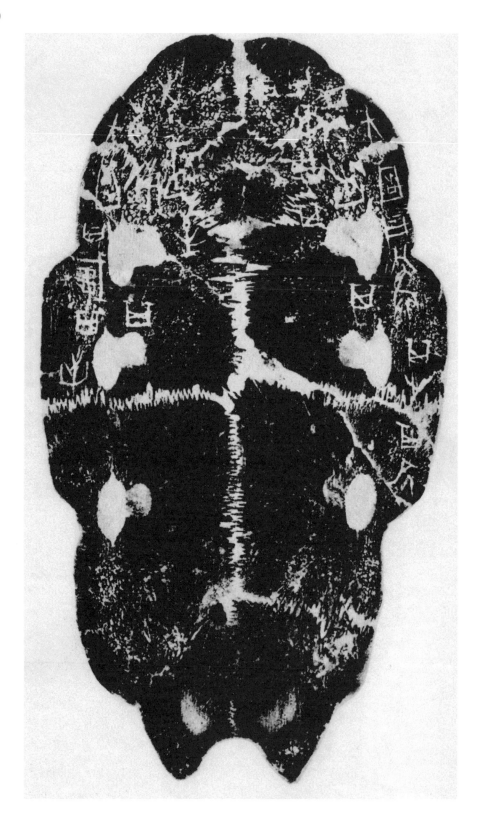

〈39〉

（1）甲辰卜，㱿貞：羽乙巳屮于父乙：宰？用。二

（2）貞：咸賓于帝？二

（3）貞：咸不賓于帝？二

（4）貞：大甲賓于咸？二

（5）貞：大甲不賓于咸？二

（10）甲辰卜，㱿貞：下乙賓于〔咸〕？二（小告）

（11）貞：下乙不賓于咸？二

（15）貞：大〔甲〕賓于帝？二

（16）貞：大甲不賓于帝？二

（17）貞：下乙〔賓〕于帝？二

（18）貞：下乙不賓于帝？二

　　本版全版是武丁時賓迎鬼神的卜辭，屬刻於異版而成套的第二版。（1）辭單獨的在右前甲上外側，向內書寫。殷王武丁在次日屮（侑）祭的對象是父乙（小乙），用圈養的羊一頭為祭牲。其餘的（2）（3）、（4）（5）、（10）（11）、（15）（16）、（17）（18）諸辭由上而下正反成對對貞。

　　「賓」，迎也。殷人祭祖，一般是人迎神祇的降臨。文例又見神迎神的祭儀習慣，是由先王「近祖賓遠祖」，如「大甲賓咸」、「下乙賓咸」是。眾先王的始祖祭似有以「咸」為始。「咸」即「成」，相當於成湯，又稱大乙。然後再由「咸」向上賓迎於「帝」（上帝）。而重要的先王亦能接引陪侍上帝，如「大甲」、「下乙」是。「下乙」，即中宗祖乙。殷人祭祖，祖先之間似已有階級輕重之分。

　　（1）辭「甲辰」日卜問翌日「乙巳」日祭父乙，同樣的（10）辭對貞是同日占卜，命辭也應是「羽（翌）乙巳下乙賓咸？」之省時間詞。推而廣之，以上諸辭省略的前辭應都是「甲辰卜，㱿貞」。

　　本版的賓字作✳（4）、作✳（18），貞字作✳（1）、作✳（10）；屬同版異形。

39

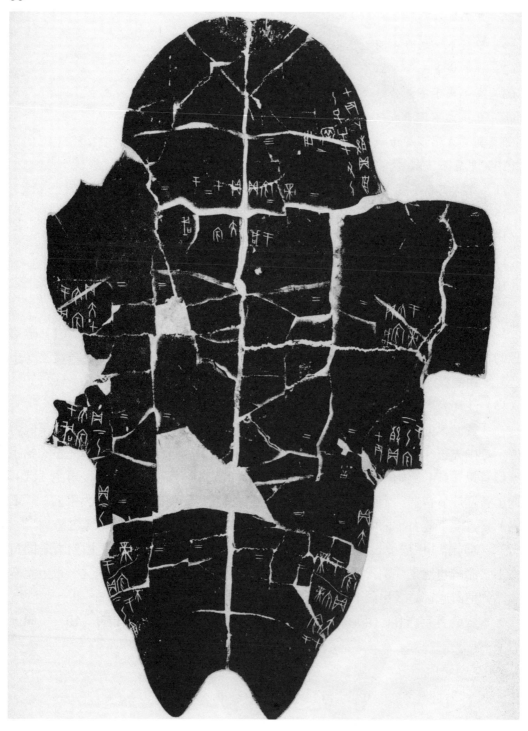

〈41〉

（1）弓筊于鼙？

　　（1）辭單獨刻於左首甲上方外沿，向內書寫。相關辭例只見於反面右後甲中間靠千里線的右側，即〈丙42〉（4）辭：

　　〈丙42〉　（4）勿取。

細審卜辭習見「取筊」、「取筊于某地」連用例。如：

　　〈合集108〉　　☒取竹筊于丘？
　　〈合集110〉　　庚辰卜，賓貞：乎（呼）取扶筊于□？
　　〈合集113〉　　丁巳卜，爭貞：乎（呼）取尤筊？

因此，〈丙41〉（1）和〈丙42〉（4）二辭正反面同邊上下方相對。反面的〈丙42〉（4）辭是驗辭，言弓其人勿取筊於鼙（詩）地。「勿取」句，即「弓勿取筊」之省。（弓，人名；〈合集21659〉有「弓歸」的用法。）；或言殷王呼令某取弓地所產筊於詩地，句即「勿呼取弓筊」之省。目前看，似以後說為是。

　　（1）辭的兆序，按理應即卜辭靠內側，由中甲往上成組的（一）（二）（三）（四）。如此，對應的在右首甲上的兆序（一）（二）（三）（四）（五）與（1）辭自屬對貞。因此，原（1）辭單句卜問應理解為對貞的形式，只是右首甲位置可能因已先刻有（2）辭而省略了卜辭。所以，（1）辭的釋讀，應對應的改作：

　　（左）弓筊于詩？一二三四
　　（右）一二（二告）三四五

右首甲兆序（二）橫紋下有兆語「二告」，原釋文作「上吉」；其中的「二」字拓片見三橫畫，最上一橫筆應是骨紋，覆核原綴合的〈乙2139〉，清楚的看見只有二橫刀刻。這可見清晰拓片對於研究的重要性。

　　張秉權原釋文將右左首甲的兆序歸諸於（2）（3）辭，恐有討論的空間。

（2）貞：収人乎伐𢦏？三
（3）勿乎伐𢦏？三

　　（2）（3）辭在右左前甲上方外沿，向內書寫。二辭屬正反對貞。

　　収，即登字省，有徵召意。「乎（呼）伐」，是「呼某伐某方」的兼語句。

（3）辭否定句省「登人」。「人」，是殷王可以隨意徵調供驅使的群眾，屬於殷

民低下階層而缺乏自由意志的人力單位。

　　（2）（3）辭對貞的兆序，見於卜辭內下側的（三）。張秉權原釋文將首甲的兩組兆序置於此組對貞下，但距離偏遠，可商。特別是對比同版（4）（5）辭相關文例：

　　（4）壬戌卜，爭貞：旨伐𢆶，𢦏（災）？三
　　（5）貞：弗其𢦏（災）？三

（4）（5）和（2）（3）兩組對貞，應是針對同一征伐事件先後占卜的卜辭。兆序屬於相同或成套的關係。文字是先刻（4）（5），再刻（2）（3）辭。

　　（2）（3）辭的占辭，見於反面，即（2）辭背後的〈丙42〉（1）辭：

　　〈丙42〉　（1）王固曰：吉。

正反面相靠的卜辭和占辭，都屬肯定句內容。占辭位置的對應刻寫，顯然是當日的一種書寫習慣形式。占辭見殷王判斷兆象，認為是次征伐是吉祥的。

（4）壬戌卜，爭貞：旨伐𢆶，𢦏（災）？三
（5）貞：弗其𢦏（災）？三

　　（4）（5）辭在右左甲橋下方，向外書寫。二辭屬正反對貞。（5）辭命辭省前句陳述句，只剩下後句詢問句。對貞卜問旨（其人）攻伐𢆶族的災否。對貞的占辭在（4）辭的反面，即〈丙42〉（5）辭：

　　〈丙42〉　（5）王固曰：吉。𢦏（災）。隹（唯）甲，不重丁。

（4）辭和反面的（5）辭占辭都是肯定句句意。占辭言是役征伐吉祥，有兵災於敵族，而且點出施行災禍的時間將是甲日，不是丁日。特別的是，兩天干日前的虛字用法，肯定語氣用語詞「唯」，否定語氣卻用「重」，這和一般常態卜辭用法恰好相反。原因不詳。

（6）丙子卜，㱿貞：今來羌，率用？一
（7）貞：今來羌，率用？二
（8）今來羌，率用？三
（9）丙子卜，㱿貞：今來羌，勿用？〔一〕〔二〕〔三〕（二告）

　　（6）辭在右甲橋上方，向外書寫。（7）辭在右甲橋下側，向下直書。（8）辭在右甲尾上靠千里線，向外書寫。（6）（7）（8）三辭為成套關係。（9）辭在左前甲下靠外側，向外書寫。（6）（7）（8）三辭和（9）辭一辭右左成正反對貞

的關係。按常態形式，（6）（7）（8）三辭可合書成一條卜辭，作：「丙子卜，
㱃貞：今來羌，率用？一二三」，與（9）辭相對應。

「率」，有皆、悉意，言來貢的羌人統統用為是次祭祀的祭牲嗎。「率用」與
「勿用」正反作為詢問句。和這組對貞相對應「來羌」的文句，有在反面首甲靠千
里線直書的〈丙42〉（2）辭一句：

　　　〈丙42〉　　（2）我允其來。

由「允」字的常態用例，此句應是驗辭。張秉權原釋文理解此為卜辭，可商。允，
有誠然、果然的意思。此言結果我果然用來貢的羌人。句意為「我允用其來羌」之
省，省略動詞「用」和進貢內容的「羌」字。

以上句例，見甲骨的正反面文字可作相對互補。其中的反面占辭，其位置與正
面相對卜辭互合，但由驗辭則見正面卜問句在右左兩側而驗辭刻在中上方，正面卜
問句在左上而驗辭刻在中下方。可推知殷商甲骨正反面文字刻寫的位置，命辭和占
辭多密切相靠接，而驗辭則會有在一定相距的獨立空間書寫。

41

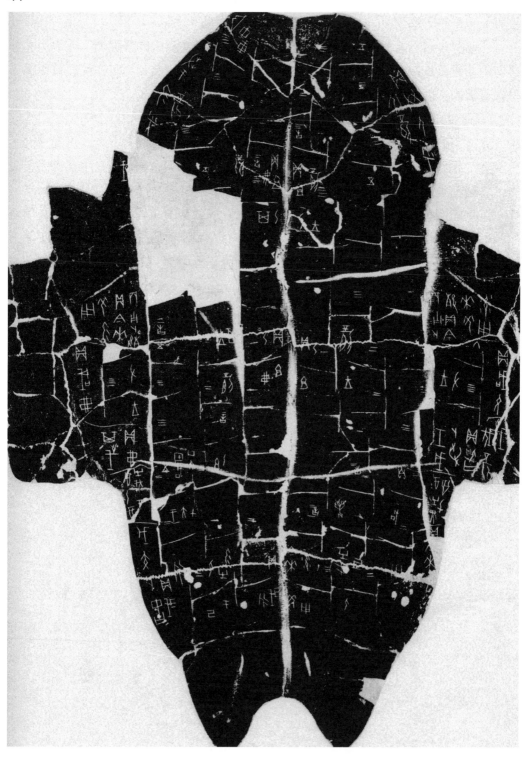

〈45〉

（1）壬寅卜，骰貞：興方以羌，用自上甲至下乙？一二三四五六
（2）☑九☐，不冊？一二三四（二告）五六七八九

　　本版殘甲只見此兩條卜辭。（1）辭在右甲橋中間外沿，向內直書。（2）辭在左甲橋中間外沿，也向內直書。二辭刻寫位置對應，但由內容和兆序看，應是兩條各自獨立的卜辭。特別的是，（1）辭兆序（一）至（四）在右後甲兩兩並列向下成兆，而（五）和（六）則移於上面右前甲的右側成兆，但（2）辭兆序則在前甲分三排由上而下成兆。（1）（2）辭卜兆的位置和次序明顯各異。

　　（1）辭「以」，字由人提物的本義引申有携帶意，卜問外邦興方進貢羌人，用作為祭祖的人牲宜否。祭祖的對象，是先公諸祖由上甲開始至主癸一段和先王諸祖由大乙至祖乙一段合祭。

　　（2）辭前辭和命辭前句殘。（2）辭的占辭見於龜甲反面在前甲上方千里線的左右兩側，即〈丙46〉（1）辭：

　　〈丙46〉　（1）王固曰：吉。勿冊。
二辭正反面相對，否定詞命辭用盼望、猶疑語氣的「不」，占辭則用較明確肯定、直接語氣的「勿」。「冊」字前者增从口，應是同版異形，用為「冊」字繁體。殷人有用簡冊記錄獻牲的內容，並燒以祭祖之習。（2）辭卜問冊否前殘缺的具體內容，或與（1）辭興方的貢羌人數有關。（1）（2）二辭句意的占卜，似有相承接的關係。

45

〈47〉

（9）祆🦴南庚？四
（10）勿于南庚？四
（11）于羌甲祆🦴？四
（12）勿于羌甲祆？四

　　本版為成套卜辭的第四版，是第一期武丁時期的卜辭。（9）（10）辭在右左後甲下方靠千里線的兩側，向外書寫。二辭屬正反對貞。（11）（12）辭在（9）（10）辭稍上外側，對應向外書寫。二辭亦屬正反對貞。

　　祆，字象人跪於祭拜的二璧一琮（祖先降臨的出入口）前，示禱告鬼神之狀，即禦，祀也，作為求吉去凶的泛祭動詞。🦴，象骨形，隸作骨，指殷王武丁疾患的部位（今言關節）。

　　（9）辭為常態句雙賓語的常態詞位，省介詞「于」，（10）辭兼省動詞和直接賓語，（11）（12）辭「介賓語」前置，其中的（12）辭兼省「🦴」。兩組對貞句見殷人語法的靈活書寫。

　　（11）辭的兆序（四）原刻手誤書作（五），復在誤書字中補改作（四）字。

　　羌甲（沃甲）和南庚父子，是中宗祖乙後庶出的分支。殷王有疾患而求佑於羌甲、南庚，似乎暗示是次的降疾可能和這兩個庶出先祖有關，亦可見武丁對於「弟及」庶出而繼位的一旁支先祖的重視。由此可以反映，殷王室集團中有不同的勢力板塊，殷王要和合凝聚族眾，減少王族中各支族勢力的衝突，在祭祖上除了祭祀大宗之外，對於歷代庶出的祖先亦會有計畫的廣為拜祭。宗教和政治的混同，二者之間的微妙關係，在卜辭中亦能窺探其內涵。

47

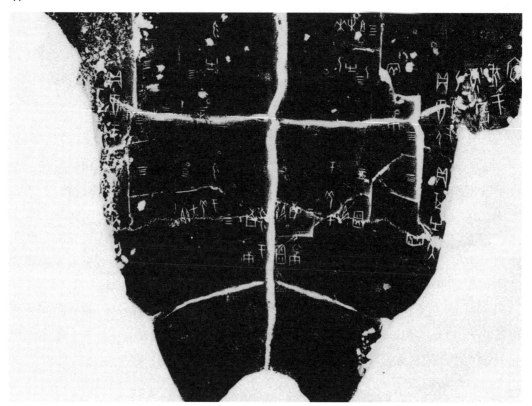

〈49〉

（1）壬申卜，爭貞：父乙㞢羌甲？一二（二告）三四五六七八九十一二三四五六七〔八〕九十一二

（2）壬申卜，爭貞：父乙弗㞢羌甲？一二三四五六七八九十〔一〕〔二〕三四五六〔七〕〔八〕九十一二

（7）父乙㞢祖乙？一二三四〔五〕六七八九十〔一〕〔二〕三四

（8）☒？一二三四〔五〕六七八九〔十〕一二三四

（10）父乙㞢南庚？一二三四五六七八〔九〕

（11）父乙弗㞢南庚？一二三四五六七八九

（1）（2）辭在殘甲前甲上右左千里線兩側，向外書寫。二辭屬正反對貞。（1）辭兆序在卜辭正下方，張秉權原釋文算到（十）為止，但由拓本看，兆序由千里線內而外橫列往下，順序至（十）之後接著由（一）開始再排至（十），然後再順著刻（一）和（二）止。（二）朝外處殘，未審再有兆序否，但起碼此辭是連續卜問至少廿二次。相對的，（2）辭兆序，張秉權原釋文亦是算到（十）為止，但由拓本對稱看，清楚見（2）辭兆序在左前甲卜辭下自千里線往外順序刻於卜兆橫紋上，自上而下橫列（一）至（十），再緊接由（一）開始又一次至（十），再接著刻（一）（二）。（二）朝外處亦殘，未審有對應的兆序否。此辭卜問也至少連續廿二次，中間並無間斷。

（7）辭在右甲橋下方由外朝內直書，分二行書寫。（7）辭應有對貞在左甲橋，但已殘缺，目前由中間相對的卜兆和兆序可證。（7）辭的兆序是在右甲由上而下，由內而外，由（一）至（十），再由（一）至（四）止，可見連續卜問了 14 次。（7）辭對應的左甲對貞卜問次數和卜兆位置相同。因此，（7）辭釋文後應補列（8）辭的「☒？一二三四〔五〕六七八九〔十〕一二三四」，其中的（五）和（十）殘缺。

（10）（11）辭在右左後甲下外沿，向內書寫。二辭屬正反對貞。二辭的兆序在卜辭的內側向外橫列，由上而下各卜問了九次。（10）辭的兆序（九）原數字刻好後被削去，該字位置補書「南庚」的「南」字，壓著兆的橫紋書寫。由此，亦相對的見卜辭文字刻寫，必然是在兆序之後。

本版文例「某近祖㞢某遠祖」，原釋文的「㞢」字，可隸作𡰥，从二止相向，下从人跪坐形。對比甲文「先」字从止在人立之前，此字从二止在人跪拜之前，即言先行祭祀之意，強調祭祖先近而後遠的順序。字意或屬「先卬（禦）」二字的合

書。朱歧祥《甲骨文詞譜》第二冊 164 頁理解字為一「配祭動詞」，本版是武丁卜辭，主祭的對象是父乙（小乙），陪祭的祖先分別是祖乙、直系祖辛之庶弟羌甲（沃甲）、直系祖丁之庶弟南庚，總計四代三人。𣥠字从二止（趾）交接，或又即「踵」字初文，《說文》作踵，「跟也，从止重聲。」卜辭意即接著祭拜。辭簡仍未能深考，備一說。

49

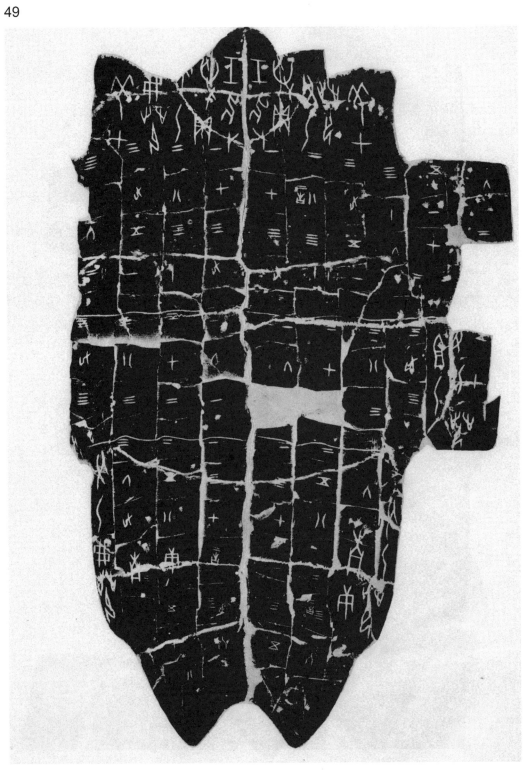

〈51〉

（1）貞：令✦歸？一二三

　　　（1）辭在殘甲右前甲上方邊沿直書，是單一的卜辭。卜辭多「令歸」、「令某歸」例，其中的「某」用為人名，即呼令某人返回殷都。如：
　　〈合集 4843〉　　令豆歸？
　　〈合集 5749〉　　貞：令射䧹歸？
　　〈合集 32929〉　　叀王令侯歸？
張秉權原釋文理解「令」後一字為「若」，稍失。字从單手執人豎髮跪坐形，理解為人名；或隸作妻、作敏。
　　　原釋文將右首甲由內而外的四個兆序誤置於此辭，亦誤。這四個兆序和左首甲的四個兆序對稱排列，兩組（一）（二）（三）（四）的卜辭，是屬於在反面〈丙52〉相貼位置的（1）（2）辭。正反面應合讀，作：
　　〈丙 52〉　　（1）貞：乎（呼）龍以羌？一二三四
　　　　　　　　　（2）勿乎（呼）龍以羌？一二三四
而〈51〉（1）辭的兆序所屬，則是緊靠在卜辭左內側的（一）（二）（三）。

51

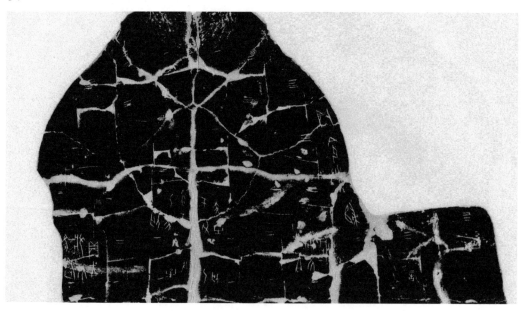

〈55〉

（1）□亥卜，𣪊貞：〔王〕叀易白靐从？四

（2）□亥卜，𣪊貞：〔王〕勿隹易白靐从？四

（3）貞：王叀侯告从正人？六月。四

（4）貞：王勿隹侯告从？四

（5）己巳卜，𣪊貞：我受年？四

（6）貞：我不其受年？四

　　（1）（2）辭在殘甲右左前甲上外側，向內書寫。二辭屬正反對貞。二辭兆序僅有一（四），張秉權誤將（1）（2）辭上方右左首甲由下往上刻的兆序（一）（二）（三）錯置入於（1）（2）辭，其實這兩組兆序（一）（二）（三），應是甲反面〈丙56〉首甲（1）（2）辭的兆序，宜更正。

　　（3）（4）辭在右左前甲下方靠甲橋位置，向外書寫。二辭屬正反對貞。（1）（2）和（3）（4）辭為同組卜辭，分別卜問殷王武丁聯同易伯靐和侯告征伐人方的吉否。「伯」和「侯」都是爵稱。（1）（2）辭和（4）辭省「正（征）人」。兩組對貞的貞卜日應同是「□亥」日。兩組對貞都是移位句，將殷王聯同出擊人方的人名前移，肯定句用「叀」和否定句用「勿唯」相對。

　　（5）（6）辭在右左後甲上方靠甲橋下，向外書寫。二辭亦屬正反對貞。（5）（6）辭為己巳日貞卜的農業卜辭，卜問我受鬼神降佑得享豐收否。

　　本版三組對貞，其中的（1）（2）和（3）（4）同類，與（5）（6）卻屬不同時間、不同性質的占卜，但兆序都同屬（四），看起來是成套卜辭。這種不同時期占卜，而兆序相同的成套句例，又如：

〈合集7412〉　（1）己巳卜，爭貞：侯告爯冊，〔王〕〔勿〕卒𦘭？八
　　　　　　　（2）庚午卜，爭貞：王叀易白靐𦘭？八

這版甲骨似乎和〈丙55〉（1）（2）、（3）（4）辭內容有一定的關聯。

　　殷人占卜的方式，有同時成套的在同版或異版中連續卜問。又，當日的史官可能將已曾使用過的甲骨按兆序數目的不同而分別系統歸檔。其後在需要應用甲骨占卜時，會根據占卜的次數，依序的再在有既定數目的甲骨版堆中抽取，作為成套異版的占卜使用，並隨後刻上兆序和卜辭。因此，才會出現在同一版甲骨中有不同時期、不同事件，但兆序數卻屬相同的現象。如此看來，〈丙55〉的（1）（2）、（3）（4）辭是同事同套的卜辭，而（5）（6）辭儘管兆序同為（四），但卜問日期、事類都不同，甚至可能刻寫的時間恐亦各異。所以，（5）（6）辭是同版同兆

序但和（1）（2）、（3）（4）辭並非成套的卜辭。這種特例版面，讓我們有機會重新了解殷人採用甲骨版占卜和刻寫的方式。

55

〈57〉

（1）〔己〕丑卜，賓貞：羽乙〔未〕彡，黍昇于祖乙？〔王〕固曰：「出希。
　　　〔不〕其雨。」六日〔甲〕午夕月出食。乙未彡，多工率条遣。一

（2）己□卜，□貞：勿彡，昇？一

（1）辭在右首甲外側向左甲直書，文字跨越中間的千里線。卜辭下緊接占辭和驗辭，一併連接書寫。（2）辭在左前甲上端外側，向內書寫。（1）（2）辭為正反對貞，亦屬成套關係。

對貞在己丑日占卜，命辭的「羽（翌）乙未」，是指由己丑、庚寅、辛卯、壬辰、癸巳、甲午、乙未止，前後算至第七天的固定一天。驗辭記錄「月出（有）食（蝕）」的「甲午」日，則是己丑日後的第六天。

占辭「王固曰」判斷的「出（有）希（祟）」，是帶出其後驗辭追敘的末句「乙未彡，多工率条遣。」一句，「率条遣」在語意上宜是負面、不吉的意思。

（1）（2）辭正反對貞，卜問「彡」（酒祭）否。由驗辭「乙未彡」，見結果是進行了彡祭。驗辭直書於對貞肯定句之下，可知正反的詢問，一般是正詳反略，而詳略的書寫和貞卜者心理的意願有關。主事者是願意並認同進行彡祭祖乙一事的，故將肯定的驗辭結果書於對貞的肯定句下。

至於（1）辭中的「不其雨」一句，是上屬占辭抑或下讀入於驗辭？占辭一開始說：「王占曰：有祟。」，是針對卜辭中六天後的酒祭會有禍事言。「不其雨」加插一虛字「其」，具懷疑不確定的將然語氣，按理應屬占辭的範圍。然而，殷王判斷卜兆言可能不會下雨和酒祭祖先有什麼關係？除非當日舉行彡祭的目的是要求下雨，因為長期不降雨，殷人才會昇（登）獻黍，來進行酒祭祖先祖乙，目的是要祈求降雨。但殷王武丁的占辭判斷卻是不吉，並謂將不會下雨。如此的理解，上下文才能文從意順。

由「六日甲午夕月有蝕」句開始，才是驗辭。但這句記錄天文的異常現象和詢問的彡祭顯然並無語意的關連，這只是一客觀描述，交代當日恰好觀察到的特殊景觀。接著次日的「乙未彡，多工率條遣」句，方是針對命辭詢問內容的回應。「多工」，或即「多示」，指眾神主。「率」，皆也，悉也。「條遣」，語意不詳，或指分降災異意。

（1）辭命辭的「翌乙未彡」為一完整分句，「黍昇于祖乙」是另一分句，即「昇（登）黍于祖乙」的移位。黍是昇獻的內容，而「昇」是彡祭這一大祭活動中的一獻儀流程。相對的，對貞的（2）辭命辭則是「勿彡，昇黍于祖乙？」二分句

的省略。

57

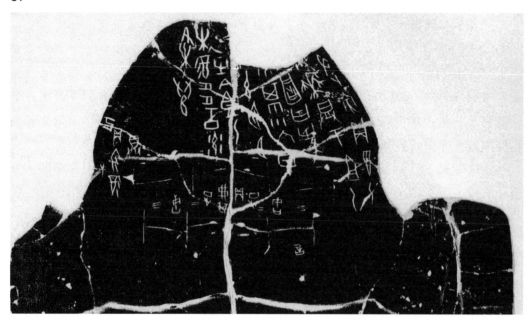

〈59〉

（1）〔癸〕〔未〕卜，爭貞：羽甲申易日？之夕月出食。𩁹，不雨。二（二告）
（2）〔貞〕：〔羽〕甲申〔不〕其易日？二

　　本版為小龜版，上下殘缺。（1）（2）辭在殘甲右左前甲上方兩側，向內書寫。二辭屬正反對貞，且兼具成套關係。

　　羽，即翌，次日。「易日」是名詞組，用作動詞的功能。易、益同字，字由水滿、水多意引申有充沛意。字又或讀同列、烈。「易日」，即「烈日」。二者都指陽光普照放晴的意思。

　　（1）辭末的兆語「二告」，似見占卜者傾向於此辭所問的內容：次日天氣會放晴。

　　「𩁹」，上從冒聲，讀為霧；又或從今省聲，即霒，乃陰字初文，亦備一說。驗辭首句的「之夕月出（有）食（蝕）」是一客觀天象的記錄，次句「𩁹，不雨」才是回應命辭的詢問，言第二天的甲申日並非大太陽，反而是有霧（或陰天），但沒有降雨。

　　（1）辭的反面，即〈丙 60〉左上方的「之（此）夕，月出（有）食（蝕）。」五字與正面的對貞（1）辭驗辭內容全同，這應是同一條驗辭在正反甲面重複刻寫例。

59

〈65〉

（1）壬申卜，吉貞：帝令雨？一二〔三〕四五六七八九十

（3）一二三四五六（二告）七八九十（二告）

（4）貞：及今二月霰？一二三四

（5）一二三四（二告）

（7）□□卜，韋貞：王往从之？一二三四五

本版為右背甲。和上引卜辭和兆序相關的句例，見於反面，即〈丙66〉：

　〈丙66〉　（1）貞：帝不其〔令〕〔雨〕？

　　　　　　（4）貞：弗其今二月霰？

　　　　　　（5）王固曰：帝隹今二月令霰，其隹丙不〔令〕雪，隹庚其吉。

　　　　　　（9）貞：王勿其往从之？

　〈丙65〉（1）辭在右背甲的左前甲上方靠千里線位置，直行書寫，相對的在（1）辭的反面，見〈丙66〉（1）辭，二者正反對貞。〈丙66〉（1）辭的兆序，見正面〈丙65〉（3）辭。

　〈丙65〉（4）辭在右背甲的左邊中間位置，相對的在（4）辭的反面，見〈丙66〉（4）辭和（5）辭，分別是正面〈丙65〉（4）辭的對貞和占辭。而〈丙66〉（4）辭的兆序，見正面〈丙65〉（5）辭。

　〈丙65〉（7）辭在右背甲的左邊下沿，相對的在（7）辭的反面甲尾中間位置，見〈丙66〉（9）辭，二者為正反對貞。

　本版見甲骨正反面對貞例，其中肯定句在正面，否定句在反面；命辭在正面，占辭在反面；兆序在正面，卜辭在反面。由此可見，閱讀甲骨文需要了解正反面甲骨的相關文例。

　霰，从申，暴雪，俗稱粒雪、大雨雪。殷人迷信，認為天象的變化是由上帝所主導施降。本版的「令雨」、「令霰」、「令雪」，是指上帝命令下雨、命令降霰和命令下雪，見「雨」、「霰」、「雪」諸字已由名詞轉化為動詞的語意。

65

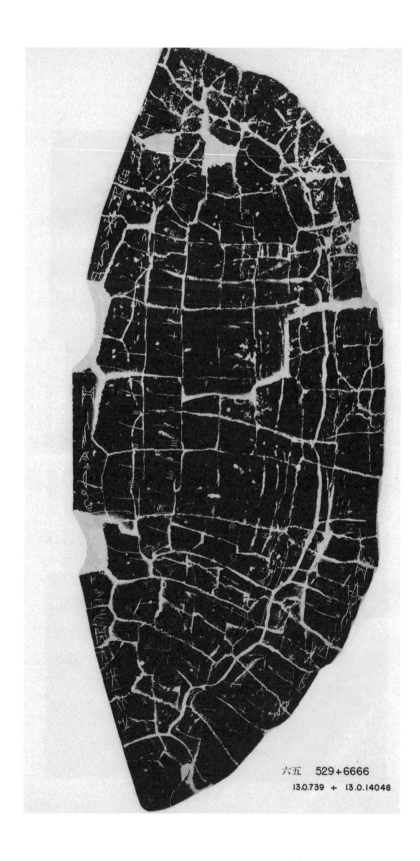

六五　529+6666

13.0.739 + 13.0.14048

〈76〉

（1）丁未卜，爭貞：畓、正、化受又？二
（2）丁未卜，爭貞：畓、正、化弗其受又？二
（3）貞：方其戋我史？二
（4）貞：方弗其戋我史？二
（5）貞：我史其戋方？二（二告）
（6）我史弗其戋方？二
（7）貞：卯亡囚？二
（8）卯其〔屮〕囚？二
（9）往西，多紐〔氏〕王伐□？〔二〕
（10）☑？〔二〕

　　（1）（2）辭在右左首甲外沿向內書寫。二辭屬正反對貞，也具成套關係。「畓正化」一般以為是殷西一個附庸名，但三字可各自獨立運用，我理解為三個鄰近的附庸部族。（1）（2）辭正反卜問「畓、正（各）、化受又（佑）」否，是詢問殷西這三個部族能獲得我們殷商祖先神靈的降佑嗎？由此可見，當日的宗教信仰，殷商信奉的神祇不單有能力施降吉凶於商民，亦有能力保佑或施災患於附庸外邦。「率土之濱，莫非王土」，而天上神祇可以指揮和控制大地各族眾，無疑也是殷人的認知。如此，殷商神靈甚至祖先是否也已為其他部族所崇拜，具備一「共神」的觀念？值得進一步檢討。這一問題，牽涉到陝西周原甲骨中祭拜殷先祖名的甲骨是屬於殷人所刻抑或周人所刻的兩難懸案。

　　〈乙3422〉　一版大龜版有相關卜刻的記錄：
〈乙3422〉（1）丁未卜，爭貞：畓、正、化亡囚（禍）？十一月。一二三四
　　　　　　　　（二告）五六七八（二告）九十
　　　　　　（2）丁未卜，爭貞：畓、正、化其屮（有）囚（禍）？十一月。
　　　　　　　　一二三四五六七八九十
　　　　　　（3）貞：畓、正、化戋（災）方？
　　　　　　（4）貞：畓、正、化弗其戋（災）方？

此版同屬「丁未」日卜和史官「爭」貞。卜辭先問畓正化無禍否，接著再問「畓正化災方」否，與〈丙76〉形式和句意相類。可知〈丙76〉（3）（4）、（5）（6）辭卜問的「方災我史」和「我史方災」的「我史」，是針對「畓、正、化」而言。史，職司與卜祝相近。因此，三附庸部族似又曾擔任殷商有占卜技能的「我

史」（又稱「朕史」）的職官，且有一定的族眾武裝力量，所以才會有此二組對貞相互卜問的方（外族泛稱）災害此三族地，抑或此三族可以災害於方此一外邦。

〈乙 3422〉（1）（2）辭正反對貞，其中的（1）辭為完整句，前有前辭，後有月份的記錄。（2）辭為省略句。這投射到書手的心理狀態，是傾向於（1）辭問卜的內容：「𡥄正化沒有禍害」。對照（1）辭的兆序（四）和（八）都有用作正面肯定語氣的「二告」，應是占卜者所屬意的卜兆；亦可以互相參證。相對的，〈丙 76〉（1）（2）辭對貞都是完整句的書寫，但對比〈乙 3422〉，書手也應是希望「𡥄正化受鬼神降佑」。「無禍」是消極的排除災害於己身，「受佑」是積極的接受外來的福蔭。二者在同時同事問卜，方式不同，但所求的意思是相同的。

「𢦏」，從戈才聲，傳統讀為𢦏，即災字。字由兵災的本義，進而泛指一切的禍害意。近人有改讀為翦、為捷，但本版言「𢦏我史」，所針對的對象只是一官職名，如理解為翦伐、攻捷意，意思都恐太超過，未足為訓，字仍以傳統廣義的施降災害意釋之為宜。小屯南地甲骨的〈南 660〉見「亡𢦏」、「亡巛」同版、〈南2172〉見「亡𢦏」、「亡巛」、「亡巛」同版；可供字從才聲讀災的參證。

（3）（4）辭在右左甲橋中間，向外書寫。二辭屬正反對貞。（5）（6）辭在右左甲橋下端，向外書寫。二辭亦屬正反對貞。兩組對貞卜問外邦「方」和商職官「我史」相互祈求神靈施降災害的吉否。其中只有（5）辭兆序下有兆語「二告」（張秉權原釋文作「上吉」），這可能是對貞中鬼神認可的一辭。

「方」，一般學界指作特定的方國名，我則認為是方國的泛稱。由於當日只見外族可能出現的蹤跡或示警，但緊急間無法確認進犯的外族為何，故占卜時只有標以「方」字作為外來敵人的泛指，用法與「土方」、「舌方」、「羌方」等特有所指的方國名不同。卜辭亦無「方方」之例。

（7）（8）辭在右左甲尾外側，向內書寫。二辭屬正反對貞，卜問「叩無禍」否。「叩」的詞性與「𡥄正化」同，應屬殷的附庸名。

（9）（10）辭在右左甲尾的中間靠千里線兩側，向外書寫。二辭屬正反對貞。（10）辭殘缺。「多紻」，可能是「多尹」的繁體；〈丙 78〉的「多紻」和「尹」見於同版，可參。（9）辭順讀不可解，句意似是「王氏（以）多紻往西伐？二」的移位句。言殷王武丁率領多尹諸職官往西邊征伐外邦。

〈丙 76〉的反面，見〈丙 77〉二辭：

〈丙 77〉　（1）王固曰：隹（唯）戊𢦏（災）。

　　　　　　（2）王固曰：吉。隹（唯）其亡工言，重其祉。

其中的（1）辭占辭在前甲上方千里線向左書寫。占辭言「戊」是針對正面首甲上兩側（1）（2）辭「丁未卜」的時間而言。而具體內容的「𢦏」，則是針對（3）

（4）、（5）（6）兩組對貞而言。因此，正面的（1）（2）辭和（3）（4）、
（5）（6）辭內容互有關連，而「𦥑正化」和「我史」的用法應屬相關。（3）
（4）、（5）（6）辭卜言「方」和「我史」相互衝突有「戈」否，其中只有（5）
辭有正面的兆語「二告」，兩組卜問「戈」否的結果應是「我史戈（災）方」的肯
定意思。因此，才會有（9）辭進一步的由殷王帶領多尹往西征伐的問卜記錄。
〈丙 77〉（1）辭占辭的「唯戊災。」，是殷王判斷說我史在戊申日將施災於外
邦。

　　〈丙 77〉（2）辭占辭的內容，並不見於正面〈丙 76〉問卜的辭例，但卻見於
屬於同套的〈丙 78〉下側：

　　〈丙 78〉　（9）貞：我史亡其工？三
　　　　　　　（10）貞：我史出工？三

相對言，〈丙 77〉（2）辭占辭「唯其亡工言」，指的是殷王判斷「我史」的互動
行為。「工」即「示」字異體；「工言」，或與宗廟禱告有關。「徝」，讀循，意
即巡行，屬軍事行動動詞。這可能是針對〈丙 76〉（5）辭的「貞：我史其戈
方？」一組對貞的判斷語，言我史沒有等到在宗廟求鬼神禱告的消息，便直接出發
進行「戈（災）方」的行動。

76

〈78〉

（1）〔丁〕〔未〕〔卜〕，〔㱿〕〔貞〕：旨、疋、化〔其〕〔受〕〔又〕？三

（2）丁未卜，㱿貞：旨、疋、化弗其受又？三

（3）貞：旨、疋、化亡囚？三

（4）其〔㞢〕囚？三（〈合集9472〉有綴合）

（5）貞：方其戈我史？

（6）貞：方弗戈我史？三

（7）貞：我史其戈方？三

（8）貞：我史弗其戈〔方〕？三

（9）貞：我史亡其工？三

（10）貞：我史㞢工？三

（11）往西，多綯其氐伐？三

（12）〔往〕〔西〕，〔多〕〔綯〕〔弗〕〔其〕〔氐〕〔伐〕？〔三〕

（13）令尹乍大田？三

（14）勿令尹乍大田？三

　　本龜版全版的兆序都是（三），只有（5）辭漏刻兆序、（12）辭殘缺，而與〈丙76〉全版兆序都是（二）屬於成套的關係。

　　（1）（2）辭在右左首甲兩側，向內書寫。二辭屬正反對貞。（3）（4）辭在右左中甲靠千里線，向外書寫。二辭屬正反對貞。（1）（2）辭卜問旨、疋、化三附庸族受佑否，（3）（4）辭卜問旨、疋、化三附庸族無禍否，語氣一正一負，應是連續的辭例。嘗試把上一版引述的〈乙3422〉、〈丙76〉和〈丙78〉三版並列，屬同日同事所卜的三塊龜版：

　　〈乙3422〉針對「旨疋化亡禍」否正反各卜問十次，獨立成套對貞，接著再詢問「旨疋化災方」否。

　　〈丙76〉針對「旨疋化受佑」否，見兆序（二）成套對貞，接著再詢問「我史災方」抑或「方災我史」否。

　　〈丙78〉針對「旨疋化受佑」否，見兆序（三）成套對貞，接著再詢問「旨疋化亡禍」否，最後又見問「我史災方」抑或「方災我史」否。

　　以上三版應具有同「套」的關係，第一版〈乙3422〉無疑是習見成套中兆序（一）的變形書寫。「旨疋化」即「我史」。而〈丙78〉是成套中完整的辭例。

　　（5）（6）、（7）（8）分見右左甲橋的上下兩側，向外書寫。屬兩組相對的

正反對貞。（5）（6）卜問「方災我史」否、（7）（8）卜問「我史災方」否。此見殷商的史官有為附庸族長所兼職，這裡具備帶兵征伐，與外邦抗衡的能力，是因為本身亦作為附庸部族使然。

（9）（10）辭在右左後甲下方兩側，向內書寫，屬正反對貞。在成套中多了這組「我史亡其工」「我史屮（有）工」。工，即示，這裡似對貞卜問我史有否進行宗廟祭拜。「史」亦當具有祭祀的職責。

（11）（12）辭在右左後甲上方靠千里線兩側，屬正反對貞。其中的（12）辭殘。（11）辭「往西，多紳（尹）其氏（以）伐？」，紳作◆，對比〈丙76〉（9）辭「往西，多紳（尹）氏（以）王伐？」，紳作◆。這裡是省略了「王」字。伐，一般用為砍首的人牲，但在此不可解。由常態的句意推，（11）辭應讀作「王以多紳往西伐？」的移位，「伐」字作為習用的征伐動詞，「多紳其以」應是「以多紳」的賓語前置的意思。以，有攜帶、帶領意，此辭真正的意思，是卜問殷王率領多尹（即諸尹）往西征伐。我強調通讀卜辭重視的「句意重於行款」，於此亦見一例。

（13）（14）辭在右左甲尾上靠千里線兩側，向外書寫。二辭屬正反對貞，卜問「令尹作大田」否。「尹」「紳」字見於同版，屬同版異形。本版王命令多尹西征，同時又命令尹官開墾大田。「作田」成詞，指進行耕種的工作。古人對外用兵兼有屯田的行動，是否已經可上溯殷商，值得注意。

本版同版中異形字例眾多，可見字形的差異，實不能作為斷代分期或分組的絕對標準。如：

史字作◆（6）、◆（7）、◆（5）
方字作◆（5）、◆（6）
令字作◆（13）、◆（14）
弗字作◆（6）、◆（8）
其字作◆（7）、◆（8）、◆（2）
貞字作◆（5）、◆（9）
化字作◆（1）、◆（3）
我字作◆（10）、◆（8）、◆（7）
囚字作◆（3）、◆（4）（〈丙76〉作◆）

本版的反面，即〈丙79〉，見有二辭：

〈丙79〉　（1）王固曰：隹（唯）旬言，重往不往。
　　　　　（2）☑氏（以）☑。

其中的（1）辭在左甲橋中，向外書寫。（2）辭殘，在中間千里線右側。（1）辭

占辭，可對比同套的〈丙 77〉占辭：

〈丙 77〉（2）王固曰：吉。隹（唯）其亡工言，叀其徝。

二者的意思相當，〈丙 79〉（1）辭占辭應是吉語。「唯匄言」的「言」字，可隸作「舌」。此句是針對正面〈丙 78〉（9）（10）二辭「我史亡其工」、「我史出（有）工」的對貞，作出占辭記錄。匄，金文有讀為丐，用為祈求意；但這裡對比〈丙 77〉的「唯其亡工言」句，字或可用為否定詞「亡」字的繁體；備參。此指我史沒有得到祈求禱告之言。目前評估，似以後者為是。如此，亦合乎「唯」字作為否定句語詞，與「叀」字用為肯定句語詞對應的常態句例相同。

「叀往不往」句連讀，語意不可解。對比「叀其徝」句，徝，從目省視於彳中，字即循，有巡行、巡查意。近人有將往字理解為「徒」，亦不可解。細審原拓，此辭行款分三直行，「叀往」和「不往」分行書寫，另行頂格直書的「不往」似應分開獨立理解，作為驗辭。言事情的結果，是最終我史（指甾正化）並沒有出征。因此，正確釋文是：

（1）王固（占）曰：「隹（唯）匄（亡）言，叀往。」不往。

至於〈丙 79〉（2）辭的殘辭，位於殘甲反面的正中，應也是另一條占辭。對應正面的正中位置，恰好是〈78〉（1）辭「往西，多紻其氏（以）伐？」句，殘辭語義相接，見甲骨正反面文字有對應書寫的習慣。

78

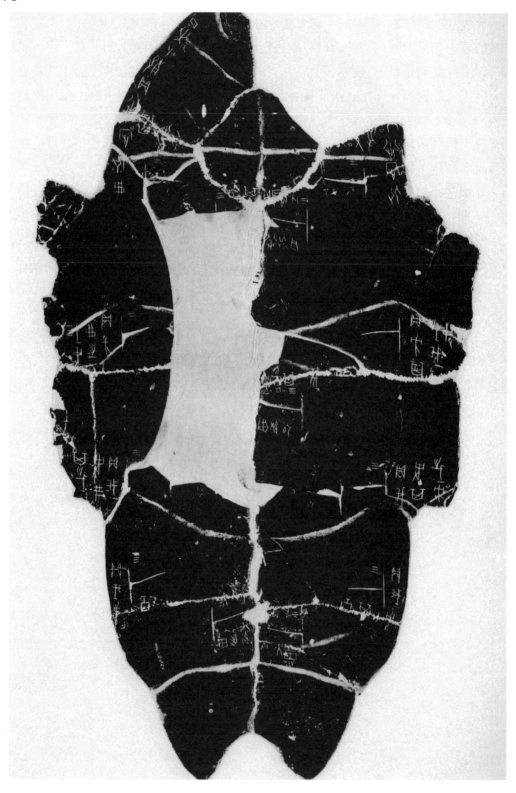

〈80〉

（1）貞：我其阱，罕？五（二告）

（2）己卯卜，敵貞：弗其罕？五

　　（1）（2）辭在右左前甲上外沿，向內書寫。二辭屬正反對貞。兆序都為（五）。

　　阱，象麋投陷井中的側形，動詞。罕，象畢形捕獸器，讀禽，即擒字初文，動詞。

　　（1）（2）辭是田狩卜辭。「我」，泛指我們，言我們將設阱捕獸，卜問會擒獲否。（1）辭省前辭的「己卯卜，敵」，命辭當分為前句陳述句和後句詢問句。（2）辭命辭省略前句。語詞「其」分別見於對貞命辭的前句或後句。由兆語見占卜者選取的是（1）辭。

　　對比〈乙 2235〉：

　　〈乙 2235〉　（1）己卯卜，敵貞：我其阱，罕（擒）？一

　　　　　　　　（2）己卯卜，敵貞：弗其罕（擒）？一

二版當為成套的關係。後者兆序為（一），應先書，文例亦較完整。

　　〈80〉版擒字作 (1)、作 (2)，屬同版異形。

80

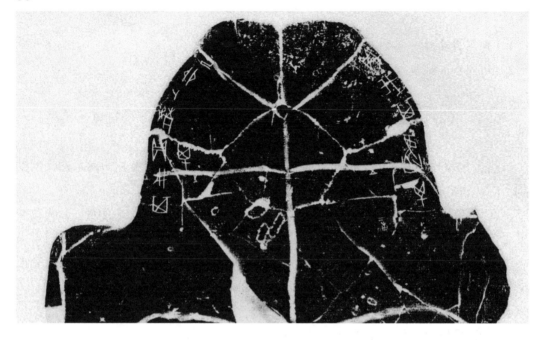

〈81〉

（1）庚戌卜，㱿貞：王立黍，受年？〔一〕

（2）貞：王勿立黍，弗其受年？一

（3）貞：王〔立〕黍，受年？一月。二

（4）〔貞〕：〔王〕〔勿〕立黍，弗其受年？二

（5）貞：畫來牛？一

（6）貞：畫弗其來牛？一

（7）貞：畫來牛？二

（8）弗其來牛？二（二告）

（9）三

（10）三

　　（1）（2）辭在右左前甲上外沿，向內書寫。二辭屬正反對貞。命辭分前後句。（1）辭兆序（一）漏刻，應補上。（3）（4）辭在右左甲橋下方外沿，向內書寫。二辭屬正反對貞。

　　（1）（2）、（3）（4）兩組對貞為成套關係，同時由上而下連續卜問受年否。「受年」，指的是能接受鬼神降佑，農作得以豐收。（3）辭的「一月」離開卜辭而上刻在右甲橋下邊沿，但在閱讀時應置於卜辭之末。

　　（5）（6）辭在右左甲橋上方外沿，向外書寫。二辭屬正反對貞。（7）（8）辭在右左後甲下方外沿，向下直書。二辭亦屬正反對貞。（5）（6）、（7）（8）兩組對貞亦為一成套的關係，卜問畫（其人或族）來貢牛否。卜辭有見附庸貢龜，這裡亦見有進貢牛隻的例子。

　　（9）（10）辭對應在右左後甲下方靠千里線兩側，各只有兆序（三）。由刻寫位置判斷，（1）（2）、（3）（4）先刻，如（9）（10）辭兩個兆序承此先卜，其刻寫位置理應即在（7）（8）辭的後甲下右左兩外側才對。因此，評估（9）（10）二兆序的出現，似是在（7）（8）辭問卜之後，才刻於此相對的位置。所以，（9）（10）的兆序是屬於（5）（6）、（7）（8）之後卜問來貢牛的第三組右左對貞之全省卜辭例。

　　本版字形如年作　（4）、作　（3），受作　（1）、　（2），屬同版異形。（4）辭「弗」字漏刻豎筆作　，（8）辭兆語的「告」字作　，有增橫筆，原釋文釋作「吉」，明顯是不對的。

　　卜辭有「立中」的測風儀式，這裡（1）（2）、（3）（4）辭的「立黍」，恐

怕也是一種耕種之前進行的禮儀。前面兩組對貞都是 $\begin{Bmatrix} A & , & B \\ -A & , & -B \end{Bmatrix}$ 句，就句意言否定句是前後句矛盾無意義的，殷王武丁既不舉行植黍的祭拜儀式，就沒有必要詢問鬼神不降佑豐年一事。殷史官只是站在正反成組對比的機械形式詢問「受年」否，並沒有細究前後句意的合理不合理。

〈丙 81〉的反面，見在右甲橋上邊有：

〈丙 82〉　戊午卜，〔䟆〕。

這與正面〈丙 81〉中間的（5）（6）辭對貞句位置相對，應是（5）辭的前辭，分書先刻於甲的反面。這又是卜辭先反面、後正面連讀的一個特殊句例。（1）（2）（3）（4）辭的干支「庚戌」日距離（5）（6）（7）（8）辭占卜的「戊午」日前後共九天。

81

〈83〉

（1）癸卯卜，爭貞：王令三百射，弗告〔十〕示，王▨隹之？一

（2）貞：王▨不隹之，弗告三百射？一

（3）癸丑卜，骰貞：旨戋，屮盅〔羅〕？一

（4）旨弗其戋，屮盅羅？一

（5）爯正化戋？一二三（二告）

（6）爯正化弗其戋？一（二告）二三

（7）貞：王骨㾃？一二

（8）貞：王骨不其㾃？一二

（9）貞：屮來自南氏▨？一（二告）二三四〔五〕六

（10）貞：至于庚寅飲，䢕既，若？一二三四

（11）貞：至于庚寅飲，不若？一〔二〕三四

（12）貞：醬屮鷹？一

（13）乎多馬逐鷹，隻？一

（14）醬屮鷹？二（二告）

（15）乎多馬逐鷹，隻？二

　　（1）（2）辭在右左前甲外側，向內書寫。二辭屬正反對貞，作 $\begin{Bmatrix} -A & , & B \\ -B & , & -A \end{Bmatrix}$ 的特殊句型。（1）辭命辭分前後兩部分，前部分陳述句有二分句「王令三百射，弗告〔十〕示」，其中的「十」字殘，僅見一短豎筆，今暫從張秉權原釋說補。此言武丁命令三百射（射，職官名；又用為殷武力單位。由「三百」的量觀察，這裡是用後者的意思），但不稟告於祖先十示（宗）這三百射人的行動。後部分詢問句是「王▨隹（唯）之（此）」，▨，象牛肩胛骨形，字有借讀為占、為禍，這裡可能理解為「禍」。此言商王的禍患由此而生。「王禍唯此」，即「唯王禍」一詢問句的移位。對貞的（2）辭「王禍不唯此」，即「不唯王禍」的意思。（2）辭省前辭的「癸卯卜，爭」，命辭將（1）辭的前後部分移位。「弗告三百射」句，是「弗告三百射（于十示）」的省略。「射」的行動是「告」的內容。

　　（3）（4）辭在右左甲橋下，向外書寫。二辭屬正反對貞，作 $\begin{Bmatrix} A & , & B \\ -A & , & B \end{Bmatrix}$ 句。命辭中的詢問句移前，陳述句移後。對貞卜問「旨」其人災否。「旨」，又稱「西史旨」〈丙 5〉，「西史」為其職稱；相對的，此可提供〈丙 76〉的「爯正

化」三附庸首領曾作為「我史」一職的佐證。

　　（5）（6）辭在右左後甲中間，向外書寫。二辭屬正反單句對貞兼成套關係。其中的（5）辭肯定句兆序（三）和（6）辭否定句兆序（一）都有兆語「二告」，表示神靈肯定、接受這兩個卜兆。殷人可能是根據甲骨以外的其他標準，作為卜辭取捨的判斷。

　　（7）（8）辭在右左前甲下靠千里線兩側，向外書寫。二辭屬正反對貞。命辭的「骨」字作 （7）、（8），象牛肩胛骨形，（8）辭字上明顯見具骨臼。字應即（1）（2）辭 字之省，仍應讀為「禍」。「王禍」，可分讀獨立成句。贏，讀贏，有安意，用為詢問句。

　　（9）辭單獨刻在右甲橋上，向外書寫。卜辭卜問了六次，句末稍殘，張秉權原釋文引〈乙 6670〉的「虫（有）來自南氏（以）龜？」一辭互參，認為句末可補「龜」字；可從。這條卜辭和甲背面的〈丙 84〉同屬甲橋邊位置的（4）辭「畫〔來〕□。」一辭相關，後者可能是〈丙 83〉（9）辭的驗辭。當然，「畫來□」句自然可以獨立理解為一記事刻辭，言記錄「畫來貢甲骨若干」。

　　（10）（11）辭在右左前甲下方千里線兩側，向外書寫。二辭屬正反對貞兼成套關係。命辭句型作 $\begin{Bmatrix} A \text{，} B \text{，} C \\ -A \text{，} -C \text{，} \end{Bmatrix}$。（10）辭肯定句的前兩句是「先攴，遒既」的省略。「既」，字由人跪坐朝簋食畢的本義，引申有完成的意思，如「既彤」〈合集 808〉、「既燎」〈合集 14534〉是。這裡表面上似是言至於庚寅日先進行攴擊的殺牲法，接著才終止獻食的儀式，最後卜問這個流程順利不順利。（10）辭否定句前面的陳述句理論上是省略「遒既」二字。但進一步觀察，（10）（11）辭的前辭，應是反面的〈丙 84〉正中相同位置的（1）「戊子卜，爭」句：

　　〈丙 84〉　　（1）戊子卜，爭：己丑雨？

而〈丙 84〉（1）辭前辭之後另有一段命辭的內容「己丑雨」，應也是〈丙 83〉（10）（11）辭句首原有的意思。因此，二辭的完整句是：

　　（10）戊子卜，爭貞：己丑雨，至于庚寅攴，遒既，若？一二三四

　　（11）〔己丑雨〕，勿至于庚寅攴，〔遒既〕，不若？一二三四

考量卜辭中多見「既雨」的用例，如：

　　〈合集 1784〉　　　丁亥卜，貞：既雨？

　　〈合集 11497〉　　乙巳彤，明雨，伐。既雨，咸伐，亦雨，攴卯鳥星。

　　〈合集 12973〉　　丁丑☒翌戊寅既雨。

　　〈合集 20964〉　　癸丑卜，貞：旬五月庚申𠂤人雨自西，夕既？

　　〈合集 21302〉　　庚寅雨，中日既。

〈屯 665〉　　辛巳貞：雨不既，其燎于亳土？

因此，「雨，……既」有雨過而中止的用法。（10）辭命辭的「廼（乃）既」，是針對「己丑雨」而言。全句命辭正確的句意，是卜問明天己丑日下雨，是否一直至後天庚寅日進行㱙祭，才會停止，這個階段祭祀順遂嗎？

〈丙 84〉　（2）「王固曰：𢦏（災）。隹（唯）庚不隹（唯）庚，叀丙☑。」此辭在左甲橋下方，向外書寫，應是〈丙 83〉（10）（11）辭的占辭，正反面的語意相承。占辭判斷是次占卜的事件有災，接著針對時間言，指（10）辭言的「至于庚寅」日和（11）辭的「勿至于庚寅」日二者詢問皆非，應該是丙申日進行㱙祭才比較適宜。

（12）（14）辭在右甲尾下成套、（13）（15）辭在左甲尾下成套。張秉權原釋文誤將（12）（13）、（14）（15）辭依右左對應的慣例來並列，但恐可商。（12）（14）、（13）（15）兩套卜辭句意相連。（12）（14）在右甲尾右左對應，連續卜問𤰈地有廌獸嗎？答案明顯是肯定的，占卜者由兆語見認同了（14）辭的卜辭。殷史官接著卜問：（13）（15）辭在左甲尾左右對應，連續謂殷王號令多馬去追捕（𤰈地的）廌獸，卜問能獲捉到嗎？兩套甲尾卜辭在右左面呈現相承的占卜關係。

本版見對貞卜辭習見的刻寫行款，一般是由右而左，由上而中而下。以中間千里線為界，對貞書寫多由外而內，再由內而外。有以右甲、左甲分開書寫，先在右甲右左對貞，再在左甲左右對貞。

〈丙 84〉　（3）帚妏。

　　　　　（4）畫〔來〕☑。

〈丙 84〉（3）（4）辭見於甲骨背面右甲橋的中下方。就詞位看，「來」此殘字後恐只缺一字，釋文應作「〔畫〕〔來〕□。」。（3）辭由甲橋下側往邊沿方向刻寫，「帚（婦）妏」的「妏」字右接「來」字；（4）辭則由上而下刻寫。「來」字作為一直角處位置，上接（4）辭的「畫」（姚孝遂《殷墟甲骨刻辭類纂》隸作婁），左接（3）辭的「帚妏」。對比習見的「畫來」、「帚妏來」的文例：

〈合集 1747〉反　　畫來。

〈合集 6648〉反　　畫來廿。

〈合集 9194〉反　　畫來十三。在敦。

〈合集 10632〉反　畫來。

〈合集 14003〉反　畫來廿。

〈合集 14755〉反　畫來十。

〈合集 6648〉反　　我姃來。

〈合集 6655〉反　　帚姃來。

〈合集 9200〉反　　帚姃來。

由此看來，〈丙 84〉作為〈丙 83〉的反面，其中的（3）（4）辭應讀作「帚（婦）姃來」、「畫來」，動詞一「來」字是二辭共用動詞的一種特例書寫。

　　上引的〈合集 6648〉，即〈丙 134〉；〈合集 6648〉反，即〈丙 135〉：

〈丙 134〉　（1）乙丑卜，㕚貞：☒戈？一二三四五六七八九

　　　　　　（2）乙丑卜，㕚貞：旨弗其戈？一二三四五六七八九

　　　　　　（5）庚寅卜，馭貞：爯化正戈鼻隹？一二三四五六七八九十

　　　　　　（6）貞：爯化正弗其戈？一二三四五六七八九十

　　　　　　（9）貞：王亡卷？一

　　　　　　（10）王固曰：重既。三日戊子允既。戈戈方。

〈丙 135〉　（1）王固曰：重既。

　　　　　　（2）王固曰：重既。

　　　　　　（3）我姃來。

　　　　　　（4）畫來廿。

〈丙 134〉與〈丙 83〉關係密切，卜問內容句例可相互對應。〈丙 83〉（5）（6）辭的「爯、正、化」作為三個附庸部族的主語，可以移書作「爯、化、正」。

83

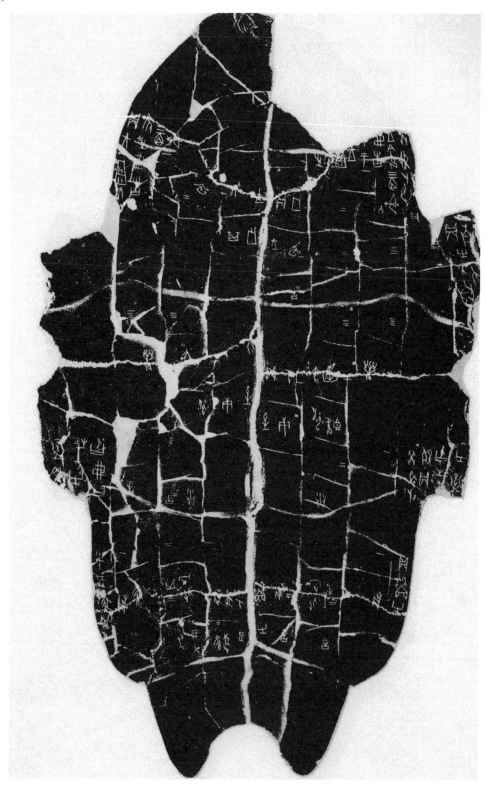

〈86〉

（2）癸丑卜，敞：隹兄丁？一（二告）二

（3）癸丑卜，敞：不隹兄丁？

（4）王隻鷹？允隻。一

（5）不其隻？一

（6）貞：圣麋？一二

（7）貞：弗其圣麋？一二（二告）

（9）王弗其隻兕？一

（10）王隻兕？一二

（11）甲寅卜，敞貞：夐于出土？一

（14）出窜，出一人？一

（15）出重犬，出羊，出一人品？一

　　本版祭祀卜辭的（2）（3）、（11）、（14）（15）刻在龜版的上方中間和下方靠右甲，田狩卜辭的（4）（5）、（6）（7）、（9）（10）都擠在龜版的中間向兩外側書寫。殷人占卜和刻寫，似乎已有在甲骨不同位置分開詢問和記錄不同義類卜辭的習慣。

　　（6）（7）辭在右左後甲的上方靠千里線兩側，向外書寫。二辭屬正反對貞。（6）辭肯定句的正背面，即〈丙 87〉（5）辭：「允隻（獲）麋四百五十一。」，是對貞的驗辭，強調問神靈的結果是屬意於正卜的「圣（擒）麋」，並記錄果然捕獲麋，且具體的點出是次擒麋的數目。但由此對應看正面的對貞，在（7）辭否定句的兆序（二）有兆語「二告」，這顯然和卜問者視兆的傾向於（6）辭有關連。卜問者的判斷似乎和結果相反。

　　（2）（3）辭在右左前甲下方靠千里線兩側，向外書寫。二辭屬正反對貞。對貞命辭省動詞，句首語詞的「唯」和「不唯」相對，卜問「兄丁」降禍或求佑於兄丁否，這和反面〈丙 87〉右左前甲下方兩外側的（2）辭「雀亡囚（禍）？」和（3）辭「子商亡囚（禍）？」一組選貞可能有語意相承的關係。

　　（14）（15）辭在右甲尾下並列，向外側書寫。二辭和反面〈丙 87〉右甲上下相接的（1）辭「丁亥卜：出一牛品？」、（9）辭「丁亥出一。」語意相同，正反面四辭應連讀。〈丙 86〉（14）辭言出（侑）祭用圈養的羊，並連帶用一人牲。（15）辭言出（侑）祭用犬，並連帶用羊和用一人牲作為獻祭的貢品。（14）（15）辭的第一個「出」字，讀侑，作為祭祀動詞；其後的「出」字，讀又，作為

連詞。〈丙 87〉（1）辭言丁亥日占卜，侑祭用一牛為獻品，（9）辭如為卜辭，讀作「丁亥：屮（侑）一？」，言丁亥日占卜，侑祭用某牲一；句亦可對應（1）辭，作為（1）辭的驗辭，言丁亥日果然用一頭牛侑祭。這裡正面的（14）（15）辭和反面的（1）（9）辭內容相當，因此，〈丙 86〉（14）（15）辭省略的前辭可能應亦是「丁亥卜」。

　　〈丙 86〉版田獵動物有：麃、麋、兕。其中張秉權原釋的麃字作 　，本象鹿的側形，釋作麃似是據《說文》的「麃，解廌獸也。似牛一角。古者決訟，令觸不直者，象形。从豸省。」字強調一角的動物。但字既屬動物的側形，且與牛並不同類，上亦不能以「一角」視之，字似仍應釋作「鹿」字為是，用為鹿的泛指。麋字作 　，上從眉聲，去角。《說文》：「麋，鹿屬，麋冬至解角」，此說可從。兕字作 　，《說文》：「兕，如野牛，青色，其皮堅厚可制鎧」，段玉裁注：「野牛，即今水牛，與黃牛別。古謂之野牛。郭注山海經曰：犀，似水牛，青色，一角，重三千斤。」亦可備參。

　　對比（4）（5）、（9）（10）兩組正反對貞，動詞都是「隻（獲）」，而否定詞一用「不」、一用「弗」，似乎無別。而由（6）（7）對貞的「罕（擒）麋」過渡至〈丙 87〉（5）辭驗辭的「隻（獲）麋」，語意相承。「罕」是一種捕獸法，指用長柄的網去抓麋。「隻（獲）」是田狩的具體結果。前者是流動的、不確定的行動過程，後者是固定的、直接的結局。由此看來，命辭用「擒」，驗辭用「獲」，詢問擒否是不確定的，而交待獲若干則是事實的陳述。否定詞「弗」字是相對、猶疑的語氣，而「不」字則用於較絕對、決斷的語氣。

　　（11）辭和（14）（15）辭語意相承，應可連讀。（14）（15）辭屮（侑）祭的對象，應也是（11）辭的「屮土」。其中的「屮」字讀有，用為詞頭，有強調其後名詞的語氣功能。（11）辭命辭等同於「尞（燎）于土？」，卜問用火燒之祭於自然神中特定的土神一事順否。同一「屮」字，（14）（15）辭句首的「屮」字用為動詞的侑祭，句中的「屮」字則讀為連詞的「又」。

　　（15）辭句末一字，張秉權原釋文的「品」，字作 　。姚孝遂《殷墟甲骨刻辭類纂》隸作晶、星，與 晶、吕 類字相混，然彼此用例不同，恐有可商處。相對的，　字和甲骨文一般從三口的「品」作 品、品 的用法反而相接近，如「品」字有「酚品」〈合集 30286〉、「酚，纞品」〈合集 32384〉、「酚品豐」〈屯2292〉、「于即品」〈合屯 917〉、「其品卅」〈合集 21934〉、「一品祀」〈英1923〉、「品祠」〈合集 20276〉等例，用為祭祀類名詞，處於祭祀動詞的前後。字泛指獻祭的物品。張秉權釋 　為「品」，反而是比較正確的。又如：

　　〈屯 2272〉　　　辛未卜：其酚品豐，其奉于多妣？

〈合集34526〉　　乙卯卜：來丁卯酚品，不雨？

句例見酒祭以品，求佑於祖妣，或問卜降雨否。這和〈丙 87〉（1）辭的侑祭用一牛作為獻祭品的辭例下側，同版緊接有（6）「今日其雨？」、（7）「今日不雨？」的詢問方式是相同的。「品」字作為獻祭物品的泛稱。三口形固定作為貢品抽象的排列祭祀，字形似與宗廟中祭拜左中右神主的置放位置有一定的巧合對應。

86

〈88〉

（1）丙申卜，爭貞：王疾，隹固？一
（2）丙申卜，爭貞：王疾，不隹固？一
（3）丙申卜，爭貞：王其逐麋，菁？一
（4）丙申卜，爭貞：王步？一

　　（1）（2）辭在右左前甲上端外側，向內書寫。二辭屬正反對貞。命辭前句為陳述句，後句為詢問句。「疾」，字從人側躺牀上，然人首強調豎髮形，或應讀為驚醒的夢字。

　　（3）（4）辭在右左甲橋下方，向外書寫。二辭似各自獨立的單卜，但位置相對應，詢問內容或有一定因承關係。對比（1）（2）辭是先正後負，先右後左的刻法方式，（3）（4）辭按理亦應是先卜問王逐獸一事，再卜問「王步」。麋，從鹿，強調眉首；形兼聲。菁，即遘，遇也。

　　一般言「王步」某地，是指殷時王出巡。殷人田狩已具拓張領域、宣示疆土主權的意味。因此，（3）辭的卜問王行獵會遘遇到野麋否，和（4）辭卜問王出巡否，在意義上是有相關連的。

　　龜版右左甲尾靠中間千里線兩側，有二卜兆和兆序，其中的右兆序殘，即：
　　（5）〔一〕
　　（6）一
二卜兆的卜辭在甲反面的對應位置，即〈丙89〉左右甲尾千里線的（1）（2）辭：
　　〈丙89〉（1）貞：亡壱？
　　　　　　（2）王出壱？
這是一組卜兆、兆序在正面，對貞卜辭刻在反面的例子。

　　〈丙88〉龜版只見有前甲（1）（2）、甲橋（3）（4）、甲尾（5）（6）三組對應卜辭，語意上下相承，因此〈丙89〉（1）（2）辭省略的前辭，自然也應是「丙申卜，爭」。〈丙89〉（1）（2）辭「無壱」「出壱」否的對貞，似是針對〈丙88〉（3）（4）辭殷王武丁在外活動一事而追問。

　　〈丙88〉（1）（2）辭由於「王疾」而卜問「固（禍）」否。固，本象卜骨，讀為禍，示由鬼神施降的災禍。〈丙89〉（1）（2）辭是承〈丙88〉（3）（4）辭的「王遘獸」和「王步」而進一步問「壱」否。壱，字象蛇咬腳形，示遭受外物、外在的災害。

　　〈丙 88〉四辭前辭的「卜」字，分見於右左前甲和甲橋下，但都固定的作「Ｙ」形，這和兩組卜兆裂紋一致朝中線的形狀並不相同，也和一般對貞文字在右左甲對向書寫的習慣相違。

88

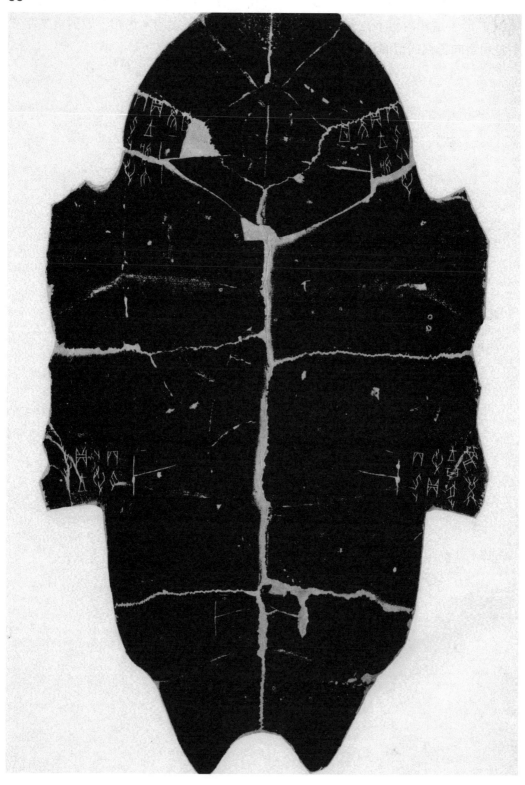

〈90〉

（9）戊午卜：小臣妴？十月。一二三四

（10）戊午卜：小臣妴？〔一〕二三四

（11）戊午卜：小臣不其妴？癸酉�甲戌〔隹〕女。一二

（9）（10）辭在右左前甲上靠千里線兩側，向外書寫。二辭屬正正對貞。對貞的卜兆和兆序在卜辭上方，由外向內橫列。卜問小臣妴（嘉）否。「小臣」，職官名。殷人生子曰妴，生女曰不妴。

（11）辭自成一辭，在右甲尾上靠千里線，向外書寫。卜辭的卜兆和兆序亦在辭的上方，由外而內橫列。卜辭的命辭屬否定句式，後緊接驗辭。驗辭句末稍殘，張秉權原釋文作「癸酉◩甲戌毌〔妴〕。」，姚孝遂《類纂》釋作「癸酉◩甲戌女……」。張惟捷《丙編新編》釋作「癸酉◩（嚮）甲戌。女（？）□。」，諸家的理解紛紜。核對原辭，分五行由內而外直書，前者每行都是常態三字一行（除「小臣」合文），因此，「癸酉向甲戌」的「甲戌」干支後宜先讀第五行上方的一殘字，殘字仍保留隹鳥形的尾部和下邊，應即「隹」字反書，讀為「唯」。對比常見文例，如：

〈合集6948〉 壬寅卜，𣪊貞：婦好冥（娩），妴（嘉）？壬辰◩（向）癸巳冥（娩），隹（唯）女。

〈合集14002〉 甲申卜，𣪊貞：婦好冥（娩），不其妴（嘉）？三旬㞢（又）一日甲寅冥（娩），允不妴（嘉），隹（唯）女。

可見〈丙90〉（11）辭驗辭追述小臣分娩的結果，意是16日後的癸酉過度至甲戌時生，只是生的是女嬰。末二字當是「隹（唯）女」。其後則並沒有殘字。

生育卜辭問「妴」否，和彡（肜）祭似有關連。如：

〈合集37855〉 不妴，在正月，遘小甲肜夕，隹（唯）九祀。

因此，〈丙90〉（1）至（6）辭三組正反對貞丁巳日卜問的肜祭，和次日戊午日（9）至（11）辭卜問的生育，可能有語意相承的關係。

90

《丙編》上輯（二）

〈96〉

（1）乙丑卜，敵貞：甲子 乙丑王夢牧石麋，不隹囚？隹又？一
（2）貞：甲子 乙丑王夢牧石麋，不隹囚，隹又？三月。二

　　一條完整的卜辭分前辭、命辭、占辭、驗辭四部分。占辭是針對占卜的判斷語，屬陳述句，一般是緊接著命辭對貞句中占卜者所屬意問卜意思的句子之後書寫，如〈丙 96〉（25）辭的「庚申卜，㘗貞：王史人于陝，若？王固曰：吉。若。」，又如〈丙 97〉（20）辭的「貞：今乙未亡㟥？」接（21）辭「王固（曰）：☑㟥。」是。但亦有在甲骨正面刻寫前辭、命辭，而將占辭移書於甲骨背面的習慣。反面刻寫的占辭，恰好與正面相當位置的命辭相靠接，這似乎是殷卜辭刻寫的一種習慣，研契者宜前後合觀之。以下，是〈丙 96〉〈丙 97〉正反面甲骨內容互參的例子：

〈96〉	〈97〉
（1）乙丑卜，敵貞：甲子 （向）乙丑王夢牧石麋，不隹（唯）囚（禍）？隹（唯）又（佑）？一	
（2）貞：甲子 （向）乙丑王夢牧石麋，不隹（唯）囚（禍）？隹（唯）又（佑）？三月。二	（11）王固（占）曰：不隹（唯）囚（禍）。

　　〈丙 96〉（1）（2）辭屬同版成套復對貞的關係，位於首甲上的右左兩側，向中間書寫。二辭命辭是一辭二卜例，句中有兩個詢問句。（1）辭前辭見「乙丑」日進行占卜，命辭分為三分句，第一分句句首陳述的時間詞是指甲子日過渡至乙丑日的一段時間，殷王武丁夢見放牧石地的麋鹿一事。王夢事件發生的時間既然是由甲子日晚一直至乙丑日早上殷王睡覺之間，這自然是在乙丑日占卜（一般占卜時間在

傍晚進行）之前已發生的個案。換言之，前句作為記錄具體已發生事宜的陳述句性質是無庸置疑的。（1）（2）辭要卜問的，是命辭的第二、三分句，詢問夢境這種徵兆是不會有禍害嗎？會得到鬼神的蔭佑嗎？這（1）（2）辭命辭第二、三分句的性質相當，用字相同，連續的詢問句一否定一肯定，屬同文卜辭。「因」，為卜問鬼神降災禍否的「禍」字初文，針對夢境而言；「又」，讀如佑，針對時王武丁而言。反面的〈丙 97〉（11）辭在正面〈丙 96〉（2）辭的背面，行款由內向外側書寫，正好與正面的（2）辭相向。殷王親自判斷這徵兆沒有禍害。

〈96〉	〈97〉
（3）貞：〔王〕〔出〕夢，〔隹〕（唯）乎（呼）余卟（禦）因？一二	
（4）貞：王出夢，不隹（唯）乎（呼）余〔卟〕因？一二	（16）卟（禦）于祖辛。

（3）（4）辭為正反對貞，位於右左後甲的上方，分向外刻寫。（3）（4）辭各自連卜問了兩次。（3）辭的〔王〕〔出〕〔隹〕為龜甲中殘缺的一小片位置所補的字。（4）辭「余」後一行「因」字之上橫介畫外有一遭刮削的痕迹，但由殘筆應可補一「卟」字，並非省略。「余」，似為貞人的代詞，或即殻，此人能代王祭祀，與王的關係自是非比尋常。由於王有夢，一般言夢屬凶兆，因此（3）辭的殷王「呼令余（貞人）禦祭以因（卜骨）」，或又可理解為殷王「呼令余禦祭去除王的骨疾」。對比同版（5）辭「貞：王其疾因（骨）？一二三四五」一句，（5）辭位於右甲橋下外端，兆序（一）至（五）在右甲橋由上而下成兆，（5）辭則由兆序（四）右側位置刻寫，往下至兆序（五）底再往內截返至兆的下方，為一完整的成套卜辭，連續卜問殷王骨疾的吉否。況且，本版甲骨是龜版而非牛骨。因此，（3）辭的解讀似以後者禦祭求剔除殷王骨疾為是。而（3）（4）辭命辭前句的「王有夢」，又或與「疾骨」有關。而與〈丙 96〉（3）（4）辭對貞相對應的，似是背面〈丙 97〉右後甲的（16）辭「卟于祖辛」一句，這裡進一步說明禦祭求除骨疾的具體商王祖先名。「祖辛」是中宗祖乙之子，祖丁之父。然而，（16）辭此句省略了前句，是屬於命辭抑驗辭，仍無法判斷。這裡強調祖先中的祖辛能除惡疾，祖辛的神力自然異於一般殷祖。

〈96〉	〈97〉
（6）王隹（唯）出（有）不若？	

（7）王不隹（唯）出（有）不若？　　　（18）王固曰：吉。余亡不若。

〈丙 96〉（6）（7）辭屬正反對貞，位於右左後甲靠千里線處，向外刻寫。句中語詞「唯」與「不唯」對貞，帶出動賓語的句組「有不若」。在甲反面的〈丙 97〉（18）辭「王占」二字，寫於千里線的左邊，但其餘文字主要都在右邊。對應內容，占辭是接著正面的（7）辭內容相對而言。「王固曰」下接的都是時王的判斷語，因此這裡的「余」，指的是殷王武丁本人自稱。「亡不若」，即是無不順。

〈96〉
（9）貞：我受黍年？一〔二〕
（10）不其受黍年？一二

〈97〉
（17）王固（占）曰：吉。我☒。

〈丙 96〉（9）（10）辭屬正反對貞，位於右左後甲中間偏下（6）（7）辭的外側，向外刻寫。在（9）辭的背面，見〈丙 97〉（17），也是向外刻寫，辭殘，但由對應的正面（9）辭，加上句首「王固曰：吉。」的肯定語意，「我」字後的殘字應是「受黍年」一肯定句判斷語。如此，由對比正反面相對位置的甲文，可作為判定殘辭內容的一證。

〈96〉
（11）貞：王又三羌于俎，不又，若？
一
（12）貞：王又三羌于俎，不又，若？
二

〈97〉

（25）王固曰：吉。若。

又，字作Ɏ，張秉權原釋「左」，但「王左三羌于俎」，無義；古文字正反不區，字仍應隸作又，讀作侑，用為祭儀，動詞。（12）辭，張的描本誤書作（17）；宜正。（11）（12）辭為成套的關係，分別在右甲靠甲橋處的上方，但一朝兆、一背兆書寫。甲背面的〈97〉（25）辭位置正在正面（12）辭的後面，應針對這成套卜辭的兆序（二）而言。「不又」，即「不佑」，言不為祖先所佑，句可理解為陳述句，又可用為詢問句。如屬後者，（11）（12）為一辭二卜的組合，卜問不為祖先保佑嗎？順利嗎？對比同版（1）（2）辭用作一辭二卜例，這裡也應視作如是理解。

〈96〉

（16）庚子卜，亙：帚（婦）娩娩，妨（嘉）？

（17）貞：帚（婦）娩娩，不其妨（嘉）？

〈97〉

（12）王固曰：其隹（唯）甲娩。

（16）（17）辭屬正反對貞，位於右左前甲上千里線的兩側，向外書寫。命辭為複句，前句是陳述句，後句是詢問句，卜問婦娩分娩，會生男否。（16）辭前辭省「貞」，與（17）辭前辭句意可互補。背面〈丙 97〉（12）辭在正面（16）辭的背後直書，見占辭作為肯定句，位置對應正面對貞的肯定句，殷王武丁主觀心理認同此卜的生男，並判斷婦娩分娩的時間是在甲日（甲辰）。其，將然之詞，置於句首，仍修飾其後的動詞「娩」，時間詞「唯甲」加插其間。

本版同版異形的字例，有：

骨作 **圖**（3）、作 **圖**（4）；筆序不同。

其作 **圖**（5）、**圖**（20）、**圖**（14）等字體：上二短橫和箕底寫法不同。

于作 **圖**（25）、作 **圖**（26）；豎筆直、斜各異。

隹作 **圖**（1）、作 **圖**（2）；隹形正反不同，首筆長短亦異。

貞作 **圖**（17）、作 **圖**（18）、作 **圖**（11）；豎筆和斜筆交合方式不同。

可見字形異同並非甲骨分期分組類的「絕對」標準。

96

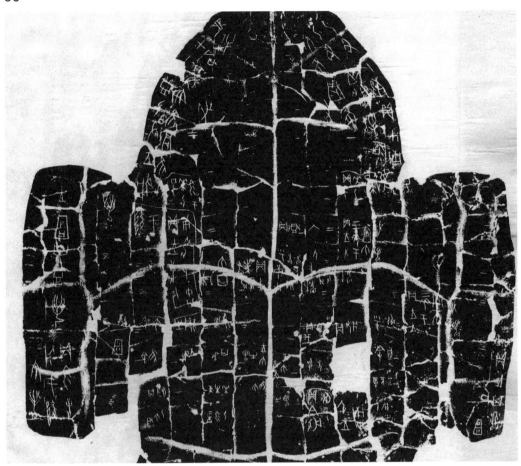

〈98〉

（7）貞：生五月暊至？一

　　對比正反面文字的關係：

〈98〉	〈99〉
（7）貞：生五月暊至？一	（1）甲午卜，賓 （2）王固曰：吉。暊至，其隹（唯）辛。

（7）辭在右後甲中間靠千里線向外刻寫。背面〈丙99〉相對位置的（1）「甲午卜，賓」正接讀〈丙98〉（7）的前辭；（2）「王固曰：……」正接讀〈丙98〉（7）的占辭。殷王武丁判斷「暊至」的時間是辛丑日。（1）（2）辭在千里線分向右左書寫，也分別填補了正面命辭句的一前一後，併合為一條完整的卜辭。

〈98〉	〈99〉
（12）丁巳卜，賓貞：酒于祖乙，告王咼？	
（13）貞：勿首酒于祖乙，告咼？	（4）王固曰：吉。

（12）（13）辭在右左甲橋下端，向外書寫。二辭屬正反對貞。張秉權原隸定的酒，也可讀如福，用酒奠於示（神主）前，是一種祭祀儀式，動詞。首，讀同蔑，強調否定的語氣詞，「勿首」，意即一定不要。對比〈丙96〉（5）辭的「王其疾咼（骨）」例，這裡的（12）「告王咼」，是稟告於祖先有關時王患疾骨一事的縮寫，（13）辭又省作「告骨」。背面〈丙99〉（4）辭為正面（12）（13）對貞的占辭。〈丙99〉（4）位於〈丙98〉（13）的正後面，可見（13）辭是「王占曰」所屬意的問卜內容。

〈98〉	〈99〉
（8）羽（翌）癸卯狩，毕（擒）？一	（9）王固曰：茲鬼卜隹。
（9）羽（翌）癸卯勿狩？一	

（8）（9）辭在右左首甲下靠千里線兩側，屬右左對貞，省前辭。羽，即翌，次日。（8）辭命辭為完整的複句。（9）辭是省略後句詢問句的「㞢（擒）」。背面的〈丙 99〉（9）辭是占辭，位於正面的（8）辭後面，可見正面的（8）辭內容為殷王主觀心意所取。〈丙 99〉占辭強調「茲鬼卜」，對比一般只言「茲卜」，見殷人認為是次占卜的動作，與「鬼」的神靈力量有一定關連。「茲鬼卜隹」一句句末的「隹」，或為常態句首語詞「唯」字的移末。「唯茲鬼卜」，指殷王判斷此卜正是鬼神所選定的。

〈98〉	〈99〉
（16）貞：王不禞，示又？一（二告）二	（5）己未卜，賓
（17）貞：示弗又，王不禞？一二	

（16）（17）辭在前甲中間千里線右左對貞。命辭複句的前後句二辭顛倒，卜問的是「示又」抑「示弗又」。又，張秉權原釋為右，或亦可讀為佑。這裡言如時王不進行福（奠酒）祭，神靈祖先要降佑抑不降佑。背面的〈丙 99〉（5）辭正在〈丙 98〉（16）辭的後方，用為（16）（17）辭的前辭，補充了正面卜辭占卜的時間和貞人名。

〈98〉	〈99〉
一	（7）羽乙卯㞢祖乙？用。
一	（6）㞢于祖〔乙〕？

〈丙 99〉（7）（6）二辭在右左前甲中間位置，向外刻寫，屬一組對應的正正對貞，見於龜甲的反面。（6）辭省句首時間詞「翌乙卯」。而卜辭相對的正面甲版，見二卜兆和兆序（一），張秉權釋文漏，這裡應補上。此亦見甲骨正面有兆序而後面刻寫卜辭例。

　　本版對貞卜辭多見省略句和移位句。

98

〈100〉

（1）丙戌卜，般貞：袁王亥𠂤？一
（2）貞：勿𠂤袁十牛？一（〔二〕告）

　　（1）（2）辭在右左前甲上外側，向內書寫。二辭屬正反對貞。（2）辭內側兆語殘。

　　（1）辭的「袁（燎）王亥𠂤」的「𠂤」，單看此詞，𠂤字可理解為燎祭殷先祖王亥的貢品；字可對比花東甲骨的𠂤，作為戈頭來看。但將青銅或玉製的戈頭用為祭品，並不尋常，何況對比（2）辭的「勿𠂤袁十牛」句，將𠂤字釋為祭品，在詞序上亦很突兀。（2）辭明言燎祭用火燒獻的是十頭牛牲，如此，𠂤似可理解為燎祭對象「王亥」所系的關係用語，換言之，「王亥𠂤」應成詞連讀。細審本版（1）（2）對貞的二𠂤字字形，下部分別作二直豎和二朝外斜筆狀，不一定是指戈頭。𠂤似可解釋為獨立置放「王亥」神主的地點，如祊、示、宗一類有蓋建築。張秉權原釋文假為享，即宮字異體，可備一說。字或即亯字之省，為燎祭的場所。（2）辭的「勿𠂤袁十牛」，即「勿燎（王亥）亯：十牛」的移位兼省略句。

（5）丁亥卜，爭貞：王夢，隹齒？一

　　（5）辭在右甲橋下端，向外書寫。齒字作𦥑，句意可怪。齒或另有借意。對比〈丙 102〉（9）辭的「戊午卜，賓貞：王夢，隹（唯）我妣？」，「王夢」之後作為詢問句的「我妣」，句意可理解為施降此夢凶兆的祖先，或是冀求去災的祖先名。因此，本辭詢問句「唯齒」的齒字從口，似可理解為「王夢」此一凶兆後的禱祝動作。字或為「祝」類字之省。

（8）貞：王其舞，若？一二〔三〕
（9）貞：王勿舞？一二三

　　（8）（9）辭正反對貞，二辭處於左前甲靠中千里線的上下位置。（8）辭是完整句，（9）辭省略後句詢問句的「若」否，只剩下前句陳述句。對貞卜問內容，是王舞祭或王不舞祭一事的順否。由此可見，對貞需由完整的常態句審核省略或移位的變異句型，才能明確掌握卜辭的真正意思。

〈100〉
（12）戊午卜，爭貞：先敗？

〈101〉
（3）王固曰：☑敗隹☐。

　　（12）辭在左甲橋下方，向外書寫。敗，从手持貝，即「得」字。細審拓片，甲背面右甲橋下的「王固」二字之下只能容納一空格位置。因此，〈丙 101〉（3）辭應是「王固（占）曰：敗（得）隹（唯）。」，並無缺文。對比〈丙 99〉甲反面（9）辭的「王固曰：茲鬼卜隹。」，二辭都以「隹」字作結。虛字「隹（唯）」置於句末，是句首語詞移末例。本版甲骨的正反面一卜一占，互有關連。〈丙 101〉（3）辭應讀作：「王固曰：隹（唯）敗（得）。」的移位句；「唯」字有強調語氣，帶出下文的功能。

100

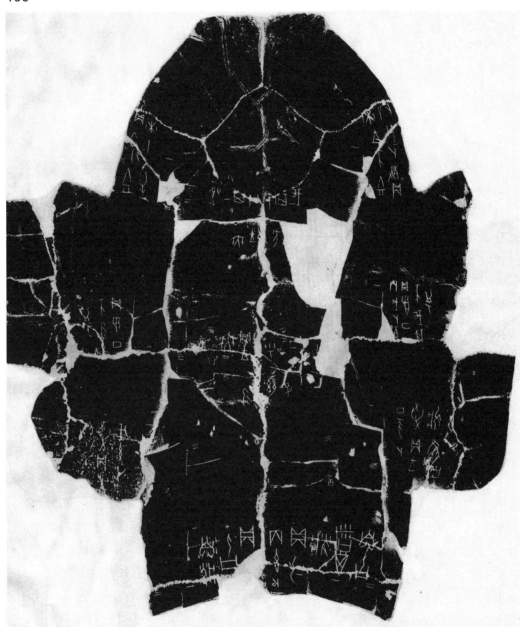

〈102〉

（1）羽癸卯其焚，毕？癸卯允焚，隻〔兕〕十一，豕十五，虎□，麑廿。一
　　　〔二〕〔三〕
（2）羽癸卯勿〔焚〕？一二三

　　（1）（2）辭在右左甲尾下側兩邊，屬正反對貞。（1）辭命辭為複句，其中前句敘述翌日癸卯日「其焚」，「其」字作為語詞，強調未來將要發生的事情。後句詢問句「毕（擒）」，是問會有擒得動物嗎？驗辭追記言癸卯日果然用焚的方式燒林逐獸，「隻（獲）」得動物若干具體的數量。由命辭的「焚」而問「擒」否，至驗辭記錄結果言「焚」而「獲」，此見字與字之間語意的因承關連，殷人已經能成熟運用。本版的「名－數」語序中的數詞「十一」、「十五」作垂直書寫，中間並無一般加插使用的連詞「又」，應是特例。（2）辭省略詢問句「毕（擒）」。
　　（1）辭字溝寬大，（2）辭與同版的他辭字溝卻都相對窄細，可見是由於使用不同刻刀或掌握切入刀口位置的差異。

（3）貞：于甲辰焚？一
（4）勿于甲？一
（5）于甲〔辰〕焚？一
（6）〔勿〕于〔甲〕焚？〔一〕

　　（3）（4）、（5）（6）辭在右左後甲中間千里線的下上兩側，分別是兩組正反對貞。介詞「于」一般用在帶出距離較遠的時間詞之前。因此，對應同版（1）（2）辭詢問時間較近占卜日的次日「癸卯」日的事，直接言「翌癸卯」，（3）至（6）辭詢問相對較遠的「于甲辰」（「癸卯」的次日），則用「于」字帶出句首時間詞。因此，（1）（2）與（3）至（6）辭應為同一天同時所卜，故占卜日應是在「癸卯」的前一天「壬寅」日或以前。而（1）辭末將田狩的結果記錄於後，又具體知悉癸卯日田焚的收穫。因此，卜辭刻寫的時間無疑是在「癸卯」「甲辰」之後。由此觀察，殷人占卜是會將問卜事例先書於簡冊，經過炙龜占卜，最後才一次過的將問卜內容刻寫在甲骨版相對的卜兆兆紋上。

（15）己未卜，賓貞：出𢎥？

　　原釋文對末一字並沒有釋出，學界有釋此字為刌，但字如从刀卻見刀口朝外，可怪；字似應隸作牝，从匕，用為侑祭的祭牲母豬。

　　本版多見同版異形，如：貞人賓作 （9）、作 （15）。貞字作 （15）、作 （9）、作 （7）。此足見字形不能作為甲骨斷代分期的絕對標準。

102

〈104〉

（5）貞：王自余入？一
（6）辛酉王□自余入？一

　　（5）（6）辭同位於右甲橋下方，作上下相對，但一朝外、一朝內書寫。
　　「余」，從木，勉強隸定為「余」，字用為王入的地名。「自余」用為補語，加插於之主語和動詞之間。（5）辭命辭是「王入自余」的移位句。（6）辭「自」上甲骨中空殘破，有一字的空間，應為否定詞，或即「勿」字。（5）（6）辭為正反對貞。在（5）（6）辭的正背面，見〈丙 105〉（1）辭的「庚申卜，㱿」句，這應是（5）（6）辭的前詞。此又一例見卜辭前辭和命辭分書於龜甲的正反面。
　　本版的同版異形，見：自作 凵、 ，余作 、 ，後一余字犯兆書寫。

（7）王夢，不隹（唯）囚（禍）？一
（8）不隹（唯）囚（禍）？一（二告）

　　（7）（8）辭反反對貞，見右左後甲的兩邊，同向右書寫。其中的（8）辭省前句陳述句「王夢」。對比〈丙 106〉（16）辭「貞：王夢，隹囚？一（二告）」、（17）辭「不隹囚？一」的一組正反對貞，可見對貞句中省略的意思。本版（8）辭兆序見兆語「二告」，是占卜者認可此辭的內容，認為王夢不會有禍害；但〈丙 106〉的對貞見占卜者屬意（16）辭肯定句，認為王因夢而會有禍害。占卜者對這兩組對貞的主觀態度完全相反。

104

〈110〉

（5）王聅，隹（唯）囚（禍）？

（6）王聅，不隹（唯）囚（禍）？

　　張秉權《丙編》原釋文 161 頁引郭沫若、于省吾說：聅，乃聽字，聅聲聖為古今字，引申為賢聖之聖、聽治之聽。張從二家之說，解釋為「王聽治而不唯禍也。」此說可商。

　　（5）（6）辭位於右左後甲中間的千里線，向外書寫，屬正反對貞。二句與背面〈丙 111〉（3）「貞：王夢琮，隹囚？」、（4）「貞：王夢琮，不隹囚？」正背相對應。琮，或為斧戉的戚字，備一說。聅，可讀為聽，但在此並無聖賢、聽治意，聅與夢字的語意相對，可能指的仍是生活上的用語，字從耳從二口，口耳相傳，似指平實的「聽從傳言某事」而言，與背面占卜殷王夢到某實物而相對詢問禍否有關。

110

〈112〉

（1）甲申卜，爭貞：袞于王亥，其琮？一

（2）甲申卜，爭貞：勿琮？一

　　（1）（2）辭在右左前甲兩側，屬正反對貞。「其琮」、「勿琮」對貞，語法可怪。對比〈丙 111〉（3）（4）辭「王夢琮」句，「琮」用為夢的對象，名詞。卜辭的「其」、「勿」之後，一般都帶出動詞，但這亦可能是省略或移位的變異句例。本版中諸辭見省略句，「省」的現象在本版不是特例，如：

　　（8）貞：袞于王亥：十牛？一〔二〕〔三〕

　　（9）貞：勿十牛？一二三

　　（10）貞：勿昔三牛？〔一〕二三（甲下殘，兆序並不完整）

　　（11）貞：袞：十牛？一〔二〕〔三〕（同上）

以上（8）（9）辭在右左甲橋中間，二辭正反對貞，（9）辭明顯是省略祭祀動詞「袞（燎）」，全句是「貞：勿袞于王亥：十牛？」之省。（10）（11）辭位於右左甲橋下靠內側，但由於本版後甲以下均殘缺，二辭內容不一，兆序位置不對稱，不見得是對貞，但由句意看，（10）辭亦是省略動詞「袞」字，全句應是「貞：勿昔（蔑）袞（燎）：三牛？」之省。

　　對比〈合集 22598〉一版牛骨的上下成套卜辭：

　　庚申卜，王貞：翌辛酉十人其陞（登）？（二）

　　庚申卜，王貞：其五人？（三）

兆序（二）的一辭命辭是「其登十人」的移位，而兆序（三）的一辭則是省動詞「登」字，完整命辭應是「翌辛酉其陞（登）五人」。

　　反觀（1）（2）二辭，句意是燎祭於祖先王亥，卜問的是用琮抑不用琮對貞。因此，「其琮」「勿琮」二句自可理解為「其燎：琮？」「勿燎：琮？」之省動詞例。然而，由於（1）辭命辭的前面已先用「燎」字，其後增一「其」字只是強調祭品「琮」的作用，不見得是複句的組合。因此，（1）（2）的命辭原則上該是常態繁句的「袞于王亥：琮？」「勿袞于王亥：琮？」二對貞句的省變。

　　另，（8）辭「王亥」二字分書作太卜，（12）辭的「王亥」則見二字中間橫畫連筆共用，成為合書的字形。書體可怪。

（3）羽（翌）戊宁焚于西？

　　（3）辭在右前甲上方靠千里線，其中的「宁」字作甹，明顯為地支屮（子）之增豎筆誤書，應更正。「戊子」日，是（1）（2）辭「甲申卜」的後四天。焚，从林，田獵動詞，焚獵於殷西地，殷人多以燒林逐獸為田狩的一種方式，或有用為征伐的一種手段。

112

〈114〉

（1）甲申卜，〔般〕貞：隹〔父〕乙〔降〕齒？一二

（2）〔甲〕〔申〕卜，般貞：（不）隹〔父〕乙〔降〕齒？一二

（3）乙酉卜，爭貞：隹父乙降齒？一（二告）二三

（4）貞：不隹父乙降齒？一二

　　（1）（2）辭並列在殘甲左甲尾下方，一內一外相向書寫。二辭屬正反對貞。
（3）（4）辭在右左後甲中間，同向左橫書。二辭屬正反對貞。

　　卜辭言降，一般見「降囚（禍）」〈合集 808〉、「降𢦏（摧）」〈合集
13737〉、「降疾」〈合集 13855〉、「降永」〈合集 32112〉等，降的內容都指抽
象的禍害、敗壞、吉永，而具體的只有疾病一種。「降」的主語通常是上帝，如：

　　〈合集 30386〉　癸亥卜：翌日辛帝降，其入于圿大宲？在宲。

這裡的「帝降」，是指上帝降臨。但亦見上帝主管一切禍福的降臨。如：「帝其降
永」〈屯 723〉、「帝其降囚」〈合集 14176〉、「帝其出降𢦏」〈合集 13737〉
等是。例：

　　〈合集 7852〉　　貞：茲邑其出（有）降囚（禍）？

　　　　　　　　　　戊戌卜，賓貞：茲邑亡降囚（禍）？

對比〈英 1141〉的「☒降茲邑☒囚？」，可知〈合集 7852〉是卜問降囚於茲邑否
的意思。「降囚」用為名詞組，置於「有」「亡」之後，文句有被動的語態。遭降
禍的對象既是「茲邑」，施降禍的主語自應是「上帝」類神靈，但句中並沒有明確
指出。又如：

　　〈合集 11423〉　　癸未卜，賓貞：茲𡃀（雹）隹（唯）降囚（禍）？

　　　　　　　　　　　癸未卜，賓貞：茲𡃀（雹）不隹（唯）降囚（禍）？

茲，此也。「茲雹」指此次的冰雹，屬自然現象，由天而降。增語詞「隹（唯）」
在句中有強調其後動賓組合語氣的功能，句子原當即「茲雹降囚」，言此冰雹降災
禍於商邑人民的意思。相對而言，〈丙 114〉（〈合集 6664〉）的「隹（唯）父乙
降齒」，「唯」字加強的是句中施降禍主語「父乙」的語氣，指是先祖父乙（小
乙）降齒疾於時王武丁。這裡的「齒」字，作 🦷（1）、🦷（2）、🦷（3）
（4）形，屬同版異形。字有從齒口中增手形，或示脫齒之狀。這裡的「齒」字作
為名詞用法，但不只是專指名詞本身牙齒的意義，而且理解為泛指名詞此一現象所
衍生的禍福。殷人用字，名、動的詞性仍不穩定，不易明顯區隔，需要由上下文意
作出判斷。

　　〈丙 114〉（1）（2）、（3）（4）分別是兩組正反對貞，詢問內容全同，彼此又只相隔一天，而二組對貞占卜的貞人卻不相同。

114

〈116〉

（1）辛未卜，內貞：日重羊？六月。

　　（1）辭在左前甲上外側，向內書寫。一般言「日」，卜辭習見「翌日」「今日」〈合集 6571〉、「來日」〈合集 20911〉、「之（此）日」〈合集 456〉。亦見「先王先妣日」，如祭拜成湯之專日，作「成日」：
　　〈合集 1354〉　　貞：成日：二牛？
　　　　　　　　　　貞：成日：三牛？
又有「賓先王先妣日」例。如：
　　〈合集 1248〉　　癸未卜，㱿貞：翌甲申王賓上甲日？王占曰：吉。賓。允賓。
句例也有省作「王賓日」。如：
　　〈合集 22539〉　　壬子卜，旅貞：王賓日，不雨？
「賓日」可指迎太陽，但似亦可解釋為「賓某祖妣日」之省。因此，〈丙 116〉
（1）辭的「日」字之後接祭牲，可能也是指賓迎鬼神之專日。同版（6）（7）辭同日占卜祭祀先祖「王亥」，可見（1）辭的「日」，或為「王賓王亥日，重羊？」句之省略。此言殷王在迎祭先公王亥日時，卜問用羊祭祀宜否。

（6）辛未卜，㱿：王重出匚，酹于王亥？一二
（7）辛未卜，㱿：今來甲戌酹王亥？一二

　　（6）（7）辭在右左後甲下方靠千里線兩側，向外書寫。二辭屬正正對貞，殷王武丁親自酒祭先公王亥。「出匚」，即侑祊，意指侑祭於置神主的報櫃之前。介詞「于」有省有不省。
　　（6）辭命辭前句侑祭，是求佑於眾神祇先王，後句接著的是針對王亥進行酒祭。殷人祭祀，是先行泛祭，然後再用專祭祭某祖。
　　對比（1）辭，同日占卜見用不同的貞人。（7）辭命辭句前有增時間詞「今來甲戌」。卜辭卜言次日用「翌干支」，言比次日遠的時間則對應作「于干支」。但如特定指占卜的當日，則言「今日」、「今干支」。如：
　　〈合集 13344〉　　癸未卜，㱿貞：今日大風？十二月。
　　〈合集 21019〉　　辛未卜，王貞：今辛未大風，不隹（唯）囚（禍）？
　　〈合集 33080〉　　乙亥卜，貞：今乙亥王敦奞，伐（災）？
卜辭亦有言「今來」例。如：

〈丙 116〉（合集 14732）　辛未卜，㱿：今來甲戌酚王亥？（距占卜日 3 天）

〈合集 33189〉　　己丑：其𠃬衍方，叀今來丁？（距占卜日 8 日丁酉）

〈合集 15255〉　　庚寅卜，爭貞：今來乙未桒？（距占卜日 5 天）

有單言「今」。如：

〈合集 22045〉　　戊戌卜：庶至今辛？（距占卜日 3 日辛丑）

〈合集 22228〉　　戊寅卜：今庚辰酚，盟三羊于妣☒？（距占卜日 2 天）

〈屯 1122〉　　　癸亥貞：其又ㄓ于伊尹，叀今丁卯酚三牛？茲用。（距占卜
日 4 天）

對比「今來干支」和「今干支」的用法，「今干支」是指在同一旬之間的干支日，
殷人以十天為旬，旬的始首為癸日，因此，上引諸例的：

戊戌　至　今辛丑

戊寅　至　今庚辰

癸亥　至　今丁卯

都是在同一旬之中的日子。然而，「今來干支」句例的：

辛未　至　今來甲戌

己丑　至　今來丁酉

庚寅　至　今來乙未

都是針對已跨越至下一旬的日子，即由這旬到下旬，才言「今來」。

116

〈117〉

（3）貞：酚于河報？二
（4）甲午〔卜〕，〔爭〕貞：于〔河〕〔出〕報？三

　　以上是張秉權的原釋文。

　　（3）辭位於右前甲上靠千里線的右側，（4）辭則位於左後甲下靠邊沿處。
（4）辭的「卜」「爭」「河」三字拓片全缺，「出」字下橫筆仍見保存。此依原
釋文補，僅供參考。另外，（3）辭與定為（29）辭的「貞：酚王亥？二」一句正
處於前甲上千里線的左右兩旁，文字書寫位置相對應，特別是「酚」字在二辭正反
相向；兆序亦相同。因此，（3）和（29）二辭恐才是相對的選貞，可考慮調整原
釋文的次序。

　　（4）辭的「出」字，在本版中有用為：（一）有。如（1）「甲午卜，殼貞：
貯其出囚？一」、（2）「貞：貯亡囚？一」，二辭正反有無對貞；可證。（二）
侑祭。如（18）（19）一組正反對貞：

　　（18）貞：翌丁酉征，出于大丁？三
　　（19）翌丁酉勿出于大丁？三

因此，（4）辭「于河出報」的讀法，應是常態的「出于河報？」句之移位，此言
侑祭於河神的報。報，字作 ⊑ ，匚的複筆形，亦即匩、祊，乃置放神主的木櫃側
形。（3）辭亦見「河報」連用，指河神的神位。

　　本版「出（侑）」祭與酚祭有見於同版，同用為祭祀動詞。如：

　　（5）貞：呼雀酚于河：五十牛？二
　　（31）翌辛亥出于王亥：四十牛？二

二者句型相同，祭祀對象「河」當用為自然神。「酚」是獻奠酒水的儀式，強調用
酒祭祖。「出」（侑）字則強調有所求佑於祖先，文例多作「出于先祖」、「出于
先祖：祭牲」、「出祭牲于先祖」。如：

　〈合集175〉　　　貞：翌乙丑出于祖乙？
　〈合集1254〉　　王戌卜，殼貞：出于示壬？
　〈合集697〉　　　出于妣甲：十奴？
　〈合集1491〉　　出于大戊：三宰？
　〈合集1928〉　　乙亥卜，賓貞：出牛于丁？
　〈合集2114〉　　勿出犬于父甲？
　〈合集1780〉　　辛亥□，殼貞：出長伯于父乙？

偶有接地名作「屮于某地」。如：

〈合集 13562〉　貞：翌辛未其屮于血室：三大宰？九月。

〈合集 13597〉　翌乙屮于亞？

屮祭和酭祭復有同辭並出，前者泛指求佑之祭，一般帶出祭祀對象和地方，後者則純為酒祭，偶有帶出祭品。如：

〈合集 1653〉　□巳卜，爭貞：屮于祖辛，于否酭十宰？

〈合集 24945〉　戊戌卜，出貞：其屮亡于保，于𠂤室酭？

〈合集 24983〉　貞：叀今日酭，其屮于二子？

〈合集 15038〉　癸未卜，出貞：屮于保，叀辛卯酭？

屮祭句型強調有所求佑的祖先，偶有帶出冀求的內容。如：

〈合集 6664〉　貞：屮于上甲：三宰，告我亡衛？

〈合集 19812〉　辛巳卜，王：上甲燎十豕，屮丁，钔（禦）兄丁，令☒？

〈合集 19963〉　□未卜：叀屮母庚，呼女？

〈合集 23717〉　甲申卜，出貞：翌☒子昌其屮于姚辛，閟歲其☒？

〈合集 13658〉　甲子卜，賓貞：乍（作）屮于姚甲，正（禎）？

透過以上句型分析，〈丙 117〉（4）辭的「河」，應理解為祭祀的河神。殷人祭祀自然神，亦有以固定的木櫃自由盛載，形式與宗廟的祖先同。

（11）乙未卜，般貞：酭，疋？一
（12）乙未卜，般貞：疋？一

　　（11）（12）辭在右左甲橋下方兩側，向外對應橫書。二辭宜為正正對貞。（11）辭命辭張秉權的原釋文作「酭疋」連讀，（12）辭則釋作「正」。細審原拓，（12）的「疋」字上甲骨有空出一小塊，字仍應从冂，還是作「疋」字，並非「正」字。疋，即「各」字的異體，動詞，指格致、返來、抵達之意。此言進行酒祭，卜問鬼神降臨嗎？同版有「酭河」、「酭大甲」例，可參。原釋文在「正」字下增一人名號，理解為附庸族名；如此，命辭逐解釋為酒祭於正地宜否，接理亦通。但（12）辭的命辭省略句餘下一個「正」字，就不好解釋。因此，（11）辭命辭應讀為二分句，中間宜增一逗號區隔，前分句為陳述句，後分句為詢問句，主要是卜問鬼神來臨嗎？

（5）貞：乎雀酭于河五十〔牛〕？二
（6）勿五十牛〔酭〕于河？二

（5）（6）辭在左前甲靠邊上下排列，向外書寫，是一組正反對貞。（6）辭「五十牛」下仍見「酒」字從酉的殘筆，可補。（6）辭讀為「勿乎（呼）雀酒于河：五十牛？」一兼語句式的省略兼移位，因強調祭牲，故將「五十牛」移前書寫。

（7）酒河五十牛？二
（8）酒河卅牛以我女？二

（7）（8）辭位於龜右左後甲上方靠千里線兩側，可獨立理解為選貞關係。這是接著（5）（6）辭進一步的貞問。（5）（6）辭屬正反對貞，（5）辭為常態句，（6）辭為變異句。由句型觀察，刻手心態似乎屬意於（5）辭前肯定句的完整內容，呼令雀進行酒祭，進獻河神五十牛。而（7）（8）辭是接著的一組選貞詢問，確定這次酒祭河神是要用五十牛，抑或減為三十牛而外加一「我女」的女牲。

（20）羽癸卯帝不令鳳？夕罜。一
（21）貞：羽癸卯帝其令鳳？二

（20）（21）辭分別在左甲尾上方和左後甲上方，同向外書寫。二辭似屬正反對貞。（21）辭肯定句保留前辭的「貞」字，驗辭則附於（20）辭否定句之後。似乎占問者主觀心理是傾向於否定句的意思。二辭兆序，原釋文分別作（一）（二）。（20）辭兆序靠近甲骨橫紋溝下，只見一刀刻橫書，但不確定是（一）抑（二）。（21）辭在甲中左邊橫書，兆序所屬亦並不明確。如原釋兆序無誤，此二辭是兼對貞和成套的關係。

鳳，借為風。此見上帝有驅策大自然的神能。罜，從冃聲，即霧字初文。「夕霧」是驗辭，言癸卯日傍晚有霧。語意即沒有風卻有霧。

（20）辭的反面相同位置，即〈丙118〉，見重複的「夕罜」二字，字中有填墨，是將正面（20）辭的驗辭放大再書寫一次，此屬卜辭驗辭重書的特例。

（24）貞：桒年于大甲：十宰；祖乙：十宰？二
（25）桒雨于上甲：宰？二

（24）（25）辭在左右後甲上靠中間位置，向外書寫。二辭屬成組的關係。（25）辭省前辭的「貞」。（24）辭的讀法斷句，應在「于大甲：十宰」和

「（于）祖乙：十宰」之間，加一分號，強調奉（祓）祭的對象是連續的二位重要的先公。而在「大甲」「祖乙」之後接一冒號，分別帶出祭牲「十宰」。

（25）辭命辭言「奉雨」，明顯是舉行奉祭（字象持農作物獻神的祭儀，動詞，讀作祓），以冀求降雨的意思；因此，對應的（24）辭「奉年」，並不能理解為奉祭之以農作物，而應該是奉祭，冀求農作物豐收的意思。

殷人祭祀近祖用「十宰」，祭祀遠祖則只有一「宰」，其間應已有親疏厚薄的差別。

（30）出于王亥妾？二

（30）辭在左後甲的上方，向外書寫。張秉權原釋文 173 頁理解為「王亥之妾」。細審原拓，「妾」字上方殘，是否「妾」字仍有討論空間，即使是「妾」，亦宜理解為侑祭獻於王亥的女牲，與後世用的妻妾意無涉。

「王亥」後應增接冒號「：」。句與同版（31）：「羽辛亥出于王亥：四十牛？二」可互參。（31）辭的地支「亥」字作𠂤，「王亥」的「亥」字作𠂤；屬同版異形。

117

〈120〉

（1）乙未卜，爭貞：來辛亥酚萑匚于祖辛？七月。一二

（2）來辛亥叀萑匚酚祖辛？一〔二〕

　　（1）（2）辭在右前甲上方和右後甲中間靠千里線，上下對應向外書寫。二辭可成組觀察。

　　（1）辭為完整的常態句，命辭言下旬辛亥日進行酒祭，祭拜的對象是祖辛。「祖辛」是武丁的前第三代祖父。（2）辭「萑匚」一詞前置，連讀，指萑地的匚（字即報，象置神主的櫃側形，泛指祖先）。句中「祖辛」之前省介詞「于」，於此可見介詞應用的隨意自由。

　　本版共 18 辭，明確帶有前辭「干支卜」的只有三辭：（1）、（5）、（12）。三辭都見於右甲。三「卜」字形與卜兆方向相同，朝向中間的千里線。而其中的（1）（2）辭位於右甲靠千里線側上、下相對應，屬正正對貞。辭例見上引。而（5）（6）辭分見於右左甲靠中間千里線的右左兩旁，屬正正對貞：

　　（5）壬戌卜，殻貞：屮于祖〔乙〕⊠？

　　（6）屮于祖乙：五宰？一

（12）（13）辭位於右左甲橋的中間處，向外書寫，屬正反對貞：

　　（12）丁丑卜，賓貞：疌獲羌？九月。一

　　（13）貞：疌不其獲羌？一（二告）

以上三組對貞卜辭都見前繁而後略，前主而後輔。由此可以推知，甲骨正常版面是以右為重，刻寫習慣是先右後左，先上而後下。

　　卜辭多見「酚匚」連用的文例，如：

〈合集 356〉　　「⊠酚匚于上甲：九羌，卯一牛」

〈合集 23064〉　「先酚，其屮匚于丁：卅牛」

〈合集 14859〉　「來甲申酚大匚自上甲」

〈合集 13557〉　「于南室酚匚」

〈合集 30319〉　「王其酚戠于右宗，又（有）大雨」

〈合集 13549〉　「于宗酚：卅小宰」

〈屯 608〉　　　「酚高祖匚，其牛高妣」

〈合集 15690〉　「于亳酚匚」

〈合集 24945〉　「其屮匚于保，于㝨室酚」

匚，即文獻的報、𢇍、祊。「某先祖匚」，見殷人已有置放祖先神主於方形櫃之中

的習慣。匸本身有大小宗的區別,置大宗系列神主的稱「大匸」、置小宗系列神主的稱「小匸」。而匸又存放於宗和室之內。宗即宗廟,復有左中右位置的差別。宗廟中復有室,室內有東南西北四方的設置。「匸」亦可獨立移動至殷商都城以外地區進行祭祀。

(14)今日勿首出祖丁:宰?一

　　(14)辭位於左前甲上靠中間位置,其反面相對位置見〈丙 121〉(7)辭的「丁巳」二字,應是本版(14)辭的前辭干支。此辭亦見甲骨正反面互補例。「勿首」,即「勿蔑」,蔑字強調否定的語氣,意即「一定不要」。出,即侑,求佑祖先的祭祀動詞。「祖丁」是武丁的曾祖父,祖辛之子、小乙之父。

120

〈121〉

（3）乎人入于雀？

（4）乎人不入于雀？

（5）曰：雀取乎人？

（6）勿雀取？

　　本版是〈丙120〉的反面。

　　以上是張秉權原釋文。其中的（5）（6）辭在後甲中下千里線的左右二側相對應，屬正反對貞。（6）辭「勿」字下仍清楚看見「曰」字，宜補。（5）辭原釋文末兩字「乎（呼）人」宜分讀。因此，（5）辭正確讀法是「曰：雀取？」，與（6）辭的「勿曰：雀取？」正反相對。

　　至於（5）辭後作「乎人☒？」一句，宜獨立另作一殘辭，可比照（3）（4）辭對貞的句意，而它的對應句例應在甲右下部殘缺處。

　　「人」為殷王朝的勞動單位。殷王呼令「人」進入於雀地，（3）（4）辭的「雀」用為地名。但（5）（6）辭的「雀」則理解為人名。

　　張秉權原釋文181頁認為「雀」和「取」都用為地名：「就是『曰于雀、取乎人入』的意思，也就是『乎人入于雀、取』之意。」但對比同版（8）辭的「雀入卅」，「雀」字用為進貢的人名、族名。「曰」，一般用為上位者的宣示或誥文。

　　「取」字，卜辭有接先祖名，用為祭名；有接外邦，用為攻取；有接牛羊馬㺇羌等動植物和人，用為佔有。（5）辭的「曰：雀取？」，是指上位者召告：命令雀從事「取」的行動。再對比同版（5）（6）辭上方的（1）（2）辭「酌大丁」一類祭祀卜辭，這裡的「取」也可能是祭名。

121

〈122〉

（1）貞：其沚于妭？一二三四
（2）庚子卜，內：勿于妭？一二〔三〕四（二告）

（1）（2）辭在右左甲尾外側，向內書寫。二辭屬正反對貞。
（1）辭省略前辭「庚子卜，內」，（2）辭省略前辭的「貞」。（2）辭命辭復省動詞「沚」。「沚」，有止息意。（2）辭原釋文兆序（四）的兆語「上吉」，應改釋為「二告」。

（5）（貞）：王禘鼎，屮伐？一二（二告）
（6）王禘，勿屮伐？一二

（5）（6）辭在右左甲中間千里線兩側，向外書寫，二辭屬正反對貞。（6）辭前辭省「貞」，命辭前句省禘（禂）祭的貢品「鼎」。此組對貞的前辭改刻於反面〈丙 123〉相對的甲中央靠左位置的（1）辭：「〔戊〕戌〔卜〕，〔爭〕」。這應是〈丙 122〉（5）辭之前先書於背面的前辭。

（9）貞：方帝：一羌、二犬，卯牛？一
（10）貞：勿方帝？一（二告）

（9）（10）辭在右左前甲上外側，向內書寫。二辭屬正反對貞。
「方帝」，為「帝方」的移位，讀為「禘方」，意即禘祭於四方。「帝」字從夌（燎）從一，這裡用為祭祀動詞。（10）辭省句末祭牲。禘祭祭牲以羌人和犬為主，以牛為配。羌、犬祭牲體積小，都用全牲祭獻；牛體積大，另見用「卯」（卿）的對剖方式獻神。
本版的帝字作 ✹（9）、✷（10），庚字作 ✲（7）、✲（4），貞字作 ✲（9）、✲（1）；屬同版異形。

122

〈123〉

（1）戊戌卜，爭

（2）王固曰：己雨。

　　（1）辭位於左甲中靠千里線側，是屬於背後正面〈丙122〉（5）辭的前辭。

　　（2）辭位於左甲橋上方，是屬於背後〈丙 122〉（7）辭的占辭。〈丙 122〉

（7）（8）辭在右左甲橋中間位置刻寫，屬選貞卜辭：

　　〈丙 122〉　（7）庚申卜，敵貞：㞢（燎）于 🔯 ？

　　　　　　　（8）貞：于黃 🔯 㞢（燎）？

（8）辭見「介賓語」前移。此對貞句正反面連讀，見武丁時卜問燎祭 🔯 或黃 🔯 否的目的是要求雨。殷人習用火燒束木的燎祭無疑是一種求降雨的祭儀。

　　🔯，有釋為契，僅備一說。黃 🔯，有以為是伊尹，亦僅供參考。

123

〈124〉

（1）癸卯卜，𣪊：屮于河：三羌，卯三牛，燎一牛？一
（2）癸卯卜，𣪊：燎河一牛，屮三羌，卯三牛？一

　　（1）（2）辭位於右左甲橋中間兩側，屬正正對貞。前辭省「貞」。二辭祭祀河神，卜辭的「河」，指的是黃河專名和自然神。（1）辭的「侑→卯→燎」、（2）辭的「燎→侑→卯」，三分句順序顛倒書寫，三祭祀動詞應是並時進行的。其中的侑是祭祀求佑的泛稱、燎屬用火燒的祭儀，可帶出祭祀對象；卯只是針對祭牲用法，意即對剖，是殺牲的一種方式。本組對貞互較，見殷人應用的並行句，其位置可自由更替。祭牲數固定的用「一」、用「三」，或許已有某些特定的考量。

（11）戊午卜，𣪊：我𩵋𢆷，戈？一二
（12）戊午卜，𣪊貞：我其乎𩵋𢆷，戈？一二三四

　　（11）（12）辭刻於右甲中靠近千里線，下上相對應。二辭中的「戊」「𣪊」「我」三字正反互見，其中的𣪊字作𩵋（11）、𩵋（12），屬同版異形。（12）辭的兆序，由內而外作（二）（一）（三）（四）排列，外邊的（三）（四）二兆可能並非屬（12）辭。

　　𢆷，上從一建築，下從中聲，音屬端母冬部（tiwəm）；字可能是敦（𢾭）字異體。敦字古音端母文部（tuəm），敦、中的聲母相同，元音相同，韻尾相類。敦，擊也，用為征伐動詞。（11）（12）分言我親自敦伐或呼令某敦伐外邦𢆷族，卜問災否。

（17）己未卜，𣪊貞：王夢蠱，隹囧？
（18）己未卜，𣪊貞：王夢蠱，不隹？

　　（17）（18）辭在前甲中間千里線的左右兩側，屬正反對貞。
　　（17）辭命辭前句「王夢蠱」是陳述句，後句的詢問句即「唯禍」。（18）辭否定句末省一「囧（禍）」字。「隹（唯）」和「不隹（唯）」正反相對，帶出名詞。
　　正反兩邊文字在兆上各分五行對稱書寫：（17）辭作「己未卜」「𣪊貞」「王夢」「蠱」「隹囧」，由內向外順排成五行，（18）辭文字逐一相對，最末只書

「不隹」二字，無疑具有對稱美觀的文字佈局要求。

124

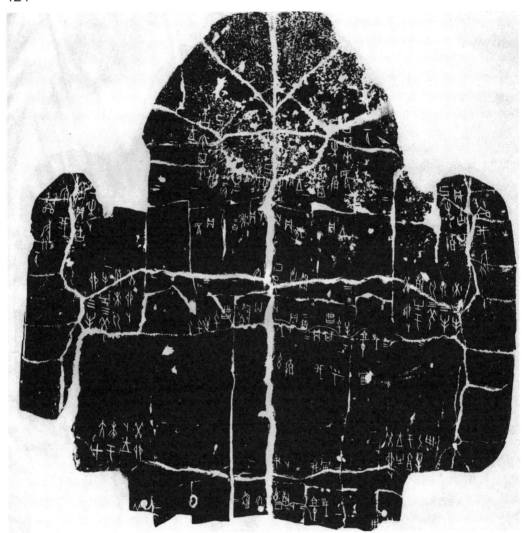

〈128〉

（1）庚辰卜，賓貞：朕芻于鬥？一
（2）貞：朕（芻）于丘剌？一
（3）貞：朕芻于鬥？二
（4）貞：朕芻于剌？二

　　（1）（2）、（3）（4）辭在右左前甲，右左甲橋中的兩側，兩兩成組，是選貞兼成套的關係。（4）辭地名前省修飾語「丘」。「剌」是丘陵地，相對的「鬥」應是平地地名。
　　（3）（4）辭對貞在右左甲橋中側向外書寫，各分三行：（3）作「貞朕」「芻于」「鬥」，（4）作「貞朕」「芻于」「剌」。其中（4）辭的省略「丘」字，顯然是與版面的對稱整齊的美觀書寫有關。

（5）辛巳卜，內貞：般往來亡囚？一
（6）貞：✵往來亡囚？一
（7）✵〔其〕〔业〕囚？〔一〕
（8）般其业囚？一

　　（5）（6）辭在右左甲橋下方兩側，（7）（8）辭在右左甲尾兩側。原釋文的讀法是（5）（6）、（7）（8）為兩組選貞。然而，核對（5）辭的正背面，見〈丙129〉（3）辭的「王固曰：亡囚。」一句，這占辭無疑是針對（5）辭而來的殷王判斷語。因此，卜辭主要是卜問有禍、無禍。這可反證正面卜辭的正確讀法，應該是（5）（8）、（6）（7）兩組正反對貞作斜角相對詢問。所以，
　　（7）辭是「✵往來其业囚？一」語意的省略。
　　（8）辭是「般往來其业囚？一」語意的省略。
其，將然之詞，作為語詞，有強調其後肯定句詢問將要「有禍」的語氣功能。因此，本版四辭正確的讀序是：（5）（8）、（6）（7）。相關文例可參考〈丙130〉（1）（2）辭。

（9）貞：羽乙未其燆（燎）？
（10）羽乙未勿衣燆（燎）？

　　（9）（10）辭位於前甲上中間千里線的右左兩側，屬正反對貞。（10）辭正背面〈丙 129〉有（1）「壬辰卜，爭」，前二字寫於右甲，後二字跨越至左甲，當是〈丙 128〉（9）（10）辭的前辭。

　　（9）辭完整句是「壬辰卜，爭貞：翌乙未其燎？」。（10）辭動詞「燎」之前增一形容詞「衣」，讀殷，有大的意思。

　　（9）辭的背面〈丙 129〉（2）「王固〔曰〕：雨。」，應該是正面（9）（10）辭的占辭。由此可證命辭的燎祭，是一種用燒火來問雨之祭。此與〈丙 122〉（7）（8）辭和〈丙 123〉（2）辭的關係相同。

　　本版正反面互較，反面文字可補充正面卜辭的前辭和占辭用例。

128

〈130〉

（1）戊午卜，古貞：般往來亡囚？一二三四五（二告）

（2）貞：般往來其屮囚？一二（二告）三四〔五〕

　　（1）（2）辭刻於小甲中線右左兩側，垂直書寫，屬正反對貞。卜兆和兆序分別在二辭的外面。

　　「往來」，是出入意，（1）（2）辭卜問般其人出入無禍抑將會有禍。「往」，字上从止作直角書寫，字形特殊。一般卜辭言王田某地或王步某地，接著卜問「往來亡災」，因此，「往來」是在一地區往復巡查的意思。

　　背面〈丙131〉只見一條占辭，刻於千里線正中，無疑是正面〈丙130〉（1）（2）辭的占辭：「王固曰：吉。其〔亡〕〔囚〕。」殷王的判斷語傾向支持（1）辭的內容。這和（1）辭兆序（五）所呈現最末的「二告」此一好的兆語可能有關。「亡囚（禍）」和「屮囚（禍）禍」相對，二詞之前都可自由的增加將然語氣的語詞「其」。

130

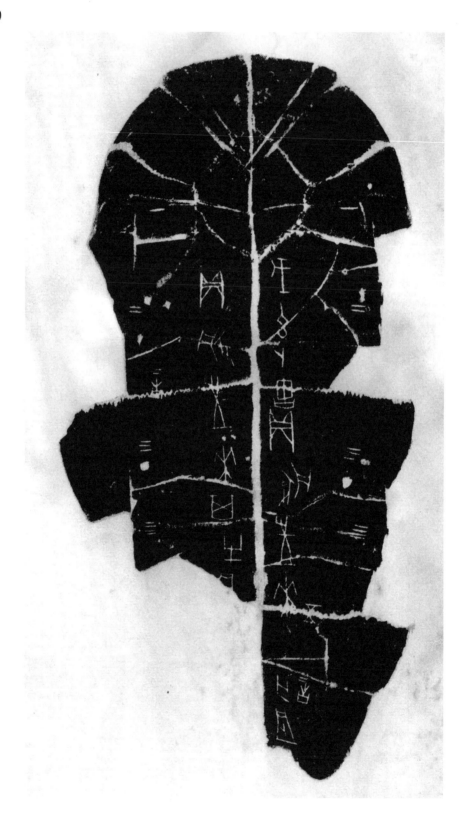

〈132〉

（1）□〔寅〕卜，殸貞：〔殸〕亡不若，不羍羌？一（二告）

（2）貞：〔龍〕〔亡〕不若，不羍羌？一

（3）貞：殸亡不若，不羍羌？二

（4）貞：龍亡不若，不羍羌？二

（5）貞：殸亡不若，〔不〕〔羍〕〔羌〕？三

（6）貞：龍亡不若，不羍羌？三

（7）〔殸〕其羍羌？一

（8）〔龍〕其羍？一（二告）

（9）其羍？二

（10）其羍？二

　　本版對貞卜辭，兩兩成組，沿甲邊由上而下，由右而左讀。文字由外而內靠寫。其中的（1）（2）、（3）（4）、（5）（6）辭為一成套，（7）（8）、（9）（10）辭又自為一成套。兩成套卜辭都屬選貞，內容基本相同。前一套的命辭呈複句，前句為陳述句，「亡不」作複合否定，強調肯定的語氣，言殸和龍二人沒有不順；後句為詢問句。「羍」為「執」字異體，強調枷鎖桔足形，字一般作𡘊形，（6）（9）（10）三辭有省橫筆，屬同版異形。

　　以上同版兩套卜辭，只有（1）辭是完整句。第一套由（2）至（6）辭的前辭均省，餘下一「貞」字。三組選貞是說殸和龍的狀況都好，反詰卜問應是殸抑或是龍不去驅執羌人呢？第一套選貞用負面的方式詢問，由兆語「二告」（張秉權原釋「上吉」）見三組選貞中是以（1）辭的完整句的卜兆為神靈所認同，是吉兆，內容是殸不去驅執羌人。言下之意，鬼神是認為由龍去驅執卻是好的。（1）辭在右首甲的邊沿向內書寫，其正背面〈133〉（1）辭「〔王〕固曰：吉。」，應是順著〈132〉（1）辭連讀的占辭，殷王也認為殸不去驅執是好的。

　　第二套（7）（8）、（9）（10）辭兩組對貞，不但省略前辭中的「干支卜，殸」，命辭中的前句亦省，僅剩下後句詢問句。不省的句例應是：

　　　「殸亡不若，其羍羌？

　　　　龍亡不若，其羍羌？」

兩組對貞仍是卜問是殸抑或是龍去驅執羌人。（9）（10）句甚至省略主語。只是這第二套選貞詢問相同的事件，是改用正面的方式詢問。當日占卜者的心態，可能由於慎重，或其主觀想法和貞卜結果不同，才會再用另一種形式重複問神。但結果

見（8）辭「龍其奉」一辭的兆為鬼神所接受，表示仍是由龍去驅執羌人一事是好的。

132

〈134〉

（1）乙丑卜，㱿貞：〔旨〕〔其〕戈？一二三四五六七八吉九

（2）乙丑卜，㱿貞：旨弗其戈？一二三四五六七八九

　　以上是張秉權原釋文。

　　（1）（2）辭正反對貞，在後甲的右左兩側向內書寫，字溝纖細而淺。觀察（1）（2）辭的兆序，（2）辭三兆一橫列，由中間千里線向外由上而下呈現，兆序作：一二三、四五六、七八九。在兆序（七）的下端甲殘處空一小方格，其左旁順著另見兆序（一）（二），可推知殘甲處應有一豎畫作兆序（十）。殷人數數以十為總結，兆序滿十次之後再由一二算起。因此，（2）辭卜問總數應是十二次。相對的，（1）辭兆序也是：一二三、四五六、七八九，由上而下對應排列，其下全部殘缺，由文例判斷，應補〔十〕〔一〕〔二〕。此外，（1）辭兆序（一）下有兆語「二告」，（2）辭兆序（六）下有「二告」，原釋文漏；都應補上。（2）辭兆序（六）的兆語「二告」明顯被擠在卜兆橫紋下的兆序「九」和卜辭「其」字外側，因此，文字的書寫順序，這裡是先兆序，次卜辭，最後才補上兆語。

　　（1）辭的兆語吉兆有「告」和「二告」的差別。（1）（2）辭對貞，是卜問附庸旨其人災禍於某外邦族否。（1）（2）辭的完整讀法，是：

　　（1）乙丑卜，㱿貞：〔旨〕〔其〕戈（災）？一（二告）二三四五六七八（告）九〔十〕〔一〕〔二〕

　　（2）乙丑卜，㱿貞：旨弗其戈（災）？一二三四五六（二告）七八九〔十〕一二

（5）庚寅卜，㲋貞：𠬝化正戈戈鼻隹？一二三四五六七八九十

（6）貞：𠬝化正弗其戈？一二三四五六七八九十

　　以上是張秉權原釋文。

　　（5）（6）辭在前甲右左兩側向中間書寫，正反對貞。字溝粗闊而深，刻寫工具應與（1）（2）辭不同。𠬝、化、正理解為三個鄰近的殷西附庸部族，鼻、隹則屬兩個外邦。𠬝，字作🖐（5）、作🖐（6），所从二手形一作爪、一作手，明顯不同，屬同版異形。（5）辭命辭的「戈」（災）字，其一表面看似屬衍文，重複多書寫了一字。（6）辭命辭則省略受詞「鼻、隹」（對比相關文例的〈合集6649〉的「貞：𠬝正化戈鼻罘隹？」一句，見「鼻」和「隹」確為二外族名，之間可下一

頓號）。

　　兆序中，（5）（6）辭在（九）（十）後都有再接（一）（二），二辭各卜問了 12 次，釋文應補上（一）（二）。右前甲（5）辭的兆序（六）字形中間，發現另一纖細的小「六」字形，字與（1）（2）辭的字形大小寬度相當，字似是先用刻寫小字的刻刀所刻，後再在字上以大字形刻刀重刻。由此可見，殷人刻寫甲骨，有用細筆、粗筆兩種不同的工具，故呈現大小字不同的字形。又，在（5）辭兆序（九）（十）之下又分別壓著先刻的數字（一）（二），可能當日的刻手書寫兆序至（八）後，疏忽的誤書為（一）（二），而目前所見在接著的兆序（一）（二）之下有剷削過的橫筆痕跡，可能是（三）（四）。因此，這排兆序原是誤書連續作（一）（二）（三）（四），後才改刻為目前的（九）（十）（一）（二）。

　　對比本版字形，（1）（2）辭在甲橋下左右兩側，字溝纖細；（5）（6）辭在甲橋上左右兩側，字溝粗闊。二者刻寫工具不同，細微審視字形，似亦出自二不同刻手所為：

　　　　細字　粗字

	細字	粗字	
1.其			箕形底部，細字分二刀書寫，中間作尖狀突出；粗字平齊一橫筆帶過。
2.貞			貞字二組斜筆，細字交錯處有距離；粗字則相交合。二旁直筆，細字下邊口與斜筆相接；粗字豎筆拉出。
3.弗			弗字細字兩外短豎和橫筆相連接，粗字則向上下細微突出，二者筆序有別。
4.八			兆序八字，細字右撇明顯呈曲筆，粗字左右弧筆對稱。

此外，戔（災）字細字對貞二辭作一正一反書寫，而粗字對貞的二字均作正書字形，書寫習慣有別。

　　同版（9）辭：「貞：王亡𡆥？」一句，獨自刻於左首甲靠內，屬細字書寫，與（1）（2）辭出自同一刻工之手。

　　同版（10）辭：「王固曰：叀既。三日戊子允既。戔𡆥方。」（原釋文），也是獨立一條辭例刻於右首甲，屬粗字，與（5）（6）辭是同刻工所書。由驗辭辭意言「三日戊子」，推知卜問時間是在「乙酉」日，但乙酉日的卜辭不見於本版。此似是卜辭問卜省去前辭、命辭例，又或是前辭和命辭與占辭分版書寫，這有待其他甲骨文例的對比。

　　（10）命辭內容是記錄某事既已發生和某災戔方一事，與（9）辭詢問殷王無

岂否並不相同。一般將（9）（10）二辭連讀，可商。（10）辭句應讀作「王固曰：重既。三日戊子允既戋戋方。」，其中的「王曰：重既。」一句為占辭，「三日戊子允既戋戋方。」一句則為驗辭。對比下列諸例：

〈合集 6649〉　　王固曰：吉，戋。之日允戋戋方。十三月

〈合集 6650〉　　☑卜，㞢貞：爯正化受㞢又？三旬㞢□日戊子夲戋戋方。

　　　　　　　　□辰卜，㞢貞：爯正化弗其受又？

〈合集 6650〉屬粗字書寫，與本版（10）辭全同，似也是同一刻工所為。二辭內容相同，二者的驗辭同樣記錄戊子日兵災於外邦戋方一事。而〈合集 6650〉對貞占卜日為「□辰」，對比驗辭知為「丙辰」日，距戊子日前後算合計共 32 日，此言「夲（執）災戋方」一已發生的事。相對的本版（10）辭言只有在三日後的戊子日「允既災戋方」，應是對同一事的前後記錄。一在丙辰日問神，句後記錄 32 日後打敗戋方；一在乙酉日問神，句後記錄 3 天後剛打敗戋方。而二者的記錄當在戊子日後同一時間刻寫。

　　卜辭「既」字有完成某事的用意，是由「食畢」本意引申為結束某事的意思，由文例「既⋯酒⋯」前後語意可證，如〈合集 27416〉的「于父己、父庚既祭酒酓」是。「既」字一般用在動詞前，亦有移位於動詞之後，如「既雨」〈合集 1784〉、「雨中日既」〈合集 21302〉；「既酓」〈合集 808〉，「酓既」〈合集 13216〉是。卜辭亦見「既戋（災）」、「既執」例，如：

〈合集 7686〉　　貞：戉既戋（災）？

〈合集 5955〉　　癸酉卜，貞：來自西曰：既執☑？

於此可證本版（10）辭的驗辭「既戋」應連讀，而對應〈合集 6650〉，命辭占問的應是附庸爯、正、化受佑否的相關內容。因此，（10）辭應直接置於（5）（6）辭之前連讀。而（5）辭所刻一般認為衍文的「戋」字其實並不衍，第二個一般同隸作「戋」的字（兆序（三）左旁）當為征伐對象的「戋」方。完整的讀法，應是：

（10）王固曰：重既。三日戊子允既戋戋方。

（5）庚寅卜，韋貞：爯、化、正戋戋、鼻、隹？一二三四五六七八九十

（6）貞：爯、化、正弗其戋？一二三四五六七八九十

〈合集 6649〉、本版和〈合集 6650〉三版龜甲分別記錄距離貞卜日的當天、三天後、卅二天後的同一事件，三辭驗辭相同的性質十分特別，背後的史料意義仍有待深入研究。

（5）（6）辭對貞句見殷的三個殷西附庸聯合攻擊三個外邦部族，正反句各卜問了十次，可見殷人對此役戰事的重視。

134

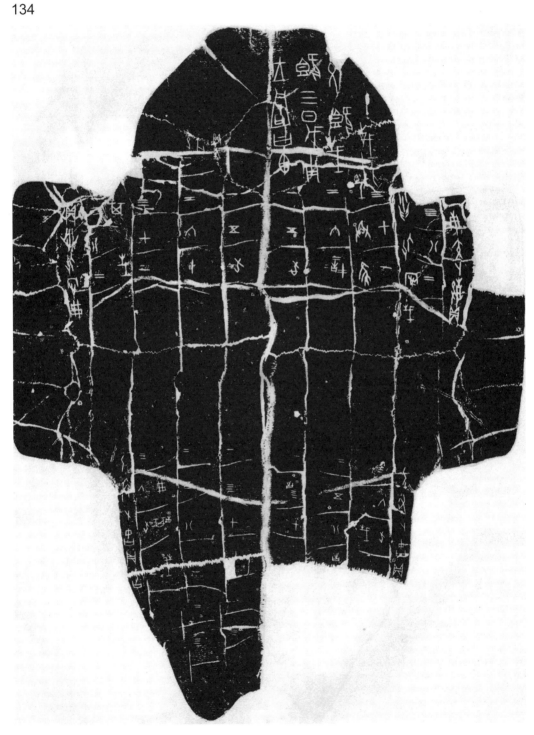

〈135〉

（1）王固曰：重既。
（2）王固曰：重既。

　　本版是〈丙134〉的反面。

　　（1）（2）辭分別刻於前甲和後甲靠中間千里線左側，向外書寫。二辭可能是正面〈丙134〉分別在前甲和後甲兩外側的（1）（2）、（5）（6）二組正反對貞的占辭，「重既」是「重既弋（災）」之省。命辭在正面的右左兩側，占辭則在反面中間千里線的位置，這似是殷人刻寫甲骨的常態對應部位。

（3）我妸來。
（4）畫來廿。
（5）勿![字]人？

　　（3）辭單辭刻於甲背後甲右側兩行鑽鑿之間，對應甲版的正面並無任何卜兆和卜辭，因此，（3）辭應是記事刻辭。妸，一般見於第一期甲骨，用為婦名。如：

　　〈合集454〉　　辛未卜，㱿貞：婦妸冥（娩），妼（嘉）？
　　〈合集6655〉反　婦妸來。
這裡的「我妸來」，強調的是我的妸（族名或人名）來貢。

　　（4）辭見於右甲橋中，屬記事刻辭，言畫（人名或附庸族名）來貢廿隻活的龜。此專指貢龜的記錄。

　　（5）辭刻於甲反面的右甲尾。我懷疑末二字宜合讀為一字，或為「及」字的異體，从手持器捕人，有追獲意。

135

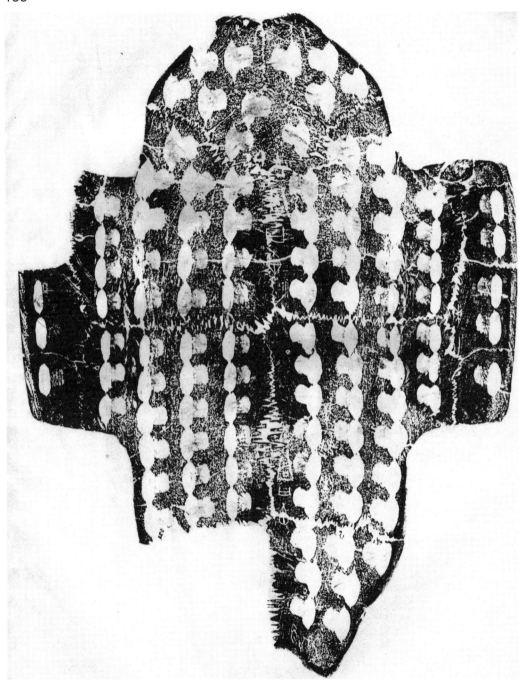

〈136〉

（1）丁未卜，爭貞：舌𨙸化亡囚？一
（2）貞：舌𨙸化亡〔囚〕？□

　　本版殘甲只餘右上半。二辭為兩組正反對貞的否定句，刻在右甲甲橋上側和中下方，（2）辭下殘。

　　命辭的「舌𨙸化」，對比〈丙 134〉可移位寫作「舌化𨙸」，又見〈合集 6648〉、〈合集 6650〉。其中的「舌」，字可隸作舌，有單獨應用，作為地名、族名，如「舌受年」〈合集 9791〉、「于舌」〈合集 7337〉、「往舌」〈合集 17〉；「舌來羌」〈合集 32017〉、「呼舌」〈合集 4194〉。舌又獨立作為人名，曾任職射官，如「射舌獲羌」〈合集 165〉。「化」字亦可單獨應用，作為族名，如「呼化」〈合集 10275〉；字又與殷的其他他附庸部族「戈」、「長、双」連用，例：

　　〈合集 137〉反　「七日己丑允有來艱自☑戈、化呼☑方圍於我☑。」
　　〈合集 6068〉　「七日己丑長、双、化呼告曰：方圍于我奠豐。七月。」
「𨙸」，字作 🔲，〈合集 5439〉見字形兼作 🔲 和 🔲 顛倒書寫，字可理解為「各」字異體，字亦曾獨立應用為地名，如「酚𨙸」〈合集 672〉。因此，舌、𨙸、化可分別理解為三個獨立而鄰近的殷西附庸名（亦有用為這三個附庸族的首領名），三字之間嚴格言需增頓號區隔。完整的讀法，應是：

　　（1）丁未卜，爭貞：舌、𨙸、化亡囚（禍）？一
　　（2）貞：舌、𨙸、化亡〔囚〕？〔一〕

136

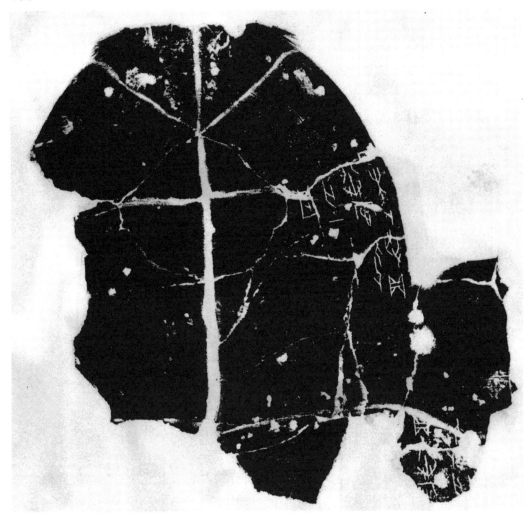

〈139〉

（1）甲午卜，[kou]貞：王[lai]茲玉，咸又？二
（2）甲午卜，[kou]貞：王[lai]茲玉，咸弗又？二
（6）辛酉卜，[kou]貞：翁〔正〕化戈[shen]？二
（7）貞：翁正化弗其戈[shen]？二

　　本版殘甲卜辭共卜問五件相異的事，但兆序都是（二），表示在本版中分別都以成套的第二次進行占卜，這與一般卜辭各自擁有獨立的兆數不同。

　　對比〈合集 10171〉亦同時卜問「[lai]（祓）茲玉」和「翁正化戈（災）[shen]」二事，可見二版相互有關連。

〈合集 10171〉　　甲辰卜，[kou]貞：我[lai]茲玉，寅尹若？〔一〕〔二〕〔三〕四〔五〕六〔七〕

　　　　　　　　貞：我[lai]茲玉，寅尹若？一二三四五〔六〕七

　　　　　　　　丙辰卜，賓貞：翁正化戈[shen]？一二（二告）三四五六七八九（二告）

　　　　　　　　貞：翁正化弗其戈[shen]？一二三四五六七八九

「翁正化戈（災）[shen]」一事又見於〈合集 6654〉：

〈合集 6654〉　　辛酉卜，賓貞：翁正化戈[shen]？一二三四五

　　　　　　　　貞：翁正化弗其戈[shen]？一二三（二告）四五

本版（6）（7）辭可能與〈合集 6654〉是同日的占卜。這反映王卜辭在同日會有不同貞人針對一相同事件進行占卜的實例，其中貞人「賓」利用一塊甲骨連續正反共十次的詢問，而貞人「[kou]」則在一塊已記錄他事的甲骨上只作成套的第二次占問。二者同事同卜而詢問神靈的形式不同，此見殷問卜形式的多變，亦可見殷人對此事的重視。

　　至於本版（1）（2）辭在甲午日正反對貞一事，客觀的陳述「王」用此特定的玉進行祓祭，詢問先王成湯保佑否。「咸又」，即「成佑」，意指成湯保佑。相對的〈合集 10171〉在十天後的甲辰日又作一組正反對貞，主觀的用第一人稱代辭的「我」來用此玉進行祓祭，但詢問的是「寅尹」順諾否。一般學界論「寅尹」為先臣，有以為即成湯的重臣「伊尹阿衡」。甲骨的「寅」，或即文獻用為官名阿衡的「衡」字來源，後增从行。寅，喻三古歸匣，聲母與行同。

　　這裡的「咸」和「寅尹」的對應用法，一見「寅尹」的地位與先王相類，二亦可見文獻中成湯和伊尹的君臣關係，確是信史，三則見殷人有祭拜非王系系統的先

臣，且並不需以天干為名。

139

〈141〉

（13）貞：雍芻于龜？一二三
（14）貞：雍芻勿于龜？一二三

（13）（14）辭在後甲下右左兩側，正反對貞，字由內向外刻寫。

龜，蝗蟲，即龝、秋字，或借為時間詞，如「今秋」；或借為祭儀，如「寧秋」、「告秋」、「禳秋」於祖先；或借為地名，如「于秋令」〈合集 33166〉。目前看，這裡可理解為地名。

（13）（14）辭對貞的命辭可讀為單句，又或讀為複合句：「雍芻，于龜？」「雍芻，勿于龜？」的組合。如果是單句，（13）辭可釋卜問「雍（其人）芻（動詞）于龜（地名）」的吉否，（14）辭則似是「雍勿芻于龜」的移位，否定詞「勿」移於動詞之後。前者理解沒有問題，後者將否定詞後移的用法，在古漢語中罕見。如果是複句，（13）辭作「雍芻，于龜？」，（14）辭作「雍芻，勿于龜？」，把後句視作詢問句。如此，對貞的兩後句都省略了動詞「芻」。這種省動詞例自然也不是常用的。

細審芻字字形，從手持二屮，有作持二木〈合集 11407〉，應屬草類，可理解為供牛羊飼料的草；字由用例言，可讀為雛，泛指幼小的牲畜。二者孰為正確，仍未能定。只是「芻」字後有接數詞，如：
　　〈合集 20043〉　　丁未卜，貞：令戉光友獲羌芻五十？
　　〈合集 93〉　　　乙丑卜，㱿貞：即以芻，其五百隹六？
可見「芻」字當已有作為牲畜的雛的用法。

「芻」有用為名詞，如「以芻」、「取芻」、「取某地芻」、「來某地芻」、「執芻」。例：
　　〈合集 94〉　　　乙卯允屮來自光，以光芻五十。
　　〈合集 108〉　　　☑取竹芻于丘？
　　〈合集 106〉　　　戊子卜，王貞：來競芻？
　　〈合集 122〉　　　貞：執雍芻？
「芻」有名詞作動詞用，如「往芻」、「芻于某地」。例：
　　〈合集 131〉　　　貞：往芻，不其得？
　　〈合集 152〉　　　庚辰卜，賓貞：朕芻于鬥？
　　〈合集 20500〉　　戊戌卜：雀芻于教？
由此可知，「芻」字可以作為進貢、奪取的實物。而殷人有「朕芻」和非朕芻的區

隔，可知殷商帝王已擁有屬於個人或王族的私產。

卜辭中「某鴌于某地」為習見用例，亦見「某鴌勿于某地」的用法。如：

〈合集 151〉　　貞：弓鴌于蔓？

　　　　　　　　貞：弓鴌勿于蔓？

〈合集 150〉　　貞：雍鴌于秋？

　　　　　　　　雍鴌勿于秋？

　　　　　　　　雍鴌于蒙？

　　　　　　　　雍鴌勿于蒙？

以上對貞句的「某鴌勿于某地」例顯然不是孤證。

「鴌」字作為動詞，否定詞一般用「勿」「弜」：

〈合集 11413〉　☑勿鴌？

〈合集 11408〉　☑奠弜鴌于量？

「鴌」字作為名詞時，句前的否定詞也是用「勿」。如：

〈合集 109〉　　勿取鴌于隹？

〈合集 113〉　　勿呼取尤鴌？

〈合集 116〉　　勿取生鴌鳥？

〈合集 117〉　　勿呼取㲋鴌？

〈合集 119〉　　貞：勿令萑取雍鴌？

〈合集 122〉　　貞：勿執雍鴌？

如此看來，「勿鴌」無疑是否定句中習見的用法，〈丙 141〉（14）辭似可理解為「雍勿鴌于龜」的意思。透過以上〈合集 150〉、〈合集 151〉等「某鴌勿于某地」句例，句首的主語和動詞的詞性黏結度明顯甚高，形成一固定的詞組。當需要加插否定詞時，否定詞只能置於「主動」詞組的後面，形成了目前的這種句型。

但由另一角度看，卜辭否定句「勿」字後常有省略動詞而直接接人名、地名、祭牲例。如：

〈合集 1284〉　貞：翌乙卯勿首于唐？

〈合集 13555〉　勿十牛？

〈合集 15783〉　勿五宰？

〈合集 18867〉　貞：勿于之？

〈英 1116〉　　貞：勿于乙門？

相對的，「勿」字句否定詞絕少移位例的用法。特別值得注意的，〈合集 150〉龜版在前甲一組正反對貞「貞：雍鴌于秋？」「雍鴌勿于秋？」二辭的下面近後甲兩側，見有另一組正反對貞：

「雍芻？」

「勿于雍？」

「于雍」的用法，無疑告訴我們「雍」字在這裡只能用為地名，而絕不可以理解為人名。因此，同版的「雍芻」獨立成詞，只能理解為「雍地的牲畜」，作為一名詞組。「芻」字不能讀為動詞。如此，「雍芻勿于秋」句只能理解為複句省動詞的用法。正確的〈丙141〉（13）（14）辭讀法，應是：

（13）貞：雍芻，于龜？一二三

（14）貞：雍芻，勿于龜？一二三

二後句詢問句省略的，可能是「以」「取」「執」的一類來貢、獲得意的動詞。對貞句意是卜問（納貢或應用）雍地的牲畜於龜地宜否。句型是因為要強調來貢或獲得的「雍芻」，故將此詞特別的前置句首。

（1）己丑卜，爭貞：王其戕？

（2）貞：勿戕？

　　（1）（2）辭在右左前甲外側，向內書寫。二辭屬正反對貞。

　　戕，从戊砍伐奚牲，這裡強調的是斬伐的動作，動詞，用法與「伐」字同，或為砍伐奴牲的專字。這組正反對貞可對應下組反反對貞：

　　〈丙144〉（2）貞：王㞢戕，不若？

　　　　　　　（3）不若？

㞢，可讀為有或侑，但其後的「戕」字則用為名詞，理解作擁有的或侑祭的人牲，強調的是遭砍伐的奚牲。由此例可見，殷人用字，名詞和動詞仍處於靈活而混用的階段。

（3）貞：卲于妣庚？一二

（4）一二

　　（3）辭在右前甲靠中間千里線旁向右外側刻寫，兆序有（一）（二）。而相對的左前甲位置上只保留有兆序（一）（二），定為第（4）辭。此辭屬（3）辭的對貞，但並無刻寫任何文字，是屬於卜辭全省例，只剩下一組對稱的卜兆和兆序。對貞卜問禦祭於妣庚順否。

（7）一二三

（8）一二三

（7）（8）辭位於後甲上中央的千里線兩旁，只剩下卜兆和兆序，由內而外，由下而上排列。二辭位置不見文字，其卜辭則見於甲背後（〈丙142〉）的相同位置：

〈丙142〉（1）貞：目其祟（祟）疾？（〈丙141〉（7）辭背後）
（2）貞：目不其祟（祟）疾？（〈丙141〉（8）辭背後）

（11）庚申卜，爭貞：旨其伐，屮蠱羅？
（12）旨弗其伐，屮蠱羅？

這組正反對貞位於右左甲橋下側兩邊。

（12）辭省前辭。對貞的命辭屬複合句，其中的前句為詢問句，後句卻是陳述句，屬特例。屮讀有。（11）辭的正背後有占辭，見〈丙142〉（3）辭的「王固曰：吉。其伐唯丁。」，言殷王武丁判斷附庸旨征伐羅的時間是「丁卯」日。羅，借為外族名。「蠱羅」，言施蠱災於外族。

（11）辭「庚」字中豎突出，與一般三豎筆齊書寫不同；「申」字省作δ，與武丁卜辭常態的δ字電光形不同。這見殷商文字書寫筆畫的隨意，不能作為斷代分期的「絕對」標準。

141

〈143〉

（5）一二三（二告）四
（6）一二（二告）三四
（17）一二三四
（18）一二三四

　　本龜版正面佈滿大量兆序，而卜兆、兆序所詢問的內容，都刻寫在相對正背面的〈丙 144〉。明確的如下列兩組對貞：（5）（6）辭相對是反面前甲中間的（2）（3）辭正反對貞的兆序。（17）（18）辭相對是反面後甲中間的（6）（7）辭正正對貞的兆序。反面右甲橋（8）辭是（6）（7）辭的占辭。

正面〈丙 143〉	背面〈丙 144〉
（5）一二三（二告）四	（2）貞：王㞢戠，不若？
（6）一二（二告）三四	（3）不若？
（17）一二三四	（6）貞：乎及以？
（18）一二三四	（7）貞：王以之？
	（8）〔王〕固曰：其勿以。

〈丙 143〉兆序下旁的兆語，張秉權原釋文都作「上吉」，今改為「二告」。

143

〈145〉

（5）□□〔卜〕，□貞：令望乘歸？

（6）貞：勿令望乘歸？

　　以上對貞是張秉權的原釋文。

　　（5）（6）辭在右左甲橋下，向內書寫。二辭屬正反對貞。然「乘」字作 ，當隸作 。「望 」，望是附庸族名， 是私名。命辭呈兼語式句，言王命令望 返回殷都。動詞「歸」字（5）辭作 、（6）辭作 ，字形部件位置一正一反，从 一高出一平齊，主要原因是（5）辭字从 刻寫位置下本有一橫紋，讓刻工被迫將「 」旁向上推。這種同版異形的結構是因為客觀環境而調整書寫形式，與字本身無關。

（1）乙巳卜，□〔貞〕：〔王〕〔乍〕〔邑〕？一二三四（二告）五（小告）六七八〔九〕〔十〕

（2）貞：王勿乍邑？一二三四（小告）五（二告）六七八九（二告）十

　　（1）（2）辭在右左前甲上外側，向內書寫。二辭屬正反對貞，卜問時王作邑的吉否。「作邑」，即興建城邦。對貞兆序（四）（五）的兆語一正一反恰好互用。原釋文作「上吉」和「小吉」，今調整為「二告」和「小告」，「二告」顯然比「小告」為優。如依張秉權原釋，「上」和「小」相對，「上」字應有「大」的意思。另外，（1）辭殘缺的兆序（九），或應有附兆語「小告」。

　　本版「貞」字作 、作 ，二組斜筆形有連有不連，字形不同，「乙巳」的「巳」字上从口形，與一般从方形的寫法相異。

145

〈147〉

（1）壬子卜，爭貞：我其作邑帝弗左若？三月。一二三四五六七八九十

（2）癸丑卜，爭貞：勿作邑帝若？一二三四五六七八九十

（3）（癸）丑卜，爭貞：我宅茲邑，大〔甲〕丏帝若？三月。一二三上吉四五六七八九十

（4）癸丑卜，爭貞：帝弗若？一〔二〕〔三〕（四）五六〔七〕〔八〕九十

以上是張秉權的原釋文。

按占卜內容，（1）（2）、（3）（4）辭似應是兩組正反對貞。但（1）（2）辭問卜的干支不同。「壬子」和「癸丑」日只隔了一天。（1）辭位於右前甲上，由內而外書寫，屬單一卜辭，命辭讀法可分作三分句：「我其作邑」、「帝弗左」為陳述句，末的「若」一字為詢問句。這裡卜問我在興築城邑，上帝不幫忙，此事會順利完成嗎？其中的（1）辭原隸作「左」，讀為佐的字，本作 ⨉，當可隸作又，讀為「有」。「帝弗有若」可連讀為一句，「有」用為詞頭，修飾名詞「若」。「帝弗有若」，即「帝弗若」，意即上帝不順諾嗎？用為詢問句，與（2）辭的「帝若」正可相對作貞問語。這樣的釋讀可能更精準。

（2）（3）（4）三辭同日占卜。（2）辭位於左前甲上，由內而外書寫，亦為一單獨卜辭，命辭似與（1）辭相對應。（2）辭命辭有二分句，前句「勿作邑」是陳述句，後句「帝若」為詢問句。對比（1）辭句意和位置，常態言應視作對貞句。但二者前辭干支不同，而占卜兆序位置不一，兆序數亦不相同：

（1）辭兆序排列，是「一二三」、「四五六七」、「八九十一」、「二三四五」、「〔六〕七八九」，由上而下分為五橫排，共 19 兆；

（2）辭兆序排列，是「一二三四」、「五六七八」、「九十一二」、「三四五六」，由上而下分為四橫排，共 16 兆。

（1）（2）辭卜兆不對稱，兆序多寡不同。因此，二辭似是分別占卜、分別刻寫、各自為單一的卜辭。但就命辭句意言，又似是同組正反對貞的特例。至於為何分開在二日來占卜，就不得而知了。

（1）辭問卜了 19 次，（2）辭也問卜了 16 次，兆序「十」之後另再由「一」開始計算。這是殷人兆序數數的一種習慣。張秉權原釋將「十」後的數目移開理解，並不恰當。宏觀看本版佈局，版中只有（1）（2）、（3）（4）四條卜辭，（1）辭的兆序 11 至 19、（2）辭的兆序 11 至 16，處於四辭上下的中列，甲背亦無任何文字，無法作為其他卜辭兆序的解釋。

　　（1）（2）辭「乍邑」的「乍」讀作，字形作🖌，早年我曾撰〈釋乍〉一文，論乍字本義是半衣形，象一件尚未完成而正在完成當中的衣服。字因此才引申有正在、當下、馬上、立刻的意思。本版「乍」字上從🖌形，正好象針線縫上衣襟領口之狀。原釋文隸作玌，從玉，實誤。縫衣處作斜書示意，絕不象玉形。「作邑」，指興建當中的城邑。

　　（3）（4）辭位於右左後甲中間千里線，向外書寫。二辭屬正反對貞，二辭上有介畫與（1）（2）辭相區隔。（3）辭命辭分為三個分句：「我宅茲邑」、「大〔甲〕賓」，為陳述句，末的「帝若」獨立成詞為詢問句。「大甲賓」，按常態理解即「賓大甲」的移位句，賓迎先祖大甲，是殷人住進此城邑時的一種迎神儀式。此卜問上帝會順諾此事嗎？但細審拓本，（3）辭張秉權原釋所補的「甲」字實不可見。一般卜辭的「大甲」都作合文書寫，原殘片甲面本應有足夠空間刻上此一「甲」字。因此，這裡並無「大甲」一詞，應直接作「大賓」連讀，言盛大的賓迎儀式為是。卜辭習見「王賓某祖」例，亦有見「某祖賓」的移位；復有「乍（作）賓」、「祀賓」連用，將「賓」字用為名詞，指迎神的儀式。可知本版言「大賓」，文意亦通。

　　殷人為「作邑」一事正反卜問了 35 次，「宅邑」正反卜問了 20 次，可想見殷人對是次行動的焦慮和看重。對應文意，王子日卜問「作邑」一事上帝順祐否，次日癸丑日即卜問「宅邑」，這表示未來城邦興建完成時，我族遷入永久居住的行為，上帝會保佑否，並非是說癸丑當日即要入住的意思。

（5）一二三四
（6）一二三四

　　（5）（6）辭兆序見於首甲的左右兩邊，並無任何文字。兆序詢問的卜辭見於背面〈丙 148〉相對位置的正反對貞：

　　　〈丙 148〉（1）王省從西？
　　　　　　　　（2）勿省從西？

此卜問殷王武丁出巡由西邊始宜否。〈丙 147〉正面處全都是卜問「乍邑」「宅邑」一事。因此，將（5）（6）辭詢問「王省」一較次要不相涉的卜問文字轉刻於甲背，以示區隔。

147

〈149〉

（1）甲子卜，㱿貞：妥⟨以⟩（以）巫？一二（上吉）三
（2）貞：妥不其⟨以⟩（以）巫？一二
（5）王固曰：不吉。其⟨以⟩（以）⊟（齒）。

　　以上是張秉權原釋文。

　　三辭位於前甲上，（1）（2）辭在右左中甲千里線正反對貞，（5）辭在右前甲外側向內書寫。三辭字溝粗闊，字形略大，與同版下面其他卜辭字溝較細，字形略小不同。大小字同時刻寫，字形有同有異，如「其」字底部一橫筆，大字有作平齊（2）、亦有分兩二刀作尖狀（5）；小字則作平齊（12）書寫。

　　「以」，象人持物形，字有攜帶意。（1）（2）辭對貞卜問「妥進貢巫」一事宜否。「妥」可理解為人名、附庸族名，此言妥族進貢巫於商。「巫」可能已具備問神通靈的一職司身分。（5）辭為（1）（2）辭的占辭，占辭直言「不吉」，表示殷王武丁認為妥要進獻巫一事的不恰當。占辭後再補上一句「其以齒」，這裡隸定作「齒」的字性質可能與「巫」字相關連。字從口，或許是另一類祭祀專職的人。古文字用口、用目部件有代替人首的用法，這裡的「齒」字不作牙齒意，或與有強調以口禱告功能的「祝」一類身份者相同，具體用法仍只能存疑待考。

　　（1）辭兆序在拓片中只見（一）（二），並且無兆語的所謂「上吉」和（三）；（2）辭兆序亦見（一）（二），但在（二）之下有兆語「二告」。原釋文誤漏，二者應更正。

（3）貞：伐□巫以？一
（4）貞：妥以巫？三四五

　　以上也是張秉權原釋文讀法。

　　（3）（4）辭在前甲中間千里線右左兩側向外書寫，即（1）（2）辭的下方，句意是承（1）（2）辭內容的卜問，但字溝卻偏細窄，刻寫工具或用刀的方法明顯與（1）（2）辭不同。對比（4）辭的兆序位置，其中的兆序（三）突出在左前甲中間界畫線的下頂端，（四）（五）則並排在（三）的正下面，兆序是由上往下讀；而（3）辭在甲右「貞」字右側有兆序（一），兆序（一）的右邊殘缺一方格，應有並列的兆序（二），可補，而兆序（一）的上方界畫線下端清楚見兆序（三），應是屬於（3）辭的另一兆序。因此，（3）辭兆序有三，是由下往上讀。

（3）辭的正確讀法，是：

　　貞：伐□巫以？一〔二〕三

（3）和（4）辭兆序的序數不同，刻寫位置、順序亦異，二辭占問內容各自獨立。其中的（4）辭應直承（1）（2）辭，仍是卜問妥進貢巫的宜否。由（2）和（4）辭同在左甲千里線的上下位置，但中間殷人留下明顯的界畫，加上二者字形大小、字溝深淺都不相同，二者似是不同人所書寫的字。再對比〈丙 150〉（本版的背面），見本版（2）辭的前辭是〈丙 150〉（1）的「甲子卜，𣪊」，但（3）辭的前辭卻是〈丙 150〉（2）的「甲子卜，爭」。因此，（1）（2）（4）和（3）辭無疑是同日同事的占卜，但二組的貞人卻不相同。透過以上的觀察，可見〈丙 149〉的（1）（2）（4）辭成組，（3）辭另成一組。（1）（2）（4）辭完整的讀法是：

　　（1）甲子卜，𣪊貞：妥以巫？一二

　　（2）甲子卜，𣪊貞：妥不其以巫？一二

　　（4）貞：妥以巫？三四五

（1）（4）辭是屬於同一套卜辭的分書。張秉權原釋文誤讀（1）辭兆序為「一二（上吉）三」，遂將（1）（4）辭分開理解；今正。當日針對同一事內容的肯定句是連續卜問了五次，但由於刻手的不同，所以才會增添一界畫以示二辭的差別。

　　由此看來，（1）（2）（3）（4）四辭，其中的（1）（2）辭是正反對貞，各自卜問了兩次，而（1）和（4）辭則是同辭成套的分兆分書，連續詢問的五次，卜辭並分開重複書寫。（3）辭則是獨立的自成一辭。卜辭的難讀，需反覆宏觀的互較，靜心得之，於此更是一例。

　　再看（3）辭，其中的命辭前始見一「伐」字，接讀的下一字殘缺，而「妥」字無論用為人名，如「小臣妥」〈合集 5578〉、「姓妥」〈合集 22147〉、「子妥」〈合集 20038〉，或作為族名，如「勿令妥南」〈合集 945〉，都未見被殷人視同為攻伐或殺牲的對象，因此，（3）辭「伐」字下第二行所空的一格不可能補上「妥」字，且於上下文意亦不通。根據文例，卜辭有「登伐」〈合集 6477〉、「登眾伐」〈屯 4489〉、「其變伐」〈合集 32256〉、「用伐」〈屯 636〉例，都將「伐」字用為獻祭的人牲。值得注意的，是卜辭另有「伐以」例。如：

　　〈合集 7854〉　　☑𣪊貞：呼 𡕥 取囚任，伐以？

　　　　　　　　　　己酉卜，𣪊貞：勿呼 𡕥 取囚任，伐弗其以？

「伐以」，即相當於「以伐」的移位，受詞前置。「伐」字仍用為進貢、待砍首的人牲。因此，本版（3）辭卜問「伐□巫以」一句是詢問伐牲和巫的進貢宜否，「伐」和「巫」都作為賓語前置的進獻內容，二字中間的空格可能是一連詞，如

「罙」。因此，（3）辭完整的讀法，或是：

　　甲子卜，爭貞：伐〔罙〕巫以？一〔二〕三

（9）出河？一
（10）勿出？一（二告）
（11）丙寅卜，爭貞：今十一月帝令雨？一（二告）二三〔四〕五六七
（12）貞：今十一月帝不其令雨？一二三四（二告）五六七八

　　（9）（10）、（11）（12）辭分別為兩組正反對貞。（11）辭原釋文漏一殘缺可補的兆序〔八〕，與（12）辭相對稱。（11）辭誤摹兆序（一）的兆語為「小吉」，當為「二告」；今正。

　　（9）（10）辭在右左前甲下方，正反對貞，動詞「出」讀如侑，泛指祈佑的祭儀。（10）辭否定句省賓語「河」，但由兆語觀察，卜者似是屬意於此辭。侑祭對象是自然神河神，針對的是黃河，一般目的是求雨。（11）（12）辭在右左後甲上方靠千里線，正反對貞，月份置於命辭句首，是武丁卜辭的習用寫法，卜問上帝在當下整個十一月會令降雨否。

　　殷商時期神中之神的「上帝」有「令」降雨的專權。殷人求雨的對象是河，而只有上帝才有絕對權力施降雨水。對比（9）（10）、（11）（12）辭的求雨卜辭，相鄰位置的（1）（2）（4）、（3）辭所言獻巫、獻伐牲的內容，也應是與冀求降雨一事有關連。古文獻中的巫已是問神祈雨的職司，而砍伐牲首也是常作為求雨的用法，這是殷商時期的傳統習俗。由此看來，本版下邊的（20）辭卜問燎祭、（21）（22）辭對貞的卜問「征雨」，也都是與降「雨」有關。

（15）大戠韋皀？一二三□
（16）勿衣戠韋皀？一二三（二告）四

　　（15）（16）辭正反對貞，在後甲下靠千里線的右左兩側。（15）辭右側殘，應補兆序〔四〕。對貞的「大」、「衣」都屬形容詞，衣讀殷，有盛大意；二字同樣有大的意思。此見對貞正反句中的形容詞互用例。

　　戠，從竜，竜可能是格致意的「各」字異體，本有進入意；字右從手持杖，與牧、教字部件相類，用為驅趕進入阱中的意思。卜辭多言「竜某獸」例，「竜」字用為動詞，如「竜兕」〈合集 190〉、「竜豕」〈合集 10106〉、「竜麋」〈合集 10426〉、「竜鹿」〈合集 10303〉。其中的〈合集 190〉卜言「貞：王其逐兕，

獲？弗叀兕，獲豕二。」，見句末驗辭「叀」字與「逐」字字義相承，而用在「獲」字之前，自有趕入捕得的意思。卜辭另有「叀雨」例，〈合集 12997〉反的「王固曰：今夕叀雨。」字亦可理解為「各雨」，即降雨、雨至的意思。由此看來，（15）（16）辭的「大戠（各）辜（敦）𠂤（次）」，是言盛大的驅逐、攻擊屯駐的外族師旅，「各敦」為一複合動詞。

149

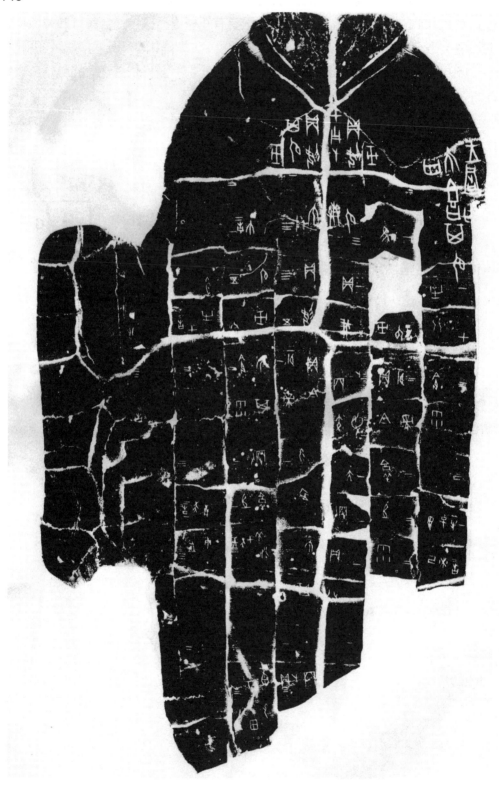

〈150〉

（1）甲子卜，敵

（2）甲子卜，爭

　　本版為〈丙149〉的反面。

　　二前辭對應甲後背的正面位置，見（1）辭接著的是〈丙 149〉（2）辭，（2）辭接著的是〈丙 149〉（3）辭。參見上一版引文。

（3）乎☐？

（4）乍冊西？

　　二辭位於左右前甲上方，向外書寫，對應成組，（3）辭下殘，中空缺字。二者可能是「乎（呼）某乍（作）冊西？」一句的省略。

（5）王固曰：令。

　　占辭在左後甲中間位置，朝左甲橋方向書寫，甲橋殘缺，因此（5）辭「令」字之後可能仍有殘字。此辭應是正面〈丙 149〉甲中間的（11）（12）辭「帝令雨？」、「帝不其令雨？」的占辭。

（6）夒東：黃𤉣？

　　（6）辭在左後甲中間靠千里線，朝外刻寫。有關用火燎祭的卜辭，正面〈丙 149〉只有右後甲靠甲橋的（20）：「翌己巳夒：一牛？」一辭。二辭同在一甲邊的正反面，（20）辭點出燎祭的時間和祭牲數，（6）辭敘述燎祭方位和祭牲顏色，彼此卜問語意可能有互補的關連。𤉣，或為㹥字，野牛。

（7）坐父乙？

　　（7）辭句在右後甲中間靠千里線位置，向外書寫。有關坐（侑）祭的卜辭，正面〈丙 149〉只有右左前甲下方的（9）辭「坐河？」、（10）辭「勿坐？」對貞。正反面二卜問的語意可能互有關連，侑祭一針對自然神河神，一針對祖先：武

丁的父親小乙。

（8）乎隹卟史？

　　（8）辭句在後甲中下方千里線的右左兩側。這和正面〈丙 149〉左甲下方的（23）辭「丙〔寅〕卜，□貞：叀弘乎田？一二三」一辭位置正反面相接，用法同屬呼字句，可以相對應。然而，二辭均屬肯定句，虛字一用「叀」、一用「隹（唯）」，很可怪異。張惟捷《丙編新編》498 頁謂「隹字，目驗下側有『口』形，乃『雍』字無疑。」，對比拓本，在「隹」字左下確有一殘留的小方角，字應是「雍」字，人名。〈丙 149〉（23）辭命辭「叀弘乎（呼）田」，即「呼弘田」的移位句，「叀」字用為賓語前置句首的標誌，意即呼令弘其人進行田狩。而〈丙 150〉（8）辭的「呼雍卟（禦）史（事）」，其中的「禦事」成詞，即禦祭某事。〈合集 30524〉有分書作「卟又（有）事」。

　　殷商仍未有「御史」一官名的用法。殷人習言「令眾卟事」、「呼某人卟事」，可見「禦事」是指上位者號令某官員驅策眾人完成的一種祭祀儀式。本版（8）辭的「呼雍禦事」與正面（23）辭的「呼弘田」或為同時所卜，一要求雍祭祀，一要求弘田獵，未審是否選貞卜辭的關係。

　　本版大量正反面卜辭呈互補現象。

150

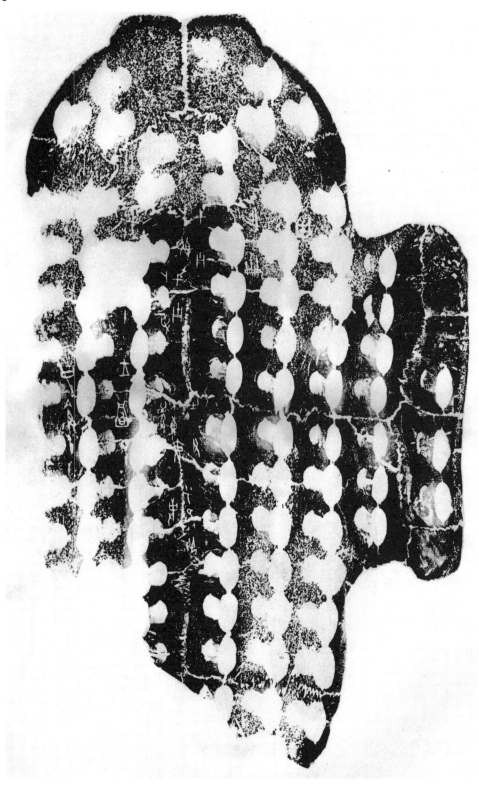

〈151〉

（1）丁巳卜，亙貞：自今至于庚申其雨？一二三四五六七八九

（2）貞：自今丁巳至于庚申不雨？一二三四五六七

（3）戊午卜，㱿貞：羽庚申其雨？一（二告）〔二〕三〔四〕〔五〕〔六〕
　　〔七〕八

（4）貞：羽庚申不〔其〕〔雨〕？一二三〔四〕〔五〕〔六〕〔七〕〔八〕

　　根據張惟捷《丙編新編》499 頁，補了（3）辭的兆序（五）、（4）辭的兆序
（四）（五）（六）和（4）辭「不」字下的「雨」字。

　　本版殘甲只有四辭，分兩組在甲兩側右左上下，正反對貞，卜問雨否。特別的
是（1）（2）辭在前甲右左向外對貞，但兆序在（1）辭由上而下共九次，（2）辭
兆序相對的僅有七次。（1）辭的兆序（一）（二）橫排，（三）（四）卻靠近中
甲千里線作縱列，（五）在外與（四）勉強算作橫排，（六）（七）和（八）
（九）亦分別在下橫排。而（2）辭的兆序（一）（二）作一橫，（三）獨自佔一
橫，（四）（五）、（六）（七）亦分別作橫排。於此可見（1）（2）辭對貞，但
兆序並不相對稱。細審原因，（1）（2）辭卜兆和兆序的位置，彼此在首甲上的
（一）（二）辭仍相對應作橫排，其後右邊（1）辭的（三）（四）兆序先在靠中
間千里線作上下成列，而左邊（2）辭的相對應位置，檢視背面，見都沒有鑽和
鑿，故未能燒灼成兆，或根本就不能用。因此，左邊的（2）辭平白的少了兩兆。
這種因遺漏鑽鑿而使對貞的卜兆和兆序不能相對應，無疑是對貞問卜形式的一種特
例。

　　（1）（2）辭正反對貞，（1）辭有前辭，命辭中的時間詞「今」，即占卜日
的「丁巳」日。因此，書手在此省略了具體的干支，避免重複而繁瑣；相對的，
（2）辭省略前辭，故在命辭中的「今」字之後有強調或明確說明時間的必要，才
增添「丁巳」二字。

　　（1）（2）和（3）（4）兩組對貞都是在詢問「其雨」和「不雨」相對，而問
卜的武丁貞人分別是「亙」和「㱿」，彼此基本上是針對同一事例占卜。前者在丁
巳日問「今至于庚申」這三天的時間降雨否，至第二天戊午時後者則再詢問明天庚
申一天會下雨否。

　　本版的巳字作 𐠿（2）、作 𐠿（1），庚字作 𐠿（1）（2）、𐠿（3），申字作 𐠿
（1）、作 𐠿（2）、作 𐠿（4）（5）；均屬同版異文。此足見殷人同時期書寫的文
字，字形本身就具有不同的書體。

151

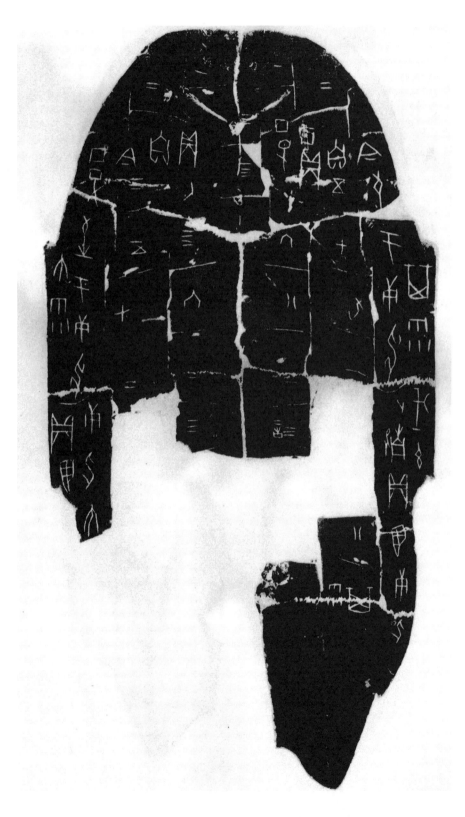

〈152〉

（1）㞢以五十。
（2）爭。

　　本版是〈丙151〉的反面。
　　（1）辭在右甲橋直行書寫。（1）辭㞢字用為附庸名或人名，張秉權原釋老，可商；張惟捷釋敖，亦未為的論。這裡紀錄㞢進貢五十隻活龜，本版是其中之一。此屬記事刻辭。
　　左甲橋靠下側的「爭」，是負責收取貢品而簽署的官員，字亦為武丁時期常見的貞人名。
　　本版的爭字作（2），與一般作形不同。我曾撰文討論「爭」「靜」同源，「爭」字的本義，象手持耒力在坎穴翻土之形，這裡字作，更可以作為坎穴側形的佐證。以字有携帶意，作（1），與一般作形亦不相類。

〈153〉

（7）其雨？一（二告）二〔三〕
（8）不雨？一二三

　　（7）（8）辭正反對貞，在殘前甲的右左兩旁直書，各書兩字相對應，（7）辭增一語詞「其」字，除強調將然的語氣，似兼有句子對稱美觀的作用。〈丙154〉（〈丙153〉的反面）（1）辭「王固曰：其夕雨，藝明。」在甲中央千里線上，向左書寫，是正面這裡（7）（8）辭的占辭。對應（7）辭兆序（一）下的兆語「二告」（張秉權原釋作「上吉」），屬於吉兆，可見兆序（一）所卜和占辭內容在正反面是相同的。

（13）貞：羽癸丑其雨？〔一〕二三
（14）羽甲寅其雨？〔一〕二三

　　（13）（14）二辭兆序位置相對，卜辭分刻在右左甲尾兩側，屬選擇對貞，卜問是次日的癸丑抑或是甲寅將會下雨？這裡的「羽（翌）」，次日也，可指後天，亦可指大後天。反面〈丙154〉的（2）辭「辛亥卜，內」在右甲尾外側，是正面（13）（14）辭的前辭。而〈丙154〉的（3）辭「〔王〕固曰：癸其雨。三日癸丑允雨。」在甲尾中間向左書寫，又是正面（13）（14）辭的占辭和驗辭。
　　「其」字的用法，有將然、不確定的語氣。驗辭對應敘述已具體發生的事不用「其」。這裡驗辭言的「三日」，是由占卜日「辛亥」開始算起，經「壬子」至「癸丑」，前後合算共計三天。這是武丁時期計算日數的習慣。

（10）王其伐若？乙丑允伐右卯眔左卯，隹匕牛。一二

　　以上是張秉權原釋文。
　　句前靠右甲橋處疑另有前辭的殘缺。張秉權在《丙編》考釋221頁：「右卯及左卯是被伐祭的對象，而用的祭品是牝牛，自然其中的左卯和右卯也可能是被伐的犧牲品，而妣字也可以解釋為人，而把『隹人牛』講成『用人和牛』。」然張說可商。張惟捷《丙編新編》釋讀末句作「夷牛」，用詞罕見，亦僅供參考。
　　卜辭的「卯」字，一般用為殺牲法，讀為劌，有對剖意。「伐」字，一般用為攻伐，於此不可解；有用為砍人牲首之祭，於此用法近似。這裡理解為砍伐牲口的

祭儀。

（10）辭命辭內容當區分為二分句：「王其伐，若？」其中前句為陳述句，後一「若」字單獨為詢問句，言殷王將進行伐牲之祭，卜問順利否。「乙丑」以後一段為驗辭，言乙丑日果然進行伐祭，「右卯罙左卯」一句是斬伐的方式，即將祭牲中剖為二，分作右半和左半，而剖殺的對象是「匕牛」。甲文一般書母牛作「牝」，部件固定的合書，作左右式的位置；與公牛的「牡」字相對言。這裡的「匕牛」卻作上下分書，按理是分讀為兩字，但對比花東甲骨字形的分書例，仍可視同「牝」一字的異體，應讀為一字。然如按張說的作為「人」「牛」分讀，甲文則絕無此例。

153

〈154〉

（1）王固曰：其夕雨，蓺明。

　　本版是〈丙 153〉殘甲的反面。

　　（1）辭在甲中央向左直書，是正面〈丙 153〉（7）（8）辭對貞句「其雨？」、「不雨？」的占辭。其中的「王固曰：其夕雨。」一句，滿足的回應正面（7）（8）二辭的殷王觀兆作出的判斷語。「蓺明」二字，用法不明。于省吾讀蓺為邇，訓近；僅供參考。

　　「明」字常見於干支之後，又見「明雨」、「明霧」、「明啓」、「明陰」連用例，字可理解為時間詞，作為一天中的一段時段所指，在「夕」之後，而在「旦」、「食日」、「大食」之前。唯細審〈丙 154〉（乙 6470）（合集 16131 反）的拓本，「其夕雨」後的二字清楚刻作「🜲🜲」。第一字从廾，象人跪坐形，左上兩手朝上刻於鑽旁，但不見作「蓺（藝）」字的从屮从木或从杖形，不見得就是蓺字；當然，也可以理解為「夙（夙）」字，左上實从夕，指早上；或單獨讀為廾。第二字隸作明字的，从月从田，不从日。字形特別，一般用為地名，如〈合集 8104〉：「貞：不若？五月。在🜲。」是；但字亦有與从日月的明字混用，如「明雈（霧）」例，明字有从日〈合集 11506〉反、有从田〈合集 16057〉是。復對比卜辭習見的「不喪明」例，如〈合集 21037〉，「明」字已有光亮、明朗的用法。

　　因此，〈丙 154〉（1）辭句末二字宜讀為「夙明」，指明天一早天氣放晴。占辭言殷王武丁判斷傍晚將會有雨，接言「夙明」，意即雨會下至次日早上為止的意思。

154

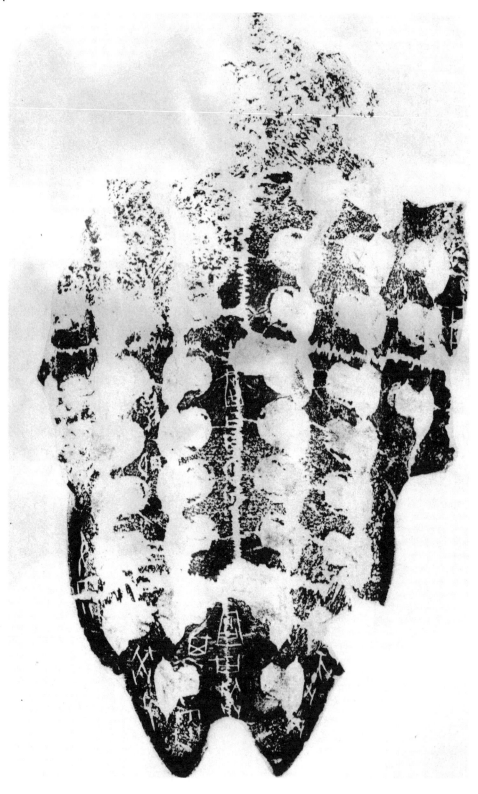

〈155〉

（3）壬寅卜，爭貞：弓古王史？一（上吉）二（小吉）三四五

（4）壬寅卜，爭貞：弓弗其古王史？一二三（不靯）四五（上吉）

　　以上是張秉權原釋文。

　　甲骨下半殘，（3）（4）辭在右左甲橋側邊下書，作正反對貞。（4）辭兆序（三）的兆語為「不靯黽」，張釋文漏。這組對貞多見兆語，（3）辭的兆序（一）是「二告」、（二）是「小告」，（4）辭的兆序（三）是「不靯黽」、（五）是「二告」，但二辭卜兆的裂紋朝中央，形狀相約，並無明顯的差別。傳統的說法，甲骨上兆語的判斷標準是根據卜兆兆紋而來的，但就本版兆紋言，似並無必然的關係。由（3）辭（一）和（4）辭（五）分別都同屬「二告」看，兆語的判斷與占卜者個人的主觀想法意願亦沒有關係。因此，甲骨兆語的決定，可能是由甲骨以外的其他標準做出的。目前看，蓍草的使用可能是另一考量的方向。

　　對應同版（7）（8）辭次日「（王）呼弓往于某地」例，（3）（4）辭動詞的「古」，或可隸作「叶」，字讀如協，有協助、服從的意思。「古王史」，即「協王事」，意即協辦王事。

　　本版的同版異形的字例眾多，如：

敵字作❖（1）、作❖（2）；（1）（2）正反對貞。

爭字作❖（3）、作❖（4）；（3）（4）正反對貞。

弓字作❖（7）、作❖（8）；（7）（8）正反對貞。

宿字作❖（1）、作❖（2）；（1）（2）正反對貞。

其字作❖（4）、作❖（6）。

小字兆語有作ᐟᐟᐟ，有作ᐟᐟᐟ。

以上同版異形，應是同時甚至是出於同一刻工之手。字形的差異，顯然不能作為甲骨斷代或區分組類的絕對標準。

155

〈156〉

（1）貞：乎从卯取屯于〔⊠〕？

（2）貞：勿乎从卯？

（3）王其从取？

（4）勿从取？

　　本版是〈丙 155〉的反面。

　　（1）（2）辭在左右首甲上千里線兩旁，向外書寫。二辭屬正反對貞。（3）
（4）辭在左右中甲下方千里線兩旁，向外書寫。二辭屬正反對貞。本版鑽鑿處四
周見許多組對貞卜辭，沿千里線左右刻寫。卜辭內容似都與「王」有關。而卜辭的
卜兆和兆序都見於正面，二者需正反面互參。如（1）（2）辭在首甲的左右兩邊，
兆序則見於正面相對應位置，即〈155〉的（11）辭：「一二三（小告）四五六」
和（12）辭：「一二三四五（二告）」。

　　而本版（3）（4）、（5）（6）、（7）（8）、（9）（10）諸組對貞由內而
外，由上而下對稱書寫。對貞的兆序都清楚見於正面中甲之下相對的地方。常態的
卜辭都刻於正面的卜兆旁側，本版甲骨正面卻只見卜兆和兆序例，卜辭卻全在反面
書寫，應是特例。研究甲骨兆序，應注意此一特殊現象。

　　（1）（2）、（3）（4）四辭分兩組左右正反相對貞，由上緊接而下，應是針
對同一事的連續卜問。二組對貞句意可以互補。（1）（2）辭命辭省略主語
「王」，而（3）（4）辭的「从取」，也應是「（王）乎从卯取屯于⊠」的省
略。意即殷王呼令某聯同卯其人取骨版於⊠地。卜辭中的「取屯」，與「入
（納）龜」的用法等量齊觀，可反映殷商卜用甲骨的來源。

　　（3）（4）辭的兆序，在正面對應位置各見（一），宜補。

156

〈157〉

（1）貞：今丙戌煑姓虫从雨？一二三四五六七八九

（2）貞：姓亡其从雨？一二三四五六七八

　　以上是張秉權原釋文。

　　（1）（2）辭正反對貞，在右左前甲中間千里線的兩旁，由上而下對稱書寫。二辭下面有界畫。（1）辭兆序分兩直行，由上而下，（一）（二）（三）一行，（四）（五）至（九）另一豎行至底；（2）辭兆序亦分兩直行，（一）（二）（三）一行，（四）（五）至（八）亦是豎行至底，其中兆序（八）的卜兆下已貼至下界畫，並無空間可供作第九次的占卜，故從缺。由此看來，由於甲骨空間的限制，對貞詢問的卜兆次數刻寫，不見得都一定可以是對對的。

　　（1）辭命辭原釋文作煑的字，从火，上从人交腿，可隸作烄，示焚燒人牲以祭，屬祭祀動詞。原釋作姓的字，可直接隸作奻。甲骨文的人名、族名、地名常見混用，一般卜辭辭簡，很難明確區分。由文例看，如「在妌田」〈合集 10136〉，自然是地名；「婦妌乳」〈合集 22246〉，自然是人名；「亞奻夢」〈合集 5682〉，可理解為人名。从女的字如奻、婷，都有與「烄」成詞，後接卜問「有雨」否，字可用為族名、地名。但不管如何，（1）（2）辭的正確斷句，宜是：

　　（1）貞：今丙戌烄奻，虫（有）从雨？

　　（2）貞：奻，亡其从雨？

（1）辭命辭作二分句，前句是陳述句，其中釋「今」的字位置原拓本殘，「貞」和「丙」之間空間緊迫，似不能容納一「今」字。張秉權的原釋文可商，恐無「今」字。此處命辭是直接言丙戌日烄祭於奻地（或烄祭以奻族人牲），後句詢問句卜問「有从雨」否。因此，對應的（2）辭命辭亦應分讀為二句，其中前面的「奻」字單獨成句，是「丙戌烄奻」句之省，只餘下一個地名（或祭牲名），後句「亡其从雨」是詢問句。「虫（有）从雨」和「亡其从雨」正反對貞。一般釋文將（2）辭的前後句連續來理解，並不正確。〈合集 1130〉的「重奻烄，虫雨？」，其中的前句屬移位句，可證「烄奻」成詞的用法。

　　（1）（2）辭的占辭見於甲版的背面〈丙 158〉。

　　〈丙 158〉中間位置直書有三辭，中央一辭原釋文（2）辭作「王固曰：隹□丁不雨。」，右邊與「不雨」二字平行的有「戊雨」一句，左邊與「不雨」的另有（3）「庚寅虫从雨」一句。張秉權原釋文將前二句連續作一辭，張惟捷《丙編新編》釋文亦如是。目前看，可以商量的地方有二：一、占辭中「隹（唯）」下是否

有缺字？拓本模糊不清，無法判別。如有，又應屬何字？一般占辭在「干固曰」之後都是直接帶出干支。如：

〈合集 12311〉反　　王固曰：庚雨。

〈合集 14138〉　　　王固曰：丁雨。

〈合集 12950〉　　　王固曰：吉。翌辛其雨。

如占辭下有用虛字「隹（唯）」帶出，也是直接接干支。如：

〈合集 1086〉反　　王固曰：隹甲茲鬼☒。

〈合集 12163〉反　　☐固曰：今夕不其雨。其隹丙，不吉。

「隹（唯）」亦偶有接時間詞「今夕」。如：

〈合集 12396〉反　　王固曰：隹今夕不雨。

因此，〈丙 158〉（2）辭占辭似可直接讀作：

「王固曰：隹（唯）丁不雨。」

或增插一「翌」字，作「王固曰：隹翌丁不雨。」，指殷王預測次日丁亥日不降雨。二、中央占辭的右邊「戊雨」二字，意即「戊子雨。」省，自可一併理解為占辭的內容，但也未嘗不可以獨立視作驗辭來看待。然而，占辭左邊並行的「庚寅𡥩（有）从雨」一句，張秉權釋文視為一獨立問卜的卜辭，則恐非。此辭應判定為中間占辭之後連續的驗辭，而上承正面〈丙 157〉的（1）（2）辭對貞句。此辭位置貼近正面（1）辭肯定句的後面。目前看，「戊子雨」和「庚寅𡥩从雨」各自獨立成句，分別書寫在占辭兩側，應都屬驗辭。

　　卜辭一般言降雨，都直接寫「雨」、「多雨」、「有大雨」、「遘小雨」、「雨疾」等，唯獨在求雨之後，會固定寫「从雨」。可知「从雨」是指透過舞祭、燎祭、取祭等祭儀的禱祝，間接而帶來的雨。因此，驗辭的「戊雨」是自然的降雨，而「庚寅有从雨」是炆祭後帶來的結果。

（3）　叀己丑柔？一二三

（4）　勿隹今己？一二三

（7）　于羽庚柔？二

（8）　勿于庚？二

　　（3）（4）辭正反對貞，在右左前甲下中央由內向外橫列書寫，卜問今日己丑進行柔（祓）祭宜否。柔，即文獻的「祓」字，是手持農作物的獻祭祭儀，以拔除不祥，動詞。對貞句首肯定句用「叀」，否定句用「勿隹（唯）」。（4）辭否定句省略地支和祭祀動詞。

　　（7）（8）辭正反對貞，（7）辭兆序應為（二），原釋文誤作（三），今正。二辭在右左前甲的外側兩旁向下書寫。（8）辭為「勿于翌庚寅桒？」之省。

　　（3）（4）、（7）（8）二組卜辭應為同時同事所卜，詢問當日和次日進行桒（祓）祭宜否。命辭語詞當日（近占卜日）用叀，次日（遠占卜日）用于。（3）（4）辭正反各詢問三次，成套同版占卜；（7）（8）辭則正反各至少詢問兩次，分見於不同的甲版，本版是屬於第二次的占問。又或者本版的（7）（8）辭應另有兆序（一）和（三），今漏。不管如何，本版原釋文編號的（3）（4）、（7）（8）二組對貞應連讀。

（5）舞岳，屮？一二三
（6）勿舞岳？一二三

　　（5）（6）辭正反對貞，位於右左後甲上方兩中側，向外分書。

　　殷人多見舞祭自然神「岳」。（5）辭句末的「屮」字應分讀；不然，上下文則無法通讀。屮，一般讀為祭祀動詞的「侑」，但這裡與同版前甲（1）（2）辭對貞炆祭詢問的「屮（有）從雨」、「亡其從雨」有關，上下並排。因此，（5）辭的「屮」應是「屮（有）從雨」一句的省略，用為詢問句。完整的（5）（6）辭應讀作：

　　（5）舞岳，屮（有）從雨？一二三
　　（6）勿舞岳，亡其從雨？一二三

殷人舞祭，常與卜問「從雨」否連用。本版的順讀，正確的是（1）（2）、（5）（6）二組對貞相承連讀。

（10）甲辰卜，㪔貞：奚來白馬？王固曰：吉，其來。三四五
（11）甲辰卜，㪔貞：奚不其來白馬？〔三〕〔四〕五

　　（10）（11）辭在右左甲尾外側，向內書寫。二辭屬正反對貞。張秉權原釋文在（10）辭兆序多列（一）（二），（11）辭兆序多列（一）（三），並將兆序（五）的數字置於命辭後連讀，都是錯誤的。本版左甲尾殘，不見（11）辭的兆序（一）至（四）。

　　（10）（11）二辭對貞，卜問奚來貢白馬否，殷王武丁的占辭言「吉」，而且斷言將要來貢。二辭的兆序應只有（三）（四）（五），而（一）（二）應另見於他甲。

157

〈159〉

（1）癸丑卜，亘貞：王从奚伐巴？一
（2）癸丑卜，亘貞：王叀望乘从伐下危？一

　　（1）（2）辭位於右左前甲上靠中間千里線的兩側，向外對應書寫。按習慣二辭是選貞關係。二辭中復有文字壓於他兆的書寫現象，原因不詳。
　　（1）辭命辭是常態句；（2）辭命辭是移位句，當即「王从望乘伐下危」的賓語前置。這組選貞句型一常一變，當日的神靈是認同哪一辭？在甲版面上並沒有明確的交代，但對應二辭的正下面只有卜兆和兆序（五）的空白處，其背面見〈丙160〉（6）（7）辭，是這組兆序（五）問卜的卜辭：
　　〈丙160〉（6）王勿从奚乎（呼）〔伐〕〔下〕〔危〕？
　　　　　　　（7）勿从奚伐下〔危〕？
二辭是反反對貞，強調卜問武丁不由奚地（或不連同奚族）討伐外邦下危的安否。由此逆推，〈丙159〉（1）（2）辭的一組選貞，當時是先選擇了（2）辭殷王要討伐下危的內容，但接著詢問的，是要經由望乘，而並不是經由奚地展開是次的征戰。前後二組卜辭的互參，可以深化對當日武丁出征過程的了解。

（3）丙辰卜，亘〔貞〕：䄆身□南〔庚〕？

　　（3）辭單獨見於右前甲上方，占卜時間是在（1）（2）辭三日之後，卜求禳除殷王武丁身疾於祖先南庚。此似與因殷王要出征而冀求無恙有關。南庚是祖辛之子、祖丁之弟，武丁問疾為何要單選「南庚」？這似乎牽涉到武丁重視非直系大宗的先王崇拜和刻意要求團結多子部族的一客觀歷史狀況。
　　䄆，即禳，用為祭祀去災的泛稱，動詞。

（5）貞：王往于奠京？一
（6）貞：王勿往于奠京？一
（10）貞：王往于奠京？一
（11）貞：王勿步于奠京？一

　　以上是張秉權原釋文。
　　根據卜辭位置，（5）（6）辭在右左後甲上方千里線兩邊，向外書寫。二辭屬

正反對貞。（10）（11）辭在右左後甲下端，也是在千甲線兩邊向外書寫。二辭按理也屬正反對貞。但（10）（11）命辭的動詞分見作「往」和「步」，句意相似而實不相對。「往」是移動的泛指大類，「步」是移動的細部敘述方式，強調步行前往。查張惟捷《丙編新編》本版右後甲下側有一綴合，在（13）辭上補成：「貞：王步于炎京？」句，此辭和左後甲的（11）辭才是一組正反對貞，而（10）辭的對貞句應另在左後甲外側殘缺的地方。

本版勉強隸作炎的字，作 （5），字从木上具葉形，或示火光，下从火，亦可隸作㭬；地名。字又省火作 （6），另作 （10）、作 ；屬同版異形。

159

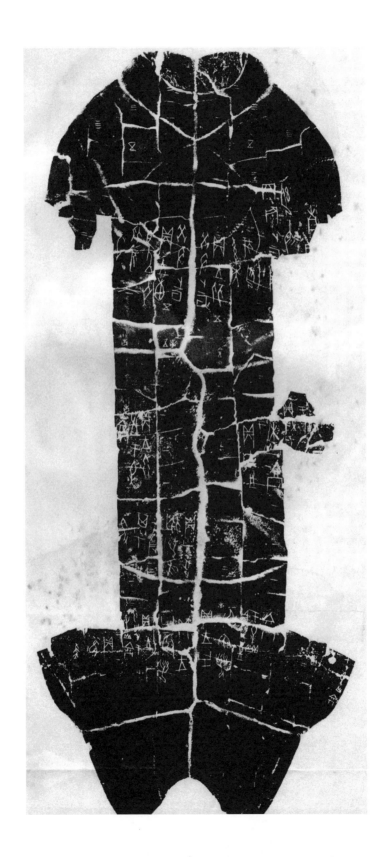

〈160〉

（11）貞：登伐，尞？

（12）勿尞？

本版是〈159〉的反面。

（11）（12）辭在左右後甲中靠千里線兩側，屬正反對貞。正面相對位置見對應的兩個卜兆和兆序（一），釋文句末可以補上。對貞否定句省略前辭「貞」和命辭的前句。

伐，砍首的人牲，名詞。此對貞卜問登獻伐牲時進行尞（燎）祭否，可見殷禮是先行獻牲的儀式，接著才有此燒人牲的祭祀動作。

160

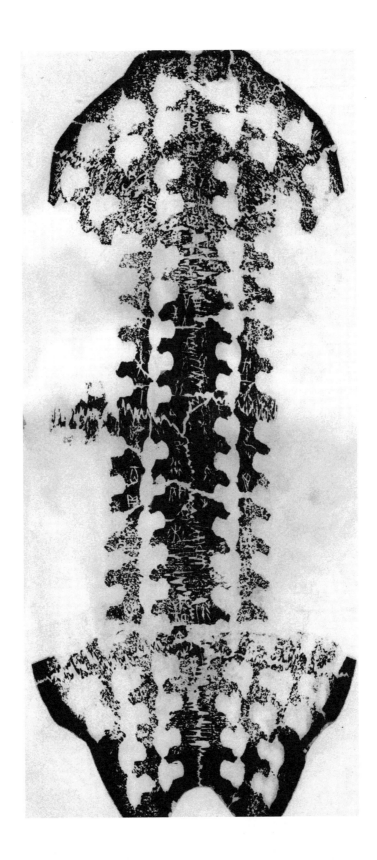

〈161〉

（1）☑〔卯〕寸于祖〔辛〕？一二三四五
（2）勿于祖辛卯？一二三四五

　　（1）（2）辭在右左甲尾兩外側，向下書寫。二辭為正反對貞。龜版另見於〈丙394〉有加綴，可互參。

　　寸，指事，應即肘字初文。（1）辭為常態句，（2）辭命辭移位兼省略，「于祖辛」一介賓語移前，卯（禦）字後省漏求除殷王惡疾的部位「肘」字。

　　對貞的兆序分三橫排由內而外對應在卜辭的內側。

161

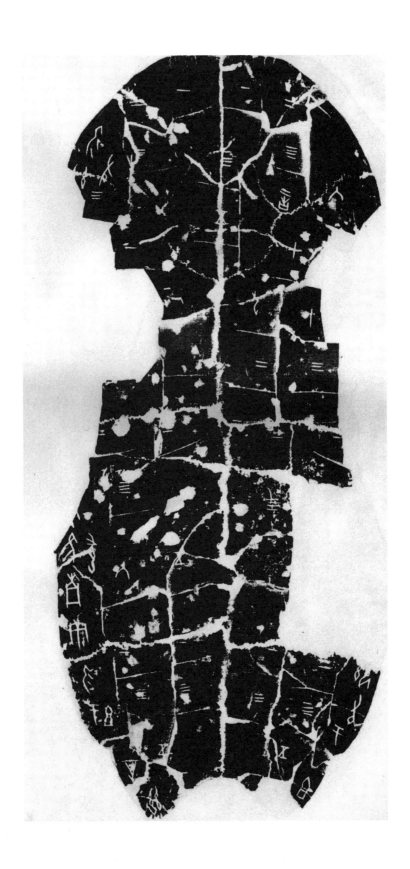

〈163〉

（2）貞：父乙弗壱王？一二三

　　（2）辭在殘甲左前甲上外側邊沿，相對的右前甲上殘缺的地方，應有對貞的肯定句：「貞：父乙壱王？一二三」一辭。

　　父乙，即小乙，武丁的親父。此卜問小乙有否壱害時王武丁，可見武丁對於先王居然會有心存疑懼戒慎的念頭。

（3）〔貞〕：〔王〕往狩？一〔二〕三四（二告）
（4）勿往狩？一二三四

　　（3）（4）辭在右左後甲下外側，往下書寫。二辭屬正反對貞。（4）辭否定句省前辭「貞」和命辭主語「王」。兆語只見（3）辭兆序（四）有「二告」一詞，理論上是占卜者肯定此兆序的殷王武丁往狩一事。

　　二辭的占辭見於後甲背面中間靠（3）辭的一邊位置，即〈丙 164〉（1）辭：「王固曰：不。」一句。但這占辭判斷語內容和正面的（3）辭兆語所肯定的相反。換言之，對於這一問卜的主觀心態傾向，史官和殷王想法並不相同。

163

〈165〉

（3）今辛未王夕步？一
（4）今未勿夕步？一

　　（3）（4）辭在右左前甲靠中甲下側，向外書寫。二辭屬正反對貞。
　　（3）辭時間詞「夕」字移後於句中，全句常態句應作「今辛未夕王步？」，本句是一變異句型。（4）辭句前「干支」省天干，與一般省例只省地支的用法不同，「夕」字亦移後於否定詞之後，讓「夕步」成為一緊密的詞組，強調是在傍晚出巡，句型罕見。

（8）不□？一
（9）其□？一

　　（8）（9）辭在右左後甲的最上端靠千里線兩側，向下直書。二辭屬反正對貞。
　　□，象單束的囊袋形，或為「宁」字異體；動詞。（9）辭的兆序只有（一），張秉權釋文增（二），可商。（8）（9）二辭應是其下方（12）（13）二辭延續的重卜，版面應先讀（12）（13）辭，再向上讀（8）（9）辭。

（12）羽乙卯王入，不□？一二三
（13）其□？一二三

　　（12）（13）辭在右左後甲中靠千里線兩側，向外書寫。二辭屬反正對貞。二辭的前辭刻在（12）辭的正背面位置，即〈丙166〉（16）辭「甲寅卜，爭」。
　　□，是王次日將進入某地後占卜要具體進行的一個動作，可能有束、貯字的保存、貯藏、禁止的意思。

（14）羽庚戌王入？一二
（15）羽庚戌王勿入？一二

　　（14）（15）辭在右左後甲中下位置，即（12）（13）辭的下外側，二辭屬正反對貞。二辭的前辭見於（14）辭的正背面位置，即〈丙166〉（10）辭「己酉

卜」。卜問翌日庚戌殷王進入某地宜否。

（20）貞：王屮匚在🐚，𢀛？一二〔三〕
（21）貞：王屮匚在🐚，勿𢀛？一二三（二告）

　　（20）（21）辭在右左甲尾中間靠千里線兩側，向外書寫。二辭為正反對貞。「屮匚」，讀作「侑報」，意即侑祭於神主。🐚，可隸作賓，或用為地名。𢀛，上從心，動詞，用意不詳，或有盛物獻祭意。張秉權原釋从貝，可商。二辭的前辭在（20）辭的正背面位置，即〈丙166〉（15）辭「庚戌卜，爭」。
　　以上諸組對貞，前辭都獨立刻於龜甲反面的相對位置，明顯成為一習慣、普遍的刻寫形式。根據前辭的干支，諸組對貞的先後順序，應調整為：（14）（15）己酉卜－（20）（21）庚戌卜－（12）（13）甲寅卜－（8）（9）。殷王由「入」而「祭」而「宁」，諸組對貞的語意相承。

（16）庚戌卜，內貞：王入于商，亡乍囚？一二三
（17）貞：王入于商，其屮乍囚？一二三

　　（16）（17）辭在右左殘甲橋的下端，向外書寫。二辭屬反正對貞。（16）辭否定句為完整句，（17）辭肯定句省前辭。兆序在卜辭的內側，但由上而下都是（一）（三）（二）的刻法，可怪。相對於此二辭，同版的（10）（11）、（12）（13）、（14）（15）三組對貞的「王入」，亦應是「王入于商」之省略。
　　（16）（17）辭為庚戌日占卜，貞人是內；上引（20）（21）辭也是庚戌日占卜，貞人是爭。兩組對貞貞人不同，但文字字形卻相同，如「庚」字中豎向下拉長突出，「戌」字下有一短橫畫，「貞」字中間二組斜筆不相接，「王」字下三角形肥大狀，「屮」字兩外側直豎向上推出等字形特徵，都足見是出自同一人的手筆。本版見同版貞人不同而刻工相同例。
　　（16）（17）辭卜問「其屮（有）乍（作）囚（禍）」和「亡乍（作）囚（禍）」對貞。殷王進入的地域是商邑，作為殷民族的勢力範圍言，按理是一常態的自然的出入活動，但本版卻一再卜問「王入」宜否，而「王入」之後復卜問「作禍」否和「🝔」否。當日武丁進入的商邑，無疑是有讓他感受到不安祥的一個地域。殷王經修築商城，定都於商，內部一度存在不安定的氛圍，才會有本版連串憂患的卜問。這和《尚書》〈盤庚〉三篇描述盤庚遷殷的「憂心」相同。本版（12）（13）、（8）（9）卜問的「🝔」否，字象束囊形，應是一負面語義的動詞。字或

隸作「宁」，即貯，字由貯藏意引申有拘止或約束的意思。

（20）（21）辭命辭見殷王武丁侑祭於祖廟的報（祏），在賓地。此時的武丁已在商邑之中，因此，「賓」地自然是商邑之中的地名，屬擁有殷王神主或廟室的祭地。此組對貞卜問武丁在賓地侑祭祖靈的「岂」否，「岂」字不詳，于省吾釋字從貝作敗，僅供參考。

165

〈167〉

（7）癸丑卜，㱿貞：冓受年？二月。一二

（8）貞：冓不其受年？一二

（9）貞：𡿨受年？一二

（10）貞：𡿨不其受年？一二（二告）

（11）貞：蜀受年？一二

（12）貞：蜀不其受年？一二

　　（7）（8）辭在右後甲上外靠甲橋處和右前甲下內靠千里線右側，同向右外書寫。二辭屬正反對貞。

　　（9）（10）辭在右後甲上靠千里線和左後甲上靠甲橋處，相向外書寫。二辭屬正反對貞。

　　（11）（12）辭在左後甲下方靠千里線和左前甲下方靠甲橋邊，同向左外書寫。二辭屬正反對貞。

　　三組對貞的上下端，有清楚的橫筆介畫橫過甲面，似為卜問「受年」求豐收的專區，以與甲上和下的其他祭祀卜辭相區隔。

　　三組對貞都是卜問某地「受年」否的農業卜辭，系統而對稱的刻在龜版中間。三組文字字溝粗深，與甲上和下的祭祀卜辭字溝細淺的寫法相異。彼此用刀工具或操刀入刀的角度不同使然。

　　（7）辭句末的「二月」，因右甲橋邊位置的不足夠，二字遂轉書於卜辭的上方。

（13）㞢犬于黃🦌，卯三牛？一

（14）勿㞢犬☐？一

（15）叀啄，卯三牛？一

（16）勿㞢啄？一

　　（13）（14）辭在右左殘甲尾的兩外側，向內書寫。二辭屬正反對貞。

　　（15）（16）辭在右左殘甲尾的中間千里線，向外書寫。二辭屬正反對貞。

　　互較兩組對列的對貞，（15）辭宜是「㞢（侑）啄于黃🦌，卯三牛？一」的省略句，意即侑祭用啄來祭拜黃🦌，同時用對剖的三牛來祭祀，卜問宜否。前一分句因強調祭牲用「啄」，故前置一語詞「叀」字以加強語氣。殷人用較特別的犬

和豕為祭牲，再配之以牛。啄，从豕口，是豕的一種。

「三牛」字作 的合文，或指三歲的牛，與「三牛」有別。「黃 」，或是殷王成湯之賢臣「伊尹」的異名。

167

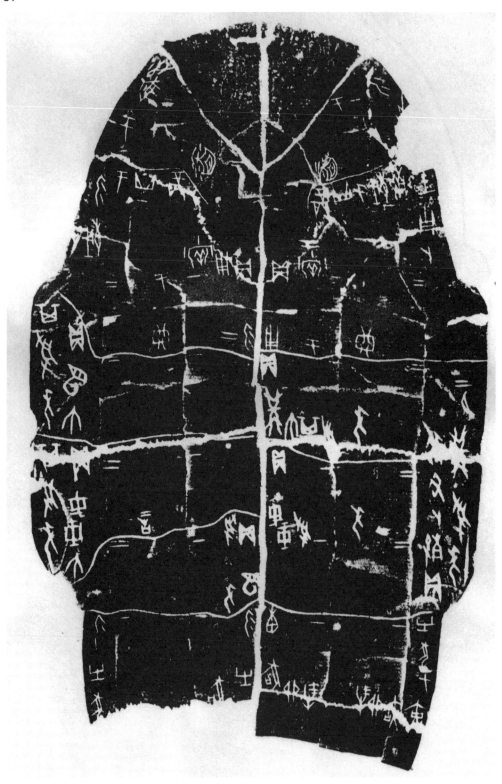

〈169〉

（5）〔丙〕〔寅〕卜，爭貞：今〔來〕〔歲〕我不其受年？在🐚。十二月。一二
　　三四五六七八九十（二告）一二

（6）丙寅〔卜〕，〔爭〕貞：〔今〕〔來〕歲我受年？一二三四五六七八九十一
　　〔二〕

　　（5）（6）辭在右左甲橋邊上直書，再向內橫書。二辭屬反正對貞。（5）
（6）辭各卜問十二次，兆序分三橫排，由內而外，每橫四兆。數字到「十」之後
再重新由「一」開始計算。原釋文將「十」之後的兆序（一）（二），另分讀作
（7）（8）辭，可商。
　　命辭句首時間詞「今來歲」，即「今歲」「來歲」的合言。占卜日是是歲的年
底十二月丙寅日，「今來歲」是指跨年而言。對比「今來干支」例，是指在這一旬
問卜，問的是至下一旬的日子，「今來歲」即相當於這一歲過渡到下一歲的日子。
「受年」，意即受到神靈保佑，種植得享豐收的意思。殷人重視「今來歲」「受
年」一事，故正反連續卜問各 12 次，其中的（5）辭兆序（十）有兆語。句末命辭
後「在🐚」一詞是記錄占卜地，似亦為冀求「受年」的農耕地名。

（15）貞：今辛亥王出，若？一二三四五六七
（16）貞：不🦴？一二三（二告）五六七

　　（15）（16）辭在右左甲尾兩邊，向下沿直書。二辭位置相對，兆序相合，似
是對貞的關係。（15）辭兆序由內而外，由上而下，兩兆一橫。（16）辭原拓見漏
刻兆序（四），這可能是當日刻工的疏忽。（16）辭兆序也是由內而外，由上而
下，但兆的位置和（15）辭並不完全對應。
　　（15）辭命辭作二分句，前句為陳述句，後句為詢問句，卜問當下「王出」一
事的順否。（16）辭省前句，後句的「不🦴」和（15）辭的「若」屬相對的詢問用
字。「🦴」象肩胛骨形，讀同囚，即禍害的禍字。「不禍」和順妥的「若」二詞反
正語意恰好相當。

169

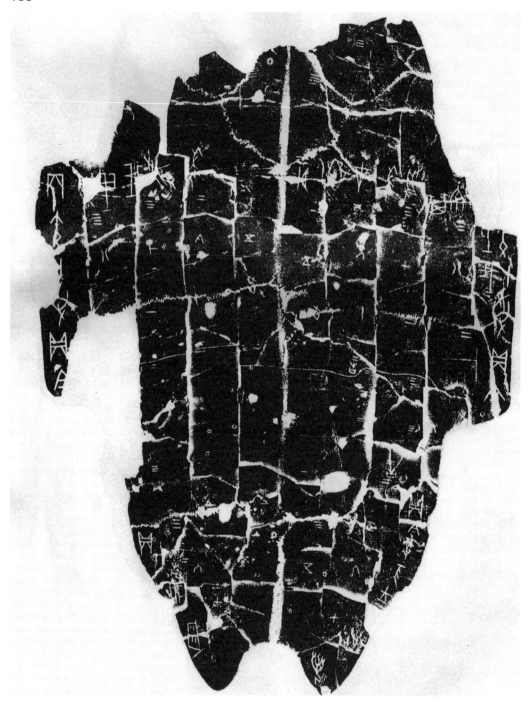

〈171〉

（7）戊戌卜，內：戠：三牛？一二
（8）戊戌卜，內：乎雀方戠：一牛？一二
（9）戊戌卜，內：乎雀戠于出日于入日：窜？一二

　　（7）（8）辭在右左後甲中間千里線的兩側，其中的（7）辭一行直書而下，（8）辭分三直行向外書寫。二辭為選貞關係。（9）辭在（8）辭的下方，即左甲尾由邊沿向中間分五直行書寫。

　　對比三辭，（9）辭似屬先刻，字佔了左甲尾的所有空間，（8）辭的文字才不得不往上縮。因此，三辭順讀應是先（9）辭單句占卜，再接著的是（8）（7）二辭的對貞。

　　（7）（8）（9）三辭前辭都省「貞」字，原因不詳，張惟捷《丙編新編》釋文在（7）（8）辭前辭都補「貞」字，不知何據。

　　（9）辭的「出日」、「入日」，「日出」、「日入」，與《尚書·堯典》的「寅賓出日」「寅餞納日」的拜日儀式相同。戠，字從束橐和斧戉，是殺伐的專祭，動詞。此言殷王呼令雀舉行用殺牲的戠祭迎太陽出和送太陽入，卜問雀的殺牲是用圈養的羊一頭宜否。接著是（8）（7）二辭選貞，卜問戠祭「方」是用一牛抑或是用三牛。其中的（8）辭為完整句，理論上是先讀，（7）辭為省略句，命辭為「呼雀方戠：三牛？」之省，宜後讀。

　　（8）辭的「方」字，如連上讀，則「雀方」成詞，用為方國名。查卜辭多見「呼雀」、「令雀」例，「雀」作為武丁時對外征伐的將領名，而又屢次進貢龜甲於殷；但「呼雀方」無疑是孤證，而卜辭中所言的「某方」，一般都是用為敵國，與這裡的呼令驅策的附庸意味並不相同。況且，（9）辭的相類辭例亦只言「雀」而不言「雀方」。因此，「方」字不可能連上讀。字如連下讀，則「方戠」成文，可理解為「戠（于）方」的倒文。「方」的用法，與（9）辭的「出日」、「入日」相類。「出日」指東方，「入日」為西方，這裡的「方」則是泛指四方。目前看，（8）辭的解讀似以後者較合。卜辭亦見祭拜方位者，如〈合集 28190〉：「☑東方西饗」是，可以作為（8）辭內容的參證。

171

〈172〉

（2）〔戊〕申卜，賓貞：卜亡囚？一二三四五六七八九十一二
（3）〔戊〕〔申〕卜，賓貞：瘦亡囚？一二三〔四〕五（二告）六七八九十一二

　　（2）（3）辭在殘甲右左前甲靠千里線兩側，對稱向外書寫。二辭可各自理解為獨立單卜，或屬選貞關係。張秉權原釋文（2）（3）辭兆序只數到十，今再補上。至於二辭命辭的「卜」和「瘦」字，前者模糊，後者殘缺，目前僅從張秉權釋文，都不見得是。「瘦」字上或從丙，可能是「更」字。張惟捷《丙編新編》釋文作「卜（外）」和「殷」對言，就更只能備一說了。特別是「殷」字本從身，筆畫刀勢都與此殘字不合。「殷」和「外」對言更是並無此例，作為地名一般亦只會言「商」而不言「殷」。因此，張惟捷的說法可商。（2）辭「貞」字上方，拓片多出一「甲」形字，未審何意。
　　（2）（3）辭的貞人賓字作 𓏤、作 𓏤，屬同版異形。

（10）貞：周弗亡囚？一二三四五六（二告）七八
（11）貞：周弗其〔屮〕〔囚〕？七月。一二（二告）三四五六七八九

　　（10）（11）辭在殘甲右左甲尾外沿，對應向下書寫。二辭屬正反對貞關係。二辭兆序三個一列，由上而下，由內千里線而外排列。（10）辭兆序（六）下有兆語「二告」，張秉權原釋文漏。（10）辭兆序只有八個，其中下面第三排靠內中間的一兆位置並沒有兆序，核對甲背後的鑽鑿，此處只見有鑿而無鑽，可能是一開始整治甲骨鑽鑿時就漏掉，故無法炙而成兆。二辭的兆序並不對稱。
　　「周」，人名或族名。「弗」，字作 𓏤，字形一般見作非王卜辭的否定詞，如「弗卸」〈合集 21506〉、「弗獲」〈合集 21708〉、「弗其克」〈合集 20572〉是。（10）辭的「亡囚（禍）」成詞，和（11）辭「其屮（有）囚（禍）」對文，用為反正詞組分接於否定詞「弗」之後。張惟捷認為「周弗」為人名，並不可靠。

172

〈174〉

（1）貞：喬囚〔元〕〔沚〕？一
（2）貞：喬弗其囚元沚？一
（3）貞：喬囚元沚？二
（4）喬弗其囚元沚？二
（5）貞：喬囚元沚？三四五
（6）貞：喬〔弗〕〔其〕囚元沚？三四五（二告）

　　（1）（2）、（3）（4）、（5）（6）為三組正反對貞，在右左前甲、後甲、甲尾靠邊沿對應向內書寫。第（4）辭省前辭的「貞」。由兆序看，三組對貞又是成套關係，單純就貞問喬遭禍於元沚否一事，前後正反各占卜五次，其中只有（6）辭中的第五次卜兆有兆語「二告」。

　　常態的成套卜辭是眾兆序只接於一組卜辭之下，本版卻分作三套對貞書寫，屬於特例。嚴格而言，（5）（6）辭釋文應作：「貞：喬囚元沚？三」、「貞：喬弗其囚元沚？三」，而另增（7）辭「四。」、（8）辭「四。」、（9）辭「五。」、（10）辭「五（二告）。」四辭。（7）（8）、（9）（10）兩組對應卜辭都全省卜辭，只剩下兆序和（10）辭的兆語。

　　張秉權原釋的「囚」字作[字形]，一般可隸作骨。目前看，字依傳統釋作囚，讀禍，語意亦通。裘錫圭釋囚字為憂，可商，甲骨並無「憂」字的用法。

　　「喬」字一般从木，（6）辭則从屮；「元」字从人，（6）辭字在人首處明顯拉長成一短豎書寫；均屬同版異形。「喬」，用為第一期卜辭附庸名、地名，有「某侯从喬川」〈合集 4366〉例。「沚」，用為殷西北方附庸名、地名。「元」，亦有用為地名。如「田元」〈英 2562〉是。本版諸組對貞似在卜問殷附庸部族之間的衝突。

174

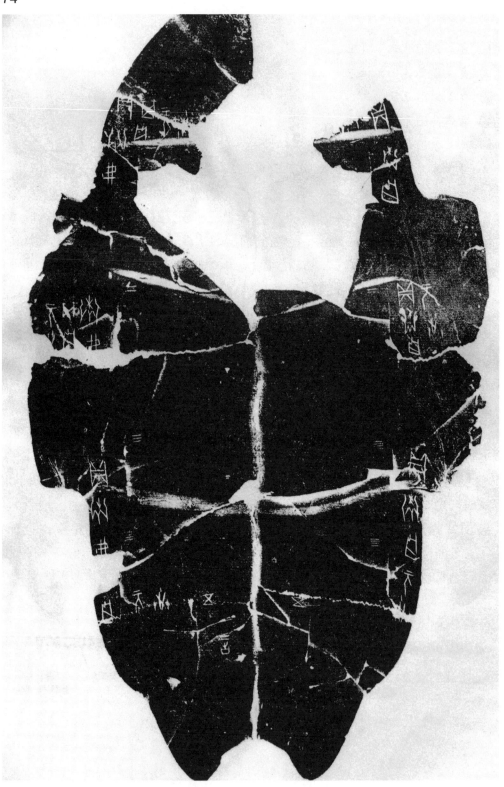

〈175〉

（1）□寅卜，㱿貞：𧿞其㞢疾？〔一〕二（二告）三四五六七八
（2）貞：𧿞亡疾？〔一〕〔二〕三四五六（二告）七八
（3）〔一〕二三四五六（二告）七八
（4）一〔二〕三四五六七

　　（1）（2）辭在殘甲右左兩外側，由上而下書寫。二辭屬正反對貞。（3）（4）辭在殘甲右左靠中間千里線，只有兆序，由上而下書寫。

　　（3）辭卜兆和兆序先呈現，在殘缺的中甲上佔了（一）的位置，因此（3）（4）辭對應而下，（3）辭比（4）辭多了一個兆和兆序。（3）（4）辭的卜辭和占辭見在反面千里線由上而下刻寫，即〈丙176〉的（1）（2）（3）辭：

　　　　〈丙176〉（1）貞：祖乙㞢王？（〈丙175〉（3）的反面）
　　　　　　　　　（2）〔貞〕：〔祖〕〔乙〕弗㞢王？（〈丙175〉（4）的反面）
　　　　　　　　　（3）王固曰：吉。勿余㞢。

此見卜兆和兆序在甲的正面，卜辭處於甲背面鑽鑿之間，屬反正面合讀例。

　　𧿞，从人，大腿後有一指事符號，強調人身的下部，或為腿脛字的初文。字有借為地名，如「在𧿞鄙」〈合集7075〉、「取于𧿞」〈合集376〉例。但相對於「禦疾身（𧺰）」〈合集13668〉、「婦好身（𧺰）」〈合集10136〉、「疾頸（𧺰）禦于妣己」〈英97〉等字形字用，𧿞無疑也是可理解為人身體的病患部位。對比反面對貞的卜問「祖乙㞢王」，二者語意相關，此處是言殷王下身的𧿞處有疾患而卜問吉否。（1）（2）辭命辭是「王𧿞其有疾？」、「王𧿞亡疾？」的對貞，正反各連問了八次，可見殷人對此事的重視。而其中的肯定句兆序（二）見「二告」，否定句兆序（六）亦見「二告」，二辭出現的兆語相同，可見殷人判斷卜兆的好壞，是針對單個個別的兆來看，與占卜內容並沒有直接的關係。

　　反面〈丙176〉對貞卜問祖乙㞢時王武丁否，是繼正面〈丙175〉（1）（2）辭進一步追問殷王的脛疾會是由於祖乙降災嗎。

　　反面（3）辭占辭則是武丁親自據卜兆提出的判斷語，其中的「吉」字是指卜兆而言，說兆象是好的。「勿余㞢」是詢問內容「祖乙勿㞢余」的省略兼移位句。「祖乙」是殷王經常祭祀的先王，至於為什麼殷人會認為脛疾是由中宗「祖乙」施降的災禍，目前仍無具體的論據。

175

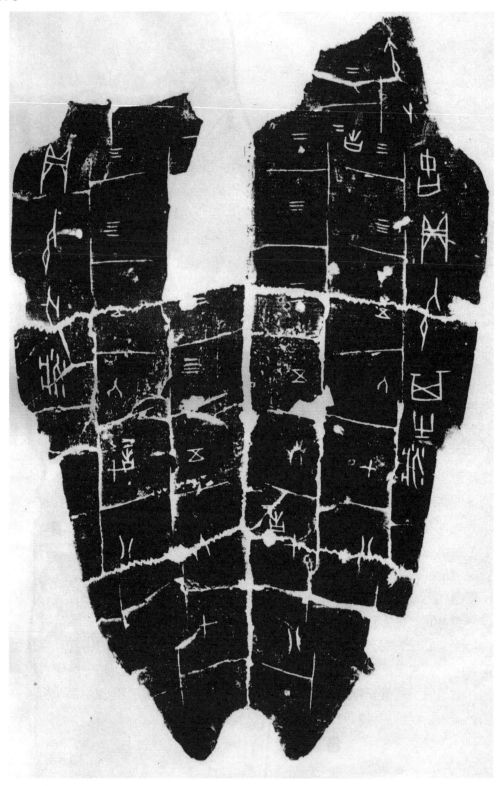

〈177〉

（1）壬午卜，㱿貞：亘允其戋鼓？八月。一
（2）壬午卜，㱿貞：亘弗戋鼓？一
（3）壬午卜，㱿貞：亘允其戋鼓？二
（4）〔壬〕〔午〕〔卜〕，〔㱿〕〔貞〕：〔亘〕〔弗〕〔戋〕〔鼓〕？〔二〕

　　（1）（2）辭在右左前甲外側，向內對稱書寫。二辭屬正反對貞。（3）辭在右甲橋下方，向外邊沿書寫。對應的殘缺左甲橋下應有（4）辭。（1）（2）、（3）（4）辭是兩組正反對貞，彼此又是成套的關係。（1）（3）辭是肯定句，常態命辭應作「亘其戋（災）鼓？」，這裡增一副詞「允」字加插在主語之後，強調動詞「災」，表示確實的、果然的肯定語氣。「亘」，常態用為武丁時期的貞人，此處卜問亘災鼓地，亘的身份或另有武將或附庸的職位。

　　卜辭習見「某戋某方」，如「旨戋羅」〈合集 880〉、「雀戋祭方」〈合集6964〉、「子商戋基方」〈合集 6570〉，復見「某方戋某」的用法，如「舌方戋長」〈合集 6366〉。而且，「戋圍」成詞連用，如「☒戋圍𢍺方」〈合集27992〉；「敦戋」又連用，如「丙辰卜：敦戋雀？」〈合集 34120〉。「戋」字無疑可以作為一對等的中性用詞，殷人可以「戋」外邦，外邦也可以「戋」殷地，字與兵災的討伐意有關。

　　「戋」字由同為「有戋」「亡戋」的對貞例觀察，字形有 𢦏、𢦏、𢦏諸形，從戈，戈上具屮狀的纓飾。近人有以為作砍首形，並特別引用另一類 𢦏、𢦏字為例。此說可商。查後一類字形的屮形下垂，固定繫於戈的柄上，而不在戈身鋒口處，自無砍殺之意。而且戈柄甚短，主要功能是繫縛固定於竹木長柄處，如何能再負重縛之以所謂「倒懸的人首」？在情理上都不可通。字形仍應理解為從戈上系的纓飾，以示威武的凶器，引申有殺害意；其後字譌從才聲。字仍應讀為烖，即災，乃兵災字的初文。

（5）兄丁壱王？一
（6）貞：〔兄〕丁〔弗〕壱〔王〕？一
（7）兄丁壱亘？一
（8）兄〔丁〕弗壱亘？一

　　（5）（6）辭在右左前甲上端靠千里線兩側，向外書寫。二辭屬正反對貞。

（7）（8）辭在右左前甲上端（5）（6）辭的兩外側，向外書寫。二辭屬正反對貞。四辭並列，應是同時所卜的兩組對貞。這裡卜問「兄丁」同時「壱王」和「壱亘」，時王和「亘」相對，「亘」其人在當日地位的崇高可想見。武丁卜辭言同族兄輩名丁的祭祀對象用例甚多。如：

〈合集 892〉　　□寅卜，𢼸貞：王夢兄丁，隹（唯）囚（禍）？

〈合集 1534〉　　癸酉卜，亘貞：㞢（有）彡兄丁？

〈合集 2889〉　　兄丁壱王？

非王卜辭中（師組）也見祭祀「兄丁」者，「丁」字形特別的作圓圈狀。如：

〈合集 19907〉　　丙子卜，扶：兄丁二牛？

〈合集 20007〉　　丁丑卜：㞢（侑）兄丁：羊，重今日用？五月。

非王的花東甲骨亦見花東子祭拜「兄丁」例，但與以上諸例的「兄丁」，自非同一人。如：

〈花 236〉　　　　丁卜：彡伐兄丁，卯宰又鬯？一二

（9）癸未卜，𢼸：尞黃尹：一豕、一羊，卯二牛，㞢五十牛？

（9）辭在殘甲右後甲上靠千里線，小字向外書寫。相對的應該在左後甲上殘缺處另有一對貞句。

卜辭前辭省「貞」字，命辭尞祭的對象「黃尹」，有隸作「寅尹」，疑是成湯的賢臣「伊尹」的異名。命辭有三分句，都是陳述句，其後省略卜問的詢問句。首句「尞黃尹：一豕、一羊」，言尞祭黃尹以一豕和一羊，次句「卯二牛」，言剖殺二牛，卯（卿）殺牲畜祭拜的對象自然也是「黃尹」。第三分句「㞢五十牛」，也是針對「黃尹」言，記錄在典冊上準備進獻給黃尹的另有五十頭牛。是次祭祀的用牲，實際上只有燒一豬一羊，和對剖二牛。此辭卜問祭儀流程的順否。

（10）乎我人先于𠦪？一
（11）勿乎我人先于𠦪？一

（10）辭在右後甲下靠千里線，向外書寫。（11）辭在右前甲下稍近千里線，向外書寫。（10）（11）辭下上相對，屬正反對貞。二辭命辭屬兼語句，省略主語和呼令的對象，以及後一動詞。對比下列辭例：

〈合集 7283〉　　甲申卜，𢼸貞：乎（呼）帚（婦）好先収（登）人于龐？

〈合集 7284〉　　乙酉卜，𢼸貞：勿乎（呼）帚（婦）好先于龐収（登）人？

〈合集 7288〉　　乙酉卜，爭貞：乎（呼）帚（婦）好先奴（登）人于龐？

「奴」，為登字之省，有徵召、推舉意，動詞。「先」，率先、領先，副詞。可見（10）（11）辭應是「呼某先登我人于𤔲」、「勿呼某先登我人于𤔲」的對貞句，屬省略兼移位的句式。「人」，用為勞役，可供驅策的人力單位。

177

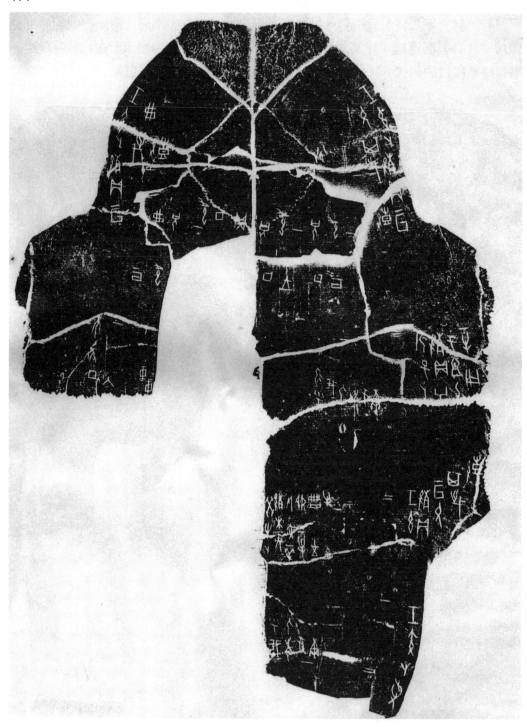

〈178〉

（1）辛丑卜，賓貞：旃眔骰以羌？一（二告）二三四五
（2）貞：旃眔骰不其以羌？一二三四五

　　（1）（2）辭在右左前甲至甲橋書寫，屬正反對貞。兆序由上而下。（1）辭兆序（一）有兆語。（2）辭兆序（一）在拓片中不見，應是漏刻。

　　眔，字從橫目垂淚，示泣涕漣漣，讀逮，及也，連詞。旃和骰都是武丁時期的貞人名，於此卜問二人聯合進貢羌人否。二人在命辭的身份似代表著附庸部族，二人（或族）有進貢羌人的實力，可想見羌人普遍用為殷商諸部族的奴隸，可以轉讓和殺獻。我過去曾撰〈說羌：評估甲骨文的羌是夏遺民說〉一文，討論卜辭中普遍淪為人牲的羌人即夏民族遺民的看法；備參。

（3）〔貞〕：〔王〕〔不〕〔其〕〔取〕〔祖〕〔乙〕：〔集〕，若？一二三
　　　（二告）四
（4）王其取祖乙集，若？一二三四

　　（3）辭在右甲橋下方，向內書寫，甲版殘缺，只存一「若」字，相對的（4）辭在左甲橋下方向內書寫。二辭是反正對貞。兆序由下而上。

　　（4）辭前辭省「貞」字，張秉權原釋文將「若」字連上讀，不可解。（4）辭命辭作二分句，前句陳述句，言殷王武丁將取祭祭祀先祖祖乙，並持用倒隹祭獻，後句詢問句的「若」否，是卜問此事順利嗎？一般卜辭往往會省略詢問句，讓整句句意以至卜辭的性質都不易理解了。

178

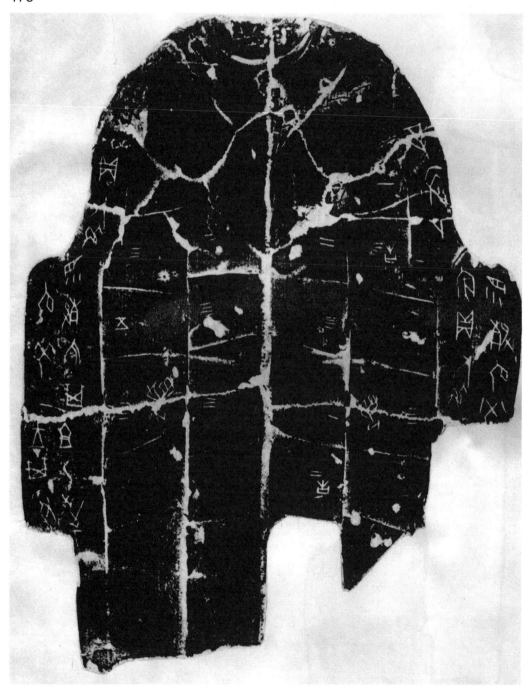

〈179〉

（1）王往田，魯鷹？
（2）不魯☒？

　　〈丙179〉版為〈丙178〉的反面。

　　（1）辭在左前甲下端靠千里線側，直書跨越至左後甲上方。（2）辭在（1）辭的左外側，並行書寫。二辭屬正反對貞。二辭的正面處不見有卜兆和兆序。（1）辭字溝纖細，（2）辭字溝寬闊，似是刻寫工具或入刀方式的差異。（1）辭張秉權原釋文連讀，中間不斷句，可商。（1）（2）辭對比來看，見（1）辭的「王往田」是一獨立陳述分句，「魯鷹」則是詢問句。田在外，故言「往田」，此言殷王往出田狩，卜問用「魯」的設阱方法擒獲麃鹿嗎？

　　張秉權將田狩動詞字隸從虎從口，可商。字不見虎字的虎頭、虎牙、虎爪、虎紋和長尾諸特徵的任一項，並非從虎。字由動物的大頭、短豎尾和短腿形看，應是指大兔的兔字。殷文字的動詞詞性和用法仍不穩定，有若干文字仍停留在新創和測試階段，如此類陷阱字例，可作🐾、作🐾、作🐾諸形，而同從麋的🐾、🐾、🐾、🐾，彼此文例用法亦相同。可見麋字下的口形，由上而下看是井、由側形看是口、是⋃，作為坎穴、陷阱的用意相同。這類字都用作動詞，原為設陷阱捕兔、麋，設罟抓魚的專用字，後拓大語意用為設阱擒獸的泛指。如田狩卜辭的「王🐾麋」〈合集 10361〉，對比祭祀卜辭的「🐾三犬」〈合集 16197〉、「🐾田豕」〈合集 14313〉、「🐾河三牛」〈英 2448〉句，見以上田狩、祭祀動詞所從動物，仍有與其後的獵獸、祭牲相同。但再互較下引諸例，見字的語意已離開本形，有拓大、泛指的用法：

　　〈合集 10299〉　　貞：王其逐鹿，魯？
　　〈合集 11209〉　　甲申☒㞢子，☒魯白豕？

以上見「魯鹿」、「魯豕」的用例。再參照「告（埋）二宰」〈合集 14609〉，和對比「🐾十牛」〈合集 14609〉與「🐾宰」〈合集 1677〉、「🐾三羊」〈合集 5522〉、「🐾卻」〈合集 32161〉等「沈」祭的用牲，可見卜辭中從動物類的字，已漸由專有的動詞拓大為泛稱的廣義用法。

179

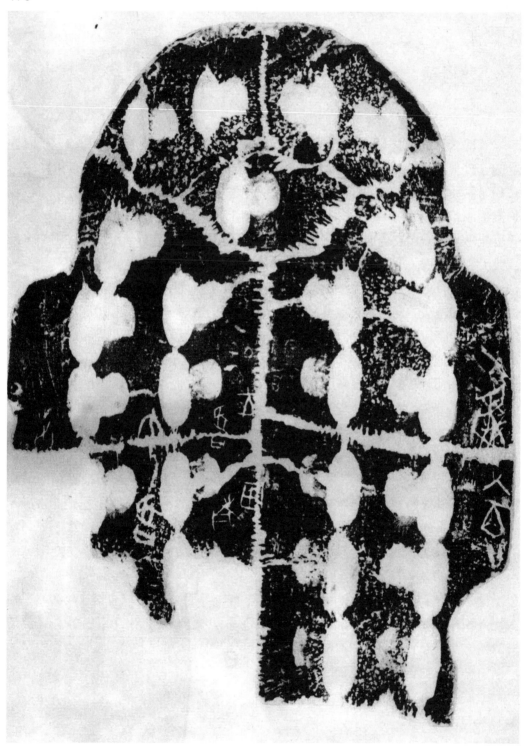

〈182〉

（1）壬辰卜，㱿貞：乎子宻𢀛㞢母于父乙，宰，𠕋奴三五宰？一二三

（2）貞：乎子宻𢀛㞢母于父乙，小宰，〔𠕋〕奴三五〔宰〕？〔一〕二三

（1）（2）辭在殘甲右左甲橋下內端，向外書寫。二辭屬正正對貞。二辭命辭相同，基本上只見（1）辭漏刻「小宰」的「小」字。「子宻」是活人名，同版从女，又从卩，可隸作賓。此言武丁呼令子賓禦祀「㞢母」於父乙（小乙），卜問此事宜否。

「㞢母」，一般的「㞢」字讀侑，用為求佑之祭，絕多單純作「㞢于某祖（或河岳神）」，或省作「㞢某祖（或河岳神）」。卜辭另有「㞢某于某祖」句例，加插前面的「某」一般是祭牲。如：

〈合集 1928〉　乙亥卜，賓貞：㞢牛于丁？

〈合集 2340〉　貞：勿㞢犬于多介父？

〈合集 2496〉　癸巳卜，爭貞：㞢白彘于妣癸不⧄？

「某」也有用作人名的。如：

〈合集 1780〉　辛亥□，㱿貞：㞢長白（伯）于父乙？

上例「長伯」可理解為侑祭求佑的活人，但亦可視作單純的外族人牲，目前看似乎以後說為宜。因此，㞢（侑）祭後所接的，通常是指用牲，不是人、就是動物。

對比下例，㞢（侑）祭可連續的接多個不同的祖先專名，如：

〈合集 6647〉　貞：㞢（侑）于唇甲、父庚、父辛：一牛？

亦有接「㞢祖」、「㞢妣」的特殊用例。如：

〈合集 2973〉　乎（呼）子漁㞢（侑）于㞢祖？

〈合集 3016〉　⧄乎（呼）⧄央⧄㞢（侑）㞢祖？

〈合集 3171〉　貞：乎（呼）子宂（賓）酒于㞢妣，鼎㞢扉？

〈合集 4421〉　貞：𢀛（禦）于㞢妣？

卜辭單言「祖」「妣」，都屬泛指，而上引「㞢祖」「㞢妣」的「㞢」，可理解為詞頭，讀有，相當於現代漢語的「阿」，有修飾其後的名詞，具親暱語氣的功能，強調特定的某一祖、某一妣。對比上例的「侑于㞢祖」、「禦于㞢妣」句，與〈丙182〉（1）辭中的「禦㞢母」句形相合，後者自然可以理解為「禦于㞢母、于父乙」。「㞢母」似是父乙（小乙）的某一特定配偶，可能是殷王武丁的直系親生母親母庚。

「宰」成詞，對比同版（11）辭有「呼婦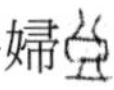于父乙：宰」句，字不可能如

張秉權釋文般理解為婦名。象平底方身的盧形器，上具固定的二短豎，于省吾曾釋作䀇。字作為獻祭的動詞，「宰」似是用一頭圈養的羊盛於巨型的䀇器中獻祭之意。

「𠕁（冊）奴三五宰」成句，「奴」，以手抑壓人跪形，一般釋作㕟，我認為是奴隸的奴字初文，用為人牲，字从女从卩互通。，象人手腳遭繫上枷鎖形，作為驅執受刑的人牲，我曾撰文釋為「執」字的異體。張秉權原釋文隸作舞，恐非是。這裡的標點，可以考慮作：「𠕁：奴三、五、宰」，又或作「𠕁：奴、三、五宰」。目前考量同版（11）辭的「𠕁：三宰㞢奴」句，數詞位在名詞之前，因此，應以後一釋讀為是。然而，由於「三宰㞢（又）奴」是「名詞－連詞－名詞」的並列組合，才逼使數詞前置，排在外邊。另考慮同版（5）（7）（8）（9）辭只要單言「一宰」，都可省書作「宰」，前一釋讀的𠕁牲作「名－數」的排列形式，亦無不可。但再對比同版（3）辭的「用五伐、十小宰」句，恐仍是以後一釋讀的標點為優。「𠕁：奴、三、五宰」，是指祭祖時進行另一「稱冊」儀式：陪著祭拜獻神的登錄內容，這裡冊中的人牲和獸牲並非當下即需宰殺之物。

（3）貞：上甲叀王匚，用五伐、十小宰？用。二

（3）辭在右後甲甲橋下外沿，向內書寫。張秉權原釋文命辭全句沒有標點斷句，可商。此辭與右左後甲上靠千里線的（5）（6）辭對貞句相承接：

（5）上甲叀宰用？二

（6）貞：勿宰〼？二

因此，（3）辭的「上甲叀王匚」，即「王匚上甲」的移位句，意即「王有匚于上甲」之省。匚，即報、鬃、祊字，象置神主的木櫃側形，一般用為名詞，泛指祖先，意即祭祀宗廟中的神主，這裡亦可理解為動詞，此言殷王有報祭於先祖上甲。殷人多見祭祀特定祖先神主櫃的習慣。如：

〈合集 4356〉　〼酌匚于上甲：九羌，卯一牛？

〈合集 1947〉　丙午卜，貞：告匚于丁：三牛？

〈合集 1946〉　〼㞢匚于丁：卅牛？

〈合集 1115〉　丙子卜，亘貞：王㞢匚于庚：百長？

〈合集 23064〉　乙丑卜，出貞：大史弋酌，先酌其㞢匚于丁：卅牛？七月。

「告匚于丁」，或言祭祀凡屬丁日的先祖。殷人祭祀神主櫃，除一般詢問亡禍、宜否外，目的有與求雨有關：

〈合集 32327〉　又匚于上甲，不冓雨？

（3）辭的「上甲叀王匸」，顯然是常態句「王出匸于上甲」的省略兼移位。命辭後句言用五個砍首的人牲和十隻圈養的小羊，動詞「用」為用牲意。命辭之後緊接的一「用」字，或可視為驗辭，言是次祭上甲的用牲和牲數果然如卜問所述；一般則理解為「用辭」，言神靈同意此卜兆，用此卜所冀求的內容。

（5）上甲叀宰用？二
（6）貞：勿宰？二

　　以上是張秉權原釋文。

　　（5）（6）辭在殘甲右左上方靠千里線，向外書寫。二辭屬正反對貞，亦是成套卜辭的第二套。卜問祭祀上甲以宰（圈養的羊）宜否。（5）辭肯定句將祭拜的祖先前置，用「叀」字區隔前置的祖名和祭牲，中間省略祭祀動詞。當然，也可理解為「叀宰用」為「用宰」的移位句。對比（3）辭的「上甲叀王匸，用五伐、十小宰？」句，（5）辭應讀作二分句：「上甲，叀宰用？」，前句「上甲」即「上甲叀王匸」之省，亦即「王出匸于上甲」的意思。後句「叀宰用」，即「用：宰？」的移位，卜問用一宰為祭牲宜否。對應的（6）辭，應即「勿用：宰？」的變異句。

　　本版同版異形的字例甚夥。如：
子作🜚（2）、🜚（1）、🜚（8）、🜚（7）
呼作🜚（7）、🜚（1）、🜚（8）
賓作🜚（1）、🜚（9）、🜚（4）
盟作🜚（2）、🜚（11）、🜚（4）
用作🜚（5）、🜚（3）
冊作🜚（11）、🜚（1）
貞作🜚（8）、🜚（1）
勿作🜚（6）、🜚（8）
由此可見，字形不能單純作為甲骨版面斷代分期的「絕對」標準。

182

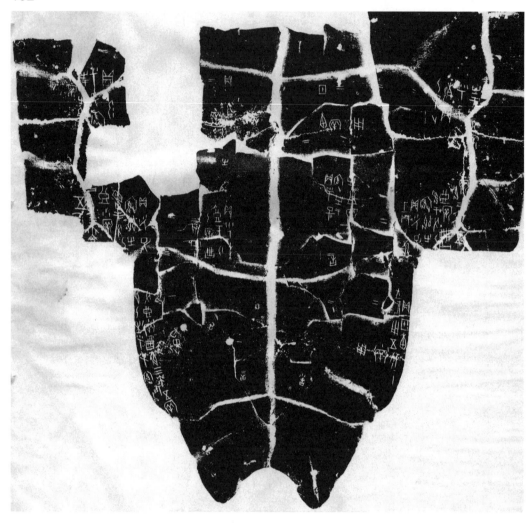

〈184〉

（9）屮于屮示？一

（10）勿屮？一

　　（9）（10）辭在左甲尾上外側，右左並列。二辭屬正反對貞。

　　句首的祭祀動詞「屮」，即侑，求佑之祭。而「屮示」一詞，對比〈丙 182〉的「禦屮母」、「屮（侑）于屮祖：宰」例，都是在一廣義泛指的名辭前添加一「屮」字，字讀為「有」，具詞頭功能，修飾緊接的名詞，強調某特定所指的一個「示」（神主）。（10）辭否定句句末省介賓語「于屮示」。

184

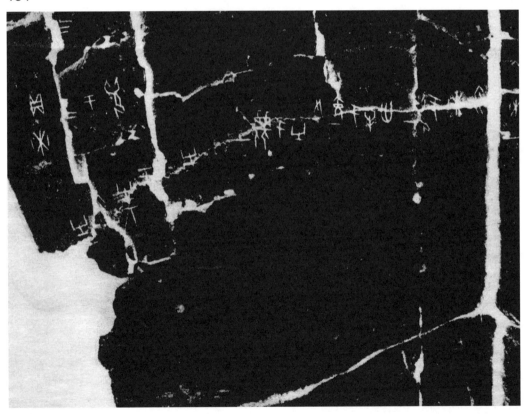

〈187〉

（1）一二三四
（2）屮于妣甲十奴？一二三四
（3）五奴？一
（4）六奴？一
（5）隹妣己？一二（二告）三
（6）隹妣甲？一二（二告）三

（1）辭在右前甲中間，只見朝內的卜兆和由上而下直行的兆序四周。（1）辭兆序的卜辭在甲的反面相對位置，即〈丙 188〉的「貞：卒屯？王固曰：卒。」然原釋文的「屯」字並不確定，就字形看也可能是「人」字。「屯」是牛骨版數的單位詞，二骨合稱為一屯，但與動詞「卒（執）」相接，語意不詳。相對的，「卒（執）人」成詞，意即驅執人牲，與正面占卜侑祭若干奴牲的用例，在語意上正反面相類。

（2）辭的兆序分兩排橫列，明顯與（1）辭兆序直行不相同，二者並無關係。（2）辭在左前甲下方靠千里線，向外書寫。（3）（4）辭則在右左後甲靠甲橋下對應直書。（2）（3）（4）辭看起來似屬選貞關係，言侑祭於妣甲，卜問用奴牲七個，抑五個或是六個。奴，一般隸作奴。但是查核三辭的兆序，（2）辭連問了四次，和（3）（4）辭各自獨立卜問僅一次並不相同。因此，這組卜辭順讀的理解，是（2）辭獨立先刻，卜問侑祭妣甲用的是十奴宜否。嚴格的標點，是「屮（侑）于妣甲：十奴？」。顯然，是次的卜問並沒有獲得祖先的認同，所以才會接著有以（3）（4）辭用選貞的方式再卜問一次，詢問是次祭妣甲改用五奴抑或是六奴。

（5）（6）辭在右左後甲上靠千里線兩側，向外對應書寫。二辭屬選貞關係。詢問侑祭是祭妣己抑或妣甲。（5）（6）辭自可理解早於（2）（3）（4）辭之前詢問，但考慮相關祭祀文例中只有（2）辭是完整句，而龜甲卜辭刻寫基本是由上而下，由右而左。當日的殷史官可能是先問侑祭妣甲，由於一再不確定祭牲數，才會再卜問需否更改侑祭的對象。整個卜辭順讀，是先由（2）辭而（3）（4）辭而（5）（6）辭，亦通。

187

〈189〉

（1）丙申卜，永貞：乎窰侯？一二三四五六七

（2）貞：勿乎窰侯？一二三四五六

　　本版是一塊小龜版，（1）（2）辭在右左前甲外側向下直書。二辭屬正反對貞，就字表面順讀言是卜問殷王呼令某賓迎侯一事的宜否。

　　（1）（2）辭命辭的動詞「賓」字有省止，屬同版異形。對貞的兆序數並不相對稱，右甲（1）辭的兆序（二）先佔取在中甲卜兆位置，遂使二辭其後的兆序失卻左右對稱的效果。這種形式的例子不是孤證，〈丙195〉（1）（2）辭正反對貞，右甲（1）辭的兆序（二）亦同樣先刻在中甲的正中位置，兩邊卜辭的兆序遂失衡。這似乎是殷武丁時兆序刻寫的一種習慣。

　　「乎（呼）賓侯」一句，形式可怪。卜辭習見「某侯某」的用法，前一某是國族名，後一某是私名。卜辭又見「呼侯某做某事」例。如：

　　　〈合集8656〉　　庚子卜，貞：呼侯徒出自方？

　　　〈合集10559〉　　戊寅卜：呼侯敔田？

復見「令侯做某事」例。如：

　　　〈合集32929〉　　叀王令侯歸？

　　　〈合集23560〉　　戊子卜，彔貞：王曰：余其曰：多尹其令二侯：上絲罘𠦪侯
　　　　　　　　　　　其☒周？

卜辭單言「侯某」，都是殷王之下供驅策用兵役使的侯爵名某，卜辭大量「王令从侯某做某事」例可證。這些「侯」又有用作「王侯」的專名，和「多侯」的泛稱。如：

　　　〈合集1022〉　　庚申卜：王侯其立朕中人？

　　　〈屯3396〉　　　多侯歸？

而卜辭另有連稱「某侯某」、「某侯」，則屬獨立附庸部族的侯爵。如「𡋛侯豹」〈合集3286〉、「犬侯」〈合集32966〉是。當然，如「𡋛侯豹」也偶有省作「侯豹」〈合集10080〉的用法，二者容易相混，宜分別觀之。因此，卜辭屢見侯進貢的句例。如：

　　　〈合集98〉　　　貞：侯以骨、芻？允以。

由此看來，「侯」無論是「王侯」抑「附庸侯」，都可以供殷王的差遣。然卜辭中並無迎侯之例，但相反的卻有「侯賓某外族」的用法：

　　　〈合集33071〉　　甲辰卜：侯賓雀？

上例「賓」字作🔲，亦屬賓字異體。雀，用為附庸族名。這裡是卜問侯某賓迎雀的來臨宜否。如此，（1）（2）辭的「賓侯」，似應理解為「侯賓」的移位，即號令侯某賓迎外邦的意思。

189

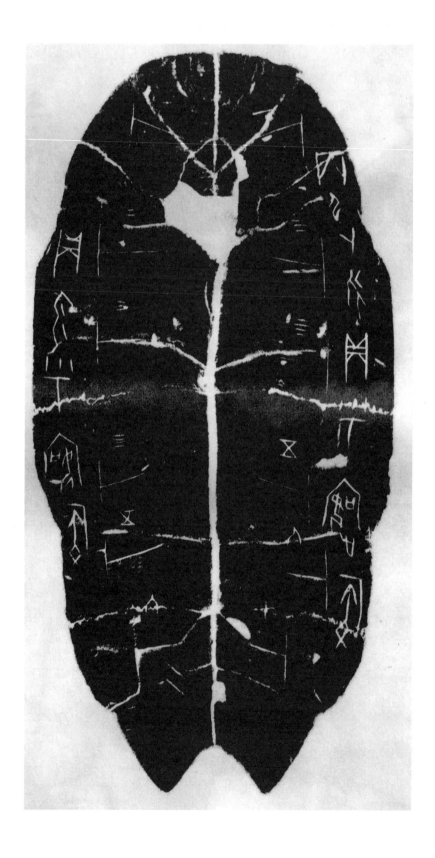

〈190〉

（1）〔庚〕申卜，爭貞：帚好不〔征〕，〔虫〕疾？一

（2）帚好其征，虫〔疾〕？一（二告）

（3）貞：帚好不征，虫疾？二

（4）帚好其征，虫疾？二

　　（1）（2）辭在殘甲右左前甲上外側，向內書寫。二辭屬反正對貞。（3）（4）辭在右左甲橋下外側，向內書寫。二辭亦屬反正對貞。兩組對貞又是成套的關係。由兆語見神靈屬意的是（2）辭內容。

　　張秉權原釋文四辭的命辭連讀，且都沒有標點；可商。「征」，字有出，或延續意。如理解為後者，自然可以連讀作「征疾」，意即持續生病。但四辭中的「疾」字之前固定添一「虫（有）」字，明顯是與前一分句斷開，「虫（有）疾」獨立成句，常與「亡疾」對言。況且，對比下列文例：

〈合集 13620〉　　虫（有）疾目，不征？

　　　　　　　　虫（有）疾目，其征？

〈合集 24956〉　　甲辰卜，出貞：王疾首，亡征？

由此可知，命辭為二分句可相互顛倒書寫，而〈丙 190〉（1）至（4）辭命辭都應分讀二句，作 $\begin{Bmatrix} A & , & B \\ -A & , & B \end{Bmatrix}$ 的句式，詢問句是前句的婦好外出抑或不外出，後句是陳述句言婦好已患有疾病。這種顛倒句式，自非常態的對貞用法。

　　帚，讀婦。「婦好」，殷王武丁寵妃。本版多見同版異形例。如「婦」字作 ![字形]（3），或省作 ![字形]（2），都象帚倒立之形，而（6）辭「婦姘」的婦又作常見的 ![字形]。「好」字並排作 ![字形]（4），或一大一小的作 ![字形]（3）。「其」字象平頂箕形的 ![字形]（6），又作穿頭的 ![字形]（2）。「疾」字有作 ![字形]（3），亦有省汗水的 ![字形]（4）。這種同版異形，在武丁卜辭中似乎是一普遍現象。

190

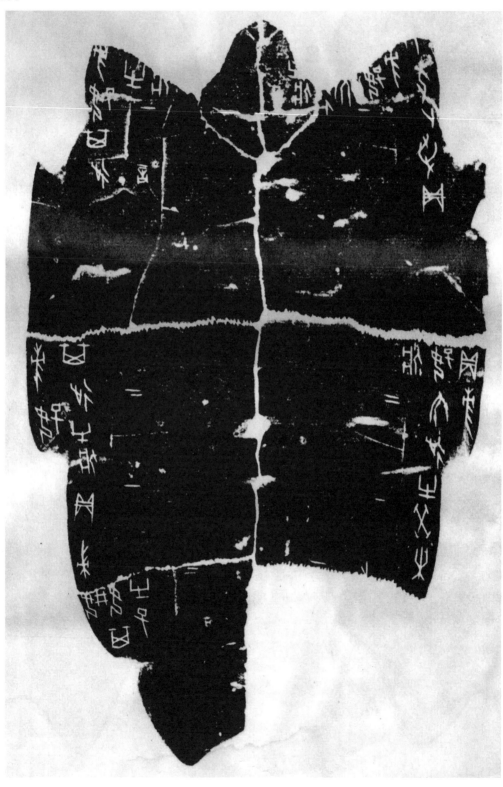

《丙編》中輯（一）

〈197〉

（2）丁未卜，𣪊貞：酚𠂤：伐十、十宰？二

　　本版是武丁成套卜辭的第二版。（2）辭單獨見於左首甲的中間位置，直行向外書寫。

　　「酚𠂤」連用。酚字從酉從酒水，為用酒奠祭，卜辭中常見的祭儀，動詞。一般見「酚」與其他祭儀並列，但嚴格通讀上仍宜分開理解。對比下列諸組文例，見前後二祭儀可分讀：

　　a.〈合集 7455〉　貞：翌乙巳勿酚𡌛？
　　　〈合集 28262〉　丁未卜：其𡌛年于河，叀辛亥酚？
　　b.〈合集 34510〉　叀辛未酚燎？
　　　〈屯 4397〉　　　岳燎，後酚？
　　c.〈合集 11484〉　己巳貞：勿酚昇？
　　　〈合集 21221〉　辛丑卜，衔：酚，黍昇辛亥？十二月。

再互較「酚」、「𠂤」二祭儀有前後獨立應用的句例：

　　〈合集 27097〉　☐其又𠂤歲于大乙，其宗酚？
　　〈合集 35356〉　☐子卜，貞：王其又𠂤于文武帝升，☐于來丁丑☐酚，王弗悔？

因此，〈丙 197〉（2）辭的「酚𠂤」，自可分開視作「酚，𠂤」，指進行酒祭此一大祭時，其間有以𠂤的儀式，卜問用砍殺人牲十個、圈養的羊十頭宜否。

　　𠂤，字一般無法隸定；或隸作升、作勺，恐亦非。對比字有異體增從竹，復有增從昇，借用為第三、四期卜辭的田狩地名：

　　〈英 2294〉　　　叀王射𠂤鹿，亡戈（災），𡊨（擒）？
　　〈合集 33532〉　乙巳卜，貞：王其田𠂤，亡戈（災）？

由此推測，𠂤字原屬一竹類的製成品，作為登獻神祇時的祭祀工具。字固定從𠂤，象器物形，上凹狀斜筆示瓢瓠，下具長柄，可以手持，在豆中取物；從𠂤，或示瓢

中物傾斜而出，作為祭奠過程中的一個灑奠動作，似與灑酒、灑水有關。字並無相對應的楷書。卜辭習見「屮（有）𠂤于某祖」、「又（有）𠂤于某祖」，字用為祭儀；名詞。字又用為具體的祭地名，是殷王出巡𠂤祭的地方，例：

〈合集 27866〉　丁卯卜，彘貞：王往于𠂤，不冓雨？

卜辭有「大𠂤」的儀式，用來連續祭祀祖先。如：

〈合集 27363〉　☑祖丁大𠂤，王其征大甲？

〈合集 27424〉　己亥卜，何貞：翌庚子𠂤歲，其征于父庚？

在新建的宗廟，亦見進行「又𠂤」此一祭儀。如：

〈合集 27099〉　新大乙又𠂤，王受又（佑）？

卜辭另見「王其遘又（有）𠂤」例，遘，遇也。言殷王透過「有𠂤」此活動與先祖接觸。例：

〈合集 26044〉　☑卜：乡日，酚于上甲，王其遘又𠂤？

〈合集 27050〉　☑翌日上甲其遘又𠂤，王受又（佑）？

因此，「屮𠂤」、「又𠂤」可理解為一獨特的祭奠工具，復引申為灑奠的祭儀。字除在「酚」祭之後又與用塗牲血以祭的「盥」字前後相接，作為盥祭時進行的活動：

〈合集 27050〉　其自盥，又𠂤至？

目前看，𠂤字是灑酒水、灑血的一種瓢狀祭祀工具和動作，字兼名詞和動詞。

（3）乙卯卜，敵貞：來乙亥酚下乙：十伐屮五，卯十宰？二旬屮一日乙亥不酚，雨。五月。二

（4）勿首隹乙亥酚下乙：十伐屮五，卯十宰？四☑。二

　　（3）（4）辭在右左後甲靠上方千里線兩側，相對向外書寫。二辭屬正反對貞。（3）（4）辭是本龜版唯一的一組用大字刻寫，餘辭皆用小字。大字填朱，小字填褐。其中剖牲的「卯」字，（3）辭二豎筆短而與外斜筆相接，屬同版異形。相關對應的文例，見：

〈合集 897〉　　（癸）丑卜，敵貞：來乙亥酚下乙：十伐屮五，卯十宰？乙亥不酚☑。

〈合集 892〉　（正）　貞：來乙亥酚祖乙：十伐屮五，卯十宰？

　　　　　　（反）　乙亥不酚，雨。

〈合集 897〉為殘甲，其中前辭的「癸丑」日，比〈丙 197〉（3）辭的「乙卯」日早上兩天，似是在前後日占卜同一事例的特例。二者皆屬大字刻寫。句末的「乙亥

不酓☒。」連書，應屬驗辭。〈合集 892〉則是小字書寫，正面和反面文字相靠貼，對比〈合集 897〉，可知反面的文字亦是驗辭，言乙亥日不進行酒祭，而且下雨。諸辭互較，是針對同時同事但由不同史官所刻，其中大字所書的「下乙」，和小字所書的中宗「祖乙」，無疑是同一祖先的異名。

（3）（4）辭正反對貞，問卜內容相同，但在左甲（4）辭否定句「卯十宰」之後卻清楚的見一「四」字，字後殘缺，與（3）辭無法對應，而「四」字於此用例可怪。細審張秉權原釋文的「四」字，其中的上兩橫筆該是左邊（4）辭命辭句末殘留的「二」字；下兩橫筆則是卜兆上方的兆序「二」字。兩個「二」字形擠壓在一起，才會被誤作四橫相連的「四」字。於此應分讀，前者是驗辭「二旬屮一日乙亥不酓，雨。」一句句前的「二」字，而後者是作為此條卜辭的兆序。因此，（4）辭的正確釋讀，是：

勿首（蔑）隹（唯）乙亥酓下乙：十伐屮五，卯十宰？二☒。二

殷人於正反對貞命辭之後各自都有記錄驗辭，並不是孤證。

（5）來甲申屮于大甲？二（二告）
（6）羽丁酉屮于祖丁？二
（7）羽辛酉屮祖辛？二
（8）羽乙巳屮祖乙？二
（9）羽辛酉屮祖：宰？用。二
（10）祖？二

諸辭是龜版後甲大字（3）（4）辭刻寫之後才接著書寫的，集中在（3）（4）辭的四周。（5）至（10）辭都是小字，省前辭。其中（6）至（9）辭命辭句前的時間詞用「羽（翌）」，對比（5）辭的「來」，一般都用於比較接近於占卜日的時間。因此，（6）至（10）辭自成一堆先刻，（5）辭是個別一辭後刻。

互較〈丙 198〉（〈丙 197〉的反面）右後甲（5）辭的「三旬來甲申☒？」一殘辭，應與正面〈丙 197〉（5）辭相關。兩兩相對，知（5）辭是問三旬以後將要來的甲申日侑祭于大甲。因此，占卜當是在「甲申」日的三旬以前。

以上諸辭是卜問同一天干日侑祭同天干名的祖先，可推知（9）辭辛日侑祭之後省略的「祖」，按理是指「祖辛」。（6）至（8）辭單純卜問次日的干支日侑祭祖某，與（9）辭進一步問用「宰」牲否，二者卜問內容不同。因此，（6）至（8）辭又可歸為一類；（9）辭遠書於右前甲上方，應另分讀為一類，是在辛丑日祭祀祖辛後，再卜問 20 天後的辛酉日用宰祭祖辛可否。由句末用辭看，鬼神是接

納了（9）辭的卜問內容的。至於（10）辭的「祖？」單獨在右後甲上方中間靠千
里線旁，或與（9）辭上下相對，語義相關；又見（10）辭反面的〈丙 198〉相對
應位置，有（2）辭的「于來乙卯出（侑）祖乙？」一句，未審與此（10）辭的省
略句有關聯否？存以待參。

（11）钔父乙？二
（12）父乙，隹伐希？二
（13）父乙，不隹伐希？二
（15）虘甲壱王？二
（16）父庚壱王？二
（17）父庚弗壱王？二
（18）父辛壱王？二
（19）父辛弗壱王？二

　　諸辭分佈在後甲下方至甲尾處，小字書寫。其中的（12）（13）辭正反對貞，
（16）（17）辭正反對貞，（18）（19）辭正反對貞。（15）辭「虘甲」作𧱓十，
字又可隸作「魯甲」，相當於文獻中的陽甲。據《史記・殷本記》記錄，陽甲、盤
庚、小辛、小乙同輩，兄弟相次繼位。但本版見書「盤庚」、「小辛」、「小乙」
均稱「父」，唯獨「陽甲」直稱「虘甲」，相類的文例又見：
　　〈合集 6647〉　　貞：出于魯甲、父庚、父辛：一牛？
　　　　　　　　　　　貞：勿出于魯甲、父庚、父辛：一牛？
武丁卜辭祭父輩的「魯甲」而不稱「父甲」，例與本版同，顯然不是孤證。再細看
〈丙 197〉卜問父庚、父辛「壱王（武丁）」，均用正反對貞詢問吉凶，而針對
「虘甲」則只用單辭，直接的卜問「虘甲壱王」否。二者稱謂親疏有別，彼此區別
原因為何？查《史記・殷本記》謂陽甲時殷世衰，而至其弟盤庚始遷都於殷墟，另
啓新局：
　　「帝陽甲之時殷衰，自中丁以來，廢適而更立諸弟子，弟子或爭相代立，比九
世亂，於是諸侯莫朝。帝陽甲崩，弟盤庚立，是為帝盤庚。帝盤庚之時，殷已都河
北。盤庚渡河，南復居成湯之故居。」「（盤庚）乃遂涉河，南治亳，行湯之政，
然後百姓由寧，殷道復興，諸侯來朝。」
　　所謂「九世亂」，瀧川龜太郎《史記會注考證》引崔述：「自仲丁以後，有外
壬、河亶甲、祖乙、祖辛、沃甲、祖丁、南庚，至陽甲，正得九世。」陽甲正處於
「九世」長期衰亂之末，諸侯不朝，至其弟盤庚始遷族眾於安陽殷墟地，成為中興

之主，此後 273 年，再不遷都。因此，殷人祭祖之習，似以盤庚為近世開國之始
祖，遂與遷殷之前的陽甲有所切割，在祭祀上亦有稱謂的差別。這可能是本版稱呼
先祖同輩但用語親疏各不同的背景。

　　同版父輩龜甲（陽甲）、父庚、父辛均詢問「㞢王」否，唯獨武丁的親父小乙
卻並不卜問「㞢王」。（11）辭禦祭求佑於父乙、（12）（13）辭祭父乙問「希
伐」否。「伐」字用為砍首的伐牲，同版中的「伐」字都用作祭牲可證。（12）
（13）辭的「唯伐希」、「不唯伐希」對貞。「希」，一般字讀作祟，有施降災禍
意，屬負面用語，卜辭多言「某祖祟王」、「某神祇祟我」、「祟方」、「祟年」
例是。卜辭另見「希・祭牲」例，如：

　　〈合集 940〉　　　貞：王希牛于夫？
　　〈合集 11157〉　　貞：希勿（鬠）牛？
　　〈合集 16974〉　　貞：希我羊？
　　〈合集 23180〉　　丁巳卜，行貞：王賓父丁，希十牛，亡尤？

「希」字用義已作為中性的祭祀類動詞，字似與「殺」字屬同形異字，《說文》殺
字古文的字形可參。

　　對應〈合集 23180〉句例，本版（12）（13）辭對貞的讀法，完整的似是「王
賓父乙，希伐？」、「王賓父乙，不希伐？」，其中的前句省略「王賓」，後句復
用「唯」和「不唯」帶出祭牲前置的變異句。

　　宏觀的理解以上諸辭，（11）辭直接的求吉去凶於小乙，（12）（13）辭殷王
武丁親自賓迎小乙，卜問用屠殺的人牲獻祭宜否，都是正面向先父示好的親近語
言。相對的，（16）至（19）辭用對貞詢問盤庚、小辛會㞢害武丁否，語氣就顯得
戒慎小心，中性而嚴肅多了。武丁對於父輩之間親疏厚薄的主觀之情，於同類占卜
方式的細微差異處，亦見一斑。

197

〈198〉

（1）癸卯卜，殷。
（20）庚申卜，殷。

　　本版是〈丙 197〉的反面。
　　（1）辭在左首甲下面，向左側書寫，處於〈丙 197〉（1）辭的正背面。〈丙 198〉（1）＋〈丙 197〉（1）作為一完整的卜辭：
　　癸卯卜，殷貞：我用奴，孚？二
前辭句的「癸卯卜，殷」書於反面，前辭句的「貞」字和命辭則在龜版的正面。
　　（20）辭在右前甲上方，向左甲書寫，處於〈丙 197〉（9）辭的正背面。二辭又可組合完整的卜辭：
　　庚申卜，殷：羽辛酉出祖：宰？用。二
以上（1）和（20）辭，都見卜辭的前辭刻在反面，命辭刻在正面相對位置的句例。閱讀甲骨，務必正反甲面相互參照檢視。

（6）叀乙亥酚？
（7）勿首乙亥酚？

　　（6）（7）辭在左右後甲的上方千里線兩側，正反對貞。「叀」，肯定句句首語詞。「首」，讀蔑，強調否定語氣的語詞，「勿首」，指一定不要的意思。（6）辭在正面〈丙 197〉（3）辭的反面，（7）辭在〈丙 197〉（4）辭的反面。二辭是正面（3）（4）辭的連續卜問，但字屬小字，書手不同，其中「亥」、「首」字正反面異形。

（12）羽丁勿于祖丁？
（13）祖丁？

　　（12）（13）辭在左右後甲的中間，對應直行刻寫。二辭屬正反對貞。相對（13）辭的正面位置，見〈丙 197〉（6）辭：「羽（翌）丁酉出（侑）于祖丁？」由此一完整句互較，可了解（12）（13）二辭的不省句意，（12）辭是「羽（翌）丁酉勿出（侑）于祖丁？」之省，（13）辭是「羽（翌）丁酉出（侑）于祖丁？」之省。這是承繼正面卜辭之後的連續貞問句，也是一組由不省句印證省略句

的範例。

（15）叀白豕、二牛、窜？
（17）勿屮下乙？
（18）屮下乙？

　　（15）辭在右後甲中間靠千里線，向外書寫。張秉權原釋文將「窜」字與下面的「屮」字連讀，另作（19）辭的「窜屮？」一句；可商。

　　（17）（18）辭在左右甲尾，下行由外朝內對應書寫，屬對貞關係。張秉權原釋文誤將（18）辭中的「屮（侑）」和「下乙」區分為（18）（19）二辭；可商。以上（17）（18）二辭屬正反對貞。「下乙」，即祖乙。

　　（15）辭的祭牲由豕而牛而羊的排列，或有尊貴而普通的差別。殷人尚白，此例亦可參證。

198

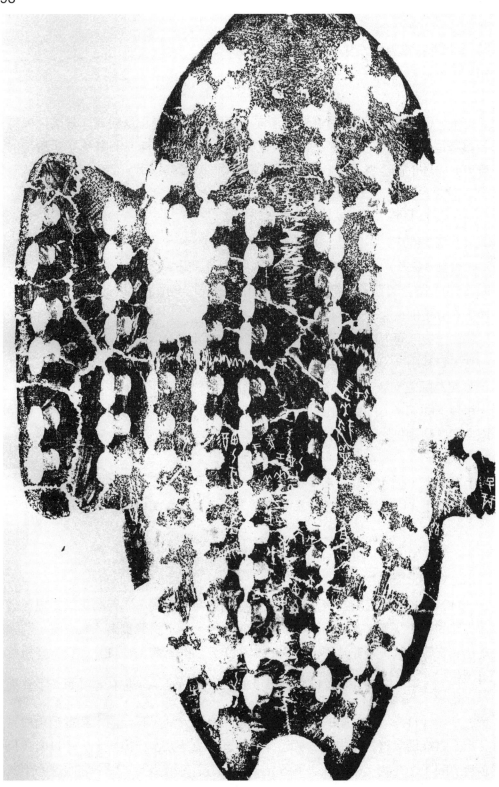

〈199〉

（9）貞：舞岳屮雨？三月。一二三〔四〕
（10）貞：岳亡其雨？〔一〕二三四

　　（9）（10）辭在右左甲橋外側，向下直書。二辭屬正反對貞。張秉權原釋承孫詒讓釋岳字為羔，今調整。岳字從重山形，用為自然神。卜辭多見「舞岳」、「舞河」成辭，甚至將「河」與「岳」連用，同時舞祭求雨。例：

　　〈合集 12842〉　　勿舞岳？
　　〈合集 14472〉　　甲辰卜，爭貞：我舞岳？
　　〈合集 14603〉　　乙巳卜，賓貞：舞河？
　　〈合集 34295〉　　☑卜：今日☑舞河眾岳☑從雨？

（9）（10）辭言舞祭於岳神，詢問「有雨」、「亡其雨」。因此，（9）（10）辭的命辭宜分讀前後二分句，作：

　　舞岳，屮（有）雨？
　　岳，亡其雨？

前一分句為陳述句，（10）辭省略祭祀動詞「舞」；後一分句「有」、「亡」相對，用為詢問句，卜問會有雨抑無雨。（10）辭的「其」，有將然的語氣，也是將「雨」字名動變化的轉化標誌。

（11）癸丑卜，□貞：我祚邑帝弗左若？一二三四五（上吉）六七〔八〕九十
（12）癸丑卜，□貞：勿祚邑〔左〕若？一（上吉）二三四五六七〔八〕〔九〕十（上吉）

　　以上是張秉權原釋文。

　　（11）（12）辭在右左首甲靠千里線兩側，向外書寫。二辭屬正反對貞。張原釋隸作祚的字，從乍，本象尚未完成的半衣之形，字上斜筆貫串三短直豎，明顯是衣上縫衣穿線之狀，絕非從玉。字用為乍（作）字的繁體。（11）（12）辭對貞，作 $\begin{Bmatrix} A & , & -B \\ -A & , & B \end{Bmatrix}$ 句型。（12）辭張秉權的原釋補殘字「左」，可商。字宜補一「帝」字。（11）（12）辭的兆序，張秉權的原釋分別只有十個，其實按拓片見兆序「十」之後仍接續的復由「一」起算，一直排至「九」。換言之，（11）（12）辭各自卜問了十九次。第十九次下各見一人為的刀刻橫畫，知甲左右兩邊的十九次

卜兆自成一群體。張秉權釋的兆語「上吉」，當改為「二告」。（11）（12）辭的
完整內容，是：

　　（11）癸丑卜，□貞：我乍（作）邑，帝弗又（有）若？一二三／四五（二
　　　　　告）六七／〔八〕九十一／二三（二告）四五／六（二告）七八九

　　（12）癸丑卜，□貞：勿乍（作）邑，〔帝〕若？一（二告）二三／四五六七
　　　　　／〔八〕〔九〕十（二告）一／二三四五／六（二告）七八九（二告）

「作邑」一事，對殷人無疑是一極重要的決定。因此連續問卜了正反各 19 次，詢
問上帝會否應允保佑。（11）辭「作邑」見三組卜兆刻有正面的兆語「二告」，而
（12）辭「勿作邑」卻有四組卜兆刻有同樣的「二告」。由量而言，鬼神似是傾向
於（12）辭的內容，以不興建此城邦為宜。

　　細審（11）（12）辭命辭的內容，語意似是矛盾不通的。（11）辭言我（指我
們）乍（作，興建）邑（城邦），卜問帝（上帝）弗又（有）若（順諾）？其中的
前句正面陳述興建城邦，後句詢問句問上帝不順諾嗎？在語意上是沒有問題的。但
（12）辭言「（我們）勿乍邑，〔帝〕若？」，其中的前句是負面表述不興建城
邦，後句卻詢問上帝順諾嗎？既然是已不準備興建城邦，本就沒有順諾不順諾的問
題，甚至根本就無需占問。句子前後內容矛盾。事實上，對貞的功能是強調正反對
立的形式，而不在乎於內容。（11）（12）辭前句一「作邑」、一「勿作邑」，正
反相對；後句一「弗有若」、一「若」，也是正反相對；滿足了占卜對貞形式的要
求。殷人進行占卜，是卜問鬼神順應某些念頭否，認同哪一條卜兆，至於實質的內
容，其實是並不深究的。

　　另一個考量釋讀的角度，（12）辭的否定詞「勿」字置於句首，作為修飾整個
命辭的否定意功能，換言之，「勿」所否定的不僅是前句的「作邑」，也是順帶否
定後句的「帝若」。對比同版的（5）（6）辭對貞句：

　　（5）沈五牛、燎三牛、卯五牛？

　　（6）勿沈五牛、燎三牛、卯五牛？

（6）辭的否定詞「勿」，不只是針對第一分句「沈五牛」的否定意思，也涵蓋了
其後第二、三分句的否定意。因此，相同的（12）辭否定句也是指不興建城邑，上
帝也不順諾的意思。

　　目前看，仍以前一角度的理解為宜。殷人純粹用正反對對的方式，形成肯定句
和否定句的一種對立選擇，讓鬼神來選取，至於與句中前後句的內容是否矛盾，似
乎並無必然的關係。

199

〈200〉

（1）丙申卜，㱿。

　　本版是〈丙199〉的反面。

　　（1）辭在右甲橋下端，向外書寫。屬前辭。占卜的內容，見於（1）辭背後正面的〈丙199〉（5）（6）辭。完整的句式，是：

　　（5）丙申卜，㱿：沈五牛、燎三牛、卯五牛？

　　（6）丙申卜，㱿：勿沈五牛、燎三牛、卯五牛？

此見卜辭的前辭和命辭，有分別刻寫在龜甲的反面和正面的習慣。

　　祭祀動詞「沈」是投河的水祭，拜祭的是水中神靈，「燎」是用燒的火祭，強調煙上冒於天，針對的是上天的神祇，「卯」是對剖的用牲法，強調人間的祭祀。此三者滿足了祭祀天上、人間、水中的所有神祇，也反映殷人對於神靈區隔的觀念。

（4）七日咸王往出？

（5）勿往？

　　（4）（5）辭在左右首甲的上方靠千里線兩側，向外書寫。二辭屬正反對貞。二辭的卜兆和兆序見於正面〈丙199〉的首甲上，兆序分別作：一、二、三、四，由下而上。因此，完整的（4）（5）辭，應是：

　　（4）七日咸王往出？一二三四

　　（5）勿往？一二三四

此見卜辭的命辭和兆序，有分別刻於龜甲的反面和正面例。

　　對貞見複合動詞的「往出」，否定句省後動詞。

200

〈201〉

（10）貞：我馬虫虎，隹囚？一二三四
（11）貞：我馬虫虎，不隹〔囚〕？一二三四

　　（10）（11）辭在右左前甲的上方，向外書寫。二辭屬正反對貞。

　　「我馬有虎」一句，句意可怪。卜辭的「馬」字，一般用本義，如「來馬」〈合集 945〉、「來白馬」〈合集 9176〉、「以卅馬」〈合集 500〉、「畜馬」〈合集 29415〉、「馬車」〈合集 10405〉、「馬二丙」〈合集 21777〉、「取馬」〈合集 8797〉；有用為方國名，如「我伐馬方」〈合集 6664〉；有用為附庸，如「令多馬羌」〈合集 6761〉、「呼多馬」〈合集 5775〉；有用為人名，如「馬不囚（死）」〈合集 574〉；有用為職官名，如「令馬亞」〈合集 26899〉、「多馬亞」〈合集 564〉、「馬小臣」〈合集 27882〉；有用為地名，如「往馬」〈合集 8208〉。而卜辭的「虎」字，一般亦用為本義，如「獲虎」〈合集 10202〉、「獲又（有）虎」〈合集 28301〉、「擒虎」〈合集 28844〉；偶有用為人名、附庸族名，如「虎入百」〈合集 9273〉、「今虎追方」〈合集 20463〉、「呼虎」〈合集 20713〉；有用為地名，如「于虎」〈合集 8204〉。

　　對比（10）（11）辭「我馬」一辭，另見：

　　〈合集 6943〉　　甲戌卜，㱿貞：我馬及戈？

「及戈」是追擊戈族的意思。因此，「我馬」可理解為殷附庸的「多馬」。「多馬」族擅射，屢次協助殷人狩獵。例：

　　〈屯 693〉　　☐卜，其呼射豕，重多馬？
　　〈合集 5775〉　　呼多馬逐麀，獲？
　　〈合集 27942〉　　重多馬呼射，擒？
　　〈合集 26899〉　　貞：其令馬亞射鹿？
　　〈合集 27942〉　　貞：重馬亞涉兕？

殷卜辭記錄的，「多馬」狩獵的不外乎豕、鹿、麀、兕等較溫順的動物，足見多馬族的逐獸能力並不特別強大。卜辭亦見占問「多馬」有禍否，關心多馬族的安危，與（10）（11）辭的詢問相類。如：

　　〈合集 5710〉　　貞：多馬亞，其虫（有）囚（禍）？

因此，（10）（11）辭言「我馬有虎」而卜問「禍」否，句中的「我馬」，是指附庸「多馬」、「馬亞」族。「虎」字用本義。「我馬虫（有）虎」，意即多馬族是次助殷出狩，罕見的捕獲凶獸老虎的陳述句，正因為事非尋常，其後對貞才卜問

「有虎」一事的禍否。

　　（10）辭的正背面，見〈丙 202〉（8）辭「庚午卜，㱿」，應是（10）辭的前辭，正反面相互補足。

　　（1）己巳卜，爭貞：方女于章？一二三
　　（2）貞：方女勿于章？一二三

　　（1）（2）辭在右左後甲兩外側，向內書寫。二辭屬正反對貞。

　　這裡的「于」字，一般理解為「往」，作動詞用。其實是有問題的。卜辭中有大量的變異句型，我們需要先掌握常態句，從而才能理解變異句的句意，換言之，是由不省句例分析省略句的語法，由正常句例解讀移位句的意思。對於（1）（2）辭命辭的真正內容，思考的方向有二：

　　（一）、「方」字泛指四方。「女」在這裡是女牲。（1）（2）辭卜問「方女于章」，句意可怪。關鍵的是同版（21）辭：「燎于土：宰，方帝？」一句，這裡是卜問燎祭於土神以一頭圈養的羊，並進行禘祭四方的活動。「方帝」，讀為「禘方」的移位句，如「方圍」、「方其圍」，可以理解為「圍方」是。殷人祭「方」，不但有與「土」同辭，也有與「岳」、「河」並出。「方」的性質，與自然神相類。如：

　　〈合集 12855〉　□午卜：方帝：三豕卯犬，卯于土：宰，眔雨？
　　〈合集 14470〉　貞：方帝，迺酚岳？
　　〈合集 30396〉　其又（侑）方眔河？
殷人有用火祭直接祭祀于「方」：
　　〈合集 28628〉　方燎，重庚酚，又（有）大雨？
　　〈合集 30171〉　燎其方，又（有）大雨？
殷人祭「方」，主要目的是要求雨：
　　〈合集 30395〉　☑又（侑）于方，又（有）大雨？
　　〈合集 30260〉　癸未卜：其寧風于方，又（有）雨？
殷人除以祭牲外，復有以羌人獻祭於「方」：
　　〈屯 1059〉　　王辰卜：其寧疾于四方：四羌又九犬？
　　〈屯 606〉　　　庚辰卜：其登方以羌在必，王受有佑？
透過以上句例的歸納，可對應（1）（2）辭的「方」字是祭拜的對象，句前省略祭祀動詞，祭方的目的是求降雨，而「女」是用為人牲。（1）（2）辭的命辭，完整的似應讀作：

　　（1）方〔帝〕：女于敦？

　　（2）貞：方〔帝〕：女勿于敦？

而對貞的常態句，應即：

　　（1）禘方：女于敦？

　　（2）貞：勿禘方：女于敦？

這是解釋（1）（2）辭的方式之一。

　　（二）、「方」字泛指外邦，「方女」連讀，與「方奴」、「方執」的用法相同。如：

　　〈合集799〉　　　癸酉卜，王貞：自今癸酉至于乙酉邑人其見（獻）方奴，不其見（獻）方執？一月。

對比相關「方女」文例，如：

　　〈合集7852〉　　　貞：方女乎（呼）于敦？

命辭句即「（王）呼女于敦」的倒文，「方女」指外邦的女奴。敦，用為殷王出巡、祭祀、田狩地名。因此，（1）（2）辭也是卜問王號令在敦地徵收外邦女奴一事的宜否。這是通讀（1）（2）辭考量的方式之二。

　　以上兩種考量，前者有同版「方」字用例為證，後者有「方女」、「于敦」的文例作參；目前仍未能確指孰是孰非。

201

〈203〉

（1）己丑卜，㱿貞：王夢，隹祖乙？一
（2）貞：王夢，不隹祖乙？一
（3）己丑卜，㱿貞：王夢，隹祖乙？一
（4）貞：王夢，不隹祖乙？
（7）羽辛卯㞢于祖辛？一
（8）貞：㞢祖辛：三宰？一
（9）羽辛㞢于祖辛：一牛？一
（10）一牛于祖辛？一
（11）㞢于祖辛：宰？
（12）貞：于祖辛㞢？一二
（13）㞢于祖乙？一二（上吉）

　　本版龜版屬武丁卜辭，殘缺首甲和前甲大部。以上是張秉權原釋文。
　　我的讀法，是先由（1）至（4）辭兩組正反對貞，連續卜問「王夢」此一凶兆，是否祖乙施降災禍（或祖乙會賜佑嗎）？接著的是（12）（13）一組選貞，卜問侑祭祖辛抑或祖乙。再順讀的，應是（7）辭一條單句，明日辛卯日侑祭祖辛宜否。然後是（8）（9）一組選貞，問的是侑祭祖辛時，用牲是三宰抑一牛。顯然，相關卜兆仍是猶疑不定，故才會有（10）（11）另一組選貞，繼續卜問侑祭祖辛是用一牛抑一宰。因此，相關卜辭原序號的調整，可考慮是：（1）～（4）；（12）（13）；（7）；（8）（9）；（10）（11）。
　　是次殷王武丁的夢兆，懷疑是由先祖祖乙引起的降災，占卜者在權衡利害，乃選擇侑祭求佑的對象是祖乙直系的兒子祖辛，以冀求武丁的平安。而對於祭祖辛的用牲，先後提供了兩次選貞，可見當日武丁對用牲的謹慎。是次侑祭祖辛，或許並沒有平息武丁對於「王夢」的不安，故接著在同版再連續侑祭示王（14）（15）和上甲（24）。本版眾多侑祭祖先的卜辭，似乎都逕與「王夢」一事有關。

（16）甲午卜，爭：于河？一二三四五
（17）甲午卜，爭：勿于河？一二〔三〕〔四〕〔五〕

　　（16）（17）辭在殘甲右左前甲靠中間千里線兩側，向外書寫。二辭屬正反對貞。前辭省「貞」字，命辭只剩下介賓語。對比同版同句的（20）（21）一組對

貞：

　　（20）壬寅卜，㱿貞：河耂王？一二三四

　　（21）壬寅卜，㱿貞：河弗耂王？一二三四

「河」字理解為自然神，有耂害時王的能力。因此，（16）（17）辭的河亦應作河神講，而不能單純理解為地名。宏觀的看本版甲首，除了（1）（2）辭占卜王夢外，其餘都是卜祭卜辭，更可作為（16）（17）辭省略是祭祀動詞的旁證。同版「甲午」日之前的（7）辭「辛卯」日屮（侑）祭祖辛，（14）辭「壬辰」日屮（侑）祭示壬；「甲午」日之後的（24）辭「甲辰」日屮（侑）祭上甲。由此可見，「甲午」日這組對貞問卜祭祀河神，自然可以理解為：

　　屮（侑）于河？

　　勿屮（侑）于河？

對貞句省略祭祀動詞「屮」。正反二辭各占卜了五次，可知當日對是次祭河神的重視。卜辭多見侑祭河神。例：

　　〈合集 3659〉　　勿屮于河？

　　〈合集 5658〉　　屮河？

　　〈合集 2381〉　　貞：屮匚于河？

　　〈英 1156〉　　　貞：屮于河：卅牛以☒？

對比〈丙 203〉同版的（10）（11）一組選貞：

　　（10）一牛于祖辛？

　　（11）屮于祖辛：宰？

可見（10）辭移位句同樣的省略了祭祀動詞「屮」。而同版（18）（19）辭正反對貞：

　　（18）〔甲〕午〔卜〕，㱿〔貞〕：奴、三執？

　　（19）〔甲〕午〔卜〕，㱿〔貞〕：勿〔奴〕、〔三〕執？

這組對貞命辭只見奴牲，明顯的也是省略祭祀動詞。這種省略句，並不是孤證。而（18）（19）二辭殘缺兆序，緊貼在（16）（17）辭的上方，同日占卜，這兩組對貞內容似可對等來看。因此，（16）至（19）辭同組，句意分別是侑祭河神，以奴和三執祭祀一事的省略。

　　本版同版異形的字例甚多，如：宰、祖、商、㱿、隹、屮、貞等字，書寫筆畫、結構和風格都有差別。足見當日文字書寫的隨意和不穩定特質。

203

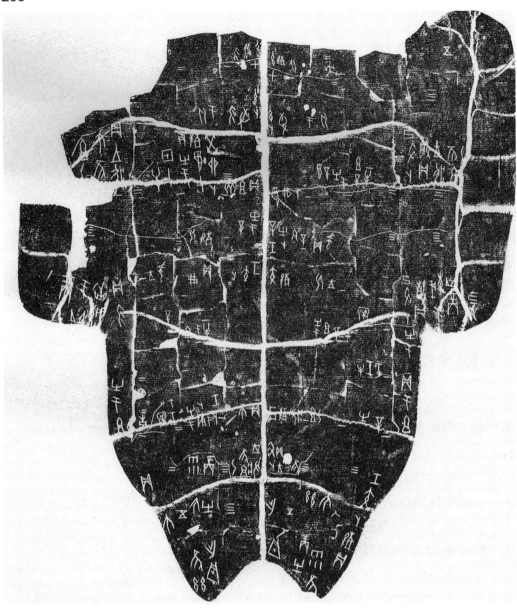

〈205〉

（2）貞：羽乙亥屮于唐：三伐、三宰？一

（2）辭在殘甲左後甲下方靠千里線的左側，向左側寫。其反面〈丙 206〉相對應位置見（2）辭的前辭：

〈丙 206〉 （10）癸酉卜，□

（2）辭命辭言次日乙亥日侑祭對象先祖的「唐」，也稱作「成」，相當文獻的成湯、太乙、天乙；卜辭又作「大乙」。成湯稱「唐」，是用活人時名字作為死人的稱謂，這和殷墟花園莊東地甲骨的「丁」，也有以一般死人的天干名作為活人的用法；二者可相對比。卜辭中對於成湯的稱謂，五期中最常用的是「大乙」，特別是非王卜辭主要也是稱「大乙」。第一期卜辭另有用「成」，但例不算多。第一期王卜辭，普通則見用「唐」，而「唐」用意有擴大的傾向，如「唐邑」、「唐土」、「唐子」等，似有特殊的紀念意義。

（5）貞：屮于示壬：妻；妣庚：宰，叀勻牡？

（5）辭在左後甲上方，向左外書寫。一般文例，見侑祭後接先祖和祭牲，常態句型作「屮（侑）于某祖：若干牲」；其後如再接另一祭牲分句的，例不多見。如：

〈合集 1513〉 甲申卜：乙酉屮祖乙：三宰，曹卅牛？

〈合集 1520〉 甲戌卜，貞：羽乙亥屮于祖乙：三牛，犀見（獻）夷牛？十三月。

與（5）辭侑祭兼祭祖妣的，亦僅一例可參：

〈合集 2385〉 貞：來庚戌屮于示壬：妾；妣：牝，羊屮？

此辭與示壬對應的配妃「妣」，當是「妣庚」之省。和（5）辭相較，「妻」、「妾」的用法相類，都作為女牲。（5）辭命辭前句侑祭先祖專用女牲、侑祭先妣專用圈養的羊，似屬既定的安排。卜辭待貞問的，是後句詢問句的「叀勻（驪）牡」，句意是指：合祭祖妣的用牲，以青黑色的公牛宜否。

205

〈206〉

（13）〔婦〕好示五。賓。

（14）良子弖入五。

　　（13）（14）辭在殘甲左右甲橋中下側，向內書寫。

　　（14）辭是貢龜記錄的記事刻辭，按理是外邦納貢活龜時，殷人已先在龜腹甲甲橋邊上刻寫，因此（14）辭文字是先刻的。接著應該是左側甲橋下端的「賓」，是收納甲骨的殷商官員簽署。（13）辭謂婦好獻祭宗廟用龜五隻。卜辭習見「婦某示若干屯」例，屬記事刻辭，在這裡應該是最後刻。

　　整個貢龜、獻龜的流程，是附庸良族子姓名弖的入貢龜五隻，「入」可讀納，卜人賓負責簽收管理。而武丁之配妃婦好正好用此五隻龜上獻給祖先。

　　婦好作為一女性，有權使用外邦貢物，又能直接進行祭祖的活動。當日婦好的權位之大，涵蓋外交與鬼神，於此可見。

206

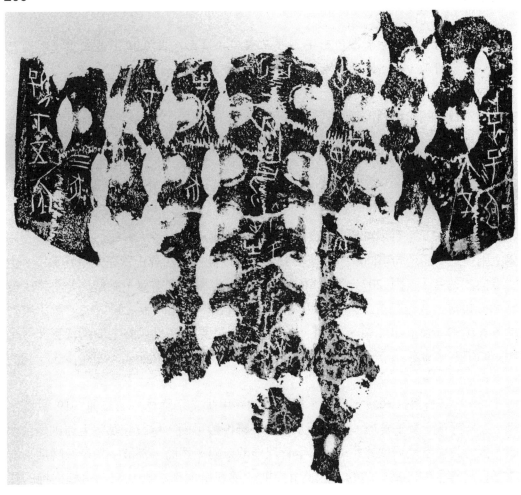

〈207〉

（3）丙申卜，㱿貞：來乙巳酚下乙？王固曰：「酚，隹业希。其业⼳。」乙巳
　　酚，明雨，伐。既雨，咸伐，亦雨。改卯鳥星。一

　　與本辭相關的句例，有：
　　〈丙 208〉（〈丙 207〉反）　（2）九日甲寅不酚，雨。乙巳夕业⼳于西。
　　〈丙 209〉　　　　　　　　　（3）丙申卜，㱿貞：來乙巳酚下乙？王固曰：
　　　　　　　　　　　　　　　　　　「酚，隹业希。其业⼳。」乙巳明雨，
　　　　　　　　　　　　　　　　　　伐。既雨，咸伐，亦雨。改鳥星。二
　　〈丙 210〉（〈丙 209〉反）　乙巳夕业⼳于西。

以上兩版正反面是同事同辭，屬成套關係，可以互補。四辭正背在殘甲的首甲，由
右邊向左刻寫。〈丙 207〉版中單獨只（3）一辭屬大字書寫，餘辭均是小字；彼
此字形相當，或是刻寫工具或入刀角度不同所致。對比同版（1）（2）辭小字對
貞，其中的「貞」字作🔲、作🔲，一方一扁長互見，亦見只靠字形斷代實非「絕
對」的標準。命辭「來干支」，時間詞之前用「來」，是指距占卜日至少後一旬的
干支言。

　　⼳，字有釋㱿、釋設、釋鑿，參姚孝遂《甲骨文字詁林》第二冊 919 頁鑿字
條。字常態从一倒三角形，而絕不从酉，字釋作㱿可商。釋設在隸定上原則是合理
的，但釋設論者是另依據🔲（戠）字有隸作戠來的，然而，釋戠字形是按晚期卜辭
才增口符作🔲的形構立論的，因此🔲（戠）字在早期都並不从口。這種逆推的隸
定，在方法論上恐有待商榷。相對的，⼳字的左部件下也絕不見增从口，字又與从
言音類字的形音皆無涉。因此，字釋作設也並不可靠。細審字的右旁从攴，示手持
圓頭形杖棒物，杖棒固定的作弧形朝向倒三角的辛形上方靠近，有作敲打辛形器之
意；字與匙字作🔲的从匕匙形筆直書寫不相同。字宜隸作殺，理解為鼓、鑿字的初
文，可能比較適合。鑿，字由敲擊尖形鎚狀的工具，引申為敲打的刑法。《漢書·
刑法志》韋昭注：「鑿，黥刑也。」卜辭字亦用為擊殺祭牲之法，動詞。例：
　　〈合集 22599〉　　王午卜，大貞：鑿六人？
　　〈合集 201〉　　　貞：王鑿父乙？
字又用為名詞：
　　〈合集 14533〉　　庚辰卜，賓貞：告鑿于河？
對應殷人有「告壹」的祭儀，此言「告鑿」亦似屬祭儀的一種。卜辭又見「又
（有）鑿日」〈屯 3641〉，用為專日的祭名。（3）辭占辭的「酚唯有祟，其有

鑿」，可相對於習見的占辭「有祟，其有來艱」句，「鑿」字屬負面意義的用法。
（3）辭占辭言命辭所卜問的乙巳日酒祭下乙（祖乙）此一活動恐有禍害，並判斷應鑿牲獻祖以避禍。

（3）辭「乙巳酚，明雨，伐」以後的一段屬驗辭。卜辭常見「酚伐」連用，言酒祭時用砍首的人牲祭祖。例：

〈合集 975〉　　乙巳卜，爭貞：今日酚伐，攸？

〈合集 997〉　　貞：勿酚伐？

〈合集 190〉　　重伐酚于祖乙？

〈合集 892〉　　貞：來乙亥酚祖乙：十伐屮五，卯十宰？

（3）辭驗辭句中的「乙巳酚」、「伐」二辭語意遙接，可直接理解為「乙巳酚：伐」，意即乙巳日酒祭用伐牲一人。而「明雨」一分句加插在「乙巳酚」和「伐」之間，強調進行酒祭用牲時，是乙巳「明」（天亮）的一段時間剛好下雨。

（3）辭的驗辭「既雨」成詞，相關文例如：

〈合集 1784〉　　丁亥卜，貞：既雨？

〈合集 12973〉　丁丑☒翌戊寅既雨？

「既」字形由食畢本義引申有完成、中止的意思。「既雨」，亦有承上句省作「既」，例：

〈合集 20966〉　☒丙申昃雨自東，小采既。

「既雨」，意即其後雨暫停。（3）辭「咸伐」的「咸」有畢、盡意，是指酚祭的殺伐牲祭儀告一段落。然後接的「亦雨」，「亦」字用為副詞，有又、再的意思，言酒祭用牲之後又繼續下雨。（3）辭驗辭末句「攺卯鳥星」，其中的「鳥星」成詞，另見：

〈合集 11500〉　☒票，庚子藝鳥星？七月。

此言庚子日進行植樹的藝祭於鳥星。「鳥星」亦有單稱作「鳥」。例：

〈合集 11499〉　☒酚，明雨，伐☒雨，咸伐，亦☒攺卯鳥，大攸，易☒。

此辭內容與（3）辭相類。星，從生聲，用本義。「鳥星」，或即《尚書‧堯典》記錄的「星鳥」。「攺卯鳥星」，指兼用攺、卯二殺牲法祭拜鳥星。

〈丙 207〉（3）辭和〈丙 208〉（2）辭正反面相承連讀。〈丙 209〉（3）辭和〈丙 210〉正反面相承連讀。兩組屬成套卜辭，內容可以互參。

207

〈211〉

（14）辛酉卜，𣪘貞：自今至于乙丑其雨？壬戌雨。乙丑不雇不雨。一（上吉）

（15）辛酉卜，𣪘貞：自今至于乙丑不雨？一

（16）辛〔酉〕卜，𣪘〔貞〕：〔乙〕〔丑〕〔不〕雨，〔不〕隹我𡆥？一

（17）貞：乙丑其雨，隹我𡆥？一

以上是張秉權原釋文。

〈丙211〉再經補綴，見於〈丙306〉，張秉權釋文調整作：

（6）辛酉卜，𣪘貞：乙丑其雨，不隹我𡆥？一

（7）貞：乙丑其雨，隹我𡆥？〔一〕二

（8）辛酉卜，𣪘貞：自今至于乙丑其雨？壬戌雨，乙丑雇，不雨。一（上吉）

（9）辛酉卜，𣪘貞：自今至于乙丑不雨？一

〈丙 211〉（14）（15）辭調整為〈丙 306〉的（8）（9）辭；〈丙 211〉（16）（17）辭改動為〈丙 306〉的（6）（7）辭。

〈丙 306〉（6）（7）辭在右左前甲下方兩側，向外書寫。（6）（7）辭詢問句「不唯我禍」、「唯我禍」，當即「不禍我」、「禍我」的移位句。二辭屬反正對貞，卜問乙丑日將降雨，我有禍否。殷人認為雨否似對我地安危有一定的關聯。張釋認為（7）辭的兆序（一）可能屬漏刻，故以作〔一〕的中括方式呈現。卜辭右旁確見有一卜兆而無兆序者，勉強可供作佐證。但細審〈丙 306〉此一較完整的版面，兆序形式混雜，版中兆序一般是由中間千里線內向外依序排列，但其中的（1）辭在右甲橋四兆卻是由下而上，（4）辭在左前甲上部卻是由外而內。特別的是（12）辭「貞：戠其取？一二」，（13）辭「貞：戠弗其取？三四」，（14）辭「其取？一二」三辭成組，其中的（12）辭肯定句在右後甲中間靠千里線向右外書寫，（13）辭否定句在（12）辭的右外側並排，（14）辭在左後甲中間靠千里線向左外書寫。（12）（13）辭是正反對貞，但兆序分別作「一二」和「三四」，竟是相連接的關係。（12）（14）辭又是正正對貞。因此，（6）（7）辭的兆序可相對照（12）（13）辭例讀，（6）辭兆序（一）和（7）辭的兆序（二）是相承連接的。（7）辭並沒有漏刻兆序（一）。這組正反對貞而兆序卻屬相承成套的問卜方式，自然是對貞卜辭的特例。

（8）（9）辭在右左後甲中間，向外書寫。二辭屬另一組正反對貞，是再次卜問由辛酉日至乙丑日前後五天將有雨否。（8）辭驗辭結果是占卜日的第二天壬戌

日有雨。第五天乙丑日天有霧而不降雨。對比〈丙 211〉（14）辭與〈丙 306〉
（8）辭驗辭內文的改動，足見綴合完整甲骨的成果對於正確研讀甲骨的重要性。
〈丙 211〉（14）辭驗辭原釋文誤讀作「乙丑不雈」，是將此辭正上方的一句，即
〈丙 306〉（1）辭經綴合的「丁未〔卜〕，王貞：余不𫌀獲獿？六月。一二三四
五」，其中的「不」字被誤讀錯置於此辭的「雈」字之前。翻閱張惟捷據綴合的
《丙編新論》513 頁〈丙 211〉釋文 L：「壬戌雨，乙丑不雈（陰），不雨。」一
句，無疑仍是照抄錄張秉權原未綴時的釋文，也同樣的誤讀此辭，實是可惜。對比
卜辭習見「不𫌀」連用的句例：

　　〈合集 5831〉　　貞：𡧊不𫌀執？

　　〈合集 10377〉　　□亥卜，王貞：⊿狩麋，不𫌀擒？七月。

可見〈丙 306〉（1）辭的「余不𫌀獲獿」一句，方是正確的釋讀。而〈丙 211〉
（14）辭原釋的「乙丑不雈不雨」，文意怪異不可解，正確的釋讀，應該是「乙丑
雈（霧），不雨。」如此，上下文意才通順無礙。

211

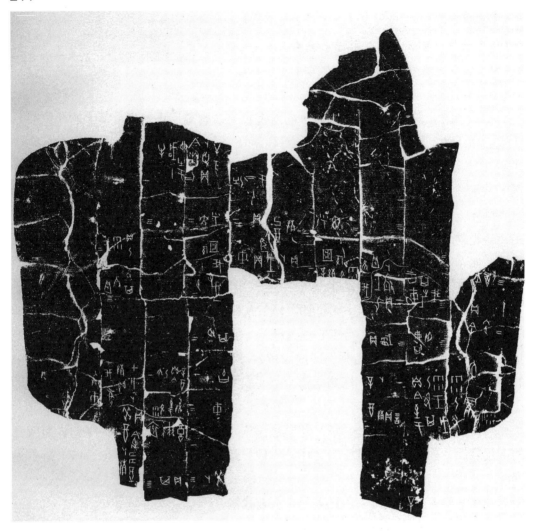

〈217〉

（1）乙巳卜，賓貞：勿衣出禍于父乙？一
（2）乙巳卜，賓貞：禍于父乙？二

（1）（2）辭在右左前甲兩邊，向內書寫。二辭屬反正對貞。其中的「巳」、「賓」、「禍」諸字見同版異形。

（2）辭肯定句作常態的動詞「禍」，轉在（1）辭否定句的詞位則作名詞。禍，從示酉；（2）辭省示。字另有增廾作禂，為奠、尊、福一系字的初文，象傾酉（酒杯）奠酒水於神主前之形。近人有釋為祼，備參。一般言「禍于某祖妣」，用為祭祀動詞；也有用作名詞，如「禍亡禍」、「禍亡壱」句。字常與彡祭、藝祭連用。如：

〈合集 10613〉　　勿出禍祖？
〈合集 20530〉　　癸未卜，征酉（禍）父甲至父乙，酯一牛？
〈合集 22417〉　　貞：今夕亡酉（禍），賓☒王☒？

以上句例，字都當理解為名詞。〈丙 217〉（1）辭「勿衣出禍于父乙」句，其中的「出」讀有，用為詞頭，修飾「禍」；「衣」，大也，形容「出禍」。父乙，即小乙。

（1）辭兆序為（一），（2）辭對應卻刻兆序為（二），二者似是對貞兼成套的混用關係。對比〈丙 211〉的（16）（17）辭（即〈丙 306〉（6）（7）辭），作：

（16）辛酉卜，敵貞：乙丑其雨，不唯我禍？一
（17）貞：乙酉其雨，唯我禍？二

二辭也屬正反對貞，否定句在前，肯定句在後，但兆序卻分作（一）和（二）；與〈丙 217〉（1）（2）辭相同。此可證武丁早期卜辭的對貞和成套有混用或兼用的不穩定現象。

（6）貞：祖丁壱王？
（7）貞：不隹祖丁壱王？一
（8）祖丁弗壱王？二
（9）隹祖丁壱王？二

以上是張秉權原釋文。

　　（6）（7）辭在右左後甲的兩外側。（8）（9）辭在右左後甲靠中間千里線兩旁。對比拓片，四辭的兆序均屬（一），張釋把（8）（9）辭定兆序為（二），可商。胡雲鳳君認為（6）（8）、（7）（9）辭屬二組的正反對貞；由常態句例看，可從。四辭的讀法，應調作：

　　（6）貞：祖丁壱王？〔一〕

　　（8）祖丁弗壱王？一

　　（9）隹祖丁壱王？一

　　（7）貞：不隹祖丁壱王？一

　　（6）（8）辭在右後甲的外緣和內千里線相對比，作「V—弗 V」句的對貞，（9）（7）辭在左後甲靠千里線和外側邊相對比，作「唯 V—不唯 V」句對貞。（6）（8）辭卜問是否祖丁降災，（9）（7）辭則再強調主語，卜問確定會是祖丁降災嗎。

　　「壱」，從它朝趾，字由蛇咬腳趾引申為外來的危險、災禍意。裘錫圭將壱讀虫聲，轉釋為害字的初文，恐不確。從它虫部件在甲金文中只有表意，都無作聲符例。

217

〈219〉

（1）己未卜，爭貞：來甲子酚彡，正？十二月。一二三
（2）貞：來甲子酚彡，弗其正？一二三

　　（1）（2）辭在殘甲右左前甲的外側，對稱向內書寫。二辭屬正反對貞。張秉權原釋文的命辭並無斷讀，今正。

　　命辭的「來甲子」，指緊接的下一旬甲子日。「來」字強調占卜日的下旬時間。「酚彡（肜）」二祭儀連用。酚字象灑酒水形，用為酒祭，屬一大祭的祭儀名；彡，即肜，象鼓聲彭彭，指擊鼓之祭，此言酒祭同時進行擊鼓迎神的儀式，屬一小祭名。「正」，字讀為正、為足、為征，於此都不可解；我讀為禎，祥也；獨立成一分句，也是此組對貞的詢問句，卜問在下旬要來的甲子日酒祭中擊鼓祭神，能得到禎祥嗎？

　　細審正反面卜兆和卜辭的關係，〈丙 219〉（1）（2）辭對貞原釋文附的兆序（一）（二）（三），見於右左首甲和中甲上，其實應屬於首甲反面靠中線〈丙 220〉（2）（3）二辭所有。〈丙 220〉（2）（3）辭正反面組合，讀作：

（2）貞：羽庚辰其雨？一二三
（3）羽庚辰不雨？一二三

而〈丙 219〉（1）（2）辭所管的卜兆，只有在兩條卜辭朝內書寫所圍繞跨越的下方一對兆序（二）。因此，〈丙 219〉（1）（2）辭的正確讀法，應是：

（1）己未卜，爭貞：來甲子酚彡（肜），正（禎）？十月。二
（2）貞：來甲子酚彡（肜），弗其正（禎）？二

（1）（2）辭是成套卜辭中的第二套對貞，可惜遍查《丙編》，並沒有再找到其他相關的成套文例。

（3）貞：于父乙宁？一二三四
（4）勿于父乙宁？一二三（二告）四

　　（3）（4）辭在殘甲右左前甲靠千里線兩側，向外書寫。二辭屬正反對貞。（4）辭的背面〈丙 220〉版相對位置，見（4）辭「辛〔未〕卜，宁」，應屬此組對貞的前辭。

　　宁，可隸作賓，迎也，祭祀動詞。此組對貞屬介賓語前置句首。張惟捷《丙編新編》516 頁引張玉金〈釋甲骨文中宁〉（《古漢語研究》1996 年 4 月）一文，將

「父乙宁」連讀，認為「父乙宁很可能是其生前所居住的房屋，而在死後沒有拆毀，殷人可能認為父乙雖死了，但其靈魂卻常在其居所裡住，所以祭祀有時可以在他的宁裡進行。」此將宁字理解為先王生前的房屋，純屬主觀的想像之詞，並無確證。對比下列諸相同性質的移位句，可見張玉金的理解是有問題的。例：

(1)　〈英 1105〉　　于妣己钟？
　　　　命辭當理解為「钟（禦）于妣己？」。

(2)　〈懷 1565〉　　丙申卜：于北帝？
　　　　命辭當理解為「帝（禘）于北？」。

(3)　〈合集 5612〉　庚辰貞：不于多尹因？
　　　　命辭當理解為「不因（禍）于多尹？」。

(4)　〈合集 2198〉　于父乙钟？
　　　　命辭當理解為「钟（禦）于父乙？」。

(5)　〈合集 2200〉　勿于父乙钟？
　　　　命辭當理解為「勿钟（禦）于父乙？」。

(6)　〈英 80〉　　　于父乙屮牡？
　　　　命辭當理解為「屮（侑）于父乙：牡？」。對比〈英 79〉的「貞：屮于父乙：白彘？」一常態句可證。

總括以上句例，見〈丙 219〉(3)(4)辭應同屬移位句型。

甲骨文的宁與宼（賓）用法相同，字一般用為動詞，有賓迎鬼神的意思。對比以下諸組句例：

(1)　〈合集 32181〉乙巳卜：王☒日？
　　　〈合集 22539〉壬子卜，旅貞：王☒日，不雨？
　　　〈合集 11327〉丁巳卜，貞：王☒日，不雨？
　　　〈合集 1248〉　癸未卜，戲貞：翌甲申王☒上甲日？

(2)　〈合集 27146〉戊午卜，貞：王☒？
　　　〈合集 25776〉甲寅卜，即貞：王☒，旬亡禍？

(3)　〈合集 831〉　　戊寅卜，貞：于丁☒，祉尸？七月。
　　　〈合集 23062〉甲子卜，貞：王☒丁，亡尤？

(4)　〈合集 33796〉弜☒？
　　　〈屯 2417〉　　弜☒？

由此可證，諸「賓」字異體的用例相當。〈丙 219〉(3)(4)辭實為移位句，常態的句型應讀作：

(3)貞：賓于父乙？

（4）勿賓于父乙？

此組正反對貞卜問殷王武丁賓迎先父小乙此一祭儀宜否。張玉金誤用特例的變異句來理解常態的文意，復比附主觀的想法，遂產生誤讀和誤判，此足為後之釋讀者戒。

219

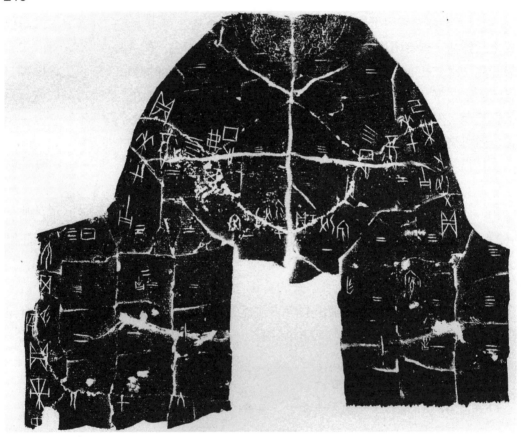

〈221〉

（1）貞：正祖乙？一（上吉）二三
（2）貞：不隹妣己？一二（上吉）三

以上是張秉權原釋文。

（1）辭在右首甲下端中間向外書寫，（2）辭在左首甲上方向外書寫。二辭位置不全對稱。細審拓片，（1）辭的兆序其實是在卜辭右側的兆序（一），而（2）辭的兆序應當在卜辭中間的兆序（二），二辭似又屬成套的關係。而張秉權原釋二辭的兩組兆序（一）（二）（三），處於首甲千里線的兩側由上而下排列成兆，是針對反面〈丙 222〉對應位置的（1）辭「貞：王疾？」、（2）辭「不？」的一組正反對貞來詢問的。因此，〈丙 221〉（1）（2）辭的正確讀法，該是：

（1）貞：正祖乙？一
（2）貞：不隹（唯）妣己？二

（1）（2）辭是正反對貞兼成套關係。正，讀作禎，動詞，言求禎祥於祖乙嗎。（2）辭省動詞，完整句是「不唯妣己正？」的賓語前置，常態句應讀作「不正妣己？」。妣己為祖乙的配妃，此卜言不求禎祥於妣己嗎。

（1）（2）辭的占辭在（1）辭的背後面對應位置，即〈丙 222〉（3）辭：「王固曰：吉。正。」二者讀法互參，才能完整的掌握是次占卜的實況。占辭是說，殷王武丁判斷的說：詢問求吉祥於祖乙一事的兆象是好的，能得禎祥於祖乙。

（3）貞：叀東西，南卯黃牛？一
（4）叀于東西：屮伐，卯南黃牛？一（二告）

（3）（4）辭在右左前甲，成對向外書寫。二辭似是正正對貞的關係。張秉權原釋的命辭均無斷句，兆語寫作「上吉」，今改正。

觀察（4）辭命辭是完整句，相對的（3）辭「叀（燎）東西」可斷為一獨立分句，「南卯黃牛」是另一分句。此對貞的句意，是燎祭於東西二方，用一砍首人牲祭祀，「屮」讀作「有」，詞頭；燎祭於南方，用剖殺的一黃牛祭。（3）辭前一分句省略介詞「于」和句末祭牲「有伐」。（4）辭後一分句移位，方位詞後移句中。由對貞的文意互較得知。

卜辭多見方位詞連用。有西、南連用例，如：

〈合集 721〉　　勿戠西南？

〈合集 8725〉　　　于西南？

〈合集 32161〉　　己未卜：其剛羊十于西南？

〈合集 36387〉　　叀西罙南不悔？

有東、西連用例：

〈合集 14312〉　　☒帝☒東西？

〈合集 8724〉　　　貞：方帝于東西？

有東、北連用例：

〈合集 20779〉　　壬午卜：屮甫在斷東北獲？

有西、東、北三方連用例：

〈合集 28789〉　　其逐呇麋自西東北，亡戋？

因此，本版（3）（4）辭的「東西」和「南」連用，無疑的不是特例。

　　「卯黃牛」連讀，用以燎祭南方。卯，即卿，作為對剖牲口的用牲法，其後絕大部分只接一種特定祭牲。而連續剖殺兩種祭牲的，是罕見的特例，且都兼具數詞。如：

〈合集 32076〉　　于父丁卯三牢、羌十？

〈合集 14314〉　　癸未卜，賓貞：燎犬，卯三豕、三羊？

因此，由常態分析〈丙 221〉（4）辭「卯」的對象，只有「黃牛」一種。張惟捷《丙編新編》517 頁釋「黃牛」為「黃小牛」，可商。「牛」字四周確有不固定的虛點，但並非「小」字。張惟捷釋「南」字引郭沫若釋作豚字的𣪏、唐蘭釋作農作物的穀，認為「南」是祭祀物品，但於此例亦可商。對比（3）（4）辭對貞的關係，二辭同屬燎祭方位，其中的（4）辭完整的點出燎祭東西二方的伐牲，（3）辭相對的用剖殺黃牛以祭南方，二辭的前後句可以互補。「南」字在二句中仍應作為方位詞的用法為合。

　　（4）辭的反面，有〈丙 222〉（4）辭的「貞：㚔于東？」，正反面二辭辭意似有關連。

（6）貞：其不多夕齟？

（5）勿不多夕齟？

　　（6）（5）辭在殘甲左右中甲下方靠千里線的兩側，向外書寫。二辭屬對貞關係。

　　（6）辭的字形偏大，而（5）辭字形偏小，同一齟字的器鼎耳位置一上一側各異。對貞應是同時所刻，但字是否出自一人之手，仍可斟酌。〈丙 221〉同版正反

面的否定詞「不」字都作🔧，上並無一橫筆，亦不作倒三角形，唯獨（5）（6）辭的「不」字作🔨；屬同版異形。按常態句式位置，右甲（5）辭當為肯定句，命辭一般作「其 V？」，而對應左甲的（6）辭位置是否定句，命辭一般作「勿 V？」相對。如今，此（6）（5）辭的肯定、否定位置互易，動詞詞位又為「不多夕甗」一短語所取代，詞性特別。（6）辭先強調不以眾多排列的甗來祭祀。（5）辭「勿不」二否定詞連用，轉作強調肯定的語氣。這種疊否定詞例，又見「弜弗」連用例：

〈合集 5499〉　　☐寅卜，王☐弜弗其叶朕事，其澧余？

「勿」和「弜」是同字不同時期的書寫，居疊否定詞中的前一位置，「不」和「弗」則在後一位置，直接與修飾的動詞相接。兩類否定詞否定的強弱程度不同，後者顯然和修飾的對象更密切，否定的語氣相對濃烈。

夕，象朽骨形，字有讀如烈，如「夕雨」〈合集 6589〉；有讀如死，如「馬不夕」〈合集 22247〉；有讀如列，如「夕登」〈合集 19933〉。〈丙 221〉的「多夕甗」，亦即「多列甗」，指佈置多行列的甗器來祭祀。其中的「多」，形容詞，言眾多；「列」，副詞，指成排狀，修飾其後的名詞。這一短語的結構，和「多先祖」〈合集 38731〉、「多辟臣」〈合集 27896〉、「多阮臣」〈合集 5444〉等例相當。

甗，象蒸器形，上從皿具耳，下從鬲，具隔水以蒸的功能。殷人習用甗盛殺牲以祭。甗中有盛人牲，如：

〈合集 629〉　　貞：今庚辰夕用甗：小臣卅、小妾卅于婦？九月。

〈合集 32125〉　　乙卯貞：其奠甗：又（有）羌？

有盛動物，如：

〈合集 4608〉　　☐甗見（獻）以麌？

〈合集 10076〉　　乙卯卜，賓貞：甗龜翌日？十三月。

〈合集 30765〉　　丙寅卜：又（有）甗鹿，☐？

有盛骨，如：

〈英 1612〉　　☐甗骨☐？

其中的〈合集 629〉記錄宰殺人牲小臣三十、小妾三十，置於甗中以祭，如此，用甗之數勢必眾多，此與〈丙 221〉言「多列甗」以祭，句意可以互參。

221

〈223〉

（3）貞：出于父乙？一
（4）勿首于父乙？二

　　（3）（4）辭在殘甲的右左中甲上方，向外書寫。二辭屬正反對貞。（3）辭卜問侑祭父乙（小乙）宜否，（4）辭省略祭祀動詞「出（侑）」。首，讀蔑，是一增強否定語氣的語詞。「勿首」，意即一定不會要。兆序分別作（一）、（二），似又屬成套關係。核對拓片，（3）辭的兆序（一）字形模糊，暫依原釋文。

（5）貞：羽丁卯㞢舞雨？
（6）羽丁卯勿亡其雨？

　　（5）（6）辭右左中甲下方，向外書寫。二辭屬對貞關係。以上是張秉權原釋文，命辭不斷讀。

　　細審（5）辭命辭「雨」字之前骨紋位置，見有一「出」字。正確的讀法，應是：「貞：羽（翌）丁卯㞢舞，出（有）雨？」。（6）辭亦必須分讀，作「羽（翌）丁卯勿，亡其雨？」，意思是「翌丁卯勿舞，亡其雨？」之省。

　　㞢，字本作𣎵，象植物形，下重根以與「木」字區別，讀作祓，獻農作物以祭的祭儀；字有增双作𣏂。學界另有隸作奏，實際上是同一字的異體，但與奏進意無關。由文例「㞢河」、「㞢岳」、「㞢雨」、「酚㞢」、「㞢宗」等詞兼用上二字字形，可證。對比（5）（6）辭，「亡其雨」與「有雨」成對，為詢問句。因此，（6）辭否定詞「勿」字修飾的，應是「㞢」、「舞」兩個省略的動詞。前者是獻祭的祭儀，後者是求雨的活動。嚴格言是兩個獨立分讀的詞，語意是進行「由㞢而舞」的連續動作。卜辭有「㞢舞」連用而問雨，例：

　　〈合集 12818〉　　丙辰卜，貞：今日㞢舞，出（有）從雨？
　　〈合集 12820〉　　乙未卜：今夕㞢舞，出（有）從雨？
　　〈合集 33954〉　　壬戌卜：癸亥㞢舞，雨？
有單作「舞」而問雨，例：
　　〈合集 12836〉　　貞：舞，出（有）雨？
　　〈合集 30028〉　　叀戍呼舞，又（有）大雨？
亦有單作「㞢」而問雨，例：

〈合集 30173〉　　甲子卜：其桒雨于東方？

〈合集 672〉　　　桒雨于上甲：宰？

〈合集 12824〉　　貞：叀桒，雨？

〈合集 12825〉　　□酉卜：今日勿桒，其雨？

由對貞互較，（6）辭不可能「勿亡」連讀為複合否定詞，中間必須斷開理解。

223

〈227〉

（1）癸酉卜，㱿貞：父乙之賓，自羌甲至于父辛☑？〔一〕〔二〕三四五

（2）癸酉卜，㱿貞：自羌甲〔至〕〔于〕〔父〕辛？〔一〕〔二〕三〔四〕
　　〔五〕

　　（1）（2）辭在殘甲右左前甲下方靠千里線位置，向外對應書寫。二辭屬正正對貞。二辭的字形屬粗字溝大字書寫，版面下的其他卜辭屬細溝小字。此版是武丁卜辭，父乙即武丁的直系先父小乙。羌甲即沃甲，父辛即小辛。（1）（2）辭在一旬末日卜問賓迎鬼神的儀式。（1）辭為完整句，（2）辭為省略句。

　　賓，一般字作🄰、增止作🄱，迎也。本版字從宀從女從貝，字形特別，亦是賓字異體。殷人有迎神降臨，祭祀供亯的儀式。每一位祭祀對象，理論上有專門所屬的迎祭神日。如：

　　〈合集22716〉　　癸亥卜，大貞：王賓示癸日，亡尤？
　　〈合集27561〉　　☑王賓妣辛日，又（有）正（禎）？
　　〈合集27166〉　　庚申卜，壴貞：王賓大庚日？

卜辭有直接言「王賓某祖妣」。如：

　　〈合集22819〉　　己巳卜，行貞：王賓雍己，亡尤？
　　〈合集22761〉　　□巳卜，行貞：王賓大丁，藝禱亡囚？

殷人在正式舉行祭祀祖先之前，有賓迎祖先的儀式。例：

　　〈合集23050〉　　貞：小丁歲，其賓？
　　〈合集27456〉　　丁未卜，何貞：禦于小乙爽妣庚，其賓饗？

一般是由殷王親自主祭迎接神祇，亦有透過近祖迎接遠祖，遠祖迎接上帝的習俗。如：

　　〈合集1657〉　　貞：父乙賓于祖乙？
　　〈合集1402〉　　貞：下乙不賓于成？
　　　　　　　　　　貞：大甲不賓于成？
　　　　　　　　　　貞：成賓于帝？

（1）（2）辭言父乙賓迎先世，自羌甲至於父辛，卜問宜否。所謂「自羌甲至于父辛」，包括羌甲（沃甲）；祖丁、南庚；陽甲、盤庚、小辛三世六個先王。「父乙之賓」，言「父乙是次賓迎」，強調由小乙迎接遠祖諸先王的儀式。

　　（2）辭對應的反面位置，見〈丙228〉（2）辭的「王固曰：吉。」句，應屬（1）（2）辭對貞句的占辭。

227

〈229〉

（1）貞：自上甲屮伐？一

（2）勿自上甲屮伐？一

　　（1）（2）辭在殘甲右左前甲兩側，向內刻寫。二辭屬正反對貞。對比背面刻在首甲靠千里線兩側的〈丙230〉（1）（2）辭：

　　　　〈丙230〉（1）屮（侑）于唐子？

　　　　　　　　（2）勿屮（侑）？

可知〈丙229〉（1）（2）辭的「屮」字亦讀為侑，是祭祀動詞。言進行求佑的侑祭以一砍首的人牲，自先祖上甲始開始祭祖活動。（1）（2）辭對貞句屬移位句，常態讀法是：

　　（1）貞：屮伐自上甲？一

　　（2）勿屮伐自上甲？一

常態句可參〈丙231〉（1）辭「貞：來甲戌屮伐自上甲？」。

　　〈丙230〉的「屮（侑）于唐（成湯）子」句，「子」的用法是泛指後代，即成湯以後至武丁以前的殷王先祖。至於〈丙230〉（1）（2）辭的兆序，應是見於正面〈丙229〉相對位置定為（9）（10）二辭的兩組（一）（二）（三）。因此，〈丙230〉（1）（2）辭的完整釋讀，是：

　　（1）屮于唐子？一二三

　　（2）勿屮？一二三

「上甲微」是殷王室先公後期作為信史中商王以天干為名的始祖，「成湯」是殷王室先王前期的開創者。二人在殷祭祀卜辭中最具代表。本版的正反面分別侑祭自這兩位先人，作為祭祀王室兩大世系系統的起點言，極具意義。

229

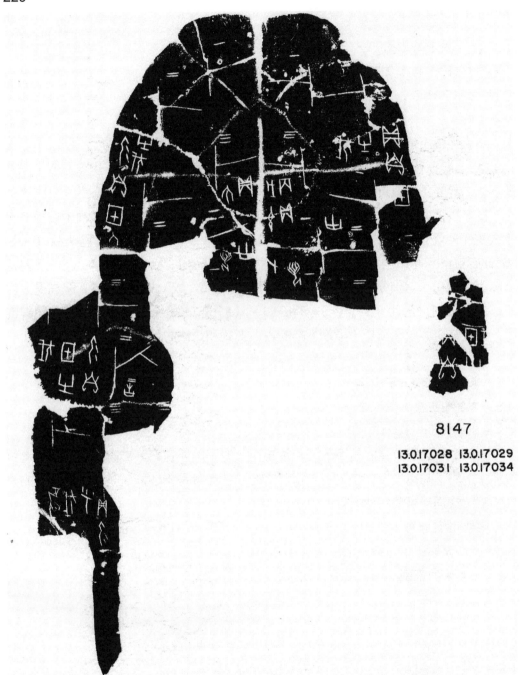

8147

13.0.17028　13.0.17029
13.0.17031　13.0.17034

〈233〉

（3）貞：出于妣己及？一

（4）勿出及于妣己？一

（5）出妾于妣己？一

以上是張秉權原釋文。

（3）辭在殘甲右甲橋下端，向外書寫。（4）辭在左甲尾靠千里線左側，向外書寫。二辭屬正反對貞。（5）辭則在（3）辭的內側，平行的向外書寫。

及，以手抑人，古文字从人从女通用無別，我釋作奴字；用為人牲。妣己，祖乙或祖丁的配妃。（3）辭命辭是常態句，讀作：「出（侑）于妣己：奴？」，（4）辭對貞句屬移位句，奴牲由句末前移在祭祀動詞之後。而（3）（5）二辭或又屬選貞關係，言侑祭妣己，卜問用奴抑或用妾（女奴）以祭。（5）辭亦是人牲前移的移位句。對比（3）（4）辭和（3）（5）辭的關係，見對貞和選貞同辭混用，句型常態與變異互見，早期卜辭的占卜形式和語法的不穩定如此。

（7）來甲午出伐上甲十？一

（8）來甲午出伐上甲八？一

（7）（8）辭分見右前甲下方和左後甲上方，向外書寫。二辭省前辭，屬選貞關係。卜問下旬甲午日侑祭上甲，用砍首的伐牲人數是十個抑或是八個。句中的祭牲移前，數詞卻單獨的抽離置於句末。

常態句應是：

（7）來甲午出（侑）上甲：伐十？一

（8）來甲午出（侑）上甲：伐八？一

233

〈235〉

（1）己卯卜，䝉貞：不其雨？

（2）己卯卜，䝉貞：雨？王固：其雨隹王。壬午允雨。

　　（1）（2）辭分別在右甲橋上方和左前甲下方靠千里線左側。二辭為反正對貞。

　　（2）辭命辭的「雨？」，為常態用法「其雨？」之省，動詞。占辭「王固」，又是常見的「王固曰」之省。「其」字有將然的語氣。由殷王武丁的占辭推測的「其雨隹（唯）王」，是言將會有雨在三天後的壬午日。「壬午允雨。」一句為事後記錄的驗辭，言壬午日當天果然有降雨。

　　占辭和驗辭都是說下雨，刻寫於對貞中的肯定句之後。這似乎是殷商卜辭刻手的習慣。

235

〈237〉

（5）辛丑卜，䕽，乎从來取<u>出</u>兄以？一二（上吉）三四

（6）辛〔丑〕〔卜〕，〔䕽〕，〔乎〕〔从〕〔來〕〔取〕〔出〕〔兄〕〔弗〕以？一二三四

以上是張秉權擬補的原釋。

（5）（6）辭在殘甲右左首甲的外沿，向外書寫。二辭屬正反對貞。（5）辭「出」字下漏刻一橫筆。據張惟捷《丙編新編》218 頁引左上側綴合內容，見（6）辭的正確釋文是：

（6）辛丑卜，䕽：弗其以？一（二告）二三四

（5）（6）辭的兆序都是由下而上，在卜辭的外側。（5）辭兆序（二）的兆語，宜改為「二告」。

（5）（6）辭的前辭省「貞」字。（5）辭命辭的「呼从來取」，四動詞並列，語法可怪。對比卜辭有「呼从」、「呼來」、「呼取」、「呼以」等相關用例。如：

（1）呼从

〈合集 5049〉　　己未卜，貞：王乎（呼）从河？

〈合集 4923〉　　壬申乎（呼）从？

〈英 521〉　　　　貞：叀多臣乎（呼）从戩？

〈合集 4722〉　　呼鳴从戉事雪？

（2）呼从伐

〈合集 6468〉　　丙申卜，䕽貞：戩爯冊☒乎（呼）从伐印？

（3）呼來

〈合集 4444〉　　貞：異不其乎（呼）來？

〈合集 7076〉　　己巳卜，爭：畫乎（呼）來？

（4）呼往

〈合集 6460〉　　乎（呼）雀往于帛？

〈合集 5478〉　　貞：叀龏乎（呼）往于長？

（5）呼往來

〈合集 21587〉　丙午子卜：乎（呼）往來？

（6）呼取

〈合集 26901〉　叀馬乎（呼）取，王弗悔？

（7）呼・取・以

〈合集 7854〉 己酉卜，設貞：勿乎（呼）吳取骨任伐，弗其彡（以）？

（8）呼・往獻

〈合集 5805〉 丙午卜，設貞：勿乎（呼）𠂤往見（獻）屮𠂤？

（9）呼以

〈合集 7426〉 貞：乎（呼）及以？

〈合集 5785〉 貞：乎（呼）子畫以先新射？

而卜辭「取」字句有接先王名，或指取牲祭於先王的意思。例：

〈合集 19890〉 辛酉卜：王兄（祝）于妣己，酒取祖丁？

〈合集 1294〉 乙亥卜，王貞：我取唐戠？

而「屮取」亦多見連用，「屮」字讀為侑或有。例：

〈合集 3481〉 貞：𡚻以屮取？

〈合集 8235〉 貞：羽罙郭弗其以屮取？

卜辭亦見「取以」成詞，例：

〈合集 891〉 𠂤乎（呼）取羌彡（以）？

〈合集 5647〉 壬辰卜，亘貞：屮䇘，巫乎（呼）取彡（以）？

「取」字之後有接祭牲，如祭牲屬外來貢品，則以「取以某牲」，或移位作「取某牲以」的句式呈現。

對比以上大量句例，〈丙 237〉（5）辭的「乎从來取屮兄以」句，應斷讀作「乎（呼）从來，取屮兄以？」二分句，末句是「取以屮兄」的移位，「取以」之後省略獻牲，「屮兄」讀為指特定某兄長的「有兄」，或讀為「有祝」；意即殷王呼令某從某地來貢，取納貢的獻牲祭於兄某（或進行祝禱之儀式）。

（6）辭命辭「弗其以？」，是「弗其取屮兄以？」之省。

（7）辛丑卜，設貞：帝若王？一二三四五六七八

（8）貞：帝弗若王？一二（二告）三（不啎）〔四〕〔五〕六七八〔二告〕

（7）（8）辭在右左中甲靠千里線位置，向外分書。二辭屬正反對貞，卜問上帝會順諾時王武丁否。兆序都是由上而下，由內往外。

（7）辭兆序：（一）／（二）（三）（四）（五）／（六）（七）（八），分三橫排由上而下。

（8）辭兆序：（一）／（二）（三）〔四〕〔五〕／（六）（七）（八），分三橫排由上而下。

　　兆序書於卜兆上方直橫坼紋之間，兆語書於卜兆下方盲橫坼紋之間。觀察
（8）辭中兆序（二）的兆語「二告」和兆序（三）的兆語「不啎」的書寫位置，
是緊靠在下排兆序（六）和（七）的右旁。此見殷人占卜的習慣，是先行一連串的
將兆序的序數在卜兆上寫畢，再依據某種龜甲以外的方式判斷，決定哪些兆序有兆
語，然後才將兆語內容補刻在該卜兆的下側。由於（8）辭的卜兆版面已先刻上序
數（六）（七），其位置已被佔據，所以才只好將（二）（三）的兆語後刻在
（六）（七）二數字的旁邊。

237

〈239〉

（5）疾齒，隹虫壱？一
（6）疾齒，不隹虫壱？一

　　（5）（6）辭在殘甲右左前甲下方靠千里線兩側，向外對應書寫。二辭屬正反對貞。

　　齒字作⊟，與一般齒字形異。「疾齒」，言殷王齒有疾患，卜問是否有禍害的徵兆。卜辭「壱」字句對貞用例，有：

（1）壱—弗壱
　〈合集 776〉　　　壬寅卜，𣪊貞：河壱王？
　　　　　　　　　　壬寅卜，𣪊貞：河弗壱王？
　〈合集 34229〉　　乙酉卜：岳壱禾？
　　　　　　　　　　乙酉卜：岳弗壱禾？

（2）某祖壱我—某祖不我壱
　〈合集 95〉　　　　貞：祖辛壱我？
　　　　　　　　　　貞：祖辛不我壱？

（3）壱—不壱
　〈合集 2247〉　　　貞：父乙壱？
　　　　　　　　　　貞：父乙不壱？

（4）隹某祖壱—不隹某祖壱
　〈合集 10299〉　　唯南庚壱王？
　　　　　　　　　　不唯南庚壱王？
　〈合集 6032〉　　　貞：疾，唯父乙壱？
　　　　　　　　　　不唯父乙壱？

（5）某祖壱—不隹某祖壱
　〈合集 2251〉　　　父乙壱牛？
　　　　　　　　　　不唯父乙壱牛？

（6）隹虫壱—不隹虫壱
　〈合集 11506〉　　貞：有疾自（鼻），唯有壱？
　　　　　　　　　　貞：有疾自（鼻），不唯有壱？
　〈合集 13666〉　　疾身，唯有壱？
　　　　　　　　　　疾身，不唯有壱？

（7）隹虫壱—亡壱
　　〈合集 14536〉　　貞：子漁唯有壱？
　　　　　　　　　　　貞：子漁亡壱？
壱，象蛇咬趾形，引申泛指外來的災害施於己身的意思。一般用為動詞，客觀的陳述「某壱某」句，對貞否定詞常用「弗」。如果牽涉到第一人稱，作「某壱我」句，否定詞有改用「不」，常作「不我壱」的移位，或省作「不壱」。有時候要強調「某壱某」的神靈主語，在神靈之前會增一語詞「唯」帶出，作「唯某壱某」與「不唯某壱某」的對文；肯定句偶亦會省「唯」。當「壱」字獨立作為詢問句時，字有改變詞性過渡用為名詞，前增一動詞「有」，在句首再另增語詞，作「唯有壱」和「不唯有壱」的對貞用法。其後「壱」字逐漸習慣用為名詞，否定句有改用「亡」字來修飾，而肯定句仍維持不變，對貞句作「唯有壱」和「亡壱」相對。一直至最後固定的使用「有壱」和「亡壱」相對應為止。

　　以上，是卜辭「壱」字句的句型流變說明。

（7）〔隹〕〔父〕〔乙〕？一二
（8）不隹父乙？一二

　　（7）（8）辭在右左前甲上靠千里線的兩側，亦即在（5）（6）辭的兩外側，向外書寫。二辭屬正反對貞，卜問內容應與甲版面並排的（5）（6）辭問「疾齒」一事有關。因此，（7）（8）辭的完整讀法，是：
　　（7）隹（唯）父乙壱？一二
　　（8）不隹（唯）父乙壱？一二
對貞句末省動詞「壱」。此言殷王武丁有齒疾，卜問是否父親小乙所施降的災害。

239

〈241〉

（1）〔庚〕〔申〕卜，㲼貞：羽〔辛〕〔酉〕出〔于〕〔祖〕〔辛〕？一二三

（2）〔貞〕：〔羽〕〔辛〕〔酉〕〔勿〕出于祖辛？一二〔三〕

（5）貞：〔出〕于父乙？一

（8）貞：羽庚辰衣亦出羌甲？一

　　（1）（2）辭在殘甲右左後甲下方靠千里線兩側，向外橫書。二辭屬正反對貞，兆序或在卜辭殘缺的下方。（5）（8）辭則在右左前甲下的外側，向外書寫。據同版卜辭都呈現對貞句例，此或亦為對貞的關係。

　　（8）辭言「亦侑羌甲」，羌甲即文獻的沃甲，是祖辛之弟，繼祖辛之位，其後又傳位與祖辛之子祖丁。亦，副詞，即又、也，有再一次的意思。（8）辭強調是上承（1）（2）辭的侑祭祖辛，故增添一「亦」字。衣，形容詞，讀作殷，有盛大意。卜辭的「衣」字多接祭祀類名、動詞。如「衣燎」、「衣賓」、「衣有⺈」、「衣祝」等是。卜辭復有「衣出（侑）」、「衣又（侑）」連用，如：

　　〈合集 901〉　　勿衣出（有）出（侑）？

　　〈合集 27148〉　貞：其衣又（侑）？

以上「衣出（侑）」並出，例與（8）辭可相對照。（8）辭的「衣」「亦」二詞連用，共同修飾動詞「出（侑）」字，卜辭中自屬特例。

241

〈243〉

（3）癸酉卜，亘貞：臣得？王固曰：其得，隹甲、乙。甲戌臣涉舟，征𢀛，弗
　　告。旬㞢五日丁亥𡖊。十二月。一二

（4）癸酉卜，亘貞：不其得？一二

　　（3）（4）辭在殘甲右左中甲靠千里線兩側，向外書寫。二辭屬正反對貞，字
形為大字。

　　（3）辭肯定句命辭後緊接占辭和驗辭。占辭一句：「王固曰：其得，唯甲、
乙。」，意指殷王武丁判斷卜兆，說：「臣得」的時間是甲日，不然就是乙日。占
辭的判斷語有兩個可能，用例特殊，相類的句例，如〈丙 247〉（1）辭「王固
曰：其唯丁娩，嘉。其唯庚娩。」是。

　　「臣得」，或即「得臣」的移位句，詢問是否能擒獲臣此類人俘。驗辭自「甲
戌臣涉舟」句始，「征」後一字从卩置匸中，或為「匿」之初文。《說文》：
「匿，亡也。」《廣韻》：「匿，藏也。」𡖊，即執字異體，動詞。驗辭言甲戌日
臣涉水以舟，持續躲藏，無法得知所蹤。一直至十五天後的丁亥日才遭執捕。

243

〈247〉

（1）甲申卜，𠭖貞：〔帚〕好冥，妼？王固曰：「其隹丁冥，妼。其隹庚冥。弘
　　　吉。」三旬㞢一日甲寅冥，不妼，隹女。一

（2）甲申卜，𠭖〔貞〕：帚好冥，不其妼？三旬㞢一日甲寅冥身，不妼，隹女。
　　　一

　　以上是張秉權原釋文。

　　（1）（2）辭在殘甲右左前甲的上方外側，向內書寫。二辭屬正反對貞，用大
字書寫。（2）辭張秉權釋的「身」字，拓本模糊不清，張惟捷《丙編新編》補描
作「允」字，似較可靠。「允不妼」句，連讀。卜辭的「冥」字，象雙手由母體子
宮將小兒頭首處拉出之形，字即分娩產子的娩。妼，即嘉字初文，殷人生子曰嘉曰
吉，生女曰不嘉曰不吉。例：

　　〈合集 14002〉　　☒寅冥（娩），允不妼（嘉），隹（唯）女。
　　〈合集 14001〉　　☒申冥（娩），吉，妼（嘉）；其隹（唯）甲寅冥（娩），
　　　　　　　　　　　不吉，叀隹（唯）女。
　　〈丙 244〉　　　　王固曰：其隹（唯）☒，其隹（唯）☒吉，妼（嘉）。

　　（1）（2）辭記錄武丁配妃婦好分娩，此時的婦好應是年齡尚輕的婦好，卜問會是
生男的嗎。武丁親自觀兆判斷，說應是生男，推測生產時間是丁日或是庚日。結果
卻是 31 天後甲寅日生，生的是女嬰。對貞見正反句後，均刻上驗辭，此屬特例。

　　（1）辭的正背面，見〈丙 248〉（7）辭，作：

　　〈丙 248〉（7）　王固曰：其隹丁冥，妼。其庚弘吉。其隹壬戌不吉。

此辭應該同樣是〈丙 247〉（1）（2）辭正反對貞的占辭。本辭的「其庚弘吉」，
是「其隹（唯）庚娩，弘吉」之省。末句的「其隹壬戌不吉」，也應該是「其隹
（唯）壬戌娩，不吉，隹（唯）女。」的省略。對應此一占辭，見殷王武丁罕見的
就婦好產子一事慎重的作出三個推測：一是丁日分娩，生男；二是庚日分娩，生
男；三是壬戌日分娩，生女。可惜都有欠準確。

　　本版文字多見同版異形，如：貞、亥字是。

247

〈249〉

（1）辛丑卜，㱿貞：王夢㱿，隹又？一

　　（1）辭在殘甲右前甲上外側，向內書寫。卜辭中的「王夢」，基本上是凶兆，故多用反詰的方式卜問「不隹禍」、「不隹孽」、「不隹有不若」否。

　　有關「王夢」的內容，有：

1.動物類。一般是活的動物，其中有被砍殺的、囚禁的。例：

　　〈合集 376〉　　　乙丑卜，㱿貞：甲子㱿乙丑王夢牧石麋，不隹（唯）囚（禍），隹（唯）又（佑）？

　　〈合集 17393〉　　庚子卜，賓貞：王夢白牛，隹（唯）囚（禍）？

　　〈合集 17391〉　　貞：王夢屮（有）㱿龜十，叀☒？

　　〈合集 17392〉　　□丑卜，貞：王夢屮（有）囚大虎，隹（唯）☒？

2.神祇類。有泛指一類祖先，或針對特定的某祖。例：

　　〈合集 376〉　　　貞：王夢示，並立十示？

　　〈合集 892〉　　　貞：王夢兄丁，不隹（唯）囚（禍）？

3.活人。有指親近的人，或為奴僕。例：

　　〈合集 17380〉　　貞：王夢婦好，不隹（唯）孽？

　　〈英 1616〉　　　☒㱿貞：王夢妾屮㐫屮冊，隹（唯）囚（禍）？

4.祭儀。

　　〈合集 905〉　　　貞：王夢酒，隹（唯）囚（禍）？

　　　　　　　　　　　王夢酒，不隹（唯）囚（禍）？

5.事件。

　　〈合集 17385〉　　貞：王夢疾齒，隹（唯）☒？

6.物品類。

　　〈合集 1027〉　　　己未卜，㱿貞：王夢皿，隹（唯）囚（禍）？

　　　　　　　　　　　己未卜，㱿貞：王夢皿，不隹（唯）？

　　〈合集 17387〉　　貞：王夢畢，不隹（唯）囚（禍）？

　　〈合集 6033〉　　　貞：王夢琮，隹（唯）囚（禍）？

　　　　　　　　　　　貞：王夢琮，不隹（唯）囚（禍）？

　　〈合集 17388〉　　乙巳卜，賓貞：王夢簸，☒隹（唯）孽？

由以上諸例，見「王夢」總是不吉的，多用直接詢問有禍害的「隹（唯）囚（禍）」，如「夢疾齒」一事，本身就不是好的事情。因此，作單辭卜問「隹

（唯）凵（禍）」的，基本上是凶的夢，如上引的夢「囚大虎」、「白牛╿」、「妾又玑又冊」是。但有些夢境似屬中性的，會用對貞的方式卜問會降禍否，如「夢禂」、「夢皿」、「夢琮」等是，又如「夢糵」，更是連續的卜問「不隹（唯）凵（禍）」、「隹（唯）又（佑）」的正面語意。相對的，本版（1）辭也用「唯佑」的方式，卜問「王夢㐰」能得到祖先的保佑，可見「夢㐰」一事並非凶兆。

武丁夢到旗幟的飄揚，似與和（1）辭相對位置的在左前甲上外側的（4）（5）辭征伐內容或有關聯：

（4）癸卯卜，㲀貞：乎雀衔伐亘，弋？十二月。

（5）勿乎雀衔伐亘，弗其弋？

（1）辭辛丑日占卜夢㐰，與兩天後的（4）（5）辭癸卯日對貞卜問對外用兵征伐一事，有許多聯想的空間。

249

〈251〉

（3）貞：于羌甲卯？一

（4）勿于羌甲卯？一

（5）貞：四艮祖辛？一二

（6）貞：出于祖辛？一二

　　本版屬武丁卜辭，大字刻寫。甲骨只剩下後甲半部。（3）（4）辭在殘甲右左後甲的上方外側，向外書寫。二辭屬正反對貞。（5）（6）辭在右甲橋的中下方，上下相向書寫。相關的，在反面〈丙 252〉有（12）（13）辭在左右甲橋下方，向外書寫，屬正反對貞，作：

　　　〈丙 252〉（12）貞：出（侑）于祖丁？

　　　　　　　（13）勿出（侑）于祖丁？

〈丙 251〉版中的（1）（2）（3）（4）（5）（6）（8）諸辭文字都壓著原兆書寫，沒有一般避兆的習慣，原因不詳。

　　根據殷先王世系表，祖辛傳沃甲（即卜辭的羌甲），沃甲傳祖丁。其中的祖辛和沃甲是兄弟關係，而祖辛和祖丁是直系的父子關係。祖丁是武丁的祖父、小乙的親父。因此，本版祭祀的順序，按理應是正面的（5）（6）→（3）（4）→反面的（12）（13）。三組祭祀卜辭性質相類，卜問對象是同一段的先祖，但三組用字和內容卻互有出入。其中的（5）（6）辭，根據張秉權的再綴合，參見〈丙 334〉，相關文例可以拓充為完整的 5 辭，作：

　　　〈丙 334〉（13）貞：十〔艮〕于祖辛？一

　　　　　　　（14）勿十艮于祖辛？一

　　　　　　　（15）貞：四艮于祖辛？一二三

　　　　　　　（16）勿四艮于祖辛？

　　　　　　　（17）貞：出于祖辛？一二

但合理的順讀，是由下而上，由內而外，即（17）－（13）（14）－（15）（16）。艮，我隸作奴，人牲。此組卜辭首先是用單句總的侑祭祖辛，再分別細部用兩組正反對貞詢問是次侑祭，是用奴牲十個抑或是四個。接著的，是〈丙 251〉（3）（4）辭「禦于羌甲？」「勿禦于羌甲？」的正反對貞，正反句均屬移位句，介賓語移前。反面（12）（13）辭的「侑于祖辛」則是常態的正反對貞，句型沒有變異。對比同版正反面三組卜辭，可見武丁時卜辭書寫的自由隨意。而文字的刻寫，是先右而後左，由下而往上，顯然是一種常態書寫卜辭的習慣。

　　祭祀大宗直系的祖辛和祖丁，是用特定求佑的出（侑）祭；而對於庶出的沃甲，則用泛祭稱呼的祊（禦）。二者用法上有否區別意義，仍待深思。

　　根據〈丙 334〉經綴合本版上半的較完整龜版看，首先是（1）辭單獨在右前甲上角，卜問殷王武丁患有身疾的「有壱」否。接著是集中在後甲中間的（2）（3）辭對貞，卜問王疾的「禍」否。然後，再在（2）（3）辭的正下方刻有（4）（5）辭對貞，卜問婦好「骨凡有疾」。最後，又在（4）（5）辭的右左外側靠甲邊有（6）（7）辭對貞，卜問婦好「贏」否。這一堆問疾卜辭的書寫流程，呈現殷人在甲骨問卜形式的次序。除了（1）辭開宗明義在上甲點出問疾主題外，餘辭都對應的刻在龜版的下半甲。此外，其他甲文都是向祖妣求佑的卜辭，多處於上半甲，如在前甲左上和中甲右左下方的賓父乙，右左前甲的侑祖辛，右左後甲上外側的侑羌甲，右左前甲靠中間千里線的祭妣己，整體的作冂形在後甲上半甲至兩邊甲橋分散刻寫。如果一版甲骨，豎立的作為殷人認可的宇宙觀天地來看，以甲橋前後甲中間的橫畫為界，上為天，下為地；上為祖靈，下為人間。（1）辭在前甲右上側，向外側書寫詢問，是作為人間帝王向上天的發問點，亦即人透過靈龜冀求神祇而刻寫的命題所在。接著是集中在下半甲作為人間區域有關王疾、婦疾的福禍記錄。然後出現的，則是在上半甲向天上諸神祇的求佑順序。在卜問祖妣的內容中，無疑又以（8）（9）（10）一組賓迎武丁親父小乙的卜辭最為詳細，其中的（8）辭刻於前甲上側，與右前甲上側的卜王卜辭相對，先以單辭用人牲、羊牲祭拜小乙，接著是在中甲右左兩側（9）（10）辭用正反兼成套的方式詢問。其後才是前甲兩側對稱的祭祀祖辛、沃甲、妣己等祖妣。透過上述甲骨刻寫空間的上下內外分配，隱約推知殷人卜問有一定的規律，對於人事和神事的祈求，已有二分的書寫習慣。

（1）庚戌卜，亘貞：王其疾囟？一（小告）二三四
（2）庚戌卜，亘貞：王弗疾囟？王固曰：勿疾。一二三（二告）四

　　（1）（2）辭即經綴合的〈丙 334〉（2）（3）辭。（1）（2）辭在殘甲右左後甲靠千里線的兩側，用大字向外書寫。二辭屬正反對貞。

　　（2）辭命辭否定句用「弗」，占辭否定詞用「勿」，前者的否定語氣較直接、較強烈，後者的否定語氣較泛、較輕。

　　「固」字即占，字作🧿，中間的「占」部件从卜从口分開書寫，外圍象一削去上半骨臼的牛肩胛骨形，中間右上的「卜」象爆裂的兆紋，字呈現占卜用骨之狀。一般解釋「王固曰」句帶出占辭，是言「殷王根據甲骨爆裂的兆紋來判別問卜

的判斷語」。「固」字相當於後來的「占」字，但其中的从口形為何？迄今無人作出說明。本版的此一分書字形似乎有機會讓我們了解「固」字的結構真相。

　　本版經張秉權的再綴合，即〈丙 334〉。宏觀的分析整版內容，〈丙 334〉右前甲上方先刻上大字的（1）辭「貞：㞢（有）疾身，隹（唯）㞢（有）㞢？」，接著是順序在後甲卜問：

　　（2）庚戌卜，亙貞：王其疾囨？

　　（3）庚戌卜，亙貞：王弗疾囨？王固曰：勿疾。

和在甲尾卜問：

　　（4）貞：帚（婦）好弗其囨凡㞢（有）疾？

　　（5）貞：帚（婦）好囨凡㞢（有）疾？

〈丙 334〉的（2）（3）辭，即〈251〉的（1）（2）辭。細審拓片，〈丙 334〉（1）辭原釋作「身」的字，字作 ，象人側形，但人手下垂朝內回鉤，強調壓向膝部位置，與一般作指事的身字形實不相同。字或釋作「膝」字，此處卜問武丁膝疾有禍否。對比（1）辭的「有疾膝」例，（2）（3）辭原釋文對貞問卜的「疾囨」，指的也應該是人體的疾患處。「囨」字作 ，本象牛肩胛骨側形，在這裡完全可以直接釋讀為「骨」字。（2）辭的「骨」字，見上骨臼處起筆稍向外張成口形，而（3）辭的「骨」字上臼形更明顯作對稱的「口」符。殷人需先將牛肩胛骨經修治，才能進行問卜。而修治的方式，是將骨臼沿後側順下削去骨臼的一半，使背面成為一平面可平穩放置的狀態，臼面本身偶亦削切成直梯狀。本版的「固」字，中間从卜、从口形既可分書，無疑是暗示骨版的兩種不同實物取象，前者「卜」形是骨上經炙燒後的裂紋，沒有問題；後者的「口」形自然也可理解是用骨之後骨版上所出現的另一相關現象。對應字的外圍，單純作為一完全削去臼形的牛肩胛骨之狀，因此，字所从的「口」形最有可能的所指，就是強調治骨後骨上被切除的骨臼部位。

　　〈丙 334〉（4）（5）辭在甲尾千里線兩側，其中命辭「囨凡㞢疾」的「囨」字，是張秉權的原釋，應該仍是「骨」字，字形作 ，象牛肩胛骨形，字上方明顯是先書作「口」形的骨臼。「凡」字作 ，學界眾說紛紜，但一般都隸定作凡。觀察（5）辭字形二豎筆的上方稍向外張放，與（2）（3）辭「骨」字上方的臼形寫法全同，字當即「臼」字，取象骨臼形。（4）（5）辭命辭應讀為「骨臼有疾」。對比以上幾組卜辭的關係，〈丙 334〉（1）辭首先因殷王武丁「有疾膝」之患，開始卜問「有㞢」否。（2）（3）辭對貞進一步卜問殷王膝處「疾骨」否，並連帶的（4）（5）辭卜問婦好的「骨臼有疾」否。三組卜辭由上而下並列的占卜，句意相類。

對比「骨」字一般象骨的全形，作🦴〈合集 223〉、🦴〈合集 707〉、🦴〈合集 4951〉、🦴〈合集 97〉、🦴〈合集 13868〉、🦴〈合集 1677〉、🦴〈合集 20170〉、🦴〈合集 1385〉、🦴〈合集 14199〉。互較這些骨形，可以作為上述「固」字從卜骨而骨臼有被削除的佐證。另，武丁時期有「婦🦴」〈丙 347〉，婦名的右半部件亦正象去臼的牛肩胛骨形，而骨臼正書於骨中。

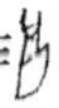

以上的思考，是由〈丙 334〉的一「固」字內從卜從口形分書開始，其中的從「卜」，自是卜骨的裂紋，在骨中有具體實意，從而推測下分從「口」符的用意，當亦與卜用的牛肩胛骨相關。此「固」字形外框，正象卜用的牛肩胛骨的下方扇面，但獨缺常態骨字上方的骨臼部分。因此，判斷「固」字中的「口」符，是經整理刀削後分離的骨臼，再置於骨扇面上之形。「固」字形的組合，正是整治甲骨後的占卜結果。再對比〈丙 334〉（1）辭首先卜問的「疾膝」，（2）（3）辭「疾」後一字當為「骨」。這裡的「疾骨」，指的是膝蓋關節。而相對的（4）（5）辭間疾的「骨」下多一「凡」字，字形與「固」字從口形相同，並作為臼意。因此，卜辭的「骨凡」，即「骨臼」。

對比以下諸例，「疾」患病的部位有「齒」、「天」（即首部）、「骨」、「骨凡」。例：

〈合集 773〉　　婦好弗疾齒？

〈合集 20975〉　庚辰▢王弗疾朕天？

〈合集 6〉　　　戊寅卜，�貞：王弗疾屮（有）骨？

〈合集 13895〉　貞：弗其骨屮（有）疾？

〈合集 21050〉　癸未卜，扶貞：區弗疾屮（有）疾骨凡？

「疾」字後的「齒」、「天」，指的是身體中的某一部位專名，因此，「骨」、「骨凡」無疑也是身體中的某器官名。廣義的稱「骨」，細部的稱「骨凡（臼）」。「屮（有）疾骨凡（臼）」，亦即「骨凡（臼）有疾」的移位。「骨臼」一詞並列，屬大類涵蓋小類的名詞組用例。一如卜辭習見的「昔干支」、「干支夕」的時間詞並列，「某地麓」、「某地邚」的地名並列用法相當。

查〈丙 274〉有「疾🦴」一詞，作：

〈丙 274〉　（2）疾🦴，▢？

　　　　　（3）疾🦴，不隹（唯）娥（艱）？

「疾」下一字屬人體部位，字從凡、又從口，象針刺狀物插入凡口形中。未審字與臼字有相關否？

（7）貞：帚弗其固凡屮疾？一二三四

（8）貞：帚好囚凡屮疾？一二三

（9）貞：帚贏？一二三四

（10）不其贏？一二三

　　（7）（8）辭在右左甲尾靠中間千里線，向外書寫。二辭屬正反對貞。（9）（10）辭則在右左甲尾外側直書，二辭屬正反對貞。兩組對貞位置相接，語意相關，但兆序數目並不對等。

　　（7）（8）辭卜問婦好骨臼（意即關節）有疾否。「帚（婦）好」有省作「帚（婦）」。

　　（9）（10）辭卜問婦好「贏」否。「贏」，張秉權原釋作龍，是在問疾骨後再卜問婦好的狀態。卜辭有在「疾目」、「疾足」、「疾齒」時卜問贏否，字有吉祥類的正面用意。字有具冠作𦥑，亦有省冠作𦥑，有雙勾作𦥑。姚孝遂《甲骨文字詁林》第二冊 1767 頁贏字條見眾說紛紜，有釋作父、作寵、作和、作凶、作昫通瞁通眩、作矓、作㦍、作㿗、作蜎、作蚰，又有作贏，讀贏，長也、益也。細審字象蟲形，尾回卷，與龍字的尾巴常態朝外張揚不同。字不當是龍字。姚孝遂《甲骨文字詁林》按語引〈合集 14118〉的「㔷婦鼠子于妣己，允屮贏」一辭，認為字是「病情好轉」，不得謂「病情加重」之意；可參。字宜隸作贏，讀為贏，文獻有「利也」、「解也」、「安止也」等正面意思；詳參朱駿聲《說文通訓定聲》鼎部第 17。（9）（10）辭正反對貞，意即卜問婦好身體安好否。

　　〈丙 251〉版文字多同版異形，如：疾、婦、骨、屮諸字是。

251

〈255〉

（1）戊戌卜，㱿貞：自今至于壬寅〔雨〕？一二
（2）貞：自今至于〔壬〕〔寅〕〔雨〕？一二

　　此辭屬武丁卜辭。（1）（2）辭在殘甲的右左後甲兩外側邊沿位置，向內書寫。二辭屬正正對貞，連續至少作兩套的問卜。

　　拓片見（1）辭末「壬寅」下殘甲的邊沿作平齊狀，似仍保留「雨」字上一橫筆的位置。（2）辭「壬寅雨」三字由甲沿外向內緊貼橫書，中間並無安插任何文字的空間，張惟捷《丙編新編》以為作「壬寅□雨」，似乎不太可能。張秉權原釋宜是。

　　（1）（2）辭在後甲兩外側，而二辭的占辭刻於反面的後甲正中央千里線的左側，即〈丙256〉版的「王固曰：庚（雨）。」此例是卜辭的命辭在甲骨正面兩旁，占辭則在反面中間的一常態位置。「庚雨」即「庚子雨」之省，「庚子」日是在占卜的「戊戌」至「壬寅」五天的中間天數。

255

〈257〉

（1）辛未卜，㱿貞：帚妽冥，妼？王固曰：其隹庚冥，妼。三月。庚戌冥，妼。
　　　　一二三
（2）辛〔未〕卜，㱿貞：〔帚〕妽冥，〔不〕〔其〕妼？一〔二〕〔三〕

　　（1）（2）辭在殘甲右左前甲上方的千里線處，向外書寫。二辭屬正反對貞。命辭的「冥（娩）」和「妼（嘉）」分讀。（1）（2）辭字形刻意壓兆書寫，原因不詳，如（1）辭的「㱿」、「妼」、「固」、「其」、「庚」、「寅」、「妼」、「庚」等字都書在兆紋上。

　　本版文字書寫複雜。（1）（2）辭對貞，字形稍大，筆畫拉長，線條纖細。其下右方的（3）（4）辭選貞，字形較小，字溝亦偏淺細狀。而（1）（2）辭的上方，有（9）（10）辭在中甲千里線右左兩旁對貞，分別作「貞：于羽甲辰用羌？允用。一」、「勿于羽甲辰用羌？三月。一」。其中的（9）辭字大，字溝明顯粗寬，但對應的（10）辭卻是小字，字溝細狀與（3）（4）辭相同。對比字形，（1）辭的「隹（唯）」字正書，長喙鳥毛作三刀，（3）辭的「隹（唯）」字反書，短喙鳥毛僅作二刀；應是出自不同人的手筆。而（9）（10）辭的字形一大一小，其中的「翌」字，（9）辭象大羽搖擺起伏狀，中從二橫，（10）辭卻是小羽狀而中豎作直角書寫，中從一橫；「于」字在（9）辭中豎作斜筆向下，（10）辭則作筆直的寫法；「用」字在（9）辭作三豎筆，筆鋒上尖下圓，上分從二短橫，在（10）辭亦作三豎筆，但筆鋒上圓下尖，只見一短橫畫。二辭似也是出自不同人之手。目前初步觀察，（1）（2）與（9）辭是同一大字書手，只是刻寫工具的寬窄不同；（3）（4）與（10）辭是同一小字書手，刻寫工具或入刀角度相當。（9）（10）辭這種同辭對貞而出自不同刻手的句例，實屬罕見。

　　（1）（2）辭在三月辛未日占卜，卜問婦妽分娩生男否，武丁判斷言將會在庚日生，且生的是男嬰。驗辭見果然在庚戌日生男。（1）（2）辭對貞的前辭、命辭對稱書寫，而占辭緊附在（1）辭命辭之後平齊書寫，至「冥（娩）妼（嘉）」結束，其後「三月」二字另行低格押在占辭「妼」字的左旁下。可見當日刻工對稱的書寫（1）（2）辭是先書至此為止。而驗辭的「庚戌冥，妼」四字，見於「三月」的右側再另行突出一格直下書寫。這種分為兩段刻寫的方式，一面是突顯、標榜驗辭的內容，另一方面可見驗辭和前面的前辭、命辭、占辭是不同性質、不同功能。「庚戌」距離占卜日「辛未」共40天，這條驗辭是事後追記的文字。

（3）隹母庚壱子安？一
（4）隹雈壱子安？一

　　（3）（4）辭在殘甲右後甲靠中間位置內外並排，向外書寫，二辭可能是選貞
關係。（3）（4）辭字小而筆勢粗糙，句首都用語詞「唯」字帶出。二辭的「壱」
字从止，罕見的作顛倒書寫。（4）辭的「子」字頭首處漏刻二橫筆。「安」字筆
畫中斷而粗疏。此二辭可能是一初學或粗心的刻工所為。

　　（3）辭的「母庚」，應是「小乙」的配偶，多見降災於武丁的子輩。相對
的，（4）辭的「雈」亦同樣有「壱子安」的能力，應是一已死去的人名。
「雈」，一般用為動詞的「觀」。殷帝王有「觀黍」、「觀耤」、「觀田」之禮，
但這裡用為施降災禍於時人者，自當理解為殷王族的先世名。對比相關文例：

　　　　〈懷 1588〉　　　丁卯卜：屮（侑）雈：牡、母：豕？
　　　　〈合集 7628〉　　☑圍，受雈又（佑）？
　　　　〈合集 3227〉　　己未卜：邙（禦）子僆于母雈？
本版（4）辭的「雈」，可能即是「母雈」之省。

（7）〔癸〕〔卯〕〔卜〕，〔賓〕貞：今夕用羌？一
（8）貞：勿隹今日用羌？一
（9）貞：于羽甲辰用羌？允用。一
（10）勿于羽甲辰用羌？三月。一（二告）

　　（7）（8）辭在右左前甲的兩外側，向內小字書寫。按對應位置是一組對貞。
但二辭命辭的時間詞不同，又似是正反和選擇對貞的混用，屬對貞的特例，卜問是
今天傍晚用羌作祭牲，抑或不是在今天用羌作祭牲。「今日」一時間詞的時間用
法，可以涵蓋「今夕」；另一考量，（8）辭的「今日」，可能是「今夕」的誤
刻。

　　（9）（10）辭與（7）（8）辭平行，在右左前甲靠中間千里線兩旁，向外書
寫。二辭屬正反對貞。（9）辭大字，（10）辭小字，二辭字形風格和筆畫大小都
不相同，應是不同刻工的手筆，由字溝寬窄不同，想見刻寫的工具恐亦不同。
（9）辭的驗辭是直承命辭一口氣刻完。驗辭「允用」作肯定句式，刻寫在對貞的
（9）辭肯定句之後，此應屬卜辭書寫位置的常例。（10）辭否定詞特別的移於句
首，指「不是在明天甲辰日用羌」，與一般對貞的否定詞緊置於動詞之前不相同。
本辭否定詞強調的，是否定在次日這段時間用牲。

　　（7）（8）和（9）（10）辭是對應的兩組對貞，都同在癸卯日卜問，詢問的是今夕（近時）抑或翌日甲辰（遠時）用羌。四辭的占卜和刻寫，應是在同一時間進行的。由兆語看，似乎占卜者認同的，是第（10）辭的內容。

257

〈259〉

（27）戊午卜，內貞：乎射弗羌？一二

　　（27）辭在右前甲上方靠千里線處，向右外直行書寫。命辭上下文意順讀不可解。張惟捷《丙編新編》527 頁考釋「射弗」為人名，與〈丙 172〉的「周弗」為一人，並認為「弗」字作 𢆶 是一種「異體分工」的現象；大誤。將「射弗」連讀為人名也不能通讀「乎（呼）射弗羌」一句的意思。「弗」字一般的王卜辭書作 𢎺，非王卜辭另有作 𢆶、𢎺 形。二者的異構是不同部族地域和寫手的差異，但都只作為否定詞的用法。對比下列文例，見兩種字形本有通用的現象：

　　（1）〈合集 19191〉　王申卜，貞：隹弗（𢎺）其克？
　　　　　〈合集 20572〉　丙子卜：弗（𢆶）其克？允不。
　　（2）〈合集 34072〉　癸未卜：王弗（𢎺）疾軟？
　　　　　〈合集 20975〉　庚辰☑王弗（𢆶）疾朕天？
　　（3）〈英 793〉　　　貞：弗（𢎺）其獲？
　　　　　〈合集 21708〉　弗（𢆶）獲？
　　（4）〈英 181〉　　　貞：弗（𢎺）其以？
　　　　　〈合集 21727〉　弗（𢆶）以？

再對比〈丙 259〉同版的（13）、（30）辭的否定詞「弗」，字書作 𢎺 形，與（27）辭明顯是同版異形。（27）辭的「弗」字仍應作常態的否定詞理解。

　　核對卜辭中「羌」字的文例，都作為殷人攻伐和用祭的人牲。如：

　　〈合集 6618〉　　　貞：射伐羌？
　　〈合集 6619〉　　　貞：☐人呼戜伐羌？
　　〈屯 9〉　　　　　癸卯貞：射爯以羌，其用叀乙？
　　〈屯 636〉　　　　甲辰貞：射爯以羌，其用自上甲幾至于父丁，叀乙巳用伐四十？
　　〈英 756〉　　　　貞：☑伲至，告曰：爯來以羌？

卜辭見大量射官如「射爯」進貢羌人於殷，作為祭牲。卜辭又多見「獲羌」、「來羌」、「以羌」、「用羌」例，並多以肯定句的方式詢問。一般羌字句的否定用法，都不見用「弗」，只有在詢問「得羌」、「逨羌」時的對貞，才偶有用「弗」。如：

　　〈合集 520〉　　　戊辰卜，貞：弗其得羌？
　　〈合集 6600〉　　　☑弗其菁羌？

再回來觀察〈丙 259〉（27）辭的位置，卜辭單獨見於右前甲上，相對的在左前甲並行位置有另一單獨的（28）辭，彼此可成組理解：

　　　〈丙 259〉（28）貞：亘隻（獲）？

而在前甲的右左外側，有另一組正反對貞的（29）（30）辭，與（27）辭是同日而不同貞人的占卜：

　　　〈丙 259〉（29）戊午卜，㱿貞：或及，受？

　　　　　　　　（30）戊午卜，㱿貞：弗其及，受？

　　宏觀的看待整版甲骨刻寫的位置，（27）（28）（29）（30）四辭明顯佔據了前甲上方的所有位置，與前甲中線以下的祭祀類（如（2）（3）（4）辭）、征伐類（如（16）（17）、（22）（23）辭）卜辭刻意的互作區隔。因此，要正確理解（27）辭，需要對比（28）（29）（30）三辭成組觀察。（28）辭卜問亘捕獲某方否，（29）（30）辭對貞卜問「或」追及某方否。二組卜辭都省略了「捕獲」和「追及」的對象；相對的，（27）辭亦作為省略句，自可理解是：卜問上位者呼令射官，不要「如何的」面對羌人。否定詞後省略了一動詞。就常態用例言，可能是「伐」、「以」類動詞；但就對比文例言，可能是「獲」、「及」或「邁」、「得」類動詞。以上理解，亦僅供參考。

259

〈261〉

（5）庚申卜，𢁨貞：乎王族征从象？一
（6）庚申卜，𢁨貞：勿乎王族从象？一
（7）甲子卜，爭：雀弗其乎王族來？一二
（8）甲子卜，爭：雀弗其乎王族來？一二
（9）雀其乎王族來？一二

　　（5）（6）辭在右左前甲兩外側向內書寫。二辭屬正反對貞。（6）辭否定句命辭省「征」字。（5）（6）辭卜問呼令王族經由象地出發一事的宜否。

　　「庚申」日呼令「王族」出，前後算五天後的「甲子」日呼令「王族」回來。二者貞卜的內容相連。

　　（7）（8）（9）辭為一組。其中的（7）（8）辭在右左甲橋下方邊沿，向內書寫，二辭似屬反反對貞，在前辭都省「貞」字。二辭的「王族」成詞，特別的作橫書並排對應。本版殘缺甲尾部分，就目前辭例看，（9）辭省前辭，單獨刻在左後甲上方靠千里線左側，與（7）（8）辭並列，彼此是否具備正反對貞的用意？仍待觀察。如是，本版是一條肯定句分別對應兩外側的兩條否定句的刻寫，這自是對貞句的特例。另據經驗法則，（7）辭或與（9）辭右左對貞，（8）辭的對貞可能刻在右甲尾上的殘缺處。本版釋讀仍待日後綴合的證明。

　　殷王下面有「王族」和非王的「多子族」，有由「族尹」率領。「王族」是受上位者驅策的武力單位，但駐守卻在殷都以外的地域，故此版才會有連續的「乎（呼）王族來」的語意。「王族」或又分左中右「三族」。武丁時的「雀」能代王呼令王族，可見其人與殷王室應具有血親關係，當日的權勢亦非比尋常。

261

〈263〉

（7）癸酉卜，般貞：雀叀今日✦🄰？一二
（8）癸酉卜，般貞：雀于羽甲戌✦🄰？一二

　　（7）（8）辭在殘甲右左前甲靠千里線兩側，向外對應橫書。二辭屬選貞關
係，卜問「雀✦🄰」的時間，是「叀今日」抑或是「于翌甲戌」。二辭兆序在辭下
由外而內對應並列。

　　「叀」、「于」作為語詞帶出時間詞今天和次日，帶出的時間語氣有近、遠的
對比差別。對貞的時間詞由在常態的句首後移，加插於句中。對貞二句各自連問了
兩次，屬選貞和成套兼用例。

　　✦🄰，象人正立，手分持戈盾，隸作戲，或即兵戎的戎字，用為出師攻伐的動
詞。《尚書·周書·牧誓》記錄周武王誓師伐商，其誓詞言：「稱爾戈、比爾干、
立爾矛，予其誓。」，內容正與此字的舉戈附盾之形相同。

263

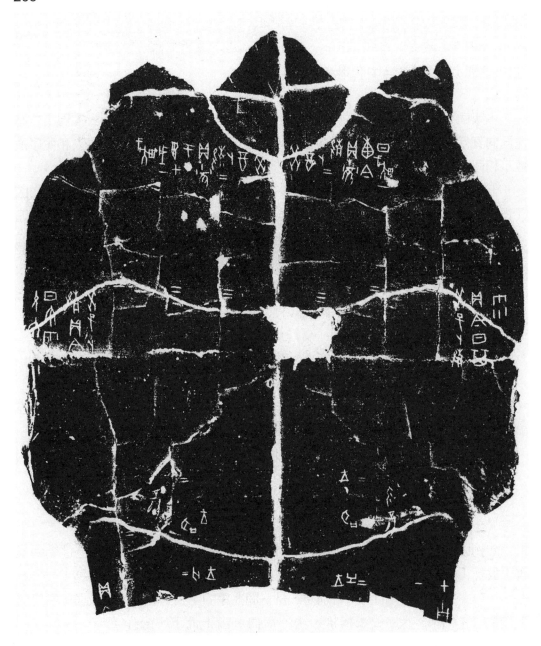

〈264〉

（5）辛卯卜，內貞：王屮乍囚？一二三四（二告）五六七八
（6）辛卯卜，爭貞：王亡乍囚？一二三

　　本版武丁卜辭首甲殘缺。（5）（6）辭在右左後甲靠甲橋下側相對，均由右而左同向直行書寫。二辭位置和內容相當，或屬正反對貞，但特別的是貞人和兆序數並不相同。

　　卜辭習見卜問某人、某時或某現象有禍否的「屮（有）囚（禍）」—「亡囚（禍）」、「又（有）囚（禍）」—「亡囚（禍）」、「唯囚（禍）」—「不唯囚（禍）」的對貞用法。具體的禍害事件因為是由外而至，故有寫作「又（有）來囚（禍）」。如：

　　〈屯2058〉　　又（有）來囚（禍）自北？
　　〈屯2446〉　　癸酉貞：旬又（有）祟，自南又（有）來囚（禍）？

或因天象災異而言由上天「降囚（禍）」。如：

　　〈合集11423〉　癸未卜，賓貞：茲黽不隹（唯）降囚（禍）？

以上句例，都是形容外來的災禍。而〈丙264〉（5）（6）辭的「乍（作）囚（禍）」，「作」字由製衣的本義，引申有正在持續完成、進行的語意，在句中強調的是某一段時間發生並且延續的禍害。相類的辭例，如：

　　〈合集776〉　　壬寅卜，般貞：不雨，隹（唯）茲商屮（有）乍（作）囚（禍）？

　　　　　　　　　貞：不雨，不隹（唯）茲商屮（有）乍（作）囚（禍）？

　　〈合集7854〉　☑般貞：洹其乍（作）茲邑囚（禍）？

上二句例因不雨而旱災或因洪水為患，在一特定事件中讓商地或某城邑遭受到禍害，故言「作禍」。相對的，（7）（8）辭是言殷王有發生並持續的禍患。

　　（5）（6）辭對貞的另一特別處，是卜問兆序的不相對等。觀察版面，右甲橋下側的（5）辭，兆序成二橫排，由外而內，由上而下，分作：（一）（二）（三）（四）／（五）（六）（七）（八）；其中的兆序（四）橫紋下側有兆語「二告」。在左甲橋下側的（6）辭，只見兆序一橫排，由外而內，作：（一）（二）（三）。二辭兆序數不相當，代表二辭詢問的次數各異，自然可以視作各自獨立占卜的單一卜辭。當然，正反對貞問卜的兆序也不是絕對一致的，同時武丁卜辭亦有兩貞人共貞的句例，如〈丙381〉見丁酉日貞人般和賓共同卜問在妸地受年一事，而二組對貞的兆序分別呈現（一）至（四）、（五）至（六）相延續的特例

現象：

〈丙381〉（3）丁酉卜，賓貞：姤受年？一二三四

（4）貞：姤弗其受年？一二三四

（5）丁酉卜，敵貞：我受甫糒在姤年？五六

（6）丁酉卜，敵貞：我弗其受甫糒在姤年？五六（二告）

兩兩對照，〈丙264〉（5）（6）辭自可視同用兩貞人共同卜問一事的特例。

（7）庚子卜，敵貞：令子𤔲先涉羌于河？七月。一二三四五六七八

（8）庚子卜，敵貞：勿令子𤔲先涉羌于河？一二三四五六七八

　　（7）（8）辭在殘甲的最上方，右左前甲靠千里線兩側處，向外直行書寫。二辭屬正反對貞。二辭的上下均有橫線界劃作區隔。卜兆朝內中線爆裂，兆序分作二橫排，由外而內，由上而下，作：（一）（二）（三）（四）／（五）（六）（七）（八），數字緊靠在卜兆直坼紋內旁，唯獨左前甲（8）辭的兆序（三），誤書於卜兆直坼紋外側位置。此屬兆序刻寫的特例。

　　（7）（8）辭命辭卜問上位者命令子商率先「涉羌」於河一事的宜否。「涉羌」一辭，用法可怪。細審「涉」字從水橫寫，與常見涉字從斜水之形不同。二止形上下相錯，屬「涉」字異體，位置經營獨特。字或非象一人渡水跨越之形，而可能是取象二人相追逐，二止一前一後，表示一人越水追捕另一人之意。因此，「涉」字有追意。（7）（8）辭的「涉羌」，或是越水逐羌的意思。此說僅供參考。

264

〈265〉

（1）貞：王其逐廌唇？一二
（2）貞：□〔勿〕其〔逐〕廌？一二

　　以上是張秉權原釋文。

　　（1）（2）辭在右左前甲下靠千里線兩旁，向外書寫。二辭屬正反對貞。對比張惟捷《丙編新編》據林宏明的綴合，（2）辭當作「貞：不其唇廌？」。審核拓本的「唇」，上不从虎，沒有利齒，獸尾短而小豎，似是黽字。因此，字宜隸作「黽」，象大兔投在阱中。如此，（1）（2）辭的正確讀法，是：

　　（1）貞：王其逐廌，黽？一二
　　（2）貞：不其黽廌？一二

（1）辭命辭分讀為二分句，其中的「黽」為詢問句，單字成詞，字用為設阱捕獸意的動詞。句後承上句省略意圖搜捕的獵物「廌」。（2）辭的命辭省首句陳述句，而在後句詢問句中完整的交代獵物之名。（1）（2）辭對貞句同時出現「其」字，在動詞之前，都有將然的語氣用法。

265

〈267〉

（1）乙卯卜，永貞：隹母丙壱？一二（不佶龜）三四五六七（不佶龜）

（2）貞：不隹母丙壱？一二三（二告）四五六

　　（1）（2）辭在右左首甲外側直行書寫。二辭屬正反對貞。

　　句首語詞「唯」和「不唯」相對。「母」字，（1）辭从二虛點，（2）辭省此二區別意的虛點，作女形。二辭復省略母丙施降壱禍的對象，當是時王武丁。

　　（1）辭兆序（二）先佔據中甲的位置，接著順序作兩兆一橫的排列，共四排七個卜兆。（2）辭在左甲對應，共四排但只有六個卜兆。（1）（2）辭下有界劃區隔，完整和後甲（3）（4）辭切割。由此，可見對貞問卜的卜兆和兆數不一定是要相同或排列一致的。

　　由兆語看，（1）辭連見二「不佶龜」，（2）辭則有一「二告」用例，問卜者的主觀盼望，顯然是傾向於（2）辭句意的母丙不降壱害於武丁。

267

〈271〉

（1）雍芻于？二
（2）雍芻勿于？一
（5）貞：雍芻于？一

（1）（2）辭在殘甲右左前甲上方外側，向內書寫。二辭按理是正反對貞，只是兆序不同。（5）辭在右甲橋的下方，向外書寫，其對貞句本應在殘缺的左甲橋下。但是，殘甲再經張秉權補綴，合為〈丙 396〉，見左甲橋下側並無卜辭。因此，目前只能按兆序的順序判別，（5）（1）辭是下上作成套的關係，而（5）（2）辭是下上斜角作正反對貞關係。這種同一條卜辭，在同版分別與不同卜辭發生成套和對貞的關係，自是特例，但也不是孤證。如〈丙 261〉的（9）辭分別與（7）（8）辭作對貞關係，亦是一例。

卜辭見「某地芻于某地」、「某地芻于某時段」的用法。例：

〈合集 940〉　乙巳卜，㱿貞：弓芻于𢦏？
　　　　　　　☐貞：弓芻勿于𢦏？
〈合集 6016〉　貞：雍芻于秋？
　　　　　　　貞：雍芻勿于秋？

對比以下諸例，見以上句例都可能是省略動詞的句型：

（1）〈合集 122〉貞：執雍芻？
　　　　　　　　貞：勿執雍芻？
　　〈合集 119〉貞：勿今萑取雍芻？
（2）〈合集 148〉牧于朕芻？
　　〈合集 152〉庚辰卜，賓貞：朕芻于鬥？

由「某地芻」的能「執」、能「取」、能「牧」，可見卜辭的「芻」字，已有由單純的本形以手取艸意，引申為飼料，再引申為刈草以飼的牲畜。《孟子・告子》、《禮記・月令》有「芻豢」例，是指飼養的草食牲口如牛羊類是。卜辭有言圈養的豕、羊、鳥、兔等的雛，而「某動物芻」句又有移位作「芻某動物」，例：

〈合集 117〉　庚申卜：呼取豕芻？
〈合集 116〉　呼取生芻鳥？
〈合集 111〉　貞：呼取㲋芻？
〈合集 95〉　貞：吳率以冕芻？
〈合集 9504〉　丙申卜，㱿貞：呼見（獻）前圃芻隼？

卜辭的「芻」除指動物牲畜外，甚至有泛指驅執的人牲：

〈合集 137〉　　癸丑卜，爭貞：旬亡禍？王固曰：有祟。有夢。甲寅允有來
　　　　　　　　艱，左告曰：有往芻自晶十人又二。

〈合集 139〉　　☐秋，芻奉自交舉：六人。六月。

以上的「芻若干人」、「芻執若干人」，只能理解「芻」是人俘、人牲的用法。卜
辭復有「方芻」、「羌芻」的明確用例：

〈合集 20493〉　　☐及方芻？

〈合集 22043〉　　丁未卜，貞：令戌光有獲羌芻五十？

「芻」字無疑是指殷人追捕外族得來的人牲。因此，〈丙 271〉（1）（2）（5）
辭的「雍芻于🐏」句，可能是「執雍芻于🐏」的省略動詞「執」字。

「🐏」，象獸具冠角的側形，字从羊首，或隸作莧，即羯。字用為羊的一種，
有角。卜辭有「🐏羊」連用，見〈合集 14801〉。這裡據詞位看，應借為地名。同
版字又从人，屬異體字。字與虎字作🐅，又訛从人作🐅形相當。

「雍」字从隹从宮省聲，有用為鳥名，〈合集 22960〉：「丙寅卜，貞：用
雍，歲☐？」的「用雍」一詞可參。相對的，上引〈合集 119〉的「今隹取雍芻」
句，「雍芻」除理解為雍地的芻外，亦可釋作飼養的雍鳥。另外，「雍」字又借為
子名〈合集 331〉、地名〈合集 37656〉。因此，上引〈合集 122〉的「執雍芻」
例，最直接的釋讀，自是：驅執雍地的人牲。目前看，〈丙 271〉（1）（2）
（5）辭省略句的「雍芻」，亦以後者所釋「雍地人牲」為是。（5）（1）辭的命
辭是「執雍芻于莧？」之省，（2）辭的命辭是「勿執雍芻于莧？」的移位句。

271

〈275〉

（1）丙辰卜，爭貞：重令从✦畣？一

（2）貞：勿隹令从✦畣？一

（3）令畣从✦畣？

（4）勿令畣从✦畣？

（5）貞：沚㦰啟印，王从？

（6）貞：王勿衣从？

（7）貞：王重因从？

（8）勿隹因从？

（9）貞：王重侯告从？

（10）勿隹侯告？

　　（1）（2）辭在右左前甲上方外側，向內書寫。二辭屬正反對貞。其他的
（3）（4）、（5）（6）、（7）（8）、（9）（10）諸組亦屬正反對貞，由上而
下對應在中間千里線的右左兩側。

　　本版作「令某从某」的對貞句，常態的句型流變是：

「王令某从某」—「令某从某」—「令从某」
　　　└「王重某令从某」—「重某令从某」
　　　　　　　　　　‖
　　　　　　「勿唯某令从某」

「王从某」—「王重某从」—「重某从」
　　　　　　　　‖
　　　　「勿唯某从」

以上的「某从某」中的第一個「某」字一般是人名，而第二個「某」字可理解為人
名或族名。

　　（5）（6）辭正反對貞，（5）辭命辭前句言沚、㦰二附庸「啟印」。
「啟」，字以手推戶，本有開的意思，而字另有手增持杖形的異體，示擊戶狀，引
申有攻擊、進攻意。「印」，有隸作巴，殷西外邦名，卜辭習見「王从沚、㦰伐印
方」例，如〈合集93〉、〈合集6473〉是。與（5）（6）辭相關的文例，有：

〈丙 276〉 （5）辛卯卜，賓貞：沚馘啓印，王叀之从？五月。

（6）辛卯卜，賓貞：沚馘啓印，王勿隹（唯）之从？

此辭「王叀之从」，即「王从之」的倒文，亦即「王从沚馘」的意思。「从」字，象一人跟隨著另一人，有緊密相隨從之意；但換一個角度看此字形，亦可理解是一人帶領著另一人，有引導的意思。因此，卜辭的「王从某附庸」，可以有王帶領、主導附庸做某事之意。（5）（6）辭的「王从」，也就是「王从沚、馘」的省減。其中的（6）辭否定句在動詞之前增添一副詞「衣」，字讀殷，有盛大意。

（7）（8）辭正反對貞，（7）辭的「王叀囚从」，即「王从囚」的移位，「叀」字帶出移前的賓語名詞，對貞否定句則用「勿唯」作句首。「囚」，本象卜骨，一般讀為禍，但在這裡的詞位似是用為人名，用法罕見。

（9）（10）辭正反對貞，（9）辭的「王叀侯告从」，即「王从侯告」的移位，其中的「侯」是爵稱，「告」是私名。（10）辭見「侯告」移前，復省句末動詞，完整句是「王勿从侯告」。

再回到（1）（2）和（3）（4）辭。

（1）（2）辭是正反對貞，命辭「叀◇令从𡧈、𣎴」句，是「王令◇从𡧈、𣎴」的移位，句首省略主語，屬兼語式的句型。◇字作菱形，形與「齊」字所从部件相同，可讀為齊字之省，用作人名。〈屯 4177〉：「丙辰□，◇貞」一前辭可證。而〈合集 24951〉：「☑三婦宅新寢，◇宅？十月。」一辭，卜問三婦移居於新寢，詢問「◇宅」否，字似可直接讀為齊，卜問一起移居入住宜否。字至晚期卜辭固定的增从三◇形書寫，用為師旅屯駐的地名。這裡的（1）（2）辭理解為殷王命令齊其人帶領（或聯同）𡧈和𣎴宜否。帶領二附庸對外的行動，或與（5）（6）辭的「攴印」一攻伐事宜有關。（1）（2）辭對貞的上下文自可以通讀，但（3）（4）辭的內容就不好解釋。

𡧈字从中，四周附虛點，用為殷附庸名，曾進貢龜甲和寇牲與殷：

〈合集 9279〉 𡧈入四十。

〈合集 552〉 貞：勿乎（呼）𡧈以寇？

字又用為殷人焱祭的地名，屬殷商的勢力範圍：

〈合集 32291〉 乙亥貞：焱于𡧈？

𡧈常與𣎴連用，二字性質相當，是兩個並列的族名。二族同為殷王驅策，對外征伐：

〈合集 33034〉 丙午貞：令𡧈、𣎴以隹啓？

〈合集 33037〉 乙巳貞：令𡧈、𣎴刀方？

二殷西附庸固定的連書，或有結盟的狀況。而「𣎴」又常與「𨑵」「化」另二附庸

族相連用。排比（3）（4）辭正反對貞，卜問「令酋从 ✦、酋」 一句，即言殷王命令酋帶領（或聯合）✦、酋。同屬一個「酋」字，如何理解令「酋」去帶領（或聯合）「酋」呢？目前看，只能解釋前一「酋」字是人名，後一「酋」字作為附庸名；意即殷王武丁命令酋其人連結 ✦ 和酋二族眾進行征伐。如此，才能通讀上下文意。而（3）（4）辭的「令酋」的「酋」字，改寫雙手作爪狀下垂，與（1）（2）辭「✦、酋」並列的「酋」字从雙手內拱形不同。這似乎是刻工在書寫時，強調同字而異形異用的區別痕跡。

　　本版的酋、令字，都見有同版異形的現象。

（11）癸酉卜，爭貞：叀賓為？一
（12）貞：勿隹賓為？一（二告）
（13）貞：叀賓為？一
（14）勿隹賓為？一

　　（11）（12）辭在右左甲橋上方，向外書寫，二辭屬正反對貞。（13）（14）辭在右左甲尾靠千里線兩側，向外書寫，二辭屬正反對貞。兩組對貞連續卜問「為賓」一事，而兩組對貞句型都是賓語移前，正反句對應的增句首語詞「叀」和「勿隹」。一般常態句作：

　　〈合集 15179〉　　丁未卜，㲋貞：我為賓？
　　　　　　　　　　丁未卜，㲋貞：勿為賓？

「為賓」的主語是「王」，或一般泛稱的「我」。「為」，字象以手牽象之形，引申有主導、牽引意。「為賓」是主持賓迎鬼神的儀式。卜辭有「為祀」、「為叀」等用祭儀式，可作佐證。例：

　　〈合集 15189〉　　癸酉卜，㲋貞：王為祀，若？
　　〈合集 30282〉　　己丑卜，彭貞：其為祖丁叀，衣卩？

（15）癸〔酉〕〔卜〕，爭〔貞〕：我炸邑？一
（16）癸酉卜，爭貞：我〔勿〕〔炸〕〔邑〕？一
（17）〔癸〕〔酉〕〔卜〕，〔爭〕〔貞〕：〔我〕〔炸〕邑？一
（18）〔貞〕：勿炸邑？〔一〕

　　（15）（16）辭在右左甲橋下方，向外書寫。二辭屬正反對貞。（17）（18）辭在（15）（16）辭的下面甲尾外側，向內書寫。二辭殘缺，應屬正反對貞。兩組

對貞重複卜問。

「𥿄邑」，即「乍邑」，讀作「作邑」。乍字本象衣交襟的下擺，衣的領和袖仍待縫製，本義是製衣，表示還未完成而正在完成當中的衣服，引申有正在、當下、立刻之意。字上所从所謂斜玉形，其實是針線縫衣的樣子。參朱歧祥〈釋乍〉一文（見《甲骨學論叢》，1992 年 2 月）。「作邑」，指興建城邦。「邑」字上从圍，下从卩，見城邑的定義是由城牆和人民組成；字用為殷疆域中的行政單位。兩組對貞一再卜問：鬼神同意我計劃建邑否。

對比相類的完整文例，見一般對貞句有隱藏了詢問句（鬼神降佑否）的語意。如：

〈丙 199〉 （11）癸丑卜，□貞：我𥿄邑，帝弗有若？

　　　　　（12）癸丑卜，□貞：勿𥿄邑，帝若？

因此，（15）（16）和（17）（18）兩組正反卜問我作邑此一行動時，主要仍是在詢問神靈的答允否。由於詢問神祇的應諾或保佑都是常態的句式，因此，許多對貞句都是直接省略，而剩下命辭的前句陳述句。我們研讀對貞句，需要掌握對貞的特性，和不省的完整句的句意。如此，才能正確的解讀對貞的內容。

275

〈278〉

（1）甲午卜，韋貞：西土受年？一二三四五六七八

（2）甲午卜，韋〔貞〕：〔西〕土不其受年？一二四五六

以上是張秉權的原釋。

甲版左甲橋下朝內殘，甲尾部分亦殘缺。（1）（2）辭在右左前甲靠中間千里線兩側，下行直書。二辭屬正反對貞，卜問西邊土地農作能受鬼神保佑得享豐年否。殷人已有四方和中商對稱的觀念。

（1）（2）辭兆序（一）在右左前甲上端對稱刻寫。（1）辭兆序（二）的卜兆先在中甲位置佔據全部空間，接著在右前甲上本屬兆序（三）的地方誤刻為（二），遂見（1）辭重複多了一個兆序（二）而缺少了兆序（三）。此屬兆序誤刻的特例。（2）辭的兆序（三）和下邊的兆序（七）（八）都因甲版殘缺而不見。因此，二辭正確的釋讀，是：

（1）甲午卜，韋貞：西土受年？一二二四五六七八

（2）甲午卜，韋〔貞〕：〔西〕土不其受年？一二〔三〕四五〔六〕〔七〕〔八〕

本版武丁的貞人「韋」字作橫書形，二止在□的左右旁；「年」字中作豎筆將上禾下人連書，都屬字形的特例。

278

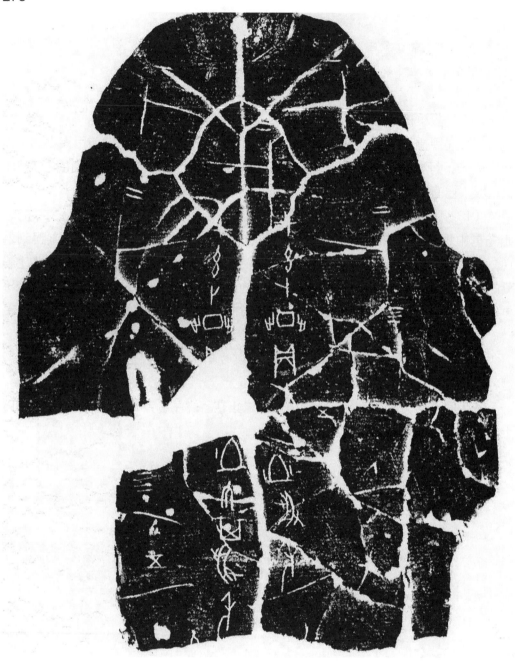

〈280〉

（1）辛未卜，𡧊貞：黍年，㞢正雨？一二三四五六（二告）七
（2）貞：黍年，㞢正雨？一二三四五六

（1）（2）辭在右左前甲的兩外側，向外甲橋處刻寫。二辭屬正正對貞。二辭的占辭在反面〈丙 281〉的中線處：「王固曰：吉。隹丁。不叀□。」

「黍年」成詞，由習見的「我受黍年」和「我受年」例相對應，見「年」字為核心詞，而「黍」用為修飾語，言種植的黍得享豐年的意思。（1）（2）辭命辭前句指正待豐收的黍，後句卜問「有正雨」否。（2）辭的「㞢（有）」字，下横筆似漏刻。「正」，這裡讀為足，「正雨」，指足夠的降雨。「黍」字，（1）辭寫法完整，象植物連穗成熟形，（2）辭字中豎下省根部，屬同版異形。

一般的對貞方式是先右而後左，右邊多屬肯定句；卜兆和兆序也是先刻右而後左，中甲的卜兆往往是由右邊的卜辭先占，順序而下。本版（1）辭兆序位置奇特，兆序（一）不先在常態的右首甲上端，與左首甲（2）辭的兆序（一）相對應，反而是率先刻在下面的中甲上方，佔據了中甲的位置，然後才在首甲右上端刻兆序（二），之後的兆序則順序往下刻寫。此版遂形成（1）（2）辭的兆序右左不相對應的現象。而往後順序的卜兆，（1）辭有七個，（2）辭僅有六個。因此，兩邊卜兆形式相對，但兆序卻不相對。由此可知，對貞卜辭的卜兆不見得都是要相對應的，而對貞問卜的次數，也不見是正反完全相同的。所謂「對貞」，只是整體針對某事分別作兩組成對形式的詢問罷了。

（1）（2）辭的卜兆，只有（1）辭第六次貞問有正面語氣的兆語「二告」。

（1）（2）辭的占辭在甲的反面中間千里線上，即〈丙 281〉（1）辭。其中的「唯丁」，是判斷於丁丑日有雨。句後的「不叀」之後字殘，應也是天干日名。特別的是，這裡的肯定句句首語詞用「唯」，否定句的語詞反而用「叀」；與一般卜辭正反語詞的用法剛好相反。

（3）貞：王飲，㞢壱？一二三（二告）四五六七八（二告）九
（4）□：□飲，亡壱？一二三四五六七八九

（3）（4）辭在右左後甲兩外側，向內書寫。二辭屬正反對貞，卜問「王飲」一事有壱害否。卜辭正反句各卜問九次，足見占卜者對此事的重視。

「飲」，象人俯首伸舌喝皿中水，用為動詞，一般字例不多。皿形是酒瓶的

「酉」字簡省。字有完整的从酉，如：

〈合集 10405〉反　　昃，亦有出虹自北，飲于河。

一般學界理解此條驗辭，自郭沫若以來都是用來印證虹蜺屬兩頭蛇的神話傳說，言兩頭蛇化作彩虹，在雨後飲水於河的一段記錄。

　　再對比「飲」字的另一異體：𩚁，字从九，或即酉字的同音借字，九、酉同屬古韻幽部字。例：

〈合集 6057〉　　　癸卯卜，㱿貞：旬亡𡆥？王固曰：㞢希。其㞢來艱。五日丁
　　　　　　　　　未允㞢來艱，飲卲自昌圉。

上辭驗辭見「飲禦」連用，「飲」字可理解為祭祀的動詞。此言舉行飲的一種祭儀，用來自昌地的執牲禦祭求吉去凶。

　　如此，〈合集 10405〉反的「飲于河」一句，主語可能就不見得是「虹」，而是殷王或其他的主祭者，在舉行飲祭祭祀河神。而〈丙 280〉（3）（4）辭的「王飲」，亦不是單純的喝酒水的意思，而是殷王舉行「飲」此一特殊祭儀。「飲」字，本象人張口喝酒形，字可能用為讓神靈降而喝酒的獻酒祭奠儀式。如此，「飲」祭字義可與「酚」類酒祭用字相當。

　　對應文例，卜辭多見「酚」用酒祭後卜問「亡𡴎」否，方式與（3）（4）辭相同：

〈合集 1185〉　　辛卯卜，亘貞：彡酚于上甲，亡𡴎？九月。

〈合集 2097〉　　甲☒貞：翌酚彡于毓祖，亡𡴎？

〈合集 22858〉　　☐酉卜，王貞：酚中丁，彡，亡𡴎？

𡴎，从止它，象蛇咬趾形，引申有從外來的災患意。𡴎字，（2）辭寫法正常，但在（1）辭的从止卻倒置。本版文字字體熟練，但書寫有草率粗心處。

280

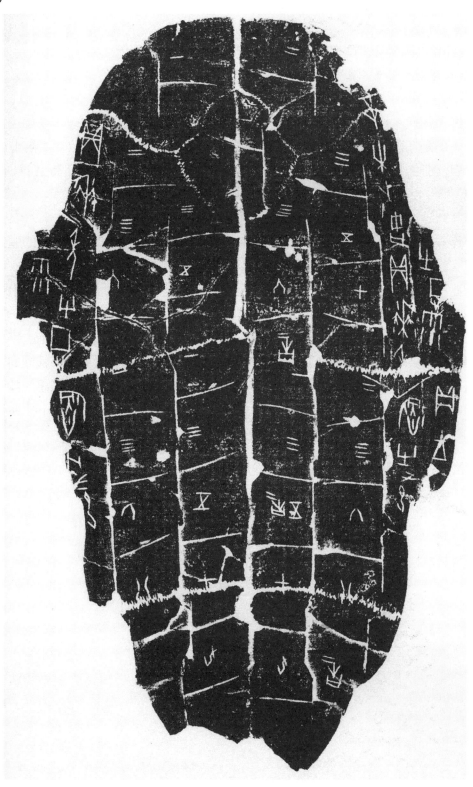

〈282〉

（3）乙卯卜，賓貞：陮受年？一二三三五六七七九十一

（4）乙卯卜，賓貞：𡙇受年？一二（小告）三四五六七八九十

　　武丁卜辭。（3）（4）辭在殘甲右左首甲的兩外側，向內書寫。二辭屬選貞關係，卜問是在陮地抑或𡙇地哪一處的農作物會受鬼神保佑得享豐收。二辭卜兆相對，但分別各卜問 11 次和 10 次。二辭的兆序下有一長橫界劃，以作為上下卜辭的區隔。

　　（3）（4）辭兆序由上而下，由內而外，其中的（3）辭兆序（一）（二）在首甲作一橫排，至兆序（三）則搶先佔據在中甲上。因此，右甲（1）辭的順序比左甲（2）辭多出一個對應的位置。換言之，右甲的空間能多占問一次。又，（3）辭的兆序（四）誤書作（三），兆序（八）又誤書作（七），此可見刻手的粗疏。

　　（3）（4）辭對貞，只有（4）辭的兆序（二）有一兆語「小告」。

　　觀察字形，（3）（4）辭對應分書右左甲，但字形卻都同向，如「卜」字作卜骨爆裂形，裂紋都一致朝左向，與一般「卜」字在外側而會與卜兆朝中線同向的寫法特徵不同。這種左右甲對貞而「卜」字作同向書寫的例子，並不是孤證。如〈丙276〉（3）（4）辭亦是。對應殷墟花園莊東地甲骨「卜」字字形慣與卜兆兆形同向的規律，王卜辭的「卜」字書寫，似乎不存在這種固定的習慣。

282

〈284〉

（4）戊午卜，穀貞：我狩齂，畢？之日狩，允畢隻虎一、鹿四十、犾百六十四、
　　　麑百五十九。𩫏焚出双二，焚小☐。

　　　（4）辭在殘甲右後甲下方，由內而外直行書寫。命辭分兩句，前句陳述我狩
獵於齂地，後句卜問有擒獲否。驗辭對當日田狩獵物有詳細的記錄。「之日」即
「此日」。「畢隻」，讀作「擒獲」。「犾」從亡聲，即狐字。「焚」，從火燒
人，可隸作焂，動詞。

　　　「𩫏」，從隹，一般理解都承驗辭上文作為擒捕的隹鳥來看。然而，此字在
卜辭的用例，只用作附庸人名：

　　　〈合集119〉　　　貞：勿令𩫏取雍弼？

而「出双」一詞常見連用例，如：

　　　〈合集5622〉　　　丁未卜，爭貞：令郭以出族尹中出双？五月。

　　　〈合集8964〉　　　戊戌卜，貞：令𧗲以出双馬，衛☐？

　　　〈合集22214〉　　戊辰卜：其燎妣庚：出双牡？

　　　〈合集22258〉　　癸丑卜，奠邑中母☐出双？

其中的「双」，亦可隸作「友」，字一般用為附庸族名。如：

　　　〈合集6057〉　　　迄至七日己巳允有來艱自西，垔、友、角告曰：𢀛方出，侵
　　　　　　　　　　　我示糵田七十五人。

　　　〈合集6068〉　　　七日己丑長、友、化呼告曰：𢀛方圍于我奠豐。七月。

「友」字常與長、角、化諸附庸名並列；又與𦎫、戉等附庸名同出。如：

　　　〈合集8202〉　　　☐其呼取☐𦎫、友乘？

　　　〈合集10914〉　　癸亥卜，爭貞：戉、友獲在西，呼☐？

對比上引〈合集5622〉的「令郭以出族尹中出双」句，再對應〈合集4373〉的
「☐伲𠂤双？」，其中的「伲」字作為第一期卜辭的將領名；𠂤，從中，用為動
詞，字或與𢾭字意相類，後者讀為敦，有攻伐意。可知〈合集5622〉是言殷王命
令郭其人帶領族尹去攻伐「有双」一族。〈合集4373〉是言伲其人攻伐双族。
「出双」一詞，明顯以表達「双」為主，「出」只作詞頭，讀有，偶可省略。
「双」字習見為殷西附庸名，常受殷王驅使、勞役。

　　　因此，（4）辭驗辭的武丁田狩記錄，應至獵獲「麑百五十九」為止。「𩫏焚
有双二」一句以下，是附記的他事刻辭，言隹其人焚燒双族二人的意思。這裡焚人
的記載，或與同版上方靠中線（2）（3）辭的「翌戊午焚，畢（擒）？」一句有因

承的語意關係。

284

〈293〉

（1）于父乙多介子虫？一二三
（2）虫犬于父辛多介子？一二三

　　（1）（2）辭在殘甲的右左前甲外側，卜兆外圍，由上而下直行對稱書寫。而兆序卻是由下而上刻，分別只見（一）（二）（三）。張秉權原釋誤將靠近首甲朝中線的另一組兆序：「（一）（二）（二告）（三）（四）、（一）（二）（三）（四）」混於此，宜改正。張釋誤置的兩對兆序，應是同版反面〈丙294〉首甲中線左右的（4）辭「王在茲大示左？」和（5）辭「貞：王（在）茲大（示）弗左？」二辭在正面的兆序。

　　（1）（2）辭為選貞關係。二辭都是移位句，其常態句型應作：

（1）虫（侑）多介子于父乙？
（2）虫（侑）多介子于父辛：犬？

「父乙」是武丁之親父「小乙」，「父辛」是「小辛」。「多介子」就詞位看是侑祭求佑的一堆活人。「介」字从人，四周具虛點，過去我認為是「疾」字之省，指多疾之子，僅備一說，目前看仍是可商的。饒宗頤《殷商貞卜人物通考》383頁據《禮記·曾子問》謂「介，副也。多介子即諸庶子。」，可備參。

　　卜辭除見「多介子」用法外，又見「多介父」例：

〈合集1800〉　　虫于多介父：犬？
〈合集2346〉　　庚午卜，亙貞：不唯多介父壱？

卜辭亦有「多介」、「三介」、「七介」等相關用法：

〈合集2164〉　　貞：不唯多介壱王？
〈合集12642〉　貞：虫于多介？
〈合集2344〉　　貞：不唯多介壱？
〈合集2348〉　　虫犬于三介☑卯羊？
〈合集2619〉　　貞：于七介禦婦好？

此外，〈丙422〉復有「虫于多介母」、〈前1.23.1〉有「☑于多介祖戊？」例。

　　對應文例用法，「多介子」的功能和「多介父」、「多介母」、「多介」、「若干介」等不同，前者作為活人，指冀求受佑的「多子」族中庶出的一類人；後者則是死人，指冀求降佑的旁系先祖妣。我們從上下文意，仍能清楚區隔二者的用法。

293

〈300〉

（1）戊午卜，爭貞：攴，王循于之，若？一二三四五六七八九十

（2）貞：勿攴，不若？一二三四五六七八九十（二告）

　　（1）（2）辭在殘甲右左甲尾外側，下行書寫。二辭屬正反對貞。

　　「攴」，從手持杖撲擊蛇，蛇四周的小點示蛇血；字作為擊殺方式的用牲法。即《說文》的「攸」字，字本從它，從也是晚出的譌變字形。一般言「攴羌」、「攴人」、「攴牛」、「攴牢」、「攴羊」、「攴豕」等，亦有單言「又（有）攴」。（1）（2）辭各自占問了十次，只有（2）辭的兆序（十）有正面的兆語。

　　（1）辭命辭分 A、B、C 三分句，其中的 B 句是已發生的陳述句，A 句是正待占問事例的擬測句，C 句才是詢問句，卜問事情的順或不順；（2）辭命辭對應的省作 A、C 二分句，隱藏了 B 句的意思。由表面句意言，（2）辭否定句狀似矛盾，因為既已言「勿攴」，就沒有「若」與「不若」的卜問問題。但進一步思考，（2）辭命辭完整的是言：如不進行杖擊的殺牲法，（王出巡于此地一活動），鬼神會不應諾保佑嗎？因此，二辭詢問句的「若」抑「不若」，是針對「王巡于此」這一具體行程而言的。由對貞的不省句，可以確保理解省略句中的真正意思。本組對貞的互較，可作為一例證。

　　學界有將（1）辭的「于之（此）若」連讀，可商。因為「于之若」作為移位的變異句，十分罕見；詢問句帶出介賓語，也並非常例。況且將「于之」連下讀，則 B 句只剩下「王循」一動作，語意頓變得不完整。互較（1）（2）辭對貞，「若」與「不若」相對，是常態的用法，理解上亦能文從字順。因此，（1）（2）辭句讀的理由如上。

300

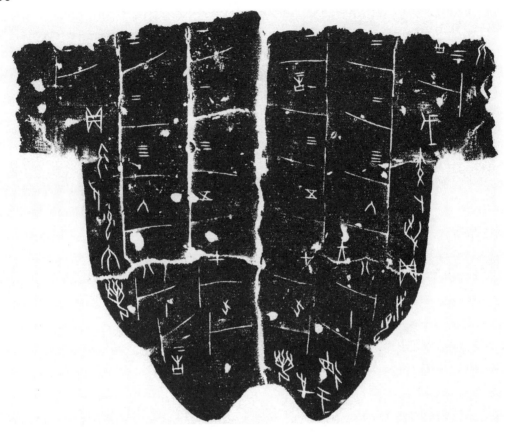

《丙編》中輯（二）

〈302〉

（8）壬寅卜，殻貞：曰：子商🦌癸章？五月。三

（9）曰：🦌甲章？三

（10）曰：子商于乙章？三

　　（8）（9）（10）辭在右甲尾靠千里線右側，由下往上刻寫。三辭屬同組同一套的第三次卜問，屬第一期武丁征伐卜辭，主要是卜問討伐基方一事。「子商」的「商」字上從二辛，隸作商字異體，是殷商將領名。🦌，字勉強隸作禺，是子商聯合的附庸或人名。章，即敦，擊也，伐也；王國維說。

　　（8）辭的「子商、禺癸敦」，是指子商聯同禺于占卜的次日癸卯敦伐基方的意思。命辭末省略詢問句的「戈（災）？」。命辭之前的「曰」，用為上位詔令頒布的宣示用語，其後是誥文內容，意即殷王宣令遣派子商和禺在次日進行征戰。

　　（9）辭是同時只針對禺，誥令禺於甲辰日出兵。（10）辭是獨立的誥命子商另於乙巳日敦伐。排比來看，是次對基方的用兵，是準備先在癸日聯合大包圍的作戰，接著是在甲日單獨由禺出兵，乙日再持續由子商出兵。殷人對外征伐，無疑是有周詳的策略和步驟。

　　（8）（9）（10）辭都是卜問上位連續公告將要用兵的軍令順利無災否。

　　（8）（9）辭在天干之前省介詞「于」。介詞的用法，顯然是可有可無的。

（11）貞：曰：子商至于出丁乍火戈？三

（12）勿曰：子商至于出丁乍火戈？三

（13）甲辰卜，殻貞：羽乙巳曰：子商章至于丁未戈？三

　　以上是張秉權原釋文。

　　（11）（12）辭在右左甲中間靠千里線兩側，向外書寫。二辭屬正反對貞。

（13）辭單獨在左甲尾外沿，向內書寫。

　　宏觀的審視本版甲骨卜辭的位置，（1）至（7）辭自首甲由上而下，由右而左，對對成組的卜問子商與附庸災伐基方一事，對稱的刻寫在龜甲的兩外側。然自（8）辭開始，先書於甲尾中線靠右內側，（9）（10）（11）辭直行的由下往上至右前甲下方內側，（12）辭則與（11）辭平行的寫在左前甲下方的內側，（13）辭又回到左後甲外側邊沿上。由卜辭刻寫的順序看，（8）至（13）辭在後甲下方作一圓形逆時鐘方向書寫，自成一獨立辭群，與（1）至（7）辭佔據甲版的兩側對稱書寫，形式明顯不同。

　　卜辭中的「火」「山」字形經常混淆，往往需要透過上下文意才能區別。（11）（12）辭的「乍火」，有隸作「乍山」，認為是「攻城的手段」，「在城郭周邊推起土山」（黃天樹說），但文意實不可解，如何容許敵人在自己的城邑外堆山，在情理上都是難以解釋的。目前看，字以隸作「乍（作）火」為宜。但「屮丁乍火」一句的組合，語意亦是無法通讀，有認為是「對基方根據地進行火攻」（張惟捷說），亦純屬想像之詞。

　　對比（8）至（13）辭這一同組成圈的六條卜辭，命辭內容大都是先點出攻伐的將領名，再用「至于」或省略的「于」字介詞帶出敦伐的干支或天干日，接著才卜問災否。因此，諸辭內容是記錄將領用兵的時間，並無例外。最後的（13）辭：「子商敦至于丁未」一句型，更可以提供我們對應解讀（11）（12）辭的參考線索。（11）（12）辭的「屮丁乍火」中的「屮丁」成詞。黃天樹釋「丁」為「城」，並不可靠。「屮」字常態作為詞頭，即有，強調其後某一特別的「丁」的功能。如：

　　〈合集 4421〉　　貞：钔于屮妣？

　　〈合集 2973〉　　呼子漁侑于屮祖？

「屮」指的是特定的某祖和某妣。另，一般習見的「受年」，有強調特有所指某一豐年的作「受屮年」；習見的「受佑」，也有強調某次降佑的「受屮佑」；都可作如是理解。所以，「屮丁」其實也就是「丁」，指的是特定該句的一丁日而言。而「乍火」一詞，乍，即作字的初文，興也，生也。站在五行相生的順序來看，《尚書·洪範》：「五行，一曰水、二曰火、三曰木、四曰金、五曰土。水曰潤下，火曰炎上，木曰曲直，金曰從革，土曰稼穡。」，《尚書·甘誓》：「有扈氏威侮五行。」，董仲舒《春秋繁露·五行對》：「天有五行：木、火、土、金、水是也。木生火，火生土，土生金，金生水。」古文獻中，五行相生記錄的順序互有出入，但「木生火」都屬一致。（11）（12）辭對貞的「作火」，可對照五行的關係為「生火」的意思，所指的對象自然就是「木」；地支的「未」字本正取象木形，「作火」一詞似乎暗指的就是地支的「未」。「屮丁乍火」一短語，恰可對稱的表

示干支中特定的「丁未」日。（13）辭中明確對應言的「丁未」日，又正可以和
（11）（12）辭對貞所言的「屮丁乍火」意思和詞位等量齊觀。所以，（11）
（12）辭的真正句意，其實可以平實的讀作：

　　　（11）貞：曰：子商至于丁未，戋？三

　　　（12）勿曰：子商至于丁未，戋？三

二辭對貞「曰」的誥文內容，與（13）辭卜問次日的「曰：子商敦，至于丁未，
戋？」句是全同的。

　　如此說來，五行相生尅的概念，依據文獻知識本是在戰國時期的鄒衍才有成熟
應用，但其起源或其中部分生尅的內容，信該可以推得更早的時期，如《管子・五
行》的「甲子，木行御。」一段亦是。可見五行與干支、時令的結合，早在春秋或
春秋以前應已出現。

　　上述卜辭的解讀如屬可靠，早在殷商時期似已具備木、火性質相關聯的知識。
這無疑提供我們對於上古三代精神文明一極重要的訊息。

302

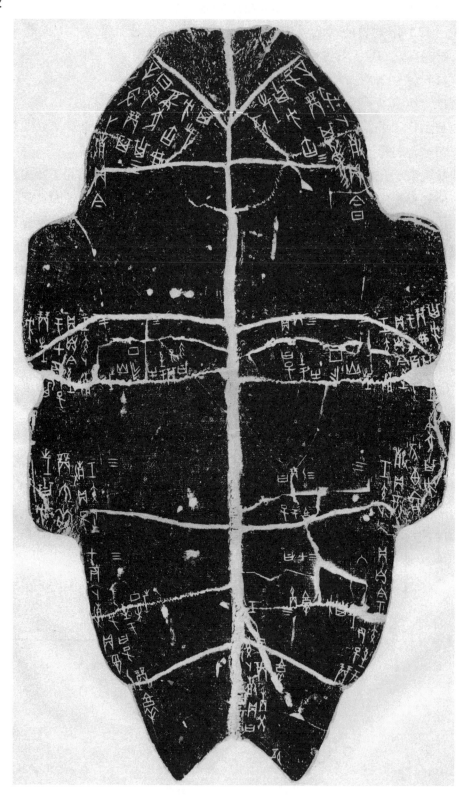

〈303〉

（1）我來□。

（2）貯囚。

　　以上是張秉權的原釋。

　　〈丙 303〉是〈丙 302〉的反面，（1）（2）辭在右甲橋邊上，由上而下順序刻寫。一般記事刻辭言「某來若干」，句末接的是數詞，習見於甲骨的反面甲橋，用為進貢甲骨數量的記錄。如：

　　　　〈合集 248〉反　　我來卅。

　　　　〈合集 795〉反　　我來十。

　　　　〈合集 6648〉反　　畫來廿。

「某來若干」之後有接「在某地」。如：

　　　　〈合集 6546〉反　　□來廿。在敦。

另有「某入（納）若干屯」、「某示若干屯」例。如：

　　　　〈合集 687〉臼　　畫入十屯。

　　　　〈合集 3651〉臼　　利示十屯。

　　　　〈合集 15734〉臼　　晏示四屯又一骨。

　　（1）（2）二辭上下緊密相連接。目前看，應為同一辭，連讀為「我來□貯骨。」句中殘缺的一字似是數詞，就詞位看或為「十」，記錄我進貢若干貯地的牛肩胛骨。但本版屬於龜版，而記錄進貢的卻是卜用的牛骨，很可怪異。另一考量，這裡的「骨」字是泛稱，也可視同或涵蓋龜甲意。存以待參。

303

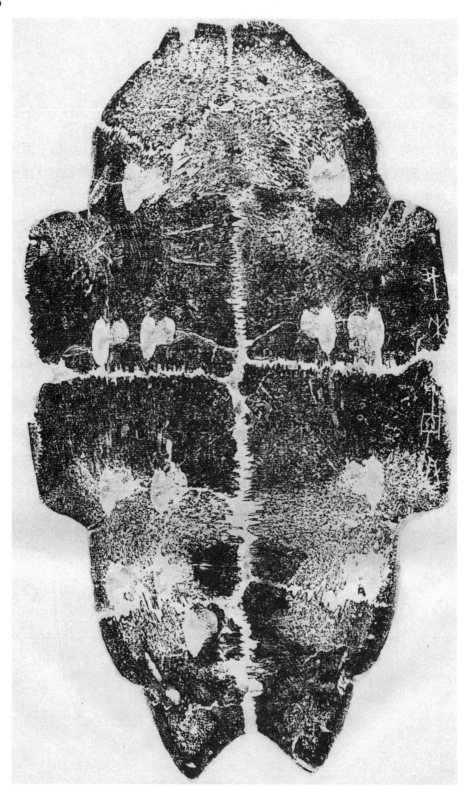

〈304〉

（17）貞：雀以成？一

（18）雀不其以成？一

　　（17）（18）辭在右左甲橋的中間，向內書寫。二辭屬正反對貞。張秉權原釋文的挈，一般學界已改隸作氏，讀同「以」。字象人手持物的側形，後省人形。字義有攜帶、聯同的意思；又由攜帶物品意引申作進貢物品的用法。卜辭中大量的「以羌」、「以人」、「以眾」、「以執」、「以㠱」、「以牛」、「以馬」等例是。卜辭亦見外邦「以某牲」進貢殷商，殷人用以祭祖獻神。

　　一般文例作「以某牲，用自某祖」。如：

〈屯9〉　　　　　己酉貞：㠱以牛，其用自上甲，𢦏大示重牛？

〈合集271〉　　　貞：☒方以羌自上甲用，至☒下乙？

也有直接省書作「以某祖」例，語意仍有獻祭的意思。如：

〈合集14851〉　　庚子卜，爭貞：其祀于河，以大示至于子毓？

〈合集34102〉　　庚辰貞：㠱以大示？

〈合集22939〉　　☒丑其召于祖乙，其以毓祖乙？

卜辭另有「以齒王」例，似乎進獻的對象不只是逝世的祖先，也有針對時王的用法：

〈合集17308〉　　己亥卜，𣪍貞：曰：戈以齒王？

統觀以上諸文例，見「以」字之後亦有緊接進獻的上位者。

　　（17）（18）辭張秉權原釋文作「咸」的字形，不以甘而從口，即丁聲，字應隸作「成」才是。對應同版右後甲下方的（21）辭：「奉祓于上甲、成、大丁、大甲、下乙？」一辭，「成」字置於「上甲」和「大丁」之間，當即指「成湯」，用為武丁時祭神的先王時期開創之先祖名無疑。因此，（17）（18）一組對貞是卜問將領雀是否進貢於先王成湯。學界有據錯誤的隸定「咸」字，配合「咸」字作為副詞的悉、盡意來理解上下文，更是錯上加錯了。

　　「雀」借為殷商將領名，他能祭獻殷王的直系先祖，雀其人與殷王室應有密切的血親關係；復可知當日的祭祀，主祭者不見得只有殷王。

　　同版的（19）（20）辭為選貞關係，作：

（19）貞：妥以羊？二

（20）妥以鵒？二

二辭的動詞「以」下接「羊」和「鵒」，是指獻祭的動物，這與（17）（18）辭作

為先祖名的「成」字的詞位相同，但性質各異。可見我們對於字的正確理解，不能光只憑詞位，仍須先由整版甲骨問卜的詞意和卜辭的上下文意看，由句意的把握後再細論詞論字，如此才能了解甲文用字的真相。

（22）庚午卜，爭貞：亘卒？一二
（23）庚午卜，爭貞：亘不其卒？一二
（24）貞：亘不其卒？一二
（25）貞：亘卒？一二

　　（22）（23）辭在右左後甲上方靠千里線的兩側，向外書寫。二辭屬正反對貞。（24）（25）辭在左右後甲上方的外側，再向外書寫。二辭亦屬反正對貞。兩組正反對貞平行相互對應。「卒」，象枷鎖形，為執字的異體，省廾旁，字用為動詞，有驅押、囚禁意。字屬中性動詞。所謂「中性動詞」，是動詞一類可以兼作主動式和被動式的用法。即如「受」字作接受，又作授與的意思；「賜」字有賞賜，又作被賞賜的理解。當然，「亘執」、「亘不其執」的對貞句，亦可視作常態的「執亘」、「不其執亘」的移位句型來理解，賓語移前句首。
　　「亘」，用為外族名，本版同見於（6）（7）辭：
　　（6）戊午卜，㱿貞：雀追亘，〔不〕〔其〕〔獲〕？一
　　（7）戊午卜，㱿貞：雀追亘，业獲？一
因此，（22）至（25）辭是重複對貞句，卜問敵對的外邦亘族被驅執否的意思。相類的文例，又如：
　　〈合集643〉　　貞：臣不其卒？
　　　　　　　　　　☑臣卒？
　　〈合集628〉　　壬午卜，㱿貞：伇追多臣☑羌弗卒？
　　〈屯190〉　　　丙子卜：今日希，召方卒？
　　〈屯918〉　　　貞：王令旁方卒？
對比下列諸辭，見「執」字又多具主動式的用法：
　　〈合集6334〉　　貞：我弗其卒舌方？
　　〈合集6951〉反　☑戌卜，賓貞：戈卒亘？
　　〈合集6953〉　　貞：雀弗其卒亘？
　　〈合集26950〉　☑卜：王呼執羌，其☑？

304

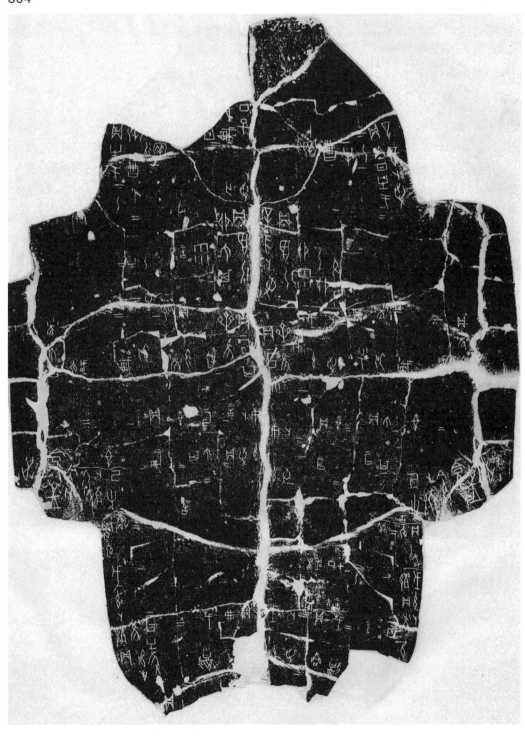

〈307〉

（3）叀子效令西？一
（4）叀子商令？一
（5）貞：叀王自往西？一

　　（3）（4）辭在殘甲右左前甲靠中間千里線的兩側，向外書寫。（5）辭在（3）辭的右旁再向外書寫。（3）（4）（5）辭並排，字形一致偏小，應屬同組卜辭，似是選貞關係。其中的（5）辭命辭句意較完整，卜問「王自往西」，強調是「王」親自的前往，句首由肯定語氣的語辭「叀」字帶出主語和全句。（3）辭是「王令子效往西」的省略兼移位句。（4）辭句型最簡省，也是「王令子商往西」的變型。這組選貞三句是卜問是由殷王抑子效或是子商往西巡。

　　「子效」和「子商」是多子族的成員，為殷王武丁所驅使。

　　（3）（4）辭的「叀」字，作為受辭前移句首的一變異句標誌，其功能和（5）辭同一的「叀」字並不相同。

307

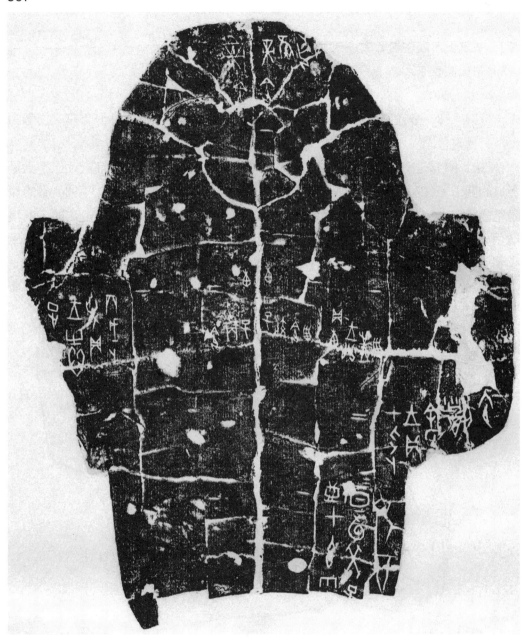

〈309〉

（7）壬申卜，㱿：羽乙亥子汏其來？一

（8）子汏其隹甲戌來？一二

　　（7）（8）辭在殘甲的右前甲靠千里線，上下並排，同向右外側書寫。二辭的上下有界畫包圍。

　　（7）辭算是完整句，只省略前辭的「貞」字，（8）辭則全省前辭。二辭應是選貞的關係。（7）辭的命辭是常態句，時間詞「翌乙亥」置於句首；（8）辭的命辭是變異句，時間詞「甲戌」罕見的移後，加插在語詞和動詞「其來」之間，前復增用一語詞「隹（唯）」字帶出。相對較近的時間只用「唯」，次日時間用「翌」，兩者或有對應的關係。於此，亦概見殷商對貞句語法的不穩定。

　　（7）（8）辭卜問子汏來朝的時間，此見非王的多子族有朝見殷王的禮儀，而子族入朝時間是由殷王決定的。

309

〈311〉

（1）壬申卜，<ruby>殼</ruby>貞：我立中？
（2）壬申卜，<ruby>殼</ruby>貞：勿立中<ruby>卜</ruby>？

　　（1）（2）辭在右左前甲的兩外側邊沿，向內書寫。二辭屬正反對貞。同版相對的文例，見反面〈丙312〉右後甲靠中線作下上相對的（23）（22）辭：
　　〈丙312〉（22）　勿立中？
　　　　　　　　（23）　勿<ruby>冉</ruby>册立中？
以上是張秉權原釋文。
　　（23）辭句首的「勿」字，細審原拓無法確認，殘字的左邊有豎筆，中隱約有橫畫，張惟捷《丙編新編》作「貞」，可能比較正確。如此，正反面是兩組正反對貞，卜問「立中」的句意相同。
　　〈丙312〉（23）辭見「冉册」和「立中」兩獨立禮儀前後相承接的一重要訊息。對比〈丙315〉（1）辭：「丙申卜，<ruby>殼</ruby>貞：<ruby>戠</ruby>冉册，王呼從伐印？」，可見殷人對外征伐之前，有由征戰的將領先舉行「冉册」一獻祭神靈的儀式。
　　（2）辭命辭句末的「卜」，或獨立成句，示用瓢形器灑奠以祭；字參上引〈丙197〉釋文。

（3）癸丑卜，<ruby>亘</ruby>貞：王從<ruby>奚</ruby>伐印方？一
（4）癸丑卜，<ruby>亘</ruby>貞：王<ruby>叀</ruby>望乘從伐下危？一

　　（3）（4）辭在右左中甲下靠千里線兩側，對應向外書寫，表面看似是選擇對貞的關係，卜問殷王武丁應聯同奚攻伐印方，抑或是聯同望乘攻伐下危。（3）辭在右甲，屬常態句型；（4）辭在左甲對應，屬變異的移位句。殷人刻寫龜甲的對貞句，是以右甲為主，左甲為輔。然而，二辭其實並非選貞的關係。
　　細審（3）（4）辭反面〈丙312〉在中甲相對位置的下方，見：
　　〈丙312〉（7）　　王勿從<ruby>奚</ruby>伐？
　　　　　　　　（8）　　王勿從望乘伐？
此（7）（8）辭的兆序（一），正好刻在正面的〈丙311〉（3）（4）辭的下方位置。二者是正反面各自連讀，應作：
　　（3）癸丑卜，<ruby>亘</ruby>貞：王從<ruby>奚</ruby>伐印方？一
　　（7）王勿從<ruby>奚</ruby>伐？一

（4）癸丑卜，亙貞：王叀望乘从伐下危？一

（8）王勿从望乘伐？一

因此，〈丙 311〉（3）辭和〈丙 312〉（7）辭、〈丙 311〉（4）辭和〈丙 312〉（8）辭才是兩組正反對貞。兩者都是肯定句在正面上方，否定句在反面下方。否定句的卜兆和卜序則仍保留在正面位置。這才是這兩組對貞卜辭的正確關係，分別正反面的卜問武丁討伐𢀛方和下危二戰事的宜否。

〈丙 311〉（4）辭命辭「王叀望乘从伐下危」，是「王从望乘伐下危」句的移位，句中因強調聯同的附屬族「望乘」，而將之前移，復在其前加添一語詞「叀」來區隔前面的主語，並作為帶出前移詞組的標誌。

（7）貞：父乙卯媚？一〔二〕三四

（8）貞：父乙弗卯媚？一〔二〕三四

（7）（8）辭在左後甲的上方，一下一上內外斜對。二辭屬正反對貞。卜辭和兆序都是由中間向左外側書寫。命辭的「父乙」，即武丁親父小乙，用為祭祀的對象；卯，即卯，對剖祭牲的殺牲法，用為動詞；媚，用為眉族女牲，相類文例如：

〈合集 655〉　　貞：㞢（侑）：伐、妾、媚？

〈合集 655〉　　卅妾、媚？

〈合集 22099〉　辛酉卜：禦于有亙：媚？

（7）（8）辭的順讀不可解，「父乙」前似省另一祭祀動詞。對比同版二辭旁邊的（6）辭「貞：王其□，㞢告父，正？」一句，和龜甲反面〈丙 312〉（20）辭「勿衣㞢于下乙？」、（21）辭「貞：㞢于下乙？」諸句，（7）（8）辭「父乙」之前，宜省略動詞「㞢（侑）」。二辭完整的讀法，是：

（7）貞：㞢（侑）父乙，卯：媚？一〔二〕三四

（8）貞：㞢（侑）父乙，弗卯：媚？一〔二〕三四

此言武丁侑祭小乙，卜問是用對剖的方式殺眉族女牲作祭否。

（9）今己巳㞢？一

（10）㞢一牛？一

（11）㞢二牛？一

（12）〔㞢〕三牛？〔一〕

（9）至（12）辭在右後甲的上方，自中間千里線並列向右外側逐辭垂直書

寫。其中的（9）辭先卜，具體點出時間和祭儀，貞問當天己巳日用火燒的燎祭宜
否。接著的是（10）（11）（12）三辭同組並排在（9）辭的右側，作為選貞，卜
問是次燎祭，是用一牛抑或二牛抑或三牛燒獻給神靈。殷人占卜的方式，有先是用
單辭卜問某事的宜否，然後再以對貞或選貞的方法，詢問細部的內容。

　　同版反面〈丙 312〉與燎祭相關的，僅見右後甲側邊位置相當而且也是垂直書
寫的（28）辭：「寨（燎）五牛于河？」。此辭或與〈丙 311〉（9）～（12）辭
句意可相系聯，屬同組的選貞。如此，（9）～（12）辭燎祭省略的對象，應該就
是自然神的「河」。

（14）子希囚凡？一（上吉）二
（15）子希弗其凡？一二（上吉）
（16）子🝔囚凡业疾？一二
（17）子🝔弗其凡？一二

　　以上是張秉權的原釋。

　　（14）（15）辭在右左後甲中間，同向左邊書寫。二辭屬正反對貞。（16）
（17）辭在右左後甲稍下方，同向右邊書寫。二辭屬正反對貞。兩組對貞並列，卜
問內容亦互有關連。

　　張秉權釋文連讀「子希」和「子🝔」，理解為人名，在（14）～（17）辭都作
單句釋讀；僅備一說。對比同版反面〈丙 312〉的（10）～（15）辭見同一個
「希」字，作「弗希」、「上甲希王」、「黃尹希王」等用例，字都借為習見的
「祟」，有除禍意。因此，龜版正面〈丙 311〉（14）（15）辭的「希」，似亦應
理解為動詞的詞性。如「希」字視作災禍意的動詞，相對（16）（17）辭的「🝔」
字也該理解為動詞用法才對。

　　（14）（15）辭的「希」，作常態理解為祟，屬內在發生的禍害。「子希」，
即言子有禍害之意，接著卜問是身體的骨臼（關節）有疾患與否。「子」指的似是
同版右後甲邊的（13）辭「貞：业復又子，王循于之益，若？」中的「子」。
（16）（17）辭的「子🝔」，後一字有釋從首從口；細審拓片，字上應從戉形或作
倒矢的雙勾書寫，下口形示敲擊的對象，或即骨臼的臼形。字的組合有擊刺意。此
言子遭受外力的擊刺，卜問骨臼關節處有疾患與否。

　　兩組對貞中的（16）辭為完整句，讀為：

　　（16）子🝔，囚凡业疾？一二

以此辭為不省句例，可推知餘辭省例的意思。（14）辭後句的「囚凡」，讀作「骨

臼」，是指患疾的部位，後省「有疾」二字。（15）辭後句的「弗其凡」，其中的「凡」字實為「囚（骨）凡（臼）」一辭之省，後復省「有疾」。（17）辭句例與（15）辭省略同。四辭不省的讀法，是：

(14) 子希（祟），囚（骨）凡（臼）虫（有）疾？一〔二告〕二

(15) 子希（祟），囚（骨）凡（臼）弗其虫（有）疾？一二〔二告〕

(16) 子𢀖，囚（骨）凡（臼）虫（有）疾？一二

(17) 子𢀖，囚（骨）凡（臼）弗其虫（有）疾？一二

對貞分別言子受到心理上鬼神的降禍和身體遭受外力的傷害，卜問會影響到關節有疾患否。

(20) 貞：呂〔不〕〔其〕受年？一〔二〕三〔四〕五

(21) 貞：呂不其受年？六七八九十

　　（20）（21）辭在右左甲尾的外側，自邊沿向內書寫。二辭屬成套的關係。兆序則由內向外，由上而下，分三排對應的在（20）（21）辭內側。（20）辭仍見「其」字的殘筆，可補。

　　（20）（21）辭的反面位置，見〈丙 312〉（27）辭「王子卜，爭」一句在（21）辭的正後面，是（20）（21）二辭的前辭。又見〈丙 312〉（26）辭「王固曰：吉。受年。」在甲尾千里線上，是屬於（20）（21）二辭的占辭。本版見甲骨正面成套卜辭的前辭和占辭，分刻於反面的對應位置上。因此，（20）（21）二辭的完整句讀法，是：

(20) 王子卜，爭貞：呂不其受年？王固曰：吉。受年。一〔二〕三〔四〕五

(21) 貞：呂不其受年？六七八九十

本版甲尾處僅有（20）（21）二辭右左相對，但兆序卻只有同一組，連續卜問十次，詢問呂地將不會受鬼神保佑得享豐年否。其中的（一）至（五）在右甲尾，（六）至（十）在左甲尾，以對應的卜兆位置順序刻寫。作為單一套的成套卜辭，兆序形式的呈現很是奇特。卜辭以反反並列的方式重複書寫，也是例外。

311

1857+1980+正1982+2193
+2575+2658+2660+3309
+7020+7073+7096+7741
+13.0.4397+13.0.6671

13.0.3907+13.0.4113+13.0.4114+
13.0.4459+13.0.5200+13.0.5443
+13.0.5445+13.0.7050 13.0.7051
13.0.7057+13.0.14741-13.0.14746
+13.0.14832+13.0.14881-13.0.14883
13.0.14886 13.0.14887 13.0.14890
13.0.14892 13.0.14893 13.0.14895
13.0.14896+13.0.16331+13.0.4397
+13.0.6671

〈313〉

（5）□□〔卜〕，□〔貞〕：〔王〕〔隹〕〔帚〕〔好〕〔令〕〔从〕〔沚〕
　　　〔戛〕伐巴方受〔㞢〕又？一二三〔四〕〔五〕六七八九〔十〕

（6）貞：王勿隹帚好从沚戛伐巴方弗其受㞢又？一二三四五六七八九十

　　以上是張秉權的原釋文。

　　（5）（6）辭在右左甲橋中下端向內書寫。二辭屬正反對貞。相對而言，（6）辭漏書一「令」字。二辭命辭當讀作二分句，前句為陳述句，後句為詢問句。（5）辭命辭應讀作「王唯婦好令从沚戛伐印方，受有佑？」，（6）辭命辭應讀作「王勿唯婦好令从沚戛伐印方，弗其受有佑？」。二辭的句型作 $\begin{Bmatrix} A & , & B \\ -A & , & -B \end{Bmatrix}$，站在單純的上下文語意看，否定句作 $\{-A，-B\}$ 句是矛盾的，既然是不伐印方，自然就沒有佑不佑的詢問必要了。殷人貞卜，強調的是在形式上正反的對對成組貞問，透過卜兆觀察鬼神的取捨，而並不執著於卜辭中前後句意之間的衝突與否。整組對貞是殷王命令婦好聯合附庸沚、戛討伐印方一事，這裡是用正反的方式卜問有受鬼神的保佑否。

　　二辭的兆序集中在正反二辭的內側，由上而下，由內而外對稱刻寫。在右左後甲的千里線旁起，兩邊的兆序（一）（二）（三）（四）（五）作第一行，（六）（七）（八）（九）（十）作第二行，接著其下復見第三行的（一）（二）（三）（四）。可見二辭各自卜問多達 14 次；原釋文宜補正。殷人兆序的數數，是由（一）算到（十），接著是再由（一）開始算起。右甲（五）辭兆序第三行（二）下有兆語「二告」，左甲（6）辭兆序第三行（一）下亦有兆語「二告」，也應補上。

　　（5）辭句首殘缺，應該沒有刻寫前辭。（5）辭只有用一「貞」字帶出命辭。至於（5）（6）辭的前辭，是見於龜版反面靠右中線的〈丙 314〉（3）辭：「辛未卜，賓」一句，似是接讀在正面（6）辭之前。

313

〈316〉

（1）〔田〕于唐？一二三四

（2）車人犬乎田？一二三四

（3）貞：〔勿〕☒？一二三上吉

（4）貞：來？一二

（5）貞：今十三月畫乎來？一二三

（6）〔貞〕：今十三月不畫□？一二三

以上是張秉權的原釋文。

（1）（2）辭在殘甲右左首甲的兩外側，對應向內書寫，可能屬對貞關係；也可能不是，只是兩條獨立的單卜。

（2）辭的「人」字，从人側形而屈膝腿，象尸形，可隸作夷，用為外邦或附庸名；「犬」，也可借為附庸名。（2）辭是「（王）呼夷、犬田？」的移位句，言殷王呼令夷族和犬族人田狩。

（1）（2）辭的兆數相同，卜兆由下而上，但位置不完全對應，（1）辭兆序（二）和（三）先佔據中甲，與（2）辭大致相向占卜。（1）辭句首有一殘字，只見字左下一小直角筆畫，自可對應補作「田」字，言田狩於唐地。因此，（1）（2）辭互補，是「（王）呼夷、犬田于唐」一句的正正對貞。另一考量，「唐」字用為卜辭習見的殷先王成湯，介賓語「于唐」之前，殘缺一祭祀動詞。目前看，似仍以前者為是。

（3）（4）、（5）（6）辭在右左甲橋上方，兩兩成組，屬正反對貞。但宜先讀下面的（5）（6）辭，再讀上面的（3）（4）辭。（5）辭命辭「畫乎來」句，應理解為「王呼畫來」的移位，「畫」字用為附庸人名。（6）辭殘辭，句首「貞」字只見兩旁的豎筆，中間筆畫漏刻。句末可補一「來」字，也可能都沒有字，句意是「王不呼畫來」的移位。（5）（6）二辭的兆序相對，由內而外作一橫列。（3）（4）辭的兆序也是由內而外橫列，但並不對稱。（4）辭僅見（一）（二）。可見對貞句的兆序不見得都是對稱的。（3）辭原釋的兆語「上吉」，應改釋作「二告」。

（3）辭的「勿」字不清，暫依原釋理解，僅供參考。（3）（4）辭對貞，似是（5）（6）辭對貞的延續，強調「畫來」一事宜否的再一次卜問。

316

〈317〉

（7）羽乙巳业祖乙宰业牝？二

（8）貞：勿业牝，叀牡？二

　　以上是張秉權的原釋文。

　　（7）（8）辭在右左後甲中間千里線兩側，垂直分三行向外書寫。二辭為正反對貞。二辭的外側，拓本清楚見卜兆和兆序（一），宜補上。兆序（二）又在兆序（一）的靠外處。二辭的前辭在（7）辭的正反面，即〈丙318〉（2）辭的「甲辰卜，敝」。

　　（7）辭命辭卜問次日乙巳日侑祭於祖乙，用牲是一圈養的羊和一母牛。同辭的同一「业」字分別用為祭祀動詞「侑」和連詞「又」。（8）辭對貞則卜問不侑祭以母牛，改用公牛。（8）辭否定句的「业」，可理解為「侑」；但亦可等同於（7）辭肯定句的「宰业牝」的「业牝」，「业」字作為連詞，即「又」，和也，同也。此言是次的用牲，除用宰以外，不聯同牝，而是聯同牡；語意亦通。（7）（8）辭的正確斷句，是：

　　（7）甲辰卜，敝：羽（翌）乙巳业（侑）祖乙：宰业（又）牝？一二

　　（8）貞：勿业（侑）牝，叀牡？一二

（14）貞：祖丁若小子🦴？二

（15）祖丁弗若小子🦴？二

　　（14）（15）辭在右左後甲的兩外側邊沿，於卜兆外旁由上而下書寫，但末一字卻另行刻在兆下橫紋處。二辭屬正反對貞。（15）辭省前辭的「貞」。對貞是成套的第二塊龜版中的卜辭。

　　本版同時出現征伐和祭祀卜辭。甲版的兩外側和後甲以下全屬祭祀類，且都有「业（侑）」祭，祭拜的對象有成（成湯）、祖乙和祖丁，祭祀的獻牲有人牲的伐，和動物的宰、牝、牡。因此，（14）（15）辭祭拜祖丁句的末一字，從人皿有隸作溫（陳邦懷）、作益（郭沫若）、作浴（羅振玉），都可理解為獻祭之物。張秉權釋文謂字象人在器皿中，並引史語所藏西北岡第1435號墓出土的大圓鼎內底銘文作證，也認為是溫字；理論上是可從的。我們進一步推斷，殷墟西北岡第1435號墓大鼎內底銘文的形體，象人全身臥置皿中，上下從水點，此正是現大圓鼎的功能，是一烹人或行葬禮的鼎彝。參考以下文例：

〈合集 19152〉　　貞：勿見（獻）溫？九月

〈合集 151〉　　　貞：小子虫（有）溫？

　　　　　　　　　貞：小子亡溫？

〈合集 1824〉　　貞：于溫用？

〈合集 25162〉　　甲申卜，即貞：妣歲，其溫？

溫字可理解為烹人的彝器，名詞；末一例「其溫」又有用作動詞，指烹人以祭。「小子」是官名。（14）（15）二辭的「小子溫」，其中的「溫」字如用為動詞，可解讀為「小子」一官進行烹人之祭；如用為名詞，即相當於〈合集 151〉的「小子有溫」句的省略，指「小子」一官獻以烹鼎。

　　（14）（15）辭對貞讀為二分句，其中的詢問句在前，陳述句在後。正常的對貞形式，應讀作：

　　（14）貞：小子溫，祖丁若？二

　　（15）小子溫，祖丁弗若？二

二辭言小子烹人祭祀，正反的卜問祖丁順諾否。

317

〈319〉

（1）甲申〔卜〕，□〔貞〕：與方來隹🦴余弋囚？一二三四（上吉）五六七八九十

（2）〔甲〕〔申〕〔卜〕，□〔貞〕：（與）方來不隹🦴余弋囚？一〔二〕〔三〕〔四〕〔五〕六〔七〕〔八〕〔九〕十

　　以上是張秉權原釋文。

　　（1）（2）辭在右左甲橋，由外而內書寫。二辭屬證反對貞。兆序是自首甲由上而下，由內而外橫列。

　　（1）（2）辭命辭的「與」字中間從凡，應隸作「興」，方國名。原釋文的「弋」字應隸作「才」，讀作在。命辭內容應斷讀為三分句：

　　（1）辭作「興方來，隹（唯）🦴，余才（在）囚（禍）？」

　　（2）辭作「興方來，不隹（唯）🦴，余才（在）囚（禍）？」

對比相同的文例，如：

〈合集 6088〉　　貞：舌方出，不隹（唯）🦴，我才（在）囚？

〈合集 32778〉　　癸酉卜：又（有）𡆥，才（在）囚？

〈英 2466〉　　丁未卜，貞：亡𡆥，才（在）囚？

🦴，象牛肩胛骨形，即骨字初文，可借為禍咎的禍字，字與𡆥害類用字相當。囚，象卜骨形，字為禍字初文，亦讀同禍。🦴、𐀀二字的用意相類，可通；屬同版異形。（1）（2）辭分為 A、B、C 三分句，其中的 A、C 句為陳述句，中間的 B 句才是詢問句。B 句是針對首句 A 句的外族「興方來」一事作正反對貞，卜問會否帶來禍咎？而 C 句置於最後，只是補述殷王武丁在興方來犯一事上不管結果成敗，自己都處於災難之中。同辭兩個借為「禍」 的字，前者用為禍害的泛指，後者強調占卜，是神靈施降的災禍。

　　至於兆序，龜版右左兩邊字首甲至前甲只見（1）（2）兩辭，可見拓本右邊（1）辭的兆序，應是由內而外連續多達 27 個：

（一）（二）／（三）（四）（五）／（六）（七）（八）／（九）（十）

（一）（二）／（三）（四）（二告）五六七／八九十一二／三四五六七

左邊（2）辭的兆序，由內而外連續的共 26 個：

〔一〕〔二〕／〔三〕〔四〕／五（二告）〔六〕〔七〕／〔八〕〔九〕

〔十〕一／〔二〕〔三〕〔四〕〔五〕六／〔七〕〔八〕〔九〕十（二告）一／〔二〕〔三〕〔四〕〔五〕六

（1）（2）辭的兩邊兆序下有一橫界畫，與下面（3）（4）辭的兆序明顯作區隔。

（3）〔貞〕：王从與方〔伐〕下危？一二〔三〕〔四〕五六〔七〕〔八〕九
〔十〕

（4）貞：〔王〕〔弗〕从與方伐下危？一二三四五六七八〔九〕十（上吉）

　　以上是張秉權的原釋文。

　　「與」，應改隸作「興」，字中間从凡（盤）。兆語「上吉」，應改隸作「二
告」。（3）（4）辭在右左甲橋的下方，向外書寫。二辭屬正反對貞。二辭的前辭
見於（3）辭的反面，即〈丙320〉（3）辭的「癸酉卜，亘」。

　　（3）（4）辭的完整讀法，是：

　　（3）癸酉卜，亘貞：王从興方伐下危？

　　（4）貞：王弗从興方伐下危？

對比同版的（1）（2）辭，甲申日占卜興方來犯，經過 50 天後的癸酉日占卜王聯
同興方出擊下危，可概見此外邦興方在一個半月之間，其部族的性質已由叛逆來犯
而歸順，並協助殷人再對外征戰的一大逆轉。

319

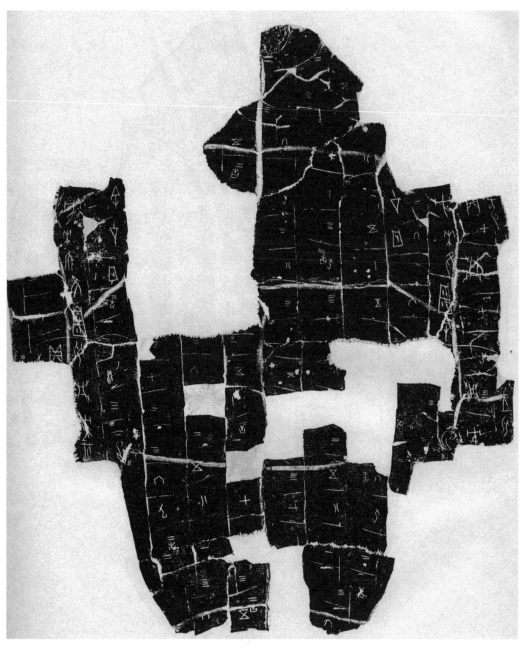

〈321〉

（1）己卯卜，爭貞：王乍邑，帝若，我从之唐？一二三（二告）四五六〔七〕八
　　九十

（2）〔己〕〔卯〕〔卜〕，〔爭〕〔貞〕：〔王〕〔乍〕〔邑〕，帝弗若？一二
　　三四五六〔七〕八九（二告）十

　　（1）（2）辭在右左甲橋邊，向內書寫。二辭屬正反對貞。（1）辭命辭分作
三個分句，中間第二分句為詢問句，第一、三分句是陳述句。句型與〈丙 319〉
（1）（2）辭相同，（2）辭省略第三分句。

　　在（1）（2）辭右左兩邊的兆序，由內而外，由上而下橫列。在（一）至
（十）之後，復緊接著有（一）（二）（三）（四）（五）（六）（七）（八）
（九）（十）（一）（二），各自卜問 22 次，原釋文應補上。

　　（1）辭命辭三句中的首句「王乍（作）邑」，是泛指殷王武丁要興建新的城
邑，第二句針對首句內容，詢問上帝允諾答應此事否，第三句是我等順從上帝所
示，至唐地「作邑」。其中的「之」字从止，有往意，這句也是補充第一句「作
邑」的句意，帶出「作邑」的具體地望。

　　（2）辭否定句卜問「帝弗若」否，但不書第三句。上帝如不同意，自然就沒
有進一步紀錄第三句「服從上帝在唐地築邑」此一具體構想的必要了。

321

〈323〉

（3）我虫七麅逐？七麅不𢼄。一
（4）丁亥卜，王：我虫卅麅逐？允逐隻十六。一月。一

　　（3）（4）辭在右左甲尾靠千里線兩側，由內而外對應書寫。二辭似是選貞，又或是各自獨立的卜辭。目前看，恐以後者為是。

　　本版全都是殷王田狩的「逐麅」卜辭。（4）辭由王親貞，強調我等追逐的是卅頭麅鹿，卜問獲否。（3）辭省前辭，強調我等追逐的是七頭麅鹿，卜問獲否。二辭都省略問句的「隻（獲）？」。可見是次殷王武丁的打獵，對當下要狩捕的動物物種和待抓捕的數量都已經有清楚的顯示。換言之，命辭中這兩次「卅麅」和「七麅」的追逐，是先有經人為的清點，並逐一釋放，再由殷王自行追捕的一個田狩活動。因此，（4）辭的驗辭才會有追獲其中的十六頭麅的事後記錄。這一場逐獸過程，無疑是殷王在圈養動物地中的一種放獸復再捕獸的田獵訓練或嬉戲活動。

　　（3）辭的𢼄，張惟捷《丙邊新編》將右一部件混作从止从丙，細審拓片，右部件上从辛不从止，張秉權的原釋隸定仍是正確的。姚孝遂《甲骨文字詁林》第三冊 2077 頁𢼄字條按語：「用為動詞，與田獵有關，義當為擒獲。」，可供參考。目前所見甲文的𢼄字僅四例，除本版（亦即〈合集 10950〉）外，均屬殘辭，見「𢼄人」〈合集 8718〉、「我𢼄」〈合集 8719〉和「豕，弗其𢼄」〈合集 19361〉等用例。勉強完整的，見：

　　〈合集 19361〉　丁酉卜：更來豕，弗其𢼄？在☒。

由於〈丙 323〉（3）（4）辭中已有用「獲」字，且據〈合集 19361〉言某人來貢豕獸，而卜問「弗其𢼄」否，「豕」既為進貢的動物，自無所謂獲不獲的問題。因此，𢼄字有用為田狩動詞，但絕不會是「獲」字。𢼄，字从戶聲，古音匣母魚部（ɣɑ），與入聲的「護」字讀作匣母鐸部（ɣɑk），聲母相同，元音一致，二字可通用。《說文》：「戶，護也。」段玉裁注：「以疊韻為訓。」護字在文獻中有「慎守」、「持有」意；參朱駿聲《說文通訓定聲》375 頁護字條。由此，上引〈合集 19361〉理解為「來豕」而卜問「弗其護」，是指更人來貢的豕可能有所閃失意外，故卜問不能擁有嗎。在文意上言是可通讀的。至於〈丙 323〉（3）辭驗辭的「七麅不𢼄」，是指我待追逐的七麅，結果是盡數跑失，不能固守。「𢼄」字讀為護，作守解，似都能通讀無訛。

（10）乙丑卜，王：其逐麅，隻？不往。二

（11）乙丑卜，王：不其隻麀？不往。二

　　（10）（11）辭在右左中甲靠千里線兩邊，直行向外書寫。二辭屬正反對貞。本版諸辭都是由殷王親自貞問，但前辭一律省卻「貞」字。

　　（10）辭命辭張秉權的原釋文只作一單句；可商。此應斷讀為二分句，前句「其逐麀」是陳述句，後句「獲？」是詢問句。（11）辭命辭則是「其逐麀，不其隻（獲）？」的省前句例，只保留了詢問句，並將追逐的對象「麀」保留在詢問句末。對貞先交代武丁追逐麀鹿一事，卜問獲抑或不獲。驗辭直言王「不往」，分別重出於肯定句和否定句之後，顯屬特例。

　　田狩動詞的語意順序，是：往→逐→獲。

　　對比同版同旬同事的句例：

　　（18）癸酉卜，王：其逐麀？

　　（19）癸酉卜，王：不其隻（獲）麀？

（18）（19）辭在右左後甲，二辭屬正反對貞，亦概見動詞由「逐」而「獲」在句中多見連用，而且是可以省略的。因此，（18）辭的命辭是「其逐麀，隻（獲）？」的省詢問句例，而（19）辭是「其逐麀，不其隻（獲）？」的省前句例；句型的變異和（10）（11）辭相當。

（16）己巳卜，王：隻在朱兕？允隻。〔一〕
（17）己巳卜，王：弗其隻在朱兕？二月。一

　　（16）（17）辭在右左甲尾兩側，向內對稱書寫。二辭屬正反對貞。命辭中，介賓語作為補語的「在朱」，加插在田狩動詞「隻（獲）」和獵物「兕」之間，屬變異句型，強調的是在朱地的野牛。一般常態句應書作「獲兕在朱」。驗辭「允獲。」一句緊接於（16）辭對貞肯定句的後面，是常態的刻法。兕，《說文》作𤉡：「如野牛，青色，其皮堅厚可制鎧。象形。」

323

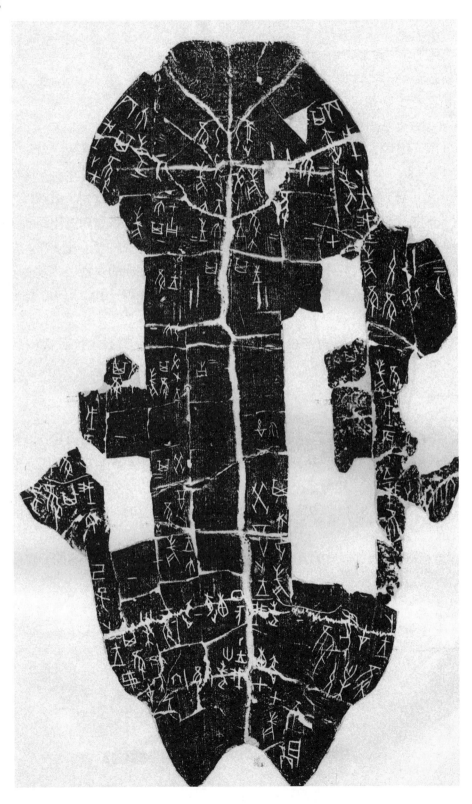

〈326〉

（7）貞：〔方〕女于敦？一二三〔四〕五六〔七〕八九

（8）勿于敦？一二三四五六七八九

（9）勿☒？☒

（10）貞：方女乎于敦？二

　　　（7）（8）辭在右左後甲上方靠千里線兩側，（9）（10）辭在右左後甲下方靠兩邊甲沿；屬兩組同文的的正反對貞。其中的（10）辭為肯定句，命辭內容比較完整，是殷王「乎（呼）方女于敦」的移位句。（7）（8）辭是句意相同的對貞，（7）辭「方」字殘缺，復省略動詞「呼」。（8）辭兼省「方女」和「呼」。卜辭的「方」字，是殷商對於外邦的泛稱，「方女」，應指外族的女牲。「敦」，作為外族獻女牲或殷人用祭牲的地名。以上兩組對貞，應先讀（10）（9）辭，再讀（7）（8）辭。

　　　對比〈合集 11018〉右左後甲下方外側的一組正反對貞，位置與內容恰與（9）（10）辭相同，作：

　　　乙巳卜，爭貞：方女于敦？一二三

　　　貞：方女勿于敦？一二三

以上兩版對貞的內容，可以互補。彼此應是同時同事所刻。〈合集 11018〉對貞的兩個「方」字作✦，〈丙 326〉（10）辭的「方」漏刻橫筆作✦，對比完整的寫法，二字形一漏兩旁二短豎，一漏中間一橫畫；兩者字形又見互補現象。因此，〈丙 326〉（7）（8）、（9）（10）兩組對貞省略的前辭，似應即「己巳卜，爭」。

　　　以上，是透過異版同文的互補，讓我們能夠較充份印證卜辭內容的一實例。

326

〈328〉

（1）貞：勿首自上甲一羌至下乙？一
（2）貞：羽甲辰勿酚羌自上甲？一

　　（1）（2）辭在右左前甲的上方，由內而外書寫。二辭對應成組，或為反反對貞。二辭的辭意互補，見（1）辭的命辭省略句首的時間詞「翌甲辰」和動詞「酚」，（2）辭的命辭則省略祭祀對象的「至下乙」一段。

　　「首」，字讀薎，是加強否定功能的語氣詞，「勿首」意即一定不會要的意思。《說文》：「薎，勞目無精也。」段玉裁注：「通作眜。引伸之義為細、為無。」對貞的「一羌」和「羌」並用，見數詞「一」的書寫是可有可無的。祭牲一般置於句末祭祀神祇的後面，（1）辭卻獨特的加插在先公名之間，（2）辭又前置移在先公名的前面。以上，足見殷卜辭用詞的隨意和書寫的不穩定。

　　本版多見卜辭文字壓在他卜卜兆的現象，如（1）、（8）辭是。同版又見同字異形的寫法，如「貞」字有拉長二豎筆突出書寫（8）、有作方形而二豎筆和斜筆相接（3）的差別。

328

〈330〉

（5）來甲午坐伐上甲十？一

（6）來甲午坐伐上甲八？一

　　武丁卜辭。（5）（6）辭在右左後甲稍上的兩邊，二辭屬選貞關係。卜辭卜問下旬甲午日侑祭上甲，用斬首的伐牲十個抑或是八個。常態句是祭牲在句末，作「來甲午坐（侑）上甲：伐十？」、「來甲午坐（侑）上甲：伐八？」卜辭因強調祭牲的「伐」而前移緊接動辭之後，但數詞卻仍停留在句末，變成一如此奇特的移位文句。

　　（5）（6）辭的前辭，見於（5）辭的反面〈丙 331〉（2）辭「丙戌卜，𣪊」。

（7）貞：坐于妣己：奴、☖？一

（8）勿坐奴于妣己？一

（9）坐妾于妣己？一

　　（7）（8）（9）三辭同組占卜。（7）辭在右甲橋下方，向外刻寫，（8）辭在左後甲下方靠千里線向左外刻寫，（9）辭在（7）辭的左旁內側，平行並排同向外刻寫。（7）（8）二辭似為正反對貞，（7）（9）二辭又可理解為選貞關係。（7）辭為常態句，（8）（9）辭則屬變異句，祭牲「奴」、「妾」移前。

　　奴、妾、☖均用為人牲。奴，字從手由後壓抑人跪坐形，一般隸作𠬩；字從人、從女可通，我隸作奴字，泛指奴隸，有對應的用為男奴。妾，從女，上戴冠飾標誌卑下階層，用為女牲一類。☖，我曾撰文釋為「執」字異體，象人正立形而分別在頸項和雙手、雙腳繫上枷鎖和繩索，示囚禁的罪犯。（7）（8）（9）辭分別用不同性質的人牲，在常態句置於命辭句末，亦有前移在動詞「侑」之後。

　　「于妣己」作介賓語，介詞介紹指引出侑祭的對象所指。「妣己」，是中宗祖乙的配偶，參同版（1）辭。

（10）乍，不〔其〕來？一

（11）貞：乍，其來？一

　　（10）（11）辭在右左後甲的上方，向外書寫。二辭為正反對貞，似應先讀

（11），再讀（10）辭。

　　由於辭例省略，句意不明，無法通讀。乍，即作，字由本象正在完成當中的衣服形，引申有當下，立刻，馬上進行的意思。對比農業卜辭有「作耤」、「作田」例：

　　〈合集 8〉　　　　☑卜，貞：眾乍耤，不喪☑？
　　〈合集 9472〉　　令尹乍大田？
　　〈合集 33209〉　　癸亥貞：多尹弜乍，受禾？

復互核本版〈丙 330〉（3）（4）辭：「甲午卜，賓貞：呼耤，生？」、「貞：不其生？」一組正反對貞句，「生」，張秉權釋文誤作之。（3）（4）辭在（10）（11）辭的正下方靠右左甲尾兩邊對貞，二組對貞語意可相承連接，由「呼耤」而「作耤」。（3）（4）辭正反句見上位呼令眾進行翻土耕種，卜問農作的冒生能有收成否。生，字從屮從一，象植物生長冒出之狀，用為動詞。

　　（10）（11）辭的對貞，命辭前句單言的「乍」，當即「眾乍（作）耤」之意的省略，言殷王號令眾（百姓，勞動力的一類）進行耕種，後句是卜問「眾」此一人力單位有「來」否。殷商上位者命令「尹」、「多尹」等職官主導耕種，代王監控驅使的是「眾」、「眾人」。

　　（10）（11）辭的前辭，見於（11）辭的反面〈丙 331〉（3）辭：「戊子卜，爭」。此見閱讀甲骨，正反面互參的重要意義。

330

〈334〉

（4）帚弗其囚凡屮疾？一〔二〕三四

（5）帚好囚凡屮疾？一二三

　　（4）（5）辭在右左甲尾靠千里線的兩側，直行向外書寫。二辭屬反正對貞。

　　「囚凡」，讀作「骨臼」，即今言關節意。屮，讀有。「囚凡屮疾」一句組，作為具動詞詞性的習用語。「疾」字从丬有省兩短豎，見同版異形。

　　（4）辭的「帚」，即婦字初文，這裡用為武丁配妃「婦好」的省略。省婦名的用例，又見〈丙340〉（3）（4）辭，可以互參：

　　〈丙340〉（3）丙申卜，設貞：帚好身，弗以帚囚？二

　　　　　　　（4）貞：帚身，其以帚囚？二

（4）（5）辭對貞，兆序在二辭的外側，由上而下貼著卜辭書寫。（4）辭見（一）至（四），其中的（二）字恰在殘骨中空處，可補；（5）辭僅見（一）至（三），兆序一列往下縮，原對應（一）的位置遭（5）辭的卜辭文字「屮疾」橫寫壓兆佔了。此狀況很可怪異，因常理是先有卜兆和卜序，才會在兆旁刻上卜辭的，卜辭不應該佔據卜序的刻寫空間，除非卜序是後於卜辭才刻上的。這現象值得再觀察。不管如何，此組對貞的兆序數並不相對等。

334

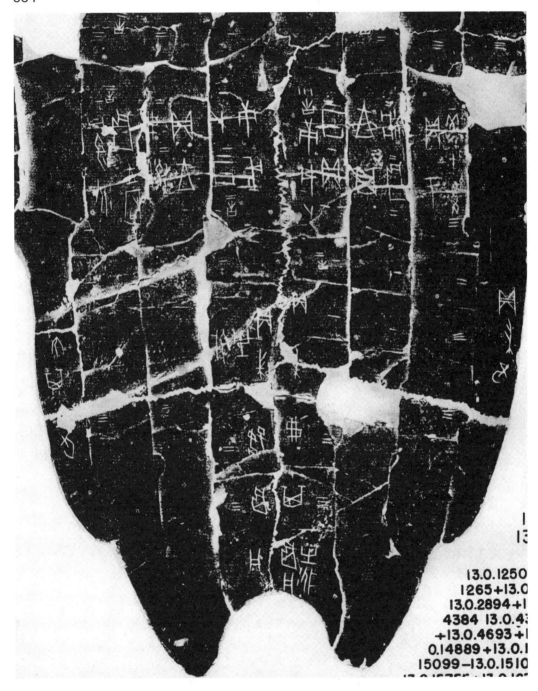

I
13

13.0.1250
1265+13.0
13.0.2894+1
4384 13.0.43
+13.0.4693+1
0.14889+13.0.1
15099-13.0.1510

〈340〉

（5）壬寅卜，㱿貞：屮于父乙：宰，曰：勾卯鼎？一
（6）貞：勿屮于父乙：宰，子㦰嬴？一

　　（5）（6）辭在右左甲橋下方，對應向外刻寫。二辭屬武丁的正反對貞，卜問用圈養的羊侑祭於父親小乙一事宜否。

　　這組對貞句結構特別，詢問句是用正反方式表達，卻置於命辭中的前句，按常態分析，後句宜是陳述句的移後。但（6）辭的「子㦰嬴」一句在此的理解卻不好解釋。嬴，字讀贏，有增長的正面意思，強調子㦰其人的身體安好無恙。第一期卜辭中多見禦祭求佑子㦰的例子。而一般「嬴」字句都是作詢問的方式卜問某人或某疾病的「嬴」否，如（6）辭「子㦰嬴」是屬陳述句的移後，其人既已無恙，實無卜問侑祭祖先否的問題。如理解（6）辭為一辭二卜例，則更是罕見用法，況且對貞的（5）辭亦無相對應的用字和內容。

　　細審（5）（6）辭，其中的「屮（侑）于父乙：宰？」和「勿屮（侑）于父乙：宰？」是常態的正反句對貞，可以不論。站在正常的句型考量，（5）辭命辭後面帶出的「曰：勾卯鼎」一句，應視作占辭，完整句是「王固曰：勾卯鼎。」勾，讀鼊黑的鼊，指用牲的顏色；卯，即卿，指用牲的對剖方法；鼎，指盛祭牲或烹煮的容器。句意即殷王武丁據卜兆判斷，說：侑祭圈養的羊，宜用鼊黑色，對剖後置放於鼎中獻祭給父乙。而（6）辭的「子㦰嬴」一句是驗辭，言侑祭的結果是子㦰身體康復。因此，（5）（6）辭是正反對貞，分別在（5）辭後書占辭，（6）辭後書驗辭。

　　正確的標點，是：

　　（5）壬寅卜，㱿貞：屮于父乙：宰？曰：勾卯鼎。一
　　（6）貞：勿屮于父乙：宰？子㦰嬴。一

340

〈342〉

（16）貞：酚黃尹？一二

（17）勿衣黃尹，戠？一二

（18）〔勿〕衣屮，戠？

　　（16）（17）辭在右左前甲下方靠千里線的兩側。二辭屬正反對貞。

　　（18）辭在左甲尾中靠外側邊沿，其對貞是在甲反面右甲橋側的〈丙 343〉

（12）辭：「勿屮，戠？」，二辭屬反反對貞。

　　「黃尹」，有隸作「寅尹」，是酒祭的對象，或指伊尹。

　　「衣」，讀殷，作為形容詞，有盛大意，（17）辭見於否定詞之後。對比

（16）辭對貞句，（17）辭省動辭「酚」，完整句是：「勿衣酚黃尹，戠？」卜辭

中「衣」字多見接祭祀動詞，如「勿衣燎」〈合集 152〉、「勿衣有佑」〈合集

901〉、「某衣侑」〈合集 27148〉是，可作為（17）辭省略祭祀動詞的佐證。

　　「戠」，字本不从言、音類字，我改釋作戠，《說文》：「戠，藏兵也。」段

玉裁注：「聚而藏之也。」字从戈从拆解下的戈頭，字意由本來的藏兵解甲不動干

戈意，引申有休止、暫停的意思。（17）辭的「勿衣酚黃尹，戠？」，「戠」字獨

立為詢問句，意言不盛大的酒祭黃尹，需等待一會嗎。（18）辭和〈丙 343〉

（12）辭成組：「勿衣侑，戠？」、「勿侑，戠？」相對，言不盛大的舉行侑祭，

應暫緩一下嗎。

342

〈345〉

（3）癸未卜，亘貞：🔣，亡囚？
（4）貞：🔣，屮囚？

　　（3）（4）辭在右左甲尾外側，直行而下。二辭屬正反對貞。（3）辭相對為完整句，（4）辭則省前辭。

　　🔣，隸作禽，即擒；學界有視作人名，非；有將命辭「🔣亡囚」連續，也不對。如〈丙 379〉有（3）辭「貞：🔣來舟？」和（4）辭「🔣不其來舟？」對貞，其中的「🔣」字自可理解為外邦附庸的族名，來貢舟於殷。同版反面〈丙 380〉有記事刻辭「我來十。」句，知「來」字可用作來貢解。但是，本版〈丙 345〉（3）（4）辭的「🔣」字如連讀後句，則字當理解為殷王親近的人名來看不可。二版的「🔣」字的用法明顯不同，不能等量來理解。

　　（3）（4）辭命辭區隔為二分句，前句的「🔣（擒）」，定為陳述句，言擒捕此一動作，後句分別為「亡囚（禍）」、「屮（有）囚（禍）」反正對貞，為詢問句，卜問此事的「無禍」抑「有禍」否。

　　本版同版字形多異體，如囚作🔣（3）、作🔣（4），骨臼處作一橫二橫之別。疾字作🔣（1）、作🔣，從人起筆有直筆和斜筆的不同。屮字作🔣（2）、作🔣（4），中豎筆上有突出有不突。其字作🔣（2）、作🔣（反面（3）），箕底部見平底、尖底的差異。卜字作🔣（1）、作🔣（3），裂紋處直、斜筆交錯接點不一。由此，可反映殷人在同一時期書寫字形並無嚴謹的筆畫要求。近人以字形為絕對的斷代標準，明顯並不正確。

345

〈349〉

（4）羽甲戌其雨？一二
（5）羽甲戌不雨？一二

　　（4）（5）辭在右左首甲的外沿，向內書寫。二辭屬正反對貞。兩組兆序都在內側。羽，讀翼，即翌，次日。二辭的占辭在（4）辭肯定句的反面位置，即〈丙350〉（2）辭的「王固曰：勿雨。隹（唯）其風。」此見甲骨卜辭正面和反面互補例。

（15）于祖乙出兕？
（16）勿出于祖乙？

　　（15）（16）辭在右左甲橋邊的中間，對應向內書寫。二辭屬正反對貞。二辭辭意互補。（15）辭為「出（侑）」于祖乙：兕？」的移位，因強調祭祀對象而將介賓語前移。（16）辭為「勿出（侑）于祖乙：兕？」的省略句末祭牲例。同一組對貞，語法差異若此。吾人分析甲骨語法，需先掌握任何成辭的常態句型和詞位，才能客觀對比評鑑變異句的特殊現象。

（38）帝目：三牛？
（39）四牛？
（40）五牛？
（41）十〔牛〕？

　　（38）至（41）辭在右後甲上方，由內而外並列直行。諸辭屬選貞關係，卜問祭祀用牲是「三牛」抑「四牛」抑「五牛」抑「十牛」。「帝目」，意即禘于目地。帝字讀禘，祭祀動詞。《說文》：「禘，諦祭也。」段玉裁注：「諦與祫皆合群廟之主祭於大祖廟也。」目，張秉權原釋文誤為罘。目字有用為田狩地名。卜辭多見「田目」。例：
　　〈合集33367〉　　☑其田目，畢（擒）又（有）鹿？
「目」字亦作為附屬族名，納貢於殷。例：
　　〈合集229〉　　辛巳□，賓貞：☑甲申用目來羌自☑？
　　〈合集8326〉　　乎（呼）目于河出（有）來？

字復下增从口，用為祭祀地名（或祭祀的神祇）。例：

　　〈合集 14686〉反　勿燎，帝（禘）于屮（有）目？

　　〈合集 1051〉　　貞：屮（侑）于目：十人？

　　　　　　　　屮（侑）于目：卅人？

　　〈合集 10100〉　　秦（祓）年于目？

這種用例句型與本版諸選貞卜用牛牲以祭相同。殷人固然有強調目形紋崇拜的風習，對應殷商青銅、大理石、骨雕的大量目形紋飾可參。但由於卜辭中「目」字不單獨作崇拜的神靈使用，字於此理解為祭祀地名，似比較平實可靠。

349

〈351〉

（5）貞：王往省〔南〕，〔若〕？一（二告）二三四五六七

（6）勿省南，不若？一二三四五六七

　　（5）（6）辭在右左甲尾的外沿，由上而下書寫。二辭屬正反對貞。兆序在二辭中間，由內而外各分四橫並列。（5）辭下邊沿甲殘，原釋文不補字，我認為（5）（6）辭文字對應，兆序相對排列，「王往省」句之下，應有「南」「若」二字。（6）辭命辭前句亦即「王勿往省南」之省略。《說文》：「省，視也。」字有巡察意。

　　（5）（6）辭對貞命辭句型，屬 $\begin{Bmatrix} A，B \\ -A，-B \end{Bmatrix}$ 句，就上下文意言，（6）辭的卜問內容是矛盾的。殷人占卜重視對貞的形式，不拘泥於內容，才會出現這種對貞前後句各自正負意的形式組合，卜辭主要是詢問殷王武丁巡查南方，順利不順利的意思。

351

〈353〉

（1）丙午卜，賓貞：乎省牛于多奠？一二三四五六（〔二〕〔告〕）

（2）貞：勿乎省牛于多奠？一二三（不鼯）四五六

　　（1）（2）辭在右左前甲外側，由上而下直書刻寫。二辭屬正反對貞，各自占問六次。兆序由兩邊卜辭的靠內位置，由上而下刻於兆上。由於（1）辭的兆序（二）先佔中甲，故兩辭兆序自（二）以下並不相對稱。拓本見左甲（2）辭在甲尾兆序（六）的對應右甲尾位置亦存在一明顯的卜兆，但並沒有再刻上兆序。由此可知，殷人貞卜用龜的流程，用火炙龜鑽鑿處而成兆是整組一次過先行弄妥的，其後才對應的問卜，接著連續刻上相對的兆序，因此才會出現像本版般的有多出的單一個卜兆。（1）辭最末處的一兆是可以多問或不用的。至於兆語的吉凶，與兆象無關，恐是根據甲骨以外的其他訊息判斷確立的。而卜辭的文字，通常是到最後才刻在相關的卜兆旁。

　　（1）（2）辭言殷王呼令某「省牛」於「多奠」，「多奠」無疑是一個常備設有牛群生畜的機構地域。殷人習以牛為祭牲，「多奠」又可理解為一處理祭儀、提供祭牲的職官部門。

　　「省」，字強調橫目的注視，引申有巡視、巡查的意思。可知，殷人平日有專人檢核祭祀用生畜的行為。

353

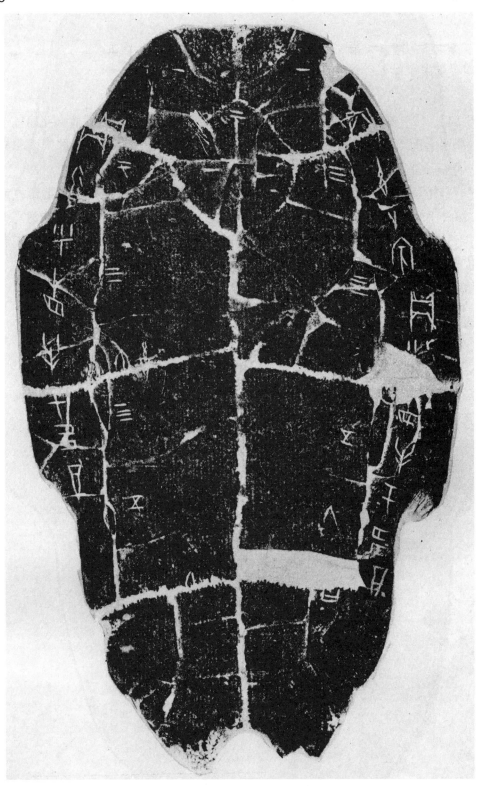

〈354〉

（1）辛亥卜，賓貞：㽙、疋、化以王係？一二（二告）三四五
（2）辛亥卜，賓貞：㽙、疋、化弗其以王係？一二三四五

　　（1）（2）辭在右左前甲外側，由上而下書寫。二辭屬正反對貞。兆序在卜辭的內側由上而下對應成兆。而二辭的占辭在反面中間的千里線上，即〈丙 355〉的：「王固曰：吉。以。」

　　卜辭是第一期武丁卜辭，以殷王集團的角度卜問殷西諸附庸部族攜帶（或率領）屬於王的奴隸宜否。「係」，从人側形而頸系繩索，名詞，示奴役的意思。奴役有為外邦的貢品。「王係」一詞，見當日殷王擁有集中的勞動團體，專供王者的驅使，而他人或部族非徵得上位同意是不能隨意動用的。

　　殷人的奴役，有專屬於殷王的「王係」和屬於非王的貴族奴役之分。

354

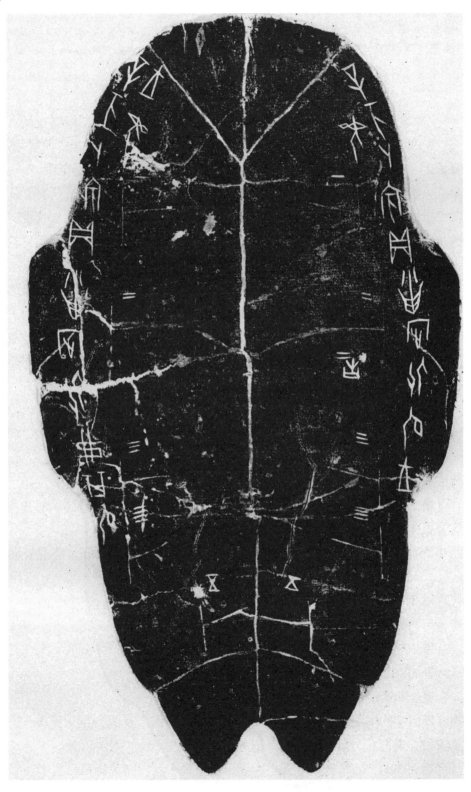

〈356〉

（1）丙子卜，賓貞：父乙異，隹�王？一二三（二告）四五六七
（2）□：父乙不異，□敗王？一二三四五六

　　（1）（2）辭在右左首甲的外側邊沿，由上而下對應書寫。二辭屬正反對貞。兆序在卜辭的內側，（1）辭兆序（二）先佔了中甲的位置，因此（1）辭對應兆序的位置會比（2）辭多出一兆。（1）（2）辭之下有人為的界畫橫過全甲。

　　命辭分讀二句，前句正反對貞，是詢問句，後句反而是陳述句。「異」從人雙手持物上獻形，字讀禩，从示為後增意符，即祀字的異體，祭祀動詞。《說文》祀字或體從異，可參。「父乙異」，即「異（禩）父乙」的移位，因強調祭拜對象而前置，此卜言殷王武丁獻祀於父親小乙宜否。

　　「敗」字，卜辭僅一見，象手持杖擊鼎形，示鼎字繁體；或強調用鼎意，動詞。《甲骨文詁林》第三冊 2740 頁敗字條姚孝遂按語，據饒宗頤對比「壱王」，釋「敗王」為「敗王」；但對於本辭的「父乙異唯敗王？」一句如何理解，並沒有說明。《詁林》的說法可商。細審一般的鼎字，作為本義禮器。殷人習用鼎盛牲祭祀，有「鼎宰」、「豕鼎」、「牢鼎」例：

　　〈合集 11350〉　　貞：鼎宰？
　　〈合集 19962〉　　☑侑母庚：豕鼎？用。
　　〈合集 22091〉　　乙酉卜：禦家艱于下乙：五牢鼎？用。
亦見有用鼎盛人牲以祭，如「奴鼎」、「鼎有伐」例：
　　〈合集 22145〉　　夢禦☑亳于妣乙☑奴鼎☑？
　　〈合集 418〉　　貞：王禱，鼎有伐？
卜辭的「新異鼎」例，指新地用來祭祀的鼎；與本版的「鼎」「禩」字見於同辭相類：
　　〈合集 31000〉　　☑卜：新異鼎祝☑？
鼎字復有用為動詞，用法與本版的「敗」字相同，如：
　　〈合集 30997〉　　其鼎，用三羋犬、羊☑？
　　〈合集 30013〉　　王其鼎，有大雨？
　　〈合集 15267〉　　貞：鼎，隹（唯）秦酓？十三月。
再審視「異」字的用法，卜辭並沒有「先王異」的用例，反而多見「王異（禩）」連用，讀如「王祀」，指時王進行祭祀。例：
　　〈合集 29395〉　　辛丑卜，彭貞：翌日壬王異，其田盥，湄日亡災？

〈合集 30757〉　　甲子卜，狄貞：王異，其田，亡災？

〈合集 4611〉　　貞：王骨異，其疾，不贏？

　　總括以上諸字的常態用例，相對於（1）（2）辭的「甈王」連讀，句實不可解，目前擬測（1）（2）辭句末的「王」字，或可理解作常態句「王異（禣）父乙」、「王不異（禣）父乙」的移位，主語「王」字置於句末。「隹（唯）甈」二字成詞，其中的「隹」作為句首語詞「唯」，這裡是針對前句陳述的「禣」，卜問殷王祭祀父乙（小乙）是「用鼎」來祭嗎。

　　另一個通讀的考量，對應卜辭有「豕鼎」、「牢鼎」、「奴鼎」等的用法，（1）（2）辭的「隹甈」的「隹」字似亦可作為本義用，指盛隹鳥的鼎（或具鳥紋的鼎）。花東卜辭〈花 338〉版亦見从隹鳥从鼎的字，作為祭品，可與這裡的用法互參。如此，（1）（2）辭的讀法，是：

　　（1）丙子卜，賓貞：王異（禣）父乙：隹甈（鼎）？

　　（2）〔貞〕：王不異（禣）父乙：隹甈（鼎）？

356

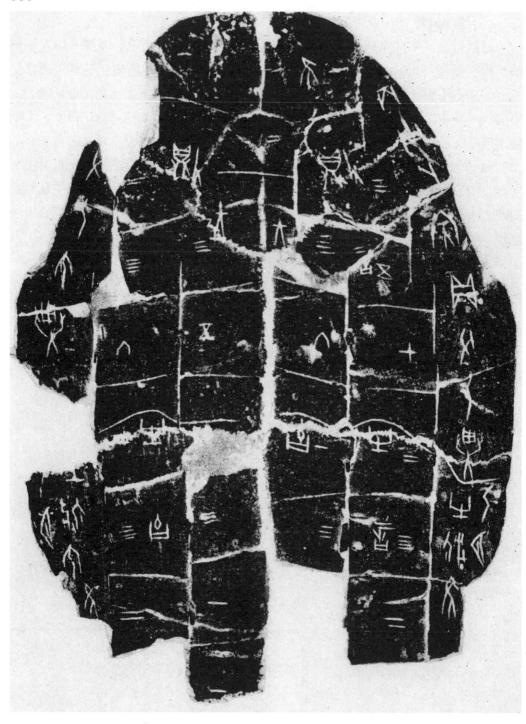

〈360〉

（8）〔貞〕：〔出〕以于父庚：窜？一（小告）

（9）貞：出以于父庚：窜？二（小告）三

（10）貞：勿〔出〕〔以〕〔于〕〔父〕庚：窜？一二〔三〕

　　（8）辭在右甲橋下方向內書寫。（9）辭在右甲尾外側靠邊向下書寫。（10）辭對應在左甲尾外側靠邊向下書寫，局部殘缺。（10）辭否定句的兆序在後甲中由上而下見（一）和（二），而往下的兆序（三）殘缺。與（10）辭在甲尾正反相對的是（9）辭，只見兆序（二）（三），而兆序（一）則另見於稍上的右甲橋下的（8）辭。可見（8）（9）辭文字是同一套卜辭的再一次書寫。（8）（9）辭實為同一辭分別代表第一次和二、三次占問的重複書寫，和（10）辭是成套兼對貞的關係。

　　卜辭祭祀的對象「父庚」，即武丁的伯父盤庚，此正反各三次卜問用圈養的羊以「有以」的灑奠方式血祭於父庚宜否。

360

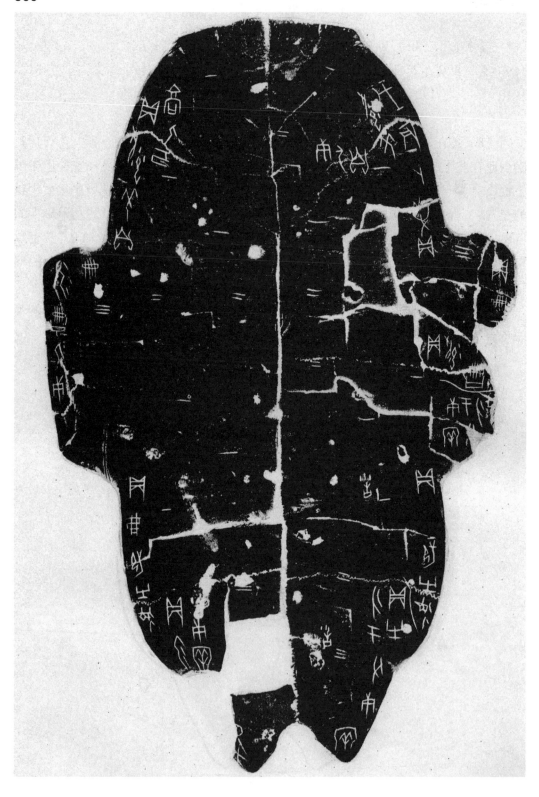

〈373〉

（1）貞：長不其受年？一二（二告）三四五六七八

（2）一二三四五六七

（3）貞：𠓛不其受年？一二三四五六（二告）七八

（4）一二三四五六〔七〕

（1）辭在右甲外側，自右首甲自上而下沿右甲橋書寫。（1）辭的兆序在卜辭靠內緊貼由上而下刻在八個朝內的卜兆上。（3）辭對應在左甲外側沿，對稱的由左首甲自上而下沿左甲橋邊書寫。（3）辭的兆序亦相對的在（3）辭內側由上而下刻在八個朝內卜兆上呈現。

和（1）至（4）辭有關係的辭例，見甲反面〈丙 374〉版的（1）至（4）辭：

〈丙 374〉（1）辛巳卜，賓

（2）貞：𠓛受年？

（3）貞：長受年？

（4）王固曰：☐年。

〈丙 373〉（1）辭為否定句，對貞的肯定句是在反面右側靠千里線由上而下刻寫的〈丙 374〉（3）辭。但〈丙 374〉（3）辭的兆序，仍處於卜辭正面的左甲內側的對應位置，即〈丙 373〉（2）辭。同樣的，〈丙 373〉（3）辭的對貞肯定句，是在反面〈丙 374〉左側中間靠千里線由上而下刻寫的（2）辭。而〈丙 374〉（2）辭的兆序，仍保留在正面右甲內側，即〈丙 373〉（4）辭。此見本版的正反對貞，是在同版正反面左右甲交錯的占卜。

另，〈丙 373〉（1）（3）辭的前辭，是在反面左甲橋中間的〈丙 374〉（1）辭共用。〈丙 373〉（1）（3）辭的占辭，是在反面後甲靠千里線，即〈丙 374〉（4）辭共用。

對比以上敘述的正反面卜辭，其解讀的次序是：〈丙 373〉（1）辭與〈丙 374〉（3）辭作交叉的反正對貞，〈丙 373〉（3）辭與〈丙 374〉（2）辭作交叉的反正對貞。如此，兩組對貞的肯定句兆序有七個，否定句兆序有八個，兩者並不相對。當然，另一考量，是〈丙 373〉（1）（3）辭可視同在同一正面的選貞關係，而〈丙 374〉（3）（2）辭亦為同一反面的選貞關係。目前看，仍以前一釋讀的方式為常例。卜辭屬於第一期武丁卜辭，在辛巳日卜問附庸長和[illegible]二族得到鬼神保佑可享豐收否。

本版的占辭殘，約有兩字的空間，可補作：「王固曰：〔受〕〔㞢〕年。」對

比〈合集 9950〉反：「王固曰：吉。受出（有）年。」、〈合集 990〉反：「王固曰：我其受甫耤在娀年。」等例，占辭都是正面的肯定陳述豐收的祥瑞語氣，可參。此言殷王武丁親自作出問卜的判斷語，說將會得享是次的豐收。「出（有）」，作為詞頭，修飾「年」，強調某一特定的豐年。

　　本版的同版異形字例，如：不字作介（1）、作介（3），中豎串通方式不同。另見稀有的異體，如：字有作（3），兩手形一从爪、一从手，不對稱書寫。長字作（1），人首上髮狀作倒勾形只有兩個，與常態的三個取其眾多的寫法不同。

373

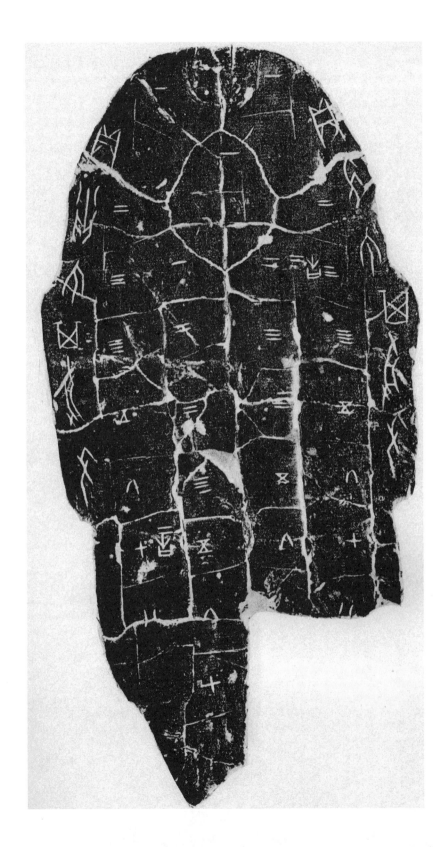

〈377〉

（1）壬午卜，韋貞。一二三四五六
（2）貞。一（小告）二三（小告）四五

　　（1）（2）辭在右左前甲的上方，由內而外書寫。二辭屬對貞關係。
　　（1）（2）辭的兆序是由上而下，由內而外成兆，刻於兆上內側。（1）辭先佔中甲作兆序（二），其後左右對稱排列，故（1）辭有多出一兆序（六）。
　　（1）（2）辭的命辭全省，句例特殊。（1）辭「貞」字字形方正，（2）辭「貞」字作窄長形，書寫風格不同，屬同版異形。
　　甲版的反面右甲橋側有「永入十。」三字，紀錄「永」其人進貢十隻龜，而本版是其中一隻的用龜。反面左甲橋側有「帚 ✶ 示。賓。」，指本龜甲後由婦 ✶ 獻神祭祀之用。而「賓」其人是針對這批外族「永」的入貢龜甲，代殷王簽收的整理者署名。

377

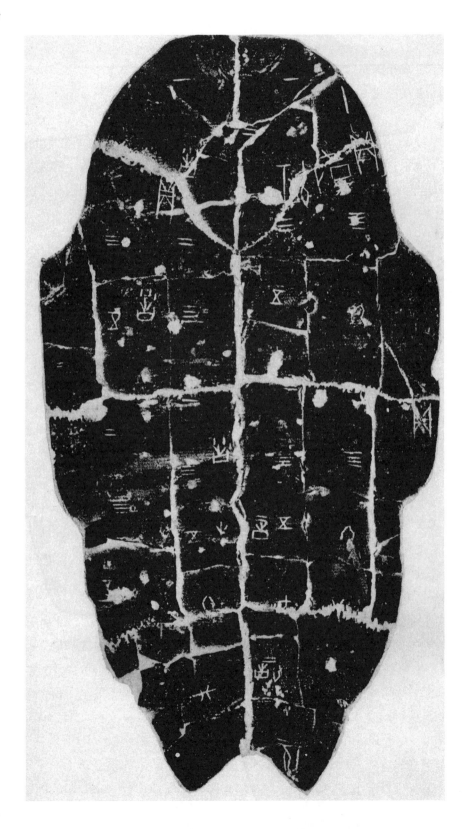

〈381〉

（1）貞：屮伐于上甲：十屮五，卯十小宰、豕？一（二告）

（2）貞：屮伐于咸？一

（1）（2）辭在右左前甲的中上方，相對應由內而外沿書寫。觀察同版（1）（2）辭下面共四組卜辭，兩兩成組。因此，（1）（2）二辭理論上亦應是選貞的關係。如是，（2）辭命辭可對應理解為「屮（侑）于咸：伐十屮（又）五、卯十小宰、豕？」的省祭牲例。

「屮」，（1）辭在同辭前後用作動詞的「侑」和連詞的「又」。「咸」即成湯，與上甲微分別為殷先王前期、殷先公後期的開創始祖，卜辭中常見並列祭祀此二位先王。（1）（2）辭選貞似卜問是次侑祭是祭上甲抑或祭成湯。（1）辭的兆語「二告」，這和（1）辭在對貞中作完整句書寫，以及反面驗辭記錄三天後是祭祀上甲的句意，可清楚了解當日的這組選貞，殷人是認同其中（1）辭內容的。

〈丙 381〉（1）辭的正背面，即見〈丙 382〉（2）辭：「三日癸未屮鑿于上甲日。」，這是（1）辭的驗辭。驗辭兩字一行，由內而外側書寫，其中句末的「日」字另書於鑽鑿之下，當連讀。「上甲日」，見殷人祭祖，各祖先已擁有專日祭祀的習慣。

（3）〔丁〕酉〔卜〕，賓貞：妞受年？〔一〕二三四

（4）〔貞〕：妞〔弗〕其受年？〔一〕二〔三〕〔四〕

（5）丁酉卜，𣪘貞：我受甫耤在妞年？三月。五六

（6）丁酉卜，𣪘貞：我弗其受甫耤在妞〔年〕？〔五〕六（二告）

（3）（4）辭在右左後甲的上方靠千里線兩旁，由內而外書寫。兆序在卜辭的外側，由內而外，由下而上分兩排刻寫。二辭屬正反對貞。（5）（6）辭在右左甲橋下方，由內而外書寫，兆序則在卜辭的內側，由內而外並列。二辭屬正反對貞。

（3）（4）、（5）（6）四辭本是一成套的關係。（3）（4）辭正反先各卜問四次，（5）（6）辭正反再接著卜問兩次。二組卜辭的貞人不同，卜問內容則是同一事，而且是同時二人接續的為同事占卜。這種特例，又見〈丙 264〉（5）（6）辭。

對照這四辭（3）（4）辭的命辭「妞受年？」、「妞弗其受年？」，應是「我受妞年？」、「我弗其受妞年？」之省略兼移位句。而（5）（6）辭的命辭，見其

中的「甫耤在姄」作為一輔助式的句組，加插在常態句「我受年？」、「我弗其受年？」的句中，特有所指的，強調是「甫」其人耕種於姄地中的一特定區域田地，卜問我能接受鬼神的保佑，得享此地豐收嗎？

（5）（6）辭的占辭，見於（5）辭的正背面，即〈丙382〉（3）辭：

〈丙382〉（3）王固卜曰：我其受甫耤在姄年。

占辭作為肯定語意的，往往與對貞中的肯定句正反面相背刻寫。對比習用的「王固曰」例，這裡的「王固卜曰」中的「卜」字，可能是衍文。「王固（占）曰」，是「殷王據占卜兆紋作出的判斷，說：」的意思。既然是殷王觀兆的判斷語，就不應亦不會再有一「卜」的動作。

（9）叀癸未用？一
（10）虫于祖乙：一牢，正？一

（9）（10）辭在右左甲尾靠千里線兩旁，由內而外書寫。二辭就位置言似屬對貞關係，但命辭內容卻並無任何關連。（9）辭卜問癸未日適合用牲祭否，（10）辭是侑祭於祖乙，用一頭圈養的牛，卜問能得到禎祥否。二者的語意接近，或屬互補的關係，這裡亦可理解為各自獨立占卜的卜辭。

（10）辭正背面的，見〈丙382〉（4）辭：「癸未卜，賓」，似是（10）辭的前辭。互補的完整句，是：

（10）癸未卜，賓：虫（侑）于祖乙：一牢，正（禎）？一

381

875+897+315
4306+6576+
+7236+13.0.15
13.0.1747+13.0
+無號碎甲
13.0.1663+13.0.17
13.0.6760+13.0.1
13.0.10029 13.0.1
13.0.10048 13.0.1
+13.0.13836+13.0.
13.0.14564 13.0.1
13.0.14568 13.0.1
13.0.14573 13.0.1
13.0.14579 13.0.1
13.0.14583 13.0.1
13.0.15242 13.0.1
+13.0.1519+ 13.0.17

〈385〉

（1）甲辰卜，㱿貞：王勿衣入于利入？五

（2）甲辰〔卜〕，㱿貞：王入？五

（3）貞：王咸酚畀，勿賓羽日？五（〔二〕告）

（4）貞：王衣賓羽日？五

　　本版屬成套卜辭中的第五套。（1）（2）辭在右左前甲外沿，向內書寫。二辭屬正反對貞。（3）（4）辭在右左甲橋的下方，向外書寫。二辭屬正反對貞。

　　（1）辭命辭「王勿衣入于利入」，原釋文並不加標點。句中連用兩個「入」字，句型奇特。如理解作「王勿衣入于利」，如此句末一「入」字當是衍文；如理解作「王勿衣入，于利入」，判讀為二分句，如此後一分句則是補語的形式呈現。當然，亦可以理解為「王勿衣入于利？入。」的讀法，將末一「入」字視同驗辭來看。只是，單純由本版的對貞觀察，實無由確證判別以上的擬測孰是孰非。但由（3）（4）辭一組對貞句型來看，似乎可將（1）辭命辭視同兩個分句理解，比較有同版句例的參証。而（2）辭命辭是省略後句補語的對貞句。

　　衣，讀殷，有盛大意。（1）（2）辭正反卜問殷王由利地進入否。

　　至於（3）（4）辭對貞，（4）辭命辭省略前句陳述句，留下的是後句詢問句。（3）（4）辭謂殷王同時舉行酒祭和獻儀，卜問次日盛大的賓迎祖先宜否。時間詞「翌日」後移句末。

　　本版文字多同版異形。如：衣字作 ⟨圖⟩（1）、作 ⟨圖⟩（4）。對比卜辭辭例，如「田衣」的「衣」字有作 ⟨圖⟩〈合集 37532〉、作 ⟨圖⟩〈合集 27146〉、作 ⟨圖⟩〈合集 20196〉是。又如羽（翌）字有略作方形（3），有拉長作長條形（4）。賓字作 ⟨圖⟩（4）、作 ⟨圖⟩（3），字形亦是一長一方；且下從女，又與一般從人作 ⟨圖⟩ 的寫法不相同。

　　（1）（2）辭對貞，「衣」字作為形容詞，加插在否定句的動詞之前；（3）（4）辭對貞，「衣」字卻置於肯定句的動詞之前。由以上陳述，見武丁卜辭應用的字形和詞位都不穩定。

385

〈386〉

（1）丁未卜，瑴貞：翁、㞢、化受又？三
（2）丁未卜，瑴貞：翁、㞢、化弗其受又？三
（3）貞：翁、㞢、化亡囚？三
（4）其㞢囚？三

　　本版是〈丙78〉一版的加綴，屬成套卜辭的第三套。（1）（2）辭在右左首甲至前甲由外側向內書寫。二辭屬正反對貞。（3）（4）辭在右左中甲下靠千里線兩側向外書寫。二辭亦屬正反對貞。

　　（1）（2）、（3）（4）辭二組對貞卜問的內容相同，但詢問方式有異：一問「受又（佑）」、「弗其受又（佑）」，一問「亡囚（禍）」、「㞢（有）禍」。其，有將然之詞。前組對貞是用正面的語意問神，三個附庸部族能得到鬼神的保佑否；後組對貞則是用負面的語意問神，此三個附庸部族沒有禍害嗎？前者是問神靈降佑，後者是問自身平安。兩組對貞其實都是主觀盼望三部族受佑無禍的。

（5）貞：方其戋我史？
（6）貞：方弗其戋我史？三
（7）貞：我史其戋方？三
（8）貞：我史弗其戋方？三

　　（5）（6）、（7）（8）辭又是另一兩組同性質但詢問方式不同的正反對貞。（5）辭漏刻了兆序（三）。（5）（6）辭在右左甲橋上方，向外側書寫。二辭屬正反對貞。（7）（8）辭在右左甲橋下方，向外側書寫。二辭亦屬正反對貞。

　　（5）（6）辭卜問方將會災於我史否。（7）（8）辭則反過來卜問我史將會災於方否。「方」和「我史」無疑是兩個敵對而平行的單位用法。這種用主賓相向、語意相反的方式，分兩組連續作對貞的詢問，在對貞句型中是一特例。

　　方，為方國（外邦）的泛稱。前人有認為是方國的專名，是不對的。卜辭並沒有「方方」的用法。史，用為殷商職官名。動詞「戋」字從才聲，傳統讀為𢦔，即災，由兵戈的禍害拓大為泛指禍害意。就句意觀察，「方災我史」、「我史災方」，是卜問一堆外族人和一個殷商官員之間的相互施降災患，在上下文言勉強亦能通。但是近人有將「戋」字具體讀為翦、為截等攻擊用字，轉而為消滅、剷除意，但整個外族如何消滅、剷除一個職官？在語意上就更不好說了。

386

〈390〉

（3）貞：及今四月雨？一二（二告）三四
（4）弗其及今四月雨？一〔二〕三四

　　（3）（4）辭在右左殘甲中間千里線的兩側，向外書寫。二辭屬正反對貞。二辭間只有（3）辭的兆序（二）有兆語「二告」，似乎卜問的結果是認同（3）辭的內容。

　　「及」，字以手抓人，有達到、得到意，此指「由貞卜日一直至」的意思。

　　（4）辭否定句省前辭「貞」，命辭的否定詞移前句首，修飾全辭，而時間詞「及今四月」則由常態的句首位置後移至句中，加插在語詞「其」和動詞「雨」之間，句型特別。

　　（3）（4）辭對貞的前辭和占辭都刻在甲版的反面，見〈丙391〉的（2）（3）辭：

　　　〈丙391〉　（2）丁丑卜，爭
　　　　　　　　　（3）王固曰：其雨。

〈丙391〉（3）辭作為占辭，肯定將會下雨的可能，文字見於〈丙390〉（3）辭肯定句的正背面。

390

〈392〉

（1）癸未卜，賓貞：羽甲申王寅上甲日？王固曰：王寅。允寅。

（2）貞：羽甲申王勿寅上甲日？

（6）甲午卜，爭貞：王寅咸日？

本版屬第一期武丁卜辭。（1）（2）辭在右左首甲中間千里線，向外直行書寫。二辭屬正反對貞。（6）辭在右甲橋中向外書寫，對應的左甲橋殘缺，按理亦應有作為對貞的否定句。

賓，迎也。字隸定有从女、从卩，亦有見从女从卩合書。（1）（2）辭在癸日卜問次日甲日武丁親自賓迎先祖上甲一事。「上甲日」的用例，見殷人祭祖，每一祖先會有一祭祀的專日。殷人迎祖祭祖的儀式，有同時合祭一祖先群的專日。例：

〈合集 27084〉　☒其弗賓三匕日，其鸞，亡☒？

有單獨針對某祖妣作個別的迎祭日。例：

〈合集 27166〉　庚申卜，亘貞：王賓大庚日？

〈合集 27588〉　☒卜：王賓毋戊日？

（6）辭殷祖的「咸」字从口，字與从丁的「成」字相通，亦相當於文獻的先公成湯、天乙和太乙的不同稱謂。殷人尊崇成湯，生稱王，死稱廟。卜辭另有用：咸、成，唐和大乙等不同名稱，都是同一人的異名。其中的「成」字主要見用於第一期卜辭，「唐」字主要見用於第一、二期卜辭，「大乙」一名始見於第一期卜辭，一直延續使用至第五期卜辭，復成為晚期卜辭的普遍用法。第三期卜辭的〈合集27151〉一版有「叀武唐用，王受有佑？」，成湯作「武唐」的稱謂，正與《詩經‧玄鳥》稱作「武湯」相合。（6）辭言甲午日卜問王賓迎「咸」，亦應是指翌日「乙未」日將要進行的祭事活動，「乙」日祭「大乙」。命辭前省「羽（翌）乙未」一句首時間詞。

殷祖先公的「上甲」和先王的「咸」（大乙），均有開創的功業。卜辭中一是先公的始祭者，一是討伐夏桀開國踐天子大統之位者，因此常見「上甲」和「咸」同時或依序祭祀。例：

〈合集 248〉　羽乙酉业伐于五示：上甲、成、大丁、大甲、祖乙？

〈合集 32385〉　☒未：奉自上甲、大乙、大丁、大甲、大庚、大戊、中丁、
祖乙、祖辛、祖丁十示、率牡？

〈合集 1240〉　貞：上甲酥罖唐？

殷人祭祖有用專日，亦有在專廟的場所，如「某先祖宗」、「某先祖示」。宗泛指

宗廟，示指神主，一般神土也是置於宗廟之內。例：

〈合集 34049〉　　☐在大乙宗。

〈合集 27097〉　　☐其又 🔥 歲于大乙，其宗酚？

〈合集 14872〉　　己亥卜：又（侑）自大乙至中丁示：牛？

〈合集 1339〉　　　癸卯卜，賓貞：井方于唐宗：羕？

而殷祖廟地四周復保留有專邑、專土的畫分，以作為供祭高的特區。例：

〈合集 14208〉　　貞：帝祏唐邑？

〈英 1105〉　　　　貞：乍（作）大邑于唐土？

本版字多同版異形，如賓字作 🔲（1）、作 🔲（6），與習見的 🔲 形不同。告字作 🔲（3）、作 🔲（4），从橫从點並見。眔字作 🔲（3）、作 🔲（4），目眰筆風不同。不字作 🔲（5）、作 🔲（11），橫筆有突出有不出。殷字作 🔲（1）、作 🔲（3），持勺筆序結構各異。此見同時同人的書寫並不固定。

　　本版（1）（2）（6）辭字的字溝明顯較寬，字形亦稍大。其他諸辭的字溝則偏細淺，字形亦相對較小。二者的差別，可能與運刀和刻刀角度的不同使然。

392

〈393〉

（7）乙未允王窒鳳日。

　　本版是〈丙 392〉版的反面。

　　（7）辭在左甲橋中間，恰好是〈丙 392〉（6）辭的背面，正反面相對，是〈丙 392〉（6）辭的驗辭。卜辭「王賓某先祖日」是一常態的句型，〈丙 392〉（6）辭有「王窒咸日」，是武丁在乙未日賓迎咸（成湯）的專祭日，而反面驗辭記錄乙未日果然殷王親自賓迎「鳳日」此一活動。一般「鳳」字借用為風，但「風日」於上下文無解。這裡似是將「鳳」字神鳥的本義逕用作先祖「咸（即成、成湯）」的代稱。

　　殷人為鳥圖騰民族，《史記·殷本紀》記載「三人行浴，見玄鳥墮其卵。簡狄取吞之，因孕生契。」一段殷商始祖開國的神話。相對於《楚辭·天問》的「簡狄在臺，玄鳥致胎。」等先秦資料，再配合卜辭中對先王「王亥」名字已有从隹鳥為記號的字形，和大量殷商青銅器上鑄以鳥符為紋飾作參證，可見殷王好以鳥禽為吉兆和國族的象徵，無疑是有一漫長的傳統。本版的「鳳日」，與「咸日」正反相對，似是以一整族圖騰記號的「鳳」字，作為殷商重要的開國帝王成湯的專稱。這條刻辭呈現一定的殷商古文明神話的訊息。

　　〈合集 24369〉有「癸卯卜，行貞：鳳日重壴？在正月。」一句，「鳳日」似亦可解釋為祭成湯的專日。

393

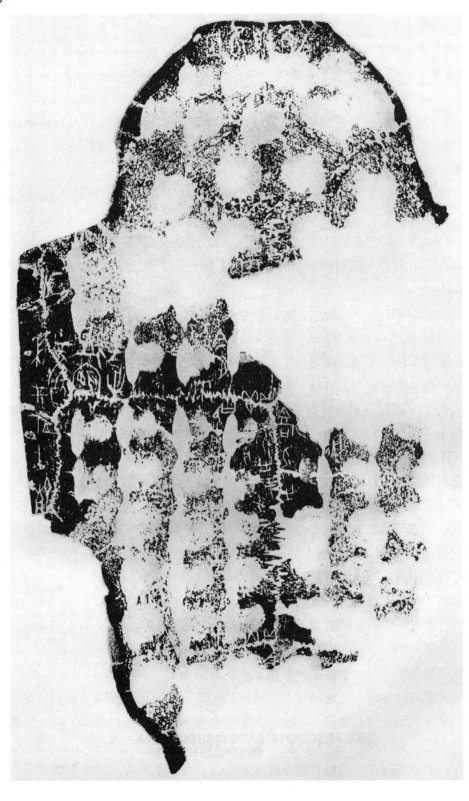

〈394〉

（1）庚申卜，敵貞：昔祖丁不黍，隹南庚壱？一二三四〔五〕〔六〕

（2）庚申卜，敵貞：昔祖丁不黍，不隹南庚壱？一二三（二告）四五六

　　　　（1）（2）辭在右左甲橋的上方和下方，自外直行向內書寫。二辭屬正反對貞。二辭的占辭在甲反面後甲中間千里線上，向右書寫，即〈丙 395〉（2）辭。文字不算清晰，作：

　　　　〈丙 395〉（2）王固曰：不吉。南庚壱、祖丁壱、大示祖乙、祖辛、羌甲壱。

（1）（2）辭命辭句首的時間詞「昔」字，從水歛日作☲（1）、有省日留下水紋作〰（2）。卜黍卜辭有關句首時間詞，多見卜問「今歲」、「今春」種黍的收成。例：

　　　　〈合集 24431〉　癸卯卜，大貞：今歲受黍年？十月。

　　　　〈合集 9519〉　丁酉卜，爭貞：今春王勿黍？。

可見命辭前都是問未來將待要發生事件的時間，如「今歲」指由當下至年底的一整年，「今春」指由當下至整段「春」的時間。但本版（1）（2）辭命辭句首的時間詞用「昔」，僅此一例。「昔」字由取象上古洪水為患，覆蓋旭日的深刻難忘印象，借為「過去」的抽象用法，此指一已發生事例的時間。因此，「昔」字修飾的對象，不會是冀待黍不黍一事。而前句的「昔祖丁」和後句的「唯南庚」，在語意上才是要相對應理解的。由於殷人一般卜問某地某土或我的「受年」，或卜問祈求山岳河神甚至祖先的「奉（祓）年」，都是用對貞或正面語意的詢問。本版的「祖丁不黍」順讀置於前句陳述句位置，言過去祖丁不降黍年，無論就否定語意或整句上下文都是罕見的。前句和後句詢問句的「南庚壱」否亦沒有必然關係。因此，（1）（2）辭的內容是不好通讀的。

　　　本版「不黍」連用。卜辭的「黍」字可以作為動詞，例：

　　　　〈合集 9516〉　☒敵貞：王其黍？

　　　　〈合集 9518〉　今春王黍于南？

　　　　〈合集 9519〉　丁酉卜，爭貞：今春王勿黍？

以上諸例都可作佐證。張惟捷《丙編新編》502 頁據裘錫圭說將「黍」字讀為「歆黍」二字；可商。一般動詞「黍」的主語是時王，因此，（1）（2）辭命辭語意，可切割為三：「昔祖丁」「不黍」和「唯南庚壱」三部分。對比反面的占辭，（1）（2）辭的語意，似是言當下殷人「不黍」（種黍歉收）這一事實，過去以為

是祖丁施降災害的結果，詢問句接著用正反方式卜問：又會是祖丁的堂弟南庚施降的災害嗎？

　　（1）（2）辭的占辭（〈丙 395〉（2）辭）連續的見殷王武丁作出判斷，說「不黍」一事是「不吉」的，而且是祖先南庚、祖丁、和大宗祖乙、祖辛、羌甲一起施降的災禍。這裡直言是「南庚壱、祖丁壱。」，自然可以回應〈丙 394〉（1）（2）辭對貞卜問的具體內容，是陳述過去祖丁壱而種黍失收，並進一步詢問南庚亦會有降壱否。由殷王武丁親自的判斷語看，都是肯定的。接著的言「大示祖乙、祖辛、羌甲壱。」一句，更是拓大的斷言「不黍」、「不吉」，是沿自眾祖先的降災，除了祖丁、南庚之外，還有大宗的祖乙、祖辛、羌甲三人。

　　根據殷商帝王世系表觀察，祖乙、祖辛自然是直系的商王名，但作為庶出的羌甲，如何能合置於「大宗」之例？細審《史記‧殷本紀》的一段記錄：

　　「帝祖乙立，殷復興，巫賢任職。祖乙崩，子帝祖辛立。帝祖辛崩，弟沃甲立，是為帝沃甲。帝沃甲崩，立沃甲兄祖辛之子祖丁，是為帝祖丁。帝祖丁崩，立弟沃甲之子南庚，是為弟南庚。帝南庚崩，立帝祖丁之子陽甲，是為帝陽甲。」

　　以上殷王世系承接的流程，表列如下：

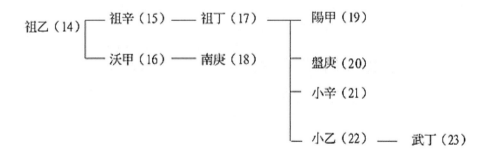

審視目前王卜辭中有大量祭拜祖乙的辭例，甚至將祖乙與開國重要的先王並列。例：

　　〈合集 248〉　　翌乙酉坐伐于五示：上甲、咸、大丁、大甲、祖乙？

「祖乙」又合稱「中宗祖乙」。可知祖乙為中興之主，素為後代所崇敬。例：

　　〈合集 26991〉　　執，其用自中宗祖乙，王受有佑？

再深一層去省思殷人祭祀祖乙的意義，武丁卜辭祭祀先祖時，往往以祖乙為其中的一個起點。卜辭又見坐（侑）祭祖乙與祖辛同版〈丙 313〉、坐祭祖乙與祖丁同版〈丙 317〉、坐祭祖乙與南庚和父乙（小乙）同版〈丙 349〉、祭拜父乙（小乙）而由父乙引導祖乙的降臨〈丙 338〉等，可見武丁祭祀先人，已將祖乙作為重要的核心祭拜對象。由上列世系表，見祖乙是開展三個階段兄終弟及制的關鍵帝王。而

武丁出祭祖辛又與祖丁同版〈丙 311〉、出祭祖辛又與祖丁、羌甲（即文獻的沃甲）、父乙同版〈丙 334〉〈丙 335〉。祖辛崇王又與祖丁崇王同版〈丙 411〉。武丁祭拜祖丁，又與祭南庚、父乙同版〈丙 383〉，武丁酒祭祖乙，又與祭父乙同版〈丙 336〉。以上諸例，足見武丁對於直系祖先祖乙、祖辛、祖丁、小乙的重視，而對於旁支先王沃甲和南庚的用祭，亦無異於直系的先王。

以上文獻和卜辭的歷史記錄，反映祖乙傳位於祖辛之後，祖辛與沃甲兩兄弟關係密切，王位的繼承不但兄終弟及，又交錯的傳位予彼此的子嗣。祖辛是祖丁的親父，沃甲又是南庚的親父，而南庚又再把王位政權交付與祖丁的兒子陽甲。如果當日沒有這種兄終弟及的平輩承襲制度，小乙、武丁一系就不可能獲得王權。因此，這可能是武丁祭拜先祖時，一度將沃甲（卜辭隸定的羌甲）視同直系大宗般，與祖乙、祖辛並列的原因。這種並祭，不但是感恩，也具備安撫凝聚同血親各支族的務實功能。

再檢視〈丙 394〉同版的（4）（5）、（6）（7）辭二組正反對貞，作：

（4）壬辰卜，韋貞：〔卯〕〔寸〕于羌甲？一二三四

（5）勿〔卯〕寸？一二三四

（6）〔卯〕寸于祖〔辛〕？一二三四五

（7）勿于祖辛卯？一二三四五

卯，即禦。寸，即肘；指事。兩組對貞卜問武丁手肘疾患求佑於祖先，禦祭求吉去凶的對象是祖辛和羌甲兩兄弟。由此可見作為祖乙的繼位分支：祖辛和羌甲，是殷商王族兩大支族的先王，對於武丁在祭祀求佑的過程中特意祭拜，具備凝聚和合各族眾，讓支族能同繫於時王的微妙關係。

394

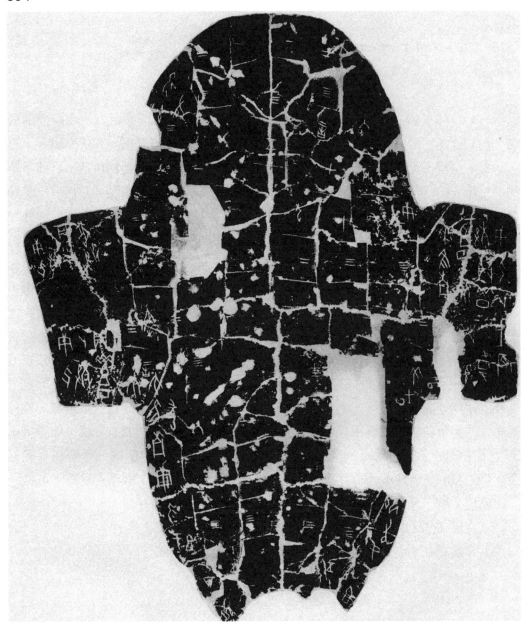

〈398〉

（1）己丑卜，骰貞：即以芻，其五百隹六？一二
（2）貞：〔即〕以芻，不其五百隹六？一二

　　（1）（2）辭在右左首甲由外而內對應書寫。二辭屬正反對貞。命辭分前後句，前句陳述「即」其人（或族）進貢「芻」，後句詢問句以正反方式呈現。

　　芻，這裡不可理解為芻草，只能直接解讀為豢養的草食動物無疑。目前爭議的，是後句的「隹」字如何理解。張秉權原釋文命辭並無任何標點，亦無進一步釋義。張惟捷《丙編新編》552 頁判讀為「即以芻。其五百。隹（惟）六。」，並注引張玉金的意見，謂這裡的「隹」（惟）在兩個數詞之間，「屬於連詞」；又引鄭邦宏的意見，認為「隹」（惟）視作語氣副詞，表達「其五百，隹（惟）六百」、「不其五百，不隹（惟）六百」的辭意。張惟捷注認為鄭說可信。細審卜辭文例，「隹」讀為惟，沒有問題，但作為連詞用法是絕無僅有的。甲文數詞之間的連詞，只有用「屮」、「又」。例：「在十月又一」〈英 2524〉、「伐羌十又五」〈合集 22551〉、「三羌又九犬」〈屯 1059〉、「擒三百又四十又八」〈屯 663〉、「俘人十屮五人」〈合集 137〉、「十宰屮九羌」〈合集 366〉是。而絕不見用「隹」字作連詞的。又，如把「隹」字視作語氣詞，可以，但「隹」字讀唯，往往是單獨的句首語詞，或偶用作句中語詞。這裡的「其五百，隹六」分讀，作語詞講於上下文看是沒有意義的，也無法通讀。更何況鄭說的增字解經，理解作「其五百，惟六百」，就愈發不可能了。由此可知，上引的張玉金、鄭邦宏說都不可從。

　　反觀卜辭，「其」字之後有直接帶出數詞和動物類字例。如：

〈合集 27321〉　　丙午卜，何貞：其三宰？
〈合集 29678〉　　貞：其二宰？
〈屯 570〉　　　　其五宰？
〈屯 1619〉　　　　□亥貞：☑其百羊？
〈合集 36351〉　　其牢又二牛？
〈合集 25192〉　　☑歲，其牡？
〈合集 27453〉　　祝叀今其三牢，且彭，正？王受佑？

對比〈丙 398〉（1）（2）辭命辭前句的「以芻」，即獻貢芻牲，是泛指貢品是動物類，後句「其五百隹六」連讀，其中的「隹」字可直接用本義「短尾的鳥」來理解，是卜問獻芻的具體內容將會是五百零六隻隹鳥嗎。況且，卜辭又有「芻鳥」〈合集 116〉、「芻𪇳」〈合集 9405〉連用例；可參。這裡的「即以芻」的貢芻所

指，自然可以理解為隹鳥了。如此解讀，這組對貞的卜問，在上下文意看自然文从字順了。至於當日「即」其人為何固定要用五百又六隻隹鳥上獻，這個明確的實數是如何得來的，就無法確曉了。

398

〈409〉

（1）丙辰卜，爭貞：沚𢦦啓，王从？帝若？受我又？一二〔三〕四〔五〕〔六〕
　　七〔八〕九

（2）貞：沚𢦦啓，王勿从？帝弗若？不我其受又？八月。一二三

　　（1）（2）辭在右左甲橋上方，由外而內書寫，兩兩對應。

　　（1）辭兆序應該是由首甲開始，由內而外作橫排方式呈現，是：一二／三
（二告）四五／〔六〕〔七〕〔八〕〔九〕／十一二〔三〕四／〔五〕〔六〕七
〔八〕九。合計占卜了 19 次。左邊的（2）辭兆序亦相對的由左首甲開始，由內而
外橫排作：一二／三四（二告）五／六七八九／十一二三。合計占卜了 13 次。張
秉權原釋文的兆序宜補充更正。

　　（1）（2）辭命辭應斷讀為四個分句，其中的首句陳述句，言由附庸沚和𢦦的
開啓引導，攻伐某方，接著是卜問王从征伐否，上帝順若否和上帝授予我福佑否。
後三句在二辭是屬於正反對貞。

　　對比下列諸辭，「王从」一句需獨立分讀，作為（1）（2）辭命辭中間斷讀的
區隔準則。例：

〈合集 13490〉　　貞：沚𢦦𠃮印，王从？

〈合集 6582〉　　癸卯☐貞：出𠃮龍，王从，受出又？

　　　　　　　　貞：出𠃮龍，王勿从？

然而，有關對貞句問卜的功能，（1）（2）辭命辭後用三分句各自正反的組合卜
問，與一般只是用一單句正反問卜一事的狀況不同。此屬特殊的複句對貞，也只是
屬於形式上設定的對貞句，並不需要針對前後文的具體文意來理解。不然，既然是
「王勿从」、「帝弗若」而又「不受又（佑）」，就沒什麼好卜問的了。另外，
（1）和（2）辭的兆序次數並不相同，二辭是否屬於各自獨立的卜問？或對貞卜辭
根本與正反卜問的次數並沒有嚴格的對應關係？目前看，恐以後一角度看待（1）
（2）辭對貞為是。

　　（1）（2）辭對貞的占辭在甲的反面中間千里線向左書寫，朝正面肯定句的方
向。即〈丙 410〉（1）辭：

〈丙 410〉（1）　王固曰：吉。帝其〔受〕余〔又〕。

（1）（2）辭命辭是貞人「爭」發問的內容，其中正反卜問的「受我又（佑）」、
「不我其受又（佑）」，是「帝授我佑」、「帝不其授我佑」之省。「我」，是泛
指我們；反面占辭是殷王武丁親自的判斷語，說「帝其授余佑」的「余」，指的則

只是殷王余一人的專用代詞。占辭言上帝將授予我一人福佑。

409

《丙編》下輯（一）

〈411〉

（1）〔戊〕午卜，𢕚貞：王㞢夢，其㞢囚？一
（2）〔戊〕〔午〕卜，𢕚〔貞〕：王㞢夢，亡囚？一
（3）貞：王㞢夢，其㞢囚？二
（4）貞：王㞢夢，亡囚？〔二〕
（5）王█□上？〔一〕
（6）王█◻？〔一〕
（7）祖辛希王？一
（8）祖辛弗希王？一
（9）祖丁希王？一
（10）祖丁弗希王？一

　　（1）（2）辭在右左前甲外側，向內書寫。二辭屬正反對貞。（3）（4）辭在右左甲橋下方，向外書寫。二辭屬正反對貞。（1）（2）和（3）（4）二組對貞又屬成套的關係。（5）（6）辭緊接在（3）（4）辭的下方，兩兩對應，辭殘。（7）（8）辭又緊接在（5）（6）辭的下方，靠右左甲尾外側，向內書寫，二辭屬正反對貞。（9）（10）辭在腹甲靠上方右左面的中間位置，向外書寫，是承接著（7）（8）辭對貞的另一組正反對貞。

　　按卜辭文意，（1）（2）和（3）（4）成套的兩組對貞，是因為殷王武丁有夢此一具體事項，才連續的兩次卜問殷王「有禍」、「無禍」否。「㞢」，讀有。「亡」讀無。「囚」，字从卜骨，象占卜的牛肩胛骨形，借為禍；名詞。

　　（5）（6）辭句後因骨的中空導致辭的殘漏。二辭是承接（1）（2）和（3）（4）的占卜。「王█」的「█」字，亦象具骨紋的牛肩胛骨形，可隸作骨，讀作禍。字是囚字的異體，屬同版異形。

　　對比下列大量文例，見█、█、█諸形屬同字：
　　（1）囚‧壹

〈合集 1029〉　　貞：王▨，不隹（唯）虫（有）旹？

〈合集 21824〉　□中子旹，囚？

（2）虫囚

〈合集 6〉　　　戊寅卜，允貞：王弗疾，虫▨？

〈合集 1649〉　　□卜□王□虫囚？

（3）囚・雨

〈合集 12673〉　□▨雨疾？

〈合集 12883〉　甲申卜，爭貞：茲雨隹（唯）囚？

（4）夢・囚

〈合集 376〉　　貞：王虫夢，不隹（唯）乎（呼）余钔（禦）▨？

〈合集 17403〉　貞：王虫夢，不隹（唯）囚？

（5）帚女有囚

〈合集 19996〉　丁丑卜：帚（婦）女又（有）▨？

〈合集 280〉反　貞：攸帚（婦）女虫（有）囚？

（6）亡旹在囚

〈英 2466〉　　　丁未卜，貞：亡旹？在▨。

〈合集 22668〉　□至于□毓，亡旹？在囚

（7）非囚

〈合集 34707〉　己巳貞：非▨？

〈合集 24156〉　甲巳卜，出貞：茲雨非囚？

（8）至囚

〈屯 2525〉　　　癸亥卜：又（有）至▨？

〈合集 24156〉　貞：□其至囚？

因此，〈丙 411〉（5）（6）辭的「王▨」，即「王禍」，意承（1）（2）和（3）（4）辭，是作「王其虫（有）囚（禍）？」句的簡寫。（5）（6）二殘辭，或為「王▨於上？」、「王▨勿於上？」的意思。「上」，指的是殷王祖先泛稱。例：

〈合集 32615〉　奉其上？

〈合集 32615〉　奉其上自祖乙？

一般卜辭有「上下」、「下上」合用，又分言「上示」、「下示」；「下示」又與「大示」對稱〈屯 1115〉。可見「上下」合文，指的是祭拜殷祖「大宗」和「小宗」的統稱。

　　根據（1）（2）、（3）（4）辭的占問，「王有夢」無疑是針對殷王呈現凶兆的禍事，顯然也是這兩組對貞所卜問的結果。因此，（5）（6）辭才會進一步詢問

此禍事是否降臨自上天的祖靈。而（7）（8）和（9）（10）辭復分別具體的再詢問施降禍事給時王的，是否由直系的兩代祖先祖辛和祖丁來的。

（7）至（10）辭的祭祀動詞「希」，字本象豪豕形，借讀為祟。而祟字形或為希字的形近訛寫，意即施降災禍。目前學界都从裘錫圭說改讀求，但字讀求又要配合上下文意再轉讀為咎；恐過於轉折，此字仍以傳統的讀作「祟」為是。

本版（1）至（10）辭，皆是因「王夢」一事的連串問神記錄。

411

〈413〉

（2）貞：王希牛于夫？一二

（3）貞：勿希牛于夫？一二（二告）

　　（2）（3）辭在中甲右左兩側向外書寫。二辭屬正反對貞。（3）辭的命辭句前省主語「王」。「夫」，用為附庸名、地名，如「王勿令夫」〈合集 4414〉，「夫受年」〈合集 9681〉、「王田夫」〈合集 37750〉等例是。

　　「希」，象豪豕形，讀為「祟」，有禍害意。卜辭習見卜問「希王」、「某祖妣神靈希王」、「希我」、「希方」、「希雨」等，或占辭殷王判斷某事的「有希」，都可理解為「施禍」「降禍」的意思。但本版的「王希牛」句，用法罕見。「希」字不好作「禍害」意理解。對比下列文例：

　　〈合集 7565〉　　王寅卜，賓貞：希牛☒？

　　〈合集 11157〉　　希勾（鰠）牛？

　　〈合集 23180〉　　丁巳卜，行貞：王賓父丁，希十牛，亡尤？

　　〈合集 28315〉　　乙未卜：王往，希犰，从☒菁？

　　〈屯 4140〉　　　☒田，希牢虎，亡戈（災）？

　　〈英 1906〉　　　丁未子卜：希豕，叀今日希？菁豕？菁。

以上諸「希某獸」例，字應另讀為「宰殺」的「殺」，上下文率可通讀。《說文》殺字古文作𣪏，正與甲文的希字形全同；可供參證。近人承裘錫圭說釋希字為求，但細審（2）（3）辭內容，「牛」一般作為獻牲、祭牲，「率土之濱，莫非王土」，無論生畜或貢牲，本屬殷王所擁有，如何需「求牛於夫」？況且同版（21）（22）辭另見卜用「弓鈠」（弓地的牛羊），可見殷人的祭祀並不缺祭牲。因此，如釋希字為求，亦無法在（2）（3）辭通讀。

（14）辛未卜，賓貞：旨戈辥？一（二告）二三四

（15）貞：旨弗其戈𡂚？一二三（二告）四

　　（14）（15）辭在殘甲的右左後甲上方，由左而右同向書寫。（15）辭前辭省「干支卜，某」，形式上（14）（15）二辭應是正反對貞，但卜問旨災伐的對象外邦名並不相同，或是各自單卜貞問；然二辭的兆序數相當，卜兆的位置相對應，又恐是正反與選貞混用的句例。旨，或隸作召；用為人名或附庸族名。

　　（15）辭末字外邦名从网从肉朝下。這種肉形朝下的寫法，見武丁卜辭，如

〈丙 400〉（3）辭的「爼牛」、〈丙 405〉（1）辭的「其爼」的「爼」字，都作
且几上置一肉形，而肉的寫法正朝向下。非王的花東卜辭亦見此類字形。

413

〈420〉

（3）王囚，隹祖丁壱？

（2）不隹祖丁壱？

（5）隹父乙？

（4）不隹父乙？

以上順序號碼依張秉權原釋文，今按卜辭內容調整順讀次序。

本版是〈丙419〉的反面，屬武丁卜辭。拓本基本模糊，甲文只見大致輪廓。（3）（2）辭在殘甲中間千里線的左右兩側，向外書寫。二辭屬正反對貞。（5）（4）辭在（3）（2）二辭的外側，向外書寫。二辭屬正反對貞，句意是承接著（3）（2）辭而卜。兩組對貞都是因應「王禍」一事而占卜，詢問是否為祖父「祖丁」和親父「小乙」所施降的災禍。（3）（2）辭對貞，（2）辭命辭是否定句而省略其中的前句陳述句。（5）（4）辭對貞，二辭均省略前句的「王囚（禍）」和後句的動詞「壱」。

（3）辭的「囚」字，張秉權原釋文字描作囚，釋作囚；張惟捷《丙編新編》釋作固。據辭例，張秉權釋文的文意可靠。「王囚」，即「王囚（禍）」，對照〈丙411〉（5）（6）辭，可互參。〈丙415〉又見「囚王」、「王囚」同版：

〈丙415〉　（1）貞：隹（唯）父乙囚王？

　　　　　　（2）不隹（唯）父乙囚王？

　　　　　　（5）貞：囚王，隹（唯）蠱？

　　　　　　（6）貞：王囚，不隹（唯）蠱？

其中的（1）（2）和（5）（6）辭兩組對貞相對，句意相承。囚，即囚，讀同禍。「禍王」，即「禍于王」；「王禍」，即「王有禍」。同一「禍」字在同版中兼用為動詞和名詞。

（5）（6）辭進一步卜問「王禍」此事實是否由蠱患而起，句例可與〈丙420〉（2）（3）辭互參。

420

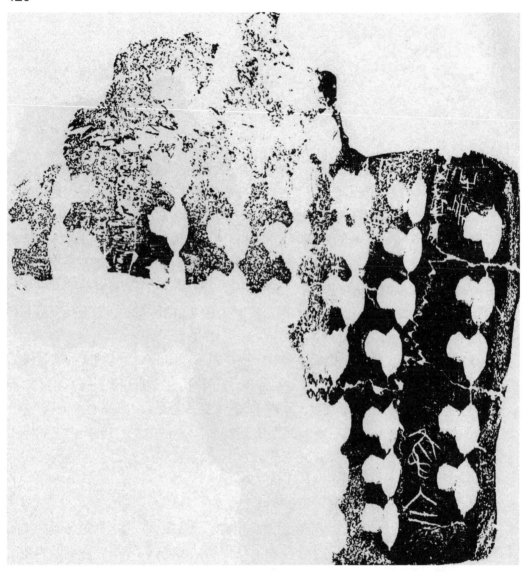

〈423〉

（1）☑〔其〕〔狩〕，毕？壬申允狩毕，隻兕六、豕十㞢六、麚百㞢九十㞢九。
　　　一二

（2）〔辛〕〔未〕☑壬申王勿〔狩〕，不其毕？壬申□狩毕。一二

　　（1）（2）辭在殘甲的右左首甲外側，向內書寫。二辭屬正反對貞。

　　根據（2）辭命辭連續的二否定句，可知（1）辭命辭的「狩」、「毕（擒）」應分讀為二分句。按前後句文意，（2）辭否定句卜問的內容是相矛盾的，既然不進行狩獵，就沒有擒不擒的問題。於此足見所謂對貞句的性質，只是針對句型的相對形式而言。（1）（2）辭後同時書寫驗辭，此屬特例，其中的（2）辭驗辭較簡省，僅記錄：「壬申〔允〕狩毕。」一句。

　　（1）辭驗辭見三動詞並列而下，由「狩」而「擒」而「隻（獲）」。三字用法有細微的區隔，「狩」是田獵的泛稱，「擒」是捕獸的過程，「獲」是具體得到的結果。

　　數詞「九十」合文，字中豎拉長，強調「十」字。捕獸之中的「麚」字，有釋作「麑」，大兔；殷人田狩一次捕獲同類的動物多達 199 隻，可見此獸在田野活動的普遍。驗辭記錄由兕（野牛）而豕（豬）而🦌的排列順序，🦌的體形無疑應比牛、豬都要小，而繁殖量卻眾多的。因此，🦌字釋作「麑」的理解，可能比解適合。

　　本版數詞中的百位、拾位和個位數之間，有用連詞「㞢（又）」作區隔。

423

〈425〉

（4）五人，卯五牛于朋？一二

（5）十人，卯十牛？一二

（10）丁〔酉〕卜，□貞：〔酚〕于朋，屮五人，卯十牛？一二

（8）貞：酚于河：十牛？一

（9）廿牛？一

（4）（5）辭在殘甲中間千里線的右左兩側，向外書寫。二辭屬選貞關係。（5）辭的下方見（10）辭，（10）辭內容與（4）辭幾全同，二者交錯相對，可能又屬同組卜辭。三辭兆序相同。三辭句意明確可以互補。

（10）辭的左邊另有（8）（9）二辭屬選貞關係，句意相當。這殘甲主要是酒祭自然神河神的卜辭，祭祀於「朋」地。（10）（4）（5）辭一組，（10）辭為完整句，其中的命辭分三句陳述，首句言酒祭於朋地，次句言侑祭以五個人牲，末句言對剖十牛作配祭，句末省略卜問此活動宜否的詢問句。

（8）（9）辭一組，卜問是用「十牛」抑「廿牛」祭河神。（8）辭為完整句，（9）辭命辭省前句，只剩下祭牲。

（4）（5）辭的「卯若干牛」應連讀，句首人牲「五人」、「十人」之前省略祭祀動詞「屮（侑）」。

425

〈427〉

（1）貞：祖乙若王不✦？
（2）貞：祖乙□若王不✦？
（3）貞：祖乙若王不✦？

　　（1）（2）辭在右左甲橋上方，向內書寫。二辭相對，屬正反對貞。（3）辭在右甲尾的外側，而相對的左甲尾殘，張惟捷《丙編新編》補綴有另一對應卜辭，作：「貞：祖乙弗□，王不✦？」，可參。

　　（1）（2）辭的前辭和占辭在甲的反面，即〈丙 428〉左首甲下方的（1）辭：「丁卯卜，敲」，應接讀在〈丙 427〉（1）辭之前，是〈丙 427〉（1）辭的前辭；〈丙 428〉首甲千里線自上而下書寫的（2）辭：「王固曰：祖乙弗若朕不（其）□。」，是正面（1）（2）辭的占辭。

　　至於〈丙 427〉（1）（2）命辭如何斷讀？張秉權原釋文是整句連讀，中間沒有任何標點。張惟捷《丙編新論》558 頁釋文作「祖乙若王，不屯。」，在「王」字之後斷句。然而，均未為的論。細審〈丙 427〉（1）（2）辭的占辭，即〈丙 428〉（2）辭一句，其中的「王固曰：祖乙弗若？」一行，「朕不其□」一行。這條占辭分書兩直行，隱約正暗示占辭內容的分讀所在。對比甲骨中「朕」字的用法，一般是單獨應用於「主語」的位置。如：

〈合集 152〉　　庚辰卜，賓貞：朕芻于鬥？
〈合集 525〉　　庚辰卜，王：朕𢼼羌，不舋囚☑？
〈合集 20547〉　庚辰卜，王貞：朕循✦？六月。
〈合集 22099〉　庚戌卜，朕耳鳴，屮钔于祖庚？
〈屯 2672〉　　　丙子卜，貞：朕臣商？

如「朕」字見於受詞，一般也只處於領格位置。例：「王弗疾朕天」〈合集 20975〉、「叶朕事」〈合集 20333〉、「其立朕中人」〈合集 1022〉等是。因此，〈丙 428〉（2）辭占辭中的殷王自稱「朕」，只能用在後句主語的功能。整句應讀作：「王固曰：祖乙弗若，朕不（其）〔✦〕。」順此，正面的〈丙 427〉（1）（2）辭對貞的命辭，也理當區隔作二分句，即：

（1）祖乙若，王不✦？
（2）祖乙□若，王不✦？

（2）辭前句殘缺的，應補上一否定詞「弗」。

　　（1）（2）辭末一字作✦、作✦，（3）辭又作✦，屬同版異形。張秉權釋文照

描，張惟捷隸作屯。對比甲义的屯字一般作 ∤，象左右兩塊牛肩胛骨用為卜骨，一對並列綑纏成堆狀。字上方是骨扇側形，下端斜筆是指綑縛於骨臼處。《廣雅・釋詁三》：「屯，聚也。」「屯」的字形和（1）（2）辭末字形近但不全然相同。特別是斜筆固定的一在下、一在上，明顯所示不同。（1）（2）辭末字中間固定从圈狀，不見得與象卜骨的「屯」字相關。

　　細審〈丙 427〉（1）（2）（3）三辭內容相同，末字分別作 ∤、∤ 和 ∤，最後一字形正可與甲文中持戈巡查的「达」字形相合。达字，常態从辵作 ∤ 〈合集27799〉，又有省止作 ∤ 〈合集 28766〉、變形作 ∤ 〈合集 30251〉、作 ∤ 〈合集31229〉、省彳作 ∤ 〈合集 28001〉、从圈形作 ∤ 〈合集 36759〉、从方形作 ∤〈英 2556〉、从包裹狀作 ∤ 〈屯 3169〉、从弋作 ∤ 〈英 2561〉、从戈作 ∤ 〈英2560〉等異體，對比字例，可歸納字是从辵，从矛戈狀兵器，兵器中間作圈狀或方形，示綑束武器的樣子。字習見於第三期卜辭以後，用作殷王武裝移動，往來屬地的動詞。戈矛成綑的兵器形書寫並不穩定，與〈丙 427〉（1）（2）（3）辭的末字字形的多變相當。因此（1）（2）（3）辭的 ∤ 字似可理解為「达」字之省辵旁。此言殷王不以武裝出巡，卜問祖先祖乙順諾否。

427

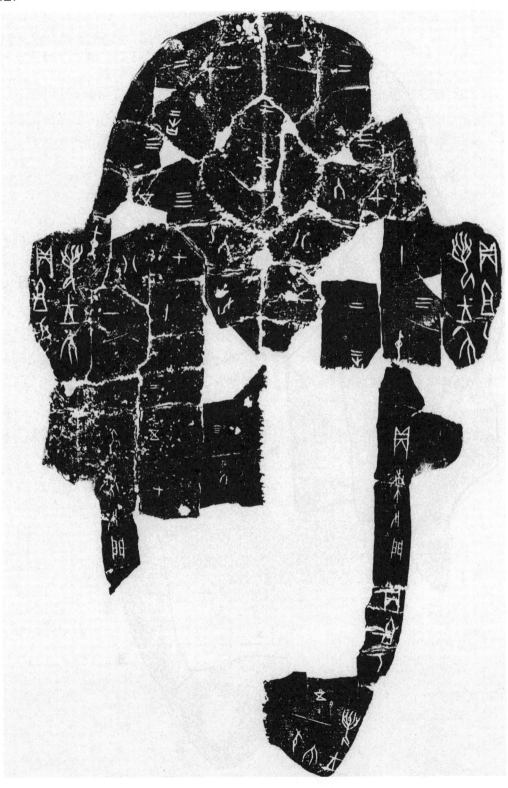

〈431〉

（3）壬子卜，賓：出于示壬，正？

（3）辭在殘甲右前甲的下方，向外側書寫。張秉權原釋文命辭並沒有斷句。前辭省一「貞」字。命辭又省主語，前句陳述句言王日「出（侑）」祭於先祖示壬；後句詢問句的「正」字，我讀如禎，祥也；此言卜問這次侑祭可得禎祥否。

（6）貞：旨河燎于蚰，出雨？

（6）辭在殘甲右後甲的上方，向中間書寫。命辭分前後二分句，前句陳述句是常態句型「旨燎河于蚰」的移位，燎祭的對象河神前置；後句詢問句的「出雨」，可讀為「有雨」，或「侑雨」。目前看，以前者為是，卜問會有雨嗎。

旨，有用作「西使旨」〈合集 5637〉，一般理解為人名。此言旨其人或附庸燎祭河神於蚰（昆）地，卜問會有雨否。殷人已意識到河神崇拜與降雨有一定的關聯。這條卜辭見旨能代表殷王進行燎祭自然神，旨在當日的權勢和作為神人之間的代言，顯非尋常。而蚰地按理是殷商的農耕地望。

431

〈436〉

（1）貞：聏，隹其屮出自止？一二
（2）聏，亡其出〔自〕止？一〔二〕

　　（1）（2）辭在殘腹甲中間千里線的右左兩側，向外對應書寫。二辭屬正反對貞。隹，讀唯，發語詞。止，讀此，代詞。

　　（1）辭「唯其屮（有）出」，與（2）辭「亡其出」對文。肯定句「出」字用作名詞，對應的否定句「出」的詞性亦由動詞過渡趨向於名詞。常態的句型流變，是：

$$其\ v \quad — \quad 其有\ n \quad — \quad 有\ n$$
$$\updownarrow \qquad\qquad \updownarrow \qquad\qquad \updownarrow$$
$$亡其\ v \quad — \quad 亡其\ n \quad — \quad 亡\ n$$

本版的止字作，出自作。止字從止從一；指事。「一」強調腳趾所踏實相連的地方。字借為此，表示這裡，作為當下語言時所在地望的代詞。出字從止從居住的坎穴，示人由坎穴朝外離開；會意。自「此」而「出」，意是由近而遠，由這裡而外移往哪裡。殷人造字用字，已有相對成組的構思，如「出」「各」相對、「受」「授」相對是。

　　命辭前句的「聏」字，從耳從二虫，或示耳中有虫患的耳疾一種。字隸作聏，《廣雅》：「驚也。」卜辭僅此一見，張秉權原釋文誤作「聑」，對比「王聑（聽）」的對貞句，有省作「聑」例：

　　〈合集 11018〉　　貞：王聑，隹（唯）囚（禍）？
　　　　　　　　　　　貞：聑，不隹（唯）囚（禍）？

（1）（2）辭的「聏」字句，或亦即「王聏」之省主語。此言殷王武丁患有耳疾，卜問會有由此地出巡否。

436

〈440〉

（6）方帝：羌，卯牛？

（7）勿方帝？

（6）（7）辭在殘甲的右左千里線兩側，二辭屬正反對貞。「帝」，字形結構是从責上增从一，「一」作為區別號，是借原用以火祭祭祀眾神衹的一泛指動詞，轉作為祭祀抽象的神中之神的「上帝」之專用名詞。但在這裡字讀為「禘」，作為拜天的祭儀；動詞。

（6）（7）辭是禘祭四方的對貞卜辭。「方」是四方的泛稱，移於句首。「方帝」，意即「禘于方」，與〈遺846〉的「帝于岳」、〈乙5707〉的「帝于河」、〈後上19.1〉的「帝于王亥」等句例相當。

禘祭用牲，是以一羌人，另用對剖的一牛陪祭。

（7）辭的「方」字，上省橫筆，屬同版異形；例參見朱歧祥《甲骨文讀本》196版。

440

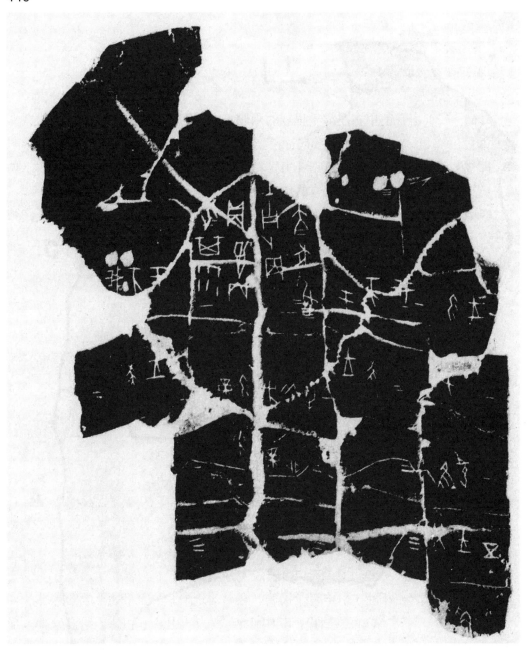

〈442〉

（6）貞：羽丁卯衆，舞，出雨？

（7）羽丁卯勿，亡其雨？

　　（6）（7）辭在前甲右左靠千里線的兩側，向外對應書寫。二辭屬正反對貞。羽，即翌，次日。（7）辭否定句在否定詞「勿」之後省略二動詞「褖，舞」。褖，即祓，手持農作物以祭的祭儀。舞，持牛尾揮舞以求降雨的另一種祭儀。二動詞宜分讀，作為先後兩種各自獨立的儀式。

　　「出（有）雨」和「亡其雨」作為正反對貞的詢問句。否定句「亡」之後修飾的「雨」字，用為動詞趨於名詞的過渡詞性。常態句型流變是：「亡其雨」→「亡雨」。

（9）貞：出从雨？

　　（9）辭在前甲中間千里線左側，向外書寫。與（9）辭相關的，是甲反面〈丙443〉的（5）（6）辭，貼靠在正面（9）辭下面的左右兩側：

〈丙443〉　（5）出从，于河？

　　　　　　（6）亡其从，勿于河？

正反面卜問的語意，互有關連。卜辭中多見「从雨」例，如：

〈合集575〉　　庚申卜，㱿貞：取河，出（有）从雨？

〈合集12818〉　丙辰卜，貞：今日褖，舞，出（有）从雨？

〈合集12820〉　乙未卜，貞：今日褖，舞，出（有）从雨？

〈合集12831〉　辛巳卜，賓貞：乎（呼）舞，出（有）从雨？

〈合集34485〉　乙卯卜，貞：今日焌，从雨？

「从」，象二人緊密相隨，引申有「接著」意。「从雨」，言接連下雨的意思。

　　〈丙433〉（5）（6）辭對貞，其中（5）辭的「出从」和「于河」分讀，全句是「出从雨，于河？」的省略，相對的（6）辭是「亡其从雨，勿于河？」的省略。而「于河」之前另又省略了祭祀動詞。對比正面〈丙442〉的（6）辭，可能是省略「褖、舞」二動詞。（6）辭的「勿于河」，亦似是「勿褖、舞于河」的省略句。

442

〈448〉

（5）隹父庚？
（6）貞：隹父庚？
（7）貞：隹〔父〕乙耑？

（5）（6）辭在殘後甲右左兩側，向外書寫。二辭似屬正正對貞。（7）辭在右甲橋下內側，向內書寫；對應的左甲橋殘缺，應有相對的另一辭。

（6）辭的正後面，見〈丙 449〉（5）辭在甲的右邊，是屬於正面（5）（6）辭的占辭：

〈丙 449〉（5）王固曰：隹（唯）父庚，隹（唯）希（祟）余？

對照〈丙 448〉（7）辭，知（5）（6）辭對貞句句末均省略祭祀動詞「耑」。此版是武丁卜辭，「父庚」即武丁伯父盤庚，「父乙」即武丁親父小乙。

〈丙 449〉（5）辭占辭是殷王武丁親作的卜辭判辭語。「隹父庚」亦即「唯父庚耑」之省。接著仍屬占辭的「隹（唯）希（祟）余」一句，屬上句的補語，言父庚是會降臨耑害，而且明白的指出降害的對象是我一人。

「耑」、「希」二字用意相近，皆有禍害意。耑，從蛇咬人趾，這裡言「父乙耑」，見「耑」的禍患是由外而至；「希」，即祟，「余」，殷王的自稱。這裡的「祟余」，強調禍患只及於一身。

〈丙 448〉（5）（6）（7）辭和〈丙 449〉（5）辭屬同組卜辭，每一分句都以一句首語詞「隹（唯）」字帶出，此見殷人書寫語句的古樸和直接簡易。

448

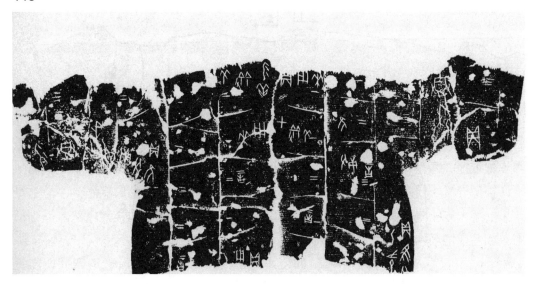

〈450〉

（6）令弜从果叶王事？一二三
（7）貞：叀邑令从果？一二三

　　（6）（7）辭在殘甲千里線的右左兩側，向外書寫。二辭屬選貞關係。

　　（6）辭只有命辭，（7）辭前仍保留前辭的「貞」字。「果」，是張秉權原釋，張惟捷《丙編新編》釋作「枼」。細審拓片，字不从木，中豎筆只單見直寫，不作根形分叉；豎筆上有左右直筆分斜向上，字上分見三「自」形結體。字恐不是「果」字，亦不是「葉」「桑」類字，甚至不見得从木。字或勉強隸作樂，這裡借用為族名或地名。

　　（6）（7）辭卜問殷王命令弜抑或是邑（其人）隨從（或聯合）樂族協辦王事。（6）辭命辭可連讀為一繁句，（7）辭命辭是「令邑从樂？」的移位句，復省略句末的「叶（協）王事」一補語。

450

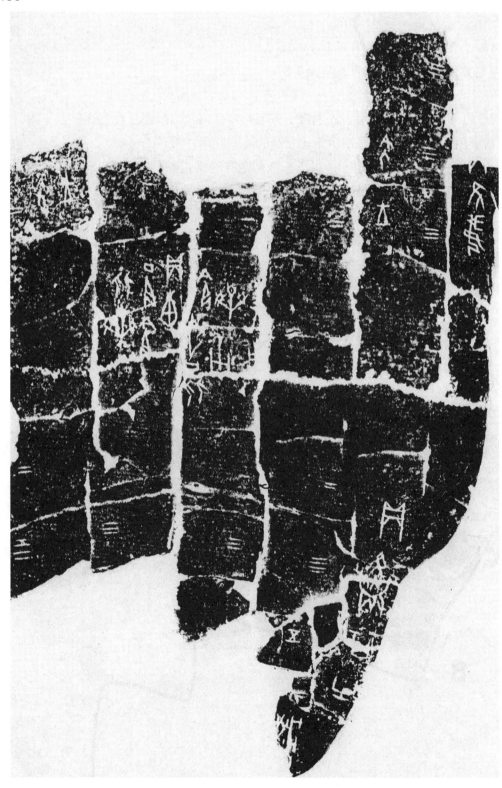

〈452〉

（1）丁酉卜，㱿貞：今日用五宰祖丁？一
（2）丁酉卜，㱿貞：勿用五宰祖丁？一

　　（1）（2）辭在殘甲右左甲橋下方，向外書寫。二辭屬正反對貞。言丁酉日占卜當天用五隻圈養的羊祭祀祖丁，正反的卜問此事宜否。

　　「用五宰」為一句組，「祖丁」之前應省略祭祀動詞。（2）辭省句首時間詞「今日」。一般常態句是：

　　（1）今日＋〔祭祀動詞〕＋祖丁：五宰？
　　（2）今日＋勿＋〔祭祀動詞〕＋祖丁：五宰？

本組對貞將祭牲「五宰」前移，前復增一「用」字，強調是用祭的殺牲，而省略命辭中的主要祭祀動詞。

　　（1）（2）辭的「祖丁」，是殷王武丁的祖父，「丁」字中間誤增一短橫，形與「日」字形混；應是誤書例。

452

〈454〉

（1）貞：自今五日至于〔丙〕午雨？一

（2）貞：今五日至〔于〕〔丙〕〔午〕〔不〕〔其〕〔雨〕？一

（3）自今五日日雨？二三（二告）

（4）自今五日不其雨？二〔三〕

　　（1）（2）辭在殘甲右左甲橋下方，由內向外書寫。二辭屬正反對貞。（3）（4）辭在右左後甲外側邊沿，向內書寫。二辭恰在（1）（2）辭的正下方，屬正反對貞。根據卜辭位置和兆序，（1）（3）辭成套，（2）（4）辭成套。二套卜辭的常態句型，應合讀作：

　　貞：自今日至于丙午雨？一二三（二告）

　　貞：自今日至于丙午不其雨？一二三

這種在兆序（一）和（二）（三）處分別正反都刻上二卜辭的內容，屬於行款書寫的特例。

　　（2）辭命辭句首省略「自」字。（3）辭命辭又多了一個「日」字，屬衍文。於此可見本版刻工書寫時的粗心隨意。

454

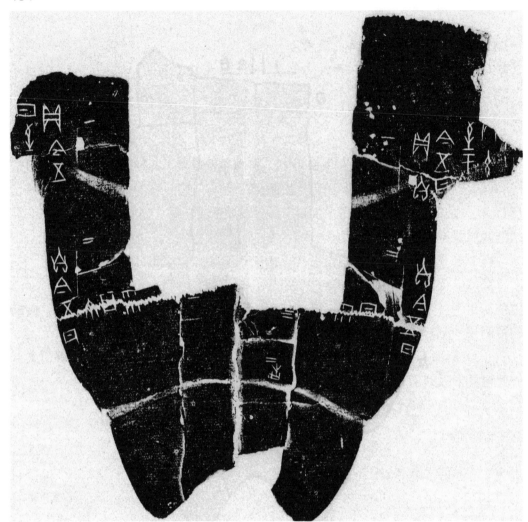

〈455〉

（1）乎取⛊，兄？

（1）辭在殘甲右上靠千里線側向外書寫。張秉權原釋文認為「取」是祭名，末二字釋作「武兄」，指的是武丁之兄，並說：「武，是武兄生前的采邑之名，因為他沒有廟號，所以稱之為武兄。」卜辭確有見「取・先王名」例。如：

〈合集 1295〉　　乙巳卜，㱿貞：王其取唐馭？

〈合集 19890〉　辛酉卜：王祝于妣己，廼取祖丁？

復見「取岳」、「取河」等祭自然神例。如：

〈合集 14468〉　貞：取岳，屮（有）雨？

〈合集 14575〉　庚申卜，㱿貞：取河，屮（有）从雨？

但「呼取」例之後，一般罕見接神先神靈的名稱。卜辭「呼取」，是「上位者乎（呼）某取」的省例，「取」字作拿、佔有意，與祭名無關。字後緊接動詞和奴役。例：

〈合集 8808〉　　貞：呼取牛？

〈合集 11003〉　癸酉卜，㞢貞：呼狃取虎于救圄？

〈合集 5726〉　　☐呼取射☐？

〈合集 21586〉　丙寅卜，我貞：呼奴取射麋？

〈合集 9714〉　　呼取女于林？

〈合集 634〉　　丁亥卜，㱿貞：呼𠙶比韋取亦臣？

「呼取」或「取」之後又接有外族、職官、人名和地名的用法。如：

〈合集 557〉　　乙未卜，貞：呼先取寇于☐？

〈合集 891〉　　呼取羌以？

〈合集 6567〉　　丁亥卜，亘貞：呼取呂？

〈合集 7064〉　　辛丑卜，亘貞：呼取彭？

相對的，〈丙 455〉（1）辭「乎取」之後的一字，从止（止下一橫筆或為兆序）朝戈，字形與常態的祖先名前的修飾用字「武」字作𢦏形稍有不同，但字似仍可隸作武，有用為地名。例：

〈合集 456〉　　乙未卜，賓貞：以武鈞？

〈合集 10989〉　貞：在伇用武，其來告？

〈合集 22075〉　屮歲于武？

末一例的釋意仍屬兩可，或為地名，或作祭祀對象。因此，〈丙 455〉（1）辭的

「呼取武兄？」句，可分讀作「呼取武，兄（祝）？」，理解為殷王呼令佔據武
地，祝禱此事於祖先順否。「兄」字《丙編》拓本模糊，覆核原綴合的〈乙
2171〉，仍清楚見字從口下從人直立，確可隸作「兄」字。這裡獨立成句，讀作
祝。

　　另，卜辭見「武唐」連用例。如：

　　〈合集 27151〉　叀武唐用，王受有佑？

因此，另一種讀法的考量，是〈丙 455〉（1）辭的「武」字可作為「武唐」的簡
稱，指威武的成湯。整句句意是王呼令取祭於威武的成湯，有進行祝禱嗎？上引
〈合集 1295〉復有「取唐」例，可互參。對比卜辭有「上甲」和「咸」同版例。
如：

　　〈丙 381〉　（1）貞：⇗伐于上甲：十⇗五，卯十小宰、豕？一

　　　　　　　　（2）貞：⇗伐于咸？一

　　〈丙 392〉　（1）癸未卜，𣪊貞：翌甲申王賓上甲日？

　　　　　　　　（6）甲午卜，爭貞：王賓咸日？

以上二例見「上甲」和「咸」（即成湯）同版，第一例二先王復作選貞的關係。這
和本版中「上甲」和「武」同版並出的用法相同。本版（1）辭的「呼取武，
祝？」和（2）辭的「⇗（侑）于上甲：十伐，卯十宰？」在後甲右左千里線兩側
相對成組。「武」和「咸」是同人而異稱。目前看，似仍以後一的考量，釋「武」
字為「武唐」之省，作為祭祀對象「成湯」的專名為優。《史記・殷本紀》記錄
「湯自把鉞以伐昆吾，遂伐桀。……湯曰：『吾甚武，號曰武王。』……乃踐天子
位，平定海內。」等商湯的霸業，可作為卜辭中用「武」字為專稱的參照。

（2）⇗于上甲：十伐，卯十宰？

（6）上甲：十伐⇗五，卯十小宰？一

（7）貞：廿伐上甲，卯十小宰？一

　　本版殘甲僅見後甲部分。（2）辭在千里線左上側，向外書寫。（6）（7）辭
在左後甲下方相向書寫，二辭或屬選貞關係。（7）辭句首仍保留前辭的「貞」
字。

　　（2）辭卜問侑祭於上甲，用十個砍首的人牲，並對剖十隻圈養的羊一祭事的
宜否。

　　（6）（7）辭屬選貞，二辭在命辭之前都省略祭祀動詞「⇗（侑）」和介詞
「于」。其中的（6）辭為常態句，（7）辭為移位句，祭牲「廿伐」移於祭祀對象

「上甲」之前。

455

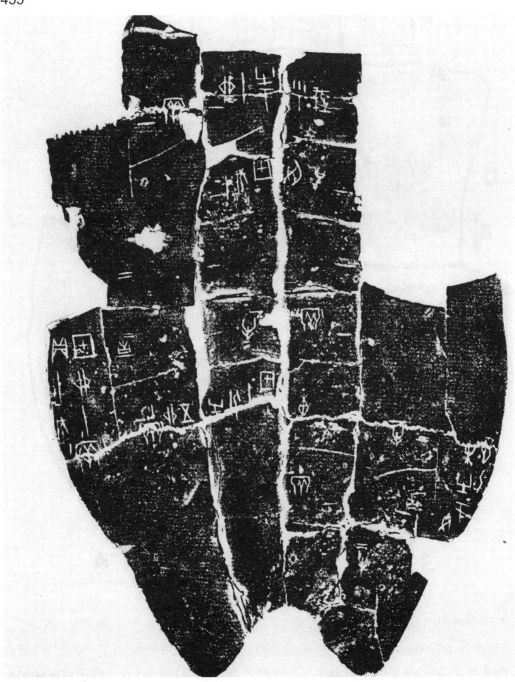

〈457〉

（1）隹妣癸？一〔二〕
（2）不隹妣癸？一二
（3）卭𐀀于妣己？一二
（4）勿卭𐀀于妣己？一二
（5）于高妣己？一二
（6）勿于高妣己？一〔二〕
（7）貞：帚㞢賓？一（二告）
（8）帚亡其賓？一

　　本版殘後甲都屬卜問母妣的卜辭。（1）（2）辭在右左甲橋下向內書寫。二辭屬正反對貞。「隹（唯）n」─「不隹（唯）n」的對應用法，句首語詞用「隹（唯）」和「不隹（唯）」，是強調其後帶出名詞的功能。卜辭一般用「叀」字作為肯定句的句首語詞。如：

　　〈合集 27330〉　叀妣庚？
　　〈合集 27353〉　叀小乙、妣庚？

而「隹（唯）」─「不隹（唯）」作為正反對貞句首語詞，句後有省與不省例。如：

　　（1）〈合集 22384〉　戊申隹己妣？
　　　　　　　　　　　　戊申不隹妣己？
　　　　〈合集 2844〉　己未卜，亘貞：隹妣己屯婦？
　　　　〈合集 2252〉　貞：隹妣己㞢王𡆥？
　　　　　　　　　　　貞：不隹妣己㞢王？
　　（2）〈合集 10408〉　戊午卜，賓貞：王夢，隹妣戊？
　　　　〈合集 17377〉　王夢，隹妣己？
　　　　〈合集 822〉　貞：王疾身，隹妣己屯？
　　　　〈合集 2431〉　貞：身，不隹妣己屯？

　　對比以上句例，見〈丙 457〉（1）（2）辭一組對貞句式，強調的「妣癸」一般是用於命辭中的後句，作為施降疾災的主語身份。相對的，（3）（4）、（5）（6）二組對貞的「于 n」句：「于妣己」和「于高妣己」，一般卻用在命辭單句，指的是求佑剔除災禍的先妣名。兩類先妣名在此應用的性質不同，宜分別觀之。

（3）（4）辭在右左後甲兩邊沿向內書寫，二辭屬正反對貞。（5）（6）辭在右左後甲中間千里線的兩側，向外書寫，二辭屬正反對貞。

（3）（4）辭的「钌圙」，讀為「禦骨」，或即「禦疾骨」之省，言求祭剔除王的疾骨於妣己。卜辭另有「钌疾頸」〈英 97〉、「钌疾 ᧠」〈合集 13675〉例；可以互參。圙字亦可通作囚，即禍字，言求剔除王的禍患於妣己；亦通。目前看，似以前一說為優。

（5）（6）辭句前省祭祀動詞，對照（3）（4）辭的不省句例，知為「钌圙于高妣己？」、「勿钌圙于高妣己？」的省略。

（7）（8）辭在右左甲尾邊上，向內書寫。二辭屬正反對貞。「虫（有）賓」，言有進行賓迎神祇（母妣）的儀式。「帚」即「婦」，或為武丁的配妃「婦好」之省。

457

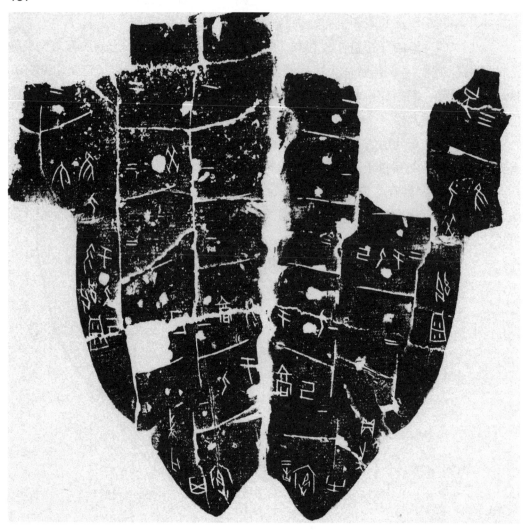

〈463〉

（1）丁酉卜，設貞：沚戜禹冊，王从？一

（2）〔貞〕：乎〔旨〕往于河，虫从雨？一

（3）〔貞〕：亡从？〔一〕

本版只見殘後甲部分。（1）辭在右甲橋下，由內往外書寫；屬大字。殘缺的左甲橋下應有對貞的否定句。（2）（3）辭在右左尾甲靠千里線中間，朝外書寫；屬小字。二辭屬正反對貞。（1）辭和（2）（3）辭的刻手屬不同人，前者「从」字作 𢓥，後者字作 𢓥，筆序明顯不同；是同版異形。

（3）辭張秉權原釋擬測為「〔貞〕：亡〔其〕从〔雨〕？」一句，但對應（2）辭肯定句的刻寫位置，命辭作二分句，其中的前句按兩字上下一行，呈直書，後句則逕作橫書。因此，（3）辭的殘辭只見後句，「亡从」二字亦是在千里線由內朝外橫寫，其上方恐沒有多餘的殘缺字。（3）辭命辭的正確讀法，應是直接的「亡从？〔一〕」，是（2）辭詢問句「虫（有）从雨？」的對文省略。

（1）辭「王从」的「从」字，用法與（2）（3）辭的「从」字不同。（1）辭命辭言殷西附庸沚、戜二族進行出征前「禹冊」的儀式，卜問「王从」，是指在儀式後殷王武丁聯同沚、戜二族出征的順否。「从」字義與「比」字接近，有聯合意。卜辭習言「王从某族伐某方」例。而（2）（3）辭的「从」字是由二人相隨，引申有緊密、連結、延續的用法。這裡的卜問「有从雨」，指的是有一直持續下雨嗎的意思。

463

〈467〉

（3）貞：钔于妣己，屮及？一

（3）辭在殘甲右前甲的上端，向外書寫。

（3）辭命辭作二分句，前句陳述句，言禦祭於妣己；後句詢問句，卜問有用奴牲否。禦，祀也。用為祭祀的泛稱。屮，即有。及，以手壓人跪坐形，从人从女通，我釋作奴字，用為人牲。

相類的句型，有作常態句的：「钔（禦）于妣己：奴？」，或有移位作：「钔（禦）奴于妣己？」。

467

〈469〉

（1）貞：烄，㞢雨？三
（2）勿烄，亡其雨？三

　　（1）（2）辭在殘甲右左甲橋下方邊沿，向內書寫。二辭屬正反對貞，兼成套的關係，是成套的第三組對貞句。此組對貞見對貞卜辭只是形式上的對應功能，與語義內容並沒有必然關係。否則，（2）辭否定句語義理論上是矛盾，也沒有必要的。既然已言不進行焚人求雨的祭儀，自然就沒有卜問「有雨」抑「無雨」的問題了。對貞整體句意，是進行焚人牲的烄祭，卜問會有降雨否的意思。
　　（1）（2）辭下面的（3）（4）辭卜問「舞岳」，「岳」或即這裡烄祭求雨的對象。

469

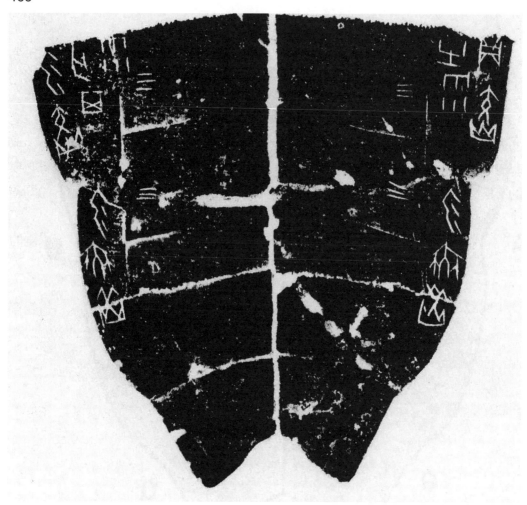

〈471〉

（1）〔辛〕亥卜，㱿貞：〔王〕其乎収爰〔伯〕出牛，允正？

（2）貞：勿乎収爰伯出牛，不其正？一二（二告）三四

　　（1）（2）辭見於殘甲右左甲尾，由中間千里線向外書寫。二辭屬正反對貞。兆序完全置於左邊（2）辭的上方，但可能與（1）（2）辭無關；僅備參。

　　（1）（2）辭中文字有多處壓兆，而犯兆處不見有兆序，應是犯他辭的兆。

　　卜辭習見「収牛」一詞，収為登字之省。登有徵召、上獻意。這裡言殷王武丁呼令徵召爰伯所出的牛一事的吉否。「出牛」一詞例，又參見：

　　〈合集 3255〉　　貞：乎（呼）黃多子出牛，㞢（侑）于黃尹？

「出牛」的「出」字，字形由人趾離開坎穴引申冒出，有上貢的意思。

　　正，我讀如禎，祥也。「允正」和「不其正」為對應的詢問句。「允」，誠也，有果然的肯定語氣。「其」，有懷疑、不確定、將然的語氣。

471

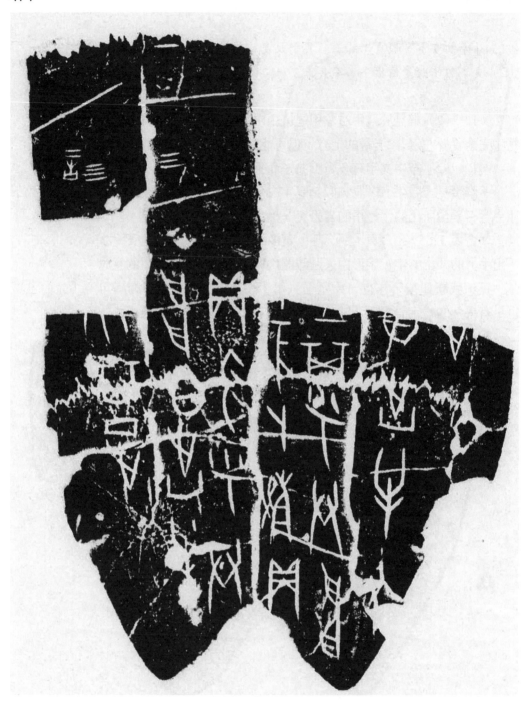

〈473〉

（1）隹多父？

（2）不隹多父？

（3）疾身，隹出祟？

（4）疾身，不隹出祟？

本版屬殘後半甲。

（1）（2）辭在右左後甲兩邊，向內書寫。二辭屬正反對貞。（3）（4）辭在（1）（2）辭的下面，也對應的向內書寫。二辭亦屬正反對貞。兩組對貞或有語意因承的關係。

參〈丙 457〉句例，（1）（2）辭的「多父」是施降災疾的祖先，句首有語辭「隹（唯）」和「不隹（唯）」相對，句末似省略動詞「祟」。

（3）（4）辭的「疾身」，用為一獨立的名詞組，因殷王武丁的「疾身」（意即腹疾）而卜問「有祟」否。施祟災的祖先可能就是（1）（2）辭的「多父」，指的是陽甲、盤庚、小辛三位武丁的諸父而言。

473

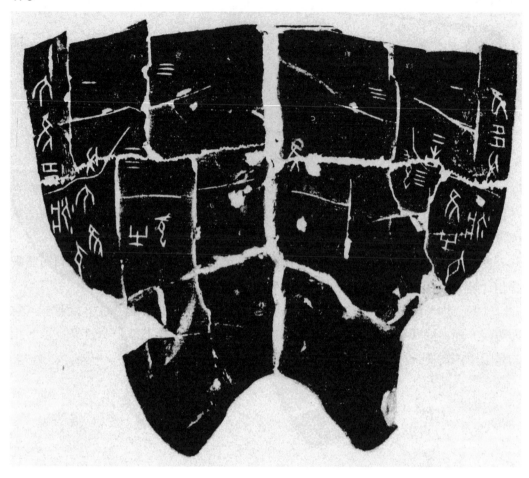

〈485〉

（13）貞：今十二月我步？一二
（14）貞：于生一月步？一二

　　（13）（14）辭在殘甲右左甲尾的兩邊，向外書寫。二辭屬選貞的關係。卜問
「我步」的時間，是在「今十二月」抑或「于生一月」。張秉權原釋文釋「生」為
「之」，可商。「生一月」，生有來意，指下一個的一月。相對於（13）辭的
「今」字有「茲」、「此」的當下意思，「生」字有「馬上要來」的未來語意。對
照以下句例：
　　〈合集 29995〉　　茲月至生月，又（有）大雨？
上辭的「茲月至生月」，即「此月至下一月」的意思。
　　「步」，從二止，腳趾移動一次謂一步，字用為人的前進，離開原地的意思。
卜辭習見「王步于某地」，是指殷王離開首都（或占卜的原地）前往某地。卜辭
「步」字句有「步伐尸」〈合集 6461〉、「步射兕」〈合集 20731〉、「步狩」
〈合集 10993〉，強調移動的目的是征伐或田狩。
　　卜辭又有「步祝」〈合集 30408〉、「步祖乙」〈屯 866〉、「步于父丁」
〈合集 32677〉、「步母庚」〈合集 10918〉、「步十牛」〈合集 32987〉等例，
見「步」字與祭祀類用字又有關聯。「步」字句後有接祖先，如：
　　〈合集 39〉　　　　貞：燎，告眾步于丁（祊）？
　　〈合集 13535〉　　☒其告步丁宗？
　　〈屯 866〉　　　　甲午貞：告妻，其步祖乙？
　　〈合集 27982〉　　叀商方步，立（蒞）于大乙，戈（災）羌方？
　　〈屯 422〉　　　　丁酉卜：王奉（祓），其步？
此見殷人舉行祭祀或誥命儀式時，殷王有親自或率眾「步」往宗廟或特定祖先的神
主之前禱告的告神活動。

（15）乎✠，豕隻？一二三
（16）✠，不其豕隻？一〔二〕（二告）三

　　本版屬殘甲後半甲。（15）（16）在右左甲尾靠千里線向外書寫。二辭屬正反
對貞，均省略前辭。
　　（15）辭似是「王呼✠獲豕？」的移位句，（16）辭似是「王呼✠不其獲

豕？」的省略兼移位句。✠，用為人名或附庸族名。但再由句意觀察，卜辭並沒有直接言「呼獲獸」的用法。卜辭只見「呼逐」、「呼田」、「呼射」的連用。例：

〈合集 1772〉　　庚申卜，㱿貞：呼逐虎？

〈合集 5775〉　　呼多馬逐虎，獲？

〈合集 10560〉　貞：呼田，獲？

〈合集 26907〉　貞：王其令呼射鹿？

〈合集 28350〉　王呼射，罕（擒），弗悔？

〈英 2294〉　　　叀馬呼射，罕（擒）？

因此，（15）（16）辭的命辭應該分讀為二分句，「乎（呼）✠」句作為兼語式之後，理應省略一田狩動詞，如「逐」「田」「射」類字，用為前句陳述句；而「豕獲」和「不其豕獲」則分別為對貞的後句詢問句，用為「獲豕？」和「不其獲豕？」的移位句。（16）辭後句書作「不其豕獲」，而不是作「豕不其獲」，可見動詞「獲」字作為句的中心語，相對固定，其凝聚他詞的能力強大，因此，受詞前移，但亦不遠離動詞，依然貼附在動詞之前，而不會移至前面否定詞之前。

485

〈492〉

（3）庚申卜，舌貞：勿首攺于南庚：宰？用。一

　　（3）辭在右甲橋下方，向外書寫。左甲橋全殘，或有對貞的肯定句作為對
應。左甲（1）辭見貞人賓同版。（3）辭的「申」字象電光的分枝形但只書作直筆，
「首（蔑）」字从目作倒三角形，「宰」字从宀作尖頂狀；都屬特殊的寫法。首，
增強否定語氣的語詞，（3）辭卜問一定不用敲擊的方式宰殺一頭圈養的羊祭祀南
庚嗎？句末的「用。」是獨立的「用辭」，意即貞卜者肯定、選取這卜兆的內容。

　　對比〈合集 2003〉：「丁卯卜，舌貞：屮（侑）于南庚？」一辭，再覆核祭
拜「南庚」的卜辭，武丁貞人集團有㱿、爭、賓、亘和舌。其中的「舌」多見貞問
祭祖丁、南庚兩兄弟一代而罕見問祭於其他的祖先，與貞人「韋」主要是貞問祖
辛、羌甲兩兄弟一代用法相類。這種某貞人在某特定時間祭祀某特定祖先的「用
卜」習慣，值得觀察。

〔附〕

　　對比祭祀殷先公先王卜辭中出現的貞人和沒有貞人的前辭形式，分期如次：

報甲（一期）　　賓、㱿、爭、亘、舌、箙

　　　（二期）　　旅、行、大、尹、洋、涿、出、即、王

　　　（三期）　　狄、宁

　　　（五期）　　王、泳

　　　干支卜：（一）（三）（四）期

　　　干支貞：（一）（三）（四）期

　　　干支卜貞：（一）（四）（五）期

報乙（二期）　　旅、行、即、涿

　　　（三期）　　何

　　　干支卜貞：（五）期

報丙（二期）　　旅、行

　　　（三期）　　宁

　　　干支卜貞：（五）期

報丁（二期）　　旅

　　　干支卜貞：（五）期

示壬（一期）　　賓、㱿、㠯

　　　非王　　　　扶

（二期）　喜、即、逐、旅
干支卜：（一）（三）（四）期
干支貞：（四）（五）期
干支卜貞：（五）期
示癸（一期）　大、尹、王
（三期）　宁
干支卜：（一）期
干支卜貞：（一）（五）期
大乙（一期）　王
（二期）　尹、行、王
（三期）　何、彭、暊、狄
（五期）　王
干支卜：（一）（三）（四）期
干支貞：（四）（五）期
干支卜貞：（四）（五）期
咸　（一期）　賓、㱿、爭
干支卜：（一）（三）（四）期
干支卜貞：（一）期
唐　（一期）　賓、㱿、爭、古、史、㕚、王
（二期）　喜、出、即、大、王
（三期）　何
干支卜：（一）期
干支貞：（一）期
干支卜貞：（一）期
（以上大乙、咸、唐同為成湯的異名）
大丁（一期）　賓、㱿、爭、王
非王　扶
（二期）　旅、行、尹、大、王
（三期）　狄
（五期）　王
干支卜：（一）（三）（四）期
干支貞：（四）期
干支卜貞：（五）期

大甲（一期）　賓、㱿、爭、亘、王
　　　（二期）　行、尹、即、王
　　　（三期）　狄
　　　（五期）　泳、王
　　　干支卜：（一）（三）（四）期
　　　干支貞：（四）期
　　　干支卜貞：（一）（五）期
外丙（一期）非王　扶
　　　（二期）　　　行
　　　干支卜：（一）期
　　　干支卜貞：（五）期
南壬（即仲壬）（二期）　　□　　（〈合集24977〉「干支卜，某貞」的某字殘）
大庚（一期）　㱿
　　　（二期）　旅、行、尹、喜、洋
　　　（三期）　壴
　　　（四期）　王
　　　干支卜：（一）（三）期
　　　干支貞：（四）期
　　　干支卜貞：（五）期
小甲（二期）　尹、王
　　　（五期）　　犕、彳（齊）、王
　　　干支卜：（一）期
　　　干支貞：（五）期
　　　干支卜貞：（五）期
大戊（二期）　旅、行、尹、出、喜、骨、涿、王
　　　（三期）　宁、猷
　　　干支卜：（一）（四）期
　　　干支貞：（四）期
　　　干支卜貞：（二）（三）（五）期
雍己（二期）　行、涿
　　　干支卜：（三）期
　　　干支卜貞：（五）期
中丁（即仲丁）（一期）　賓、㱿

（二期）　旅、行、尹、即、王

（三期）　口

干支卜：（一）（四）期

干支貞：（四）期

干支卜貞：（五）期

戔甲（即河亶甲）（二期）　旅、行、王

（五期）　術、泳、王

干支卜貞：（五）期

祖乙（一期）　賓、殼、爭、亘、允、王

非王　　　　扶

（二期）　旅、行、即、喜、尹、大、出、涿、骨、王

（三期）　彭、何、宁、睴、狄、豆

（五期）　術、王

干支卜：（一）（三）（四）期

干支貞：（三）（四）期

干支卜貞：（一）（二）（三）（五）期

祖辛（一期）　賓、殼、爭、亘、內、韋

（二期）　行、尹、大、出、即、喜、王

（五期）　王

干支卜：（一）（四）期

干支貞：（四）期

干支卜貞：（一）（五）期

羌甲（即沃甲）（一期）　殼、爭、韋

（二期）　旅、行、大、即

（五期）　術、泳、王

干支卜：（一）（三）（四）期

干支卜貞：（三）（五）期

祖丁（一期）　賓、殼、爭、吉、亘

非王　　　　扶

（二期）　旅、行、尹、大、洋

（三期）　何、彭、睴、狄、豆

干支卜：（一）（三）（四）期

干支貞：（四）期

　　　　　干支卜貞：（三）（五）期

　　南庚（一期）　賓、敵、爭、㞢、亘

　　　　（二期）　旅

　　　　　干支卜：（一）（三）（四）期

　　　　　干支貞：（四）期

　　　　　干支卜貞：（五）期

　　䧹甲（即陽甲）（一期）非王　扶

　　　　（二期）　大

　　　　（五期）　泳、王

　　　　　干支卜：（一）（三）期

　　　　　干支貞：（四）期

　　　　　干支卜貞：（一）（五）期

　　般庚（一期）非王　扶

　　　　（二期）　行、即

　　　　　干支卜：（一）期

　　　　　干支卜貞：（一）（五）期

　　小辛（二期）　行

　　　　　干支卜貞：（五）期

　　小乙（一期）　爭

　　　　（二期）　旅、行、尹、即、王

　　　　（三期）　何、壴、寧

　　　　　干支卜：（一）（三）（四）期

　　　　　干支貞：（四）期

　　　　　干支卜貞：（五）期

　　武丁　干支卜：（五）期

　　　　　干支卜貞：（五）期

對比以上祭拜先公先王和貞人的關係。報甲（微，又稱上甲）、報乙、報丙、報丁為一系列，後三先公名合稱「三報」。報字作匚（讀縶，即置神主的櫃），側形。殷人以報甲為先公的開國始祖，其神主置於面朝宗廟的正中；報乙、報丙、報丁陪祭在報甲的左右兩側，此或為周民族昭穆之祭的承襲來源。卜辭對此四位先公的記錄，主要是祭拜報甲，報乙次之。報甲是由第一期至第五期卜辭都有的祭祀記錄，而報乙、丙、丁的祭拜卻不見於第一期武丁卜辭，而只始於第二期。可見武丁在位長達 59 年的時期，只有祭拜先公的報甲，當時或仍沒有「三報」的形成。殷人祭

祀「三報」主要是發生自第二期卜辭，特別是由貞人「旅」負責占卜的卜辭。第三期主要由貞人「宁」主卜其事，第四期缺乏貞人，第五期普遍改用「干支卜，貞」的形式祭祀「三報」。

報甲是王卜辭中祭拜的先公始祖，非王卜辭一般不見有祭報甲，更談不上其他的「三報」了。（花東卜辭則有二例祭上甲）

卜辭中的「二示」是示王、示癸的合稱。第一期王卜辭和非王卜辭都有祭「示王」。例：

　　〈合集 776〉　　　壬辰卜，㲋貞：㞢（侑）于示王：宰？

　　〈合集 19812〉　　庚寅卜，扶：示王歲：三牛？

但「示癸」只見用祭於王卜辭。當日祭拜「示王」和「示癸」的貞人，在第一、二期卜辭都不相同，可能已刻意分由兩個不同的貞人集團行使祭祀任務。「示癸」在第二期有由殷王親自貞卜祭祀，見祭拜「示癸」是由祖庚、祖甲一代才開始重視的。「二示」的觀念，也是因「三報」的發明才對應出現的。「三報二示」的先公天干名，自甲起癸終，是十天干的一首一尾，恐是殷王室設想先公遠祖名稱的一種籠統用法，亦即殷商王室後人對創始祖先的虛擬記錄。

大乙、咸、唐是成湯的三個異名。第一期殷王親貞，主要都是稱呼「大乙」，間有稱「唐」；但如由貞人問神祭拜，普遍都稱呼「唐」或「咸」。

第一期王卜辭貞人以㲋、賓為主為長，貞人爭則屬較年輕資淺。第一期非王卜辭只見貞人「扶」一人。第二期貞人以旅、行、尹為主力問祭。第三期貞人，其中祭拜三匚二示的，是以貞人宁為主，祭拜大乙時則以貞人何為首，拜大丁以後先王則又以貞人狄為多。似乎當日的貞人是各有專司卜問的。第五期祭祖卜辭主要則是由殷王來貞問。

卜辭祭祀祖先以大宗一系使用的貞人為多為普遍，祭祀小宗的貞人數量則較小。面對大、小宗卜貞工作的貞人是互有區隔的。如：祭祀同為直系大宗的「大丁」和「大甲」，貞人見用第一期的㲋、賓、爭、王，第二期的行、尹、王，第三期的狄，第五期的王，祭拜上述兩位先公的前辭貞人名，基本上都相一致。但對於庶出的小宗如「外丙」、「小甲」，祭祀時貞卜的貞人就有明顯的差別。由此可見，殷王室貞人集團，在委派選用占卜史官的常態標準，是依據祭祀對象屬於直系與否而有所不同的。

卜辭祭祀遷殷前的陽甲、盤庚，第一期卜辭時只見有非王一類的貞人，但至祭祀小辛，第一期王卜辭和非王卜辭都沒有貞人。及至祭祀武丁的親父小乙，第一期始見王卜辭的貞人，但卻是不見非王的用例。這現象說明非王一類貴族較親近於武丁父輩的陽甲、盤庚，而武丁一直系則偏重於血親的小乙。

492

〈498〉

（1）貞：自上甲屮伐？一
（2）勿自上甲屮伐？

　　（1）（2）卜辭在右左前甲上方，由外沿向內書寫。二辭屬正反對貞。（1）辭內下側有兆序（一），但相對的（2）辭內下側卻有卜兆而沒有刻寫兆序；似是漏刻。（1）（2）辭都省略前辭，命辭是移位句，常態句型應讀作：

　　（1）貞：屮（侑）自上甲：伐？
　　（2）勿屮（侑）自上甲：伐？
這組對貞卜問侑祭的對象，是由上甲開始的一系列殷祖，用砍首的人牲一人祭祀。

（5）戊午卜，內貞：若，叶？一二
（6）貞：叶，不若？一二

　　（5）（6）辭在右左前甲靠千里線兩側，向外書寫。二辭屬正反對貞。張秉權原釋文的「古」字；有釋甾，讀載；有釋贊；亦有隸作叶，即協字。綜合形義看，字仍以隸作叶為近是。（5）辭原釋文順讀不分開，作「若叶」連文，實應移位讀作「叶，若？」二分句。「叶」字置於句末，可能與（5）辭的「貞」字下面存在卜兆橫紋，刻手為避免犯兆而將「叶」字外置於整句的右側位置有關。（5）辭與（6）辭的「叶，不若？」對貞。〈合集 32922〉的「戊寅貞：叶，亡囚（禍）？」，句例與本版對貞相似。

　　卜辭習見「叶王事」、「叶朕事」、「某附庸叶」諸例，「叶」用為協助的協。這裡命辭單用的「叶」，可能是上引文例的省略。

（9）壬戌卜，爭貞：旨伐薛，戈？〔一〕〔二〕三
（10）貞：勿乎伐薛？〔一〕二三四〔五〕

　　（9）（10）辭在右左甲橋下方，向外書寫，位置相對，理論上是正反對貞的關係。其中的（9）辭征伐對象「薛」字作，下從以；（10）辭字卻作，下從方形。或屬異體的寫法。（9）辭命辭作二分句，前句是陳述句，言旨（其人）征伐外族的薛，後句是詢問句，卜問此事戈（災）否。（10）辭否定句命辭只見一單句，是「王勿乎（呼）旨伐薛」之省，句子勉強與（9）辭的前句相對，整體看亦

可能是「勿呼伐薛，戈？」之省後句例。二辭的兆序在文字的上方，但兆數卻不相同，應屬於特例。

（11）乙酉〔卜〕，〔內〕貞：乎馬〔逐〕，〔及〕？〔一〕〔二〕
（12）乙酉卜，內貞：弗其〔及〕？一二

　　（11）（12）辭在右左後甲的中間位置，向外書寫。二辭屬正反對貞。（11）辭為完整句，（12）辭命辭省前句「乎（呼）馬逐」。
　　卜辭習見「多馬」、「馬亞」的職官名，用為負責田獵逐獸的官員。如：
〈合集 5775〉　　乎（呼）多馬逐鹿，隻（獲）？
〈合集 27942〉　　叀多馬乎（呼）射，畢（擒）？
〈合集 26899〉　　貞：其令馬亞射麋？
因此，（11）辭上位呼令的「馬」，宜為「多馬」一類官名之省。

498

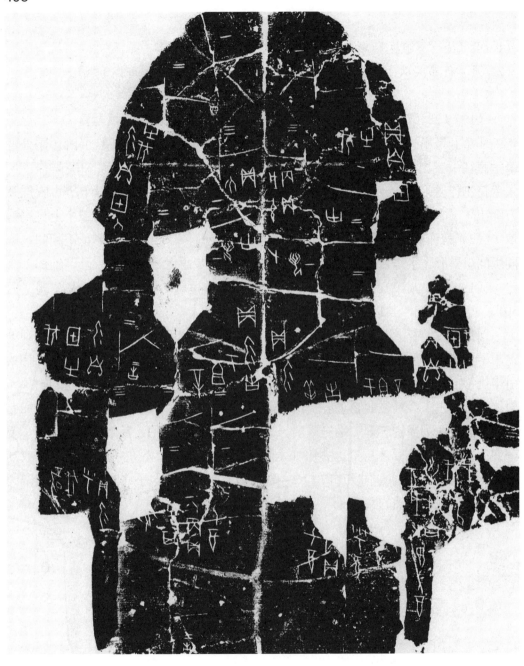

〈500〉

（1）癸巳卜，韋貞：行以㞢𠂤眔〔邑〕？一〔二〕三四五（告）六

（2）貞：行弗其以〔㞢〕〔𠂤〕眔邑？一二三（二告）四〔五〕〔六〕

（1）（2）辭在右左甲的兩外側，由上而下書寫。二辭屬正反對貞。

「韋」是第一期貞人。「行」有用為第二期貞人。貞字（1）辭作，兩外豎筆垂直往下突出，（2）辭作，兩外豎筆與斜筆交錯相接。以字（1）辭作，人手持物作菱形狀，（2）辭作，人手持物作弧形。眔字（1）辭作，眼珠下方突出，（2）辭作，眼珠包在眼眶之內。行字（1）辭作，从二彳上見直豎筆，（2）辭作，从二彳的上方不作直豎。以上（1）（2）辭字形都不相同，屬同版同組異形，字是否出自二人的手筆，可以進一步思考。

（1）（2）辭的占辭在龜版反面正中間的千里線，由上而下直書。即〈丙501〉：「王固曰：其以㞢〔𠂤〕〔眔〕〔邑〕。」

（1）（2）辭卜問行（其人）帶領𠂤和邑二單位的部屬宜否。「𠂤」，即師，為軍事單位。「邑」為城邦單位。「眔」，即逮，及也，連詞。「以」，由人持物引申携帶，聯同意。「㞢」，讀有，作為名詞前的詞頭，或強調某一特定的對象。對比占辭，占卜者是主觀屬意於（1）辭肯定句的句意。（1）辭的兆序（六）和兆語「告」字並列橫排，刻工是先單刻一「告」字，作為卜兆（五）的兆語，佔了下一兆序的位置，接著才再刻上兆序（六）一數目字。（1）辭的兆語「告」，或為常見的「二告」漏刻。本版（1）（2）辭對貞均有兆語，似乎兆語的有無和占辭的判斷所屬又並無必然的關係。

500

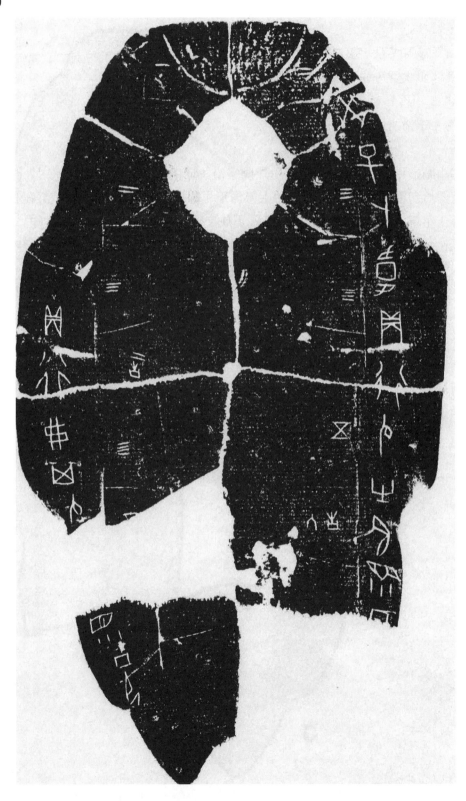

〈508〉

（1）貞：帚好其征，虫疾？

（5）貞：虫疾身，卯于祖丁？

（8）疾止，☑？

（9）勿虫于南庚？

　　本版屬殘甲，（1）辭在右前甲外側邊沿，向內書寫。對應的左前甲外側殘，未審有對貞句否？（5）辭在左前甲上方靠千里線，向左外書寫。（8）辭在右前甲下方靠千里線，向右外書寫，但甲殘，下缺文。相對的（8）辭反面有〈丙 509〉（4）辭：「貞：羽（翌）辛亥虫（侑）祖辛？」一句，或與正面的（8）辭內容相關。（9）辭則在左後甲上方靠千里線，向左外書寫。

　　（1）（5）（8）（9）四辭似為同類卜辭。（1）辭言婦好將外出，卜問有疾患否。（5）（8）辭見婦好確有腹疾和腳趾的疾病，並連續求佑於祖先祖辛和其子祖丁。（9）辭侑祭於南庚，似與婦好之疾為同一事的占卜。

　　南庚為祖丁之弟，屬同一世代人。南庚其後又傳王位反於其兄長祖丁之子陽甲。可見二支族族眾關係密切。這裡由於武丁后妃婦好的外出有疾，遂同時卜問祭拜「祖辛」和「祖丁」、「南庚」三人求佑，此亦可說明武丁王室對於這三位祖輩的重視。

508

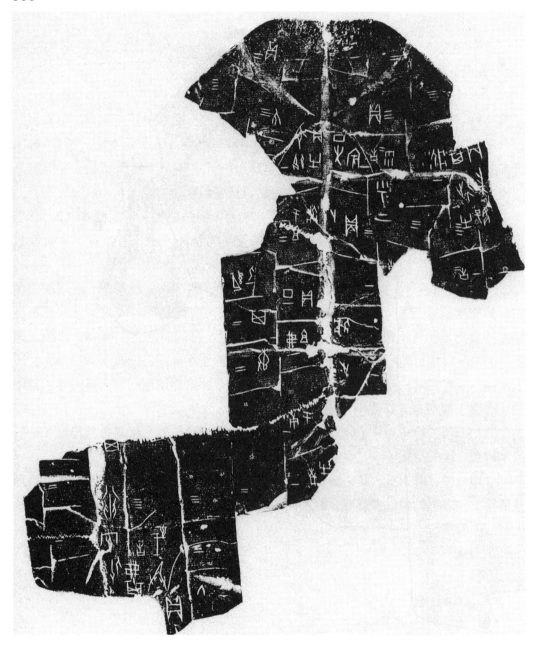

〈512〉

（1）□〔巳〕卜，爭☑子狀于母，𡆥兔、小宰，屮奴女？〔一〕二
（2）貞：勿首用𡆥兔，冊小宰，屮奴女于母丙？一二

（1）（2）辭在殘甲右左首甲的外沿，向內書寫。二辭屬正反對貞。卜辭是為時人子狀求佑，求佑的對象是母丙，求佑的用牲是𡆥兔、小宰、女奴。（1）辭命辭前殘，缺祭祀動詞，其後的「母」應是「母丙」之省，字寫作「女」。卜辭的「母」「女」同字，「母」字的後增二虛點只有區別意的功能。

（1）辭中二祭牲「𡆥兔」、「小宰」並列，同為獻牲，但對應在（2）辭否定句細分二祭牲的用途，前者仍為具體提供使用的祭牲，言「用𡆥兔」；後者只作為稱冊儀式的獻祭名單中的記錄，言「冊小宰」。

「𡆥兔」的「𡆥」，隸作匽。《說文·見部》覤字：「讀若兜」，《說文·兒部》兜字：「兜鍪，首鎧也。」此即古謂之冑，今稱頭盔。《說文·竹部》箛字：「食馬器也。」段玉裁注：「方言：飤馬橐，自關而西謂之淹囊，或謂之淹箛。」可見匽字可理解為盛食器。《說文·竹部》簋字：「方曰匡，圓曰簋。」段玉裁注：「〈召南〉傳：方曰筐，圓曰筥。」匽字即宗廟使用的筐形盛肉器。這裡的「𡆥兔」是置放在筐囊中野獵的豕。

（1）（2）辭末句「屮奴女」，是侑祭以女的奴牲。奴，學界有隸作及。一般奴字用為人牲的泛稱，「奴女」是特指女牲的人牲。

（1）（2）辭對貞，其中肯定句將祭牲置於句末，屬常態句型。否定句則將祭牲前移，復各增動詞以強調或修飾不同的功能。正反對貞句互補，可較完整的了解卜辭的內容實況。

512

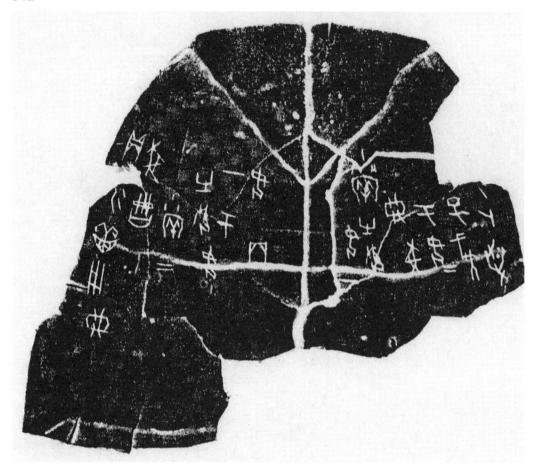

《丙編》下輯（二）

〈513〉

（1）辛未卜，般貞：我収人，气才黍，不冊，受业〔年〕？〔一〕二三

（2）貞：我弗其受黍年？一二三四（二告）五

　　（1）（2）辭在右左中甲向外書寫，二辭位置相對應，似屬對貞的關係。但命辭的內容繁省不同，而且卜兆的兆序數目和位置亦不相同：（1）辭的三兆序由外而內略作平橫的位置，（2）辭五兆序中的（一）（二）（三）在外一直行，（四）（五）在內另一直行刻寫。（1）辭文字刻在兆序（三）之下，（2）辭文字則刻在兆序（五）下面；彼此都不相對稱，皆屬特例。

　　（1）辭命辭的「我収人」，意指我們徵召群眾。「収」，即登字省，有召喚、號令、聚集意。卜辭的「収人」為習用語。「气才黍」，即「乞在黍」，句意可怪。甲骨記事刻辭常見「乞自某地」句，指出占卜甲骨的來源地點，但沒有「乞在某地」例。卜辭的「气」，即「乞」，字本象雲气形，借作訖、迄。《說文·言部》：「訖，止也。」《爾雅·釋詁》：「迄，至也。」卜辭驗辭習見「乞至若干日干支」例是。字亦有借作匄，即祈。朱駿聲《說文通訓定聲》履部第十二气字：「叚借為匄，《蒼頡》篇乞為行匄也。」《春秋》僖八年：「鄭伯乞盟」，《穀梁傳》：「乞者，處其所而請與也。」《廣雅·釋詁》三：「求也。又予也。」卜辭有「王乞令」、「乞呼」例，「乞」字都可理解為「匄」。如：

　　　　〈合集 14536〉　辛卯卜，般貞：乞乎酚河，不冊，正？

　　　　〈合集 14580〉　☐貞：☐王乞令酚河，燎☐？

因此，（1）辭的「乞才黍」，即「乞（匄）在黍」，言祈求（鬼神）在種黍之地。黍字於此用為名詞。

　　「不冊」獨立成句。卜辭的「冊」字象成編的竹簡形，字一般用為名詞，《尚書》謂殷人「有典有冊」，殷商應已具備提供書寫、記錄的竹簡。殷人復有「爯（稱）冊」獻神的儀式，卜辭見「冊祝」、「冊用」、「冊于某祖」、「冊若干牲」、「冊雨」等動詞用法。「冊」的功能是記錄貢獻神祇的清單內容，字有增示

作冊，或下增口作冊，兼名、動詞的用例，都是強調「冊」與祭神關係和盛載簡策以上獻的動作。晚期卜辭有濃縮稱作「工典」（即「示冊」）之祭儀。字又有作動詞，與「不酒」例同：

〈合集 6080〉　　貞：王曰龠舌方其出，不冊？

〈合集 15328〉　　貞：若，不冊？

「不酒」一詞的用法，多固定在命辭陳述某事之後的詢問句。例：

〈合集 10539〉　　□戌貞：王往出于田，不酒？

〈合集 9505〉　　己卯卜，敵貞：雷耤于名，呂，不酒？

卜辭又多見「余不酒」和「不余酒」、「其酒余」等移位組合的用例。「不酒」應是殷王親自進行的一種獻冊活動。

〈丙 513〉（1）辭命辭分四句組，「我奴人」是我們召喚群眾，「乞在黍」是祈求在種黍之地，「不酒」是指如果殷王不親自獻冊祭神，「受出（有）年」即「受年」，出（有）用作詞頭，強調特有所指的一次豐收，是卜問我們能接受鬼神的保佑得享是次豐收嗎？（2）辭命辭是針對（1）辭末句詢問句作對貞的詢問，言我沒有得到鬼神保佑以享種黍的豐收結果嗎？「受有年」和「我弗其受黍年」成組相對，（2）辭命辭應是省略了（1）辭對貞的前三句。

（4）于嬴甲卸帚？一二（二告）

（5）既冊嬴甲：奴？一二

（4）（5）辭只刻命辭，在右左後甲上方靠千里線兩側，向外書寫。由位置和兆序看，似是對貞的關係。然二辭內容互補，（4）辭言禳祭於嬴甲，求佑婦（帚即婦，或指婦好之省稱）的去凶獲吉。（5）辭言獻冊於嬴甲，用奴牲祭祀宜否。二辭亦可理解為相同組類而先後獨立占卜的關係。目前看，以後者理解為是。

（5）辭為常態句，（4）辭為移位句，「于嬴甲」介賓語前移於句首。

「嬴甲」，張秉權原釋文隸作「龍甲」。「嬴」字作 𧆞、𧆞、𧆞、𧆞，象獸盤身而具冠首和利齒，借為殷先祖名。字與「龍」字尾部固定外揚狀不同。殷第一期王卜辭和非王卜辭見有為婦好、子央舉行禳祭，卜問無恙於嬴甲：

〈合集 656〉　　☑卜，敵貞：卸帚好于嬴甲☑？

〈合集 3007〉　　貞：卸子央于嬴甲？

〈合集 21805〉　　癸卯子卜：卸嬴甲？

「子央」是武丁時活人，一般有為「子央」求佑於「父乙（小乙）」、「母庚（姚庚）」、「母己」、「母癸」和「丁」。例：

〈合集 3013〉　　　貞：酓子央钾（禦）于父乙？

〈合集 3010〉　　　貞：钾子央于母庚？

〈合集 3009〉　　　□戌卜：☑钾子央于母己：三小宰？

〈合集 2580〉　　　☑央于母癸？

〈合集 3018〉　　　丙申卜，貞：羽（翌）丁酉用子央歲于丁？

以上諸例祈求的對象，集中於「小乙」一代的父某、母某和武丁。而「贏甲」相對的是指殷先王名，廟號為甲者，而前一修飾語象動物帶冠具齒的先王名，應是文獻中與小乙同代的兄長「陽甲」。因此，贏字宜是甲文「虎」字的異體。「贏甲」，當即「陽甲」。

（10）貞：其钾：觥？〔一〕〔二〕三四五六

（11）貞：觥不其钾？〔一〕〔二〕三四五六

　　（10）（11）辭在右左甲橋中間，向內書寫。二辭屬正反對貞，各自對應的占問了六次，卜問將禦祭用母觥宜否。禦祭求降佑的對象可能也是婦好。（10）辭是常態句，（11）辭祭牲「觥」字移前於句首。

　　觥，母觥，（10）辭从匕在觥背朝觥書寫，（11）辭从匕則在觥腹之外朝向觥身，後者屬常態字形。二字同版異形。同版的帚（婦）字作、；不字作、，亦都是異形關係。

（14）貞：王出圉，若？一二三四五六

（15）貞：羊、矢、舟？一二三四五六

（16）〔貞〕：〔勿〕首〔用〕奴舞于父乙？一二三四五

　　（14）辭在右後甲中間位置，向外書寫，卜辭上下有介畫，兆序六個作冂形由內而外上圍著卜辭。（15）辭在右甲橋下方，向內書寫，兆序由下而上。（16）辭在左甲橋下方，向內書寫，與（15）辭相對，但兆序卻是由上而下。三辭似是各自單獨貞問，但三辭中的「出（有）圉（執）」、「羊、矢（有隸作界）、舟」、「用奴（有隸作及）」在語意上互有關連。過去我曾在《圖形與文字》一書中討論商金文的家族記號（圖騰）有重出於卜辭例，其中的「羊」、「矢」、「舟」字有分別應用為獨立的家族記號。因此，這裡的（15）辭卜問的是三個家族，可能與（14）辭的「執」和（16）辭的「奴」的使用實況有關。（16）辭是言舞祭於先王小乙時，卜問不用奴牲宜否。

（16）辭的前辭，見於其位置反面的〈丙 514〉（15）辭：「乙卯卜，亘」一句，甲骨正反面互補。（16）辭命辭的常態句式，是：「勿舞于父乙：奴？」

513

〈514〉

（2）貞：☒贏〔甲〕？

（3）于贏甲☒〔帝〕好卲☒？

（5）貞：隹靡司壱帚好？

（6）不隹靡司壱帚好？

　　本版是〈丙513〉的反面。

　　（5）（6）辭在左右甲橋上方，向外書寫。二辭屬正反對貞。原釋文的「龍甲」，應隸作「贏甲」，相當於「虎甲」，文獻中書作「陽甲」。

　　（5）（6）辭原釋文的「靡」字，主要部件仍是「贏」，上從广，下從廾，都屬次要部件，示獻祭贏於廟室之中。字或為先王「贏甲」之省。「靡司」，讀如贏后。卜辭文字正反書不拘。殷金文的「司母戊」方鼎，亦宜讀作「后母戊」是。相對的，（5）（6）辭的「靡司」，可讀作「贏后」，指先王贏甲（陽甲）的配妃。

　　（5）（6）辭對貞，卜問先王贏甲后妃會降禍患於時王的后妃婦好否。這和（2）（3）辭對貞為婦好求佑於贏甲宜否的句意正好相對。

（19）王夢，北从安，隹□？

（20）貞：不隹囚？王固曰：吉。勿隹囚。

　　（19）（20）辭在龜甲反面的後甲靠左右千里線的兩側，向外書寫。二辭應為正反對貞。（19）辭句前全省前辭，命辭末在殘缺左甲尾處應有一「囚（禍）」字。（20）辭對貞否定句亦省前辭，只剩一「貞」字。命辭中省前二陳述句，保留了末句詢問句，下接占辭。占辭言「吉」，是針對這條對貞句的卜兆，認為兆象所示是好的兆徵；「勿唯禍」是針對時王言，意即不會禍害於王。對貞句命辭否定詞用「不」，占辭則用「勿」。相對的，見「不」字帶有猶疑的語氣，而「勿」具有肯定、直接的用法。「囚」，即禍字，與「吉」前後相對，知「禍」是指不祥的凶兆意。如〈合集 376〉：「貞：甲子盟乙丑王夢牧石麇，不隹（唯）囚（禍）？隹（唯）又（佑）？三月」，又見「禍」與「佑」正反語意對言。

　　（19）辭張秉權原釋文連讀作「王夢北从安」，其中的「安」字形下邊模糊不清，張惟捷《丙編新編》改釋「賓」字；都僅供參考。卜辭多言「王夢，隹囚？」、「王夢，不隹囚？」。「夢」的對象有「兄某」，如：

　　〈合集 17378〉　辛未卜，㱿貞：王夢兄戊，何从，不隹囚？四月。

〈合集 892〉　　　貞：王夢兄丁，不隹囚？

本版（19）辭如直言「王夢某方位」例，卜辭絕無僅有。句或作「王夢，北从安」斷句，存疑待考。卜辭言「从某」的「某」从宀者，僅見：⌂、向二例，字均作為地名：

〈合集 892〉　　　王从⌂？

〈合集 29117〉　　先于盂歸，迺从向？

目前看，（19）辭「从」後殘字中間的上方仍保留一豎筆，似从人形，字或以釋作⌂字為優。此言殷王武丁夢後，向北經⌂地活動，對貞卜問有禍害否。

514

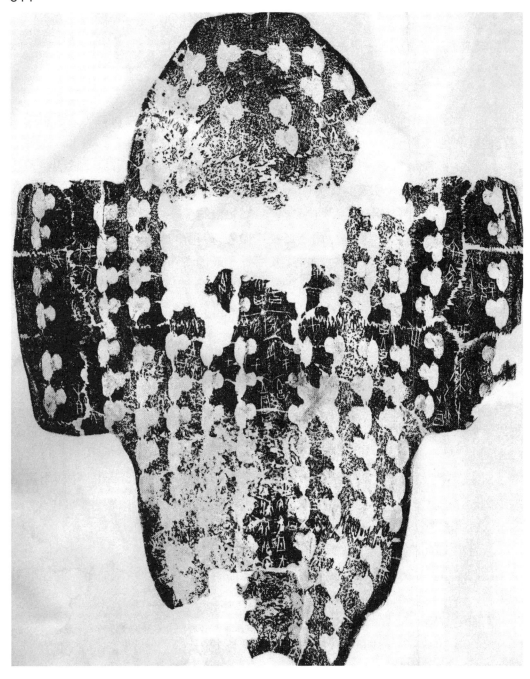

〈515〉

（1）癸未卜，爭貞：生一月帝其弘令雷？一二三四〔五〕
（2）貞：生一月帝不其弘令雷？一二三四五六

　　（1）（2）辭在右左後甲下方，由外而內書寫。二辭屬正反對貞。文字明顯見壓在他辭卜兆之上。

　　「弘」，字有作內外式、上下式、左右式的異寫，名詞。卜辭見「呼弘往于某地」〈合集 667〉、「弘來」〈英 408〉、「令弘」〈合集 5638〉、「弘入」〈合集 9223〉例，字用為附庸族名；由〈合集 7595〉的「呼伐弘」例，又見弘族一度作為殷人征伐的目標。但字在〈丙 515〉（1）（2）辭的詞位，是處於動詞「令」字之前，可視作形容詞，修飾動詞，字從弓聲，或仍讀作弘大的弘字。《爾雅·釋詁》：「弘，大也。」字亦通宏。《考工記·梓人》：「其聲大而宏」，鄭司農注：「聲音大也。」對比卜辭，多見逕言「帝令雷」例。如：

　　〈合集 14130〉　　☑帝其令雷？
　　〈合集 14127〉　　貞：帝其及今十三月令雷？
　　〈合集 14127〉　　☑帝其于生一月令雷？

可知〈丙 515〉（1）（2）辭對貞的「弘」字，只能理解為形容詞，字有「大」的意思。殷人相信上帝能掌控大自然的各種現象，雷電的施降也是直接由上帝主宰的。

　　雷字作 ⟨圖⟩（1）、⟨圖⟩（2），從申，閃電處異寫，屬同版異形。雷，字與雨字並出，例：

　　〈合集 1086〉反　壬戌雷，不雨？
　　〈合集 13408〉　　庚子卜，貞：茲雷其雨？

上兩版的「雷」字分別用作動詞和名詞；前版命辭作二分句，後版命辭只能理解為一單句。

　　雷與風並出：
　　〈合集 3947〉　　戊寅卜，𣪊貞：雷，風其來？

雷與雲又並出：
　　〈合集 13148〉　　☑云、雷☑？
　　〈合集 21021〉　　辛未大采，各云自北，雷征，大風自西，刜云，率雨。

雷和河亦見於同辭：
　　〈合集 13413〉　　☑卜，貞：☑雷于河？

因此，大自然的雷，與風、雲、雨、水等都有關連，早在殷商時期，殷人無疑已具備這方面的天文知識。

（13）貞。一二三（二告）
（14）貞：不其雨？一二三

　　（13）（14）辭在右左後甲上方，靠千里線應向外書寫。二辭位置正在（1）（2）辭的上方，屬正反對貞。（13）辭當即「貞：其雨？」句的省略。這種全省命辭內容的句例，應是對貞卜辭的特例。

515

〈517〉

（1）貞：王夢，（隹）（屮）〔左〕？〔一〕二三四五

（2）貞：王夢，不隹屮左？一二三四〔五〕

　　（1）（2）辭在右左前甲上方靠外側，向內書寫。二辭屬正反對貞。二辭的前辭和占辭，分見於龜版反面〈丙 518〉前甲中間千里線左右兩旁的（1）「辛卯卜，賓」和（2）「王固曰：吉。勿隹屮左。」二辭。〈丙 518〉（2）辭的占辭正刻在〈丙 517〉（2）辭的反面。

　　左，張秉權原釋，字作ﾄ，象左手形，一般讀作輔佐的佐。「隹屮左」，即「唯有佐」；字亦可隸作又，讀為佑，手字形正反不拘。我傾向後一種解釋。同版右左甲尾外側有（7）（8）辭，可互參。（7）辭「貞：王夢，不唯若？」，（8）辭「貞：王夢，唯若？」，屬正反對貞。

　　命辭前句「王夢」是陳述句，交代已發生的事。殷人記錄的「夢」，一般都理解為凶兆，卜辭用正反方式卜問殷王武丁有得到或沒有得到神靈的扶助（或保佑）嗎？目前可商議的，是反面的占辭判斷言「吉」，但其後又補充言「勿唯有佑」，在語義上似屬矛盾。此辭可理解占辭的「吉」是針對「王夢」而言，因為此夢境既是吉兆的關係，故接言不需要外力的幫助。

517

〈519〉

（1）戊申卜，賓貞：秦，步于蠱，囗？一二（二告）三四五〔六〕〔七〕八九十
　　〔一〕

（2）貞：勿秦，步〔于〕蠱，（不）其囗？〔一〕（二告）二三四五六七八九十
　　一

　　　　（1）（2）辭在右左前甲兩側，向內書寫。二辭屬正反對貞，參考《丙編新
編》所引綴合，（1）（2）辭後均見補一「叶」字。（1）辭的「叶」和（2）辭的
「不其叶」對貞詢問。
　　　「秦」字從双持農作物，字與省廾單作米形基本用法相同，即祓字，用為獻祭
的儀式。「秦」和「步」當分作二分句，語義由「秦」而「步」，「步」字有用為
祭祀類動詞。以下文例可互參：
　　　〈屯 422〉　　　丁酉卜：王秦，其步？
　　　〈合集 32987〉　丁卯卜：秦于豪，亞冕其步十牛？
　　　〈合集 32677〉　辛未貞：今日告，其步于父丁：一牛？在祭卜。
　　　〈合集 10918〉　庚辰步于母庚？
　　　〈合集 13535〉　☑其告，步于丁？
這種「步若干牲」、「步于某祖妣」的用法，另見於同類的「往」字，亦有用為祭
祀類動詞。例：
　　　〈合集 2643〉　　甲戌卜，貞：婦好不往于妣庚？
　　　〈合集 680〉　　丁巳卜，爭貞：虫（有）女往于南庚來庚辰☑？
　　　〈屯 2123〉　　　乙巳貞：其往于夒，亡囚（禍）？
　　　〈合集 679〉　　丙寅卜，貞：妣庚虫女往二牛翌庚☑？
　　　〈合集 20790〉　癸巳卜：往，馬卅？
　　　〈合集 34254〉　☑貞：往于河？
　　　〈屯 2378〉　　　乙巳卜：告亞𡧛，往于丁：一牛？
　　　〈屯 783〉　　　丙午卜：告于祖乙：三牛，其往夒？
步、往，字均從止，有強調移動、過程的意思。步、往二字有接「秦」、「告」類
祭儀，其後再接祭牲或祖先自然神。
　　　對比下列諸文例：
　　　〈英 1165〉　　　貞：往見于河，虫來☑？
　　　〈懷 246〉　　　甲申卜，貞：☑乙酉魚彤秦？之日彤☑秦☑往祝☑雨？

〈合集 15839〉　　貞：㬎☒其往禣，告？

〈合集 5088〉　　　乙卯卜，㱿貞：叀王往酭☒？

諸例見「往見（獻）」、「往祝」、「往禣」、「往酭」連用，此或即作為省略例單言「往」、「步」在祭祀句中所呈現的完整句意。

　　相同的，「步」字有「令步」〈合集 6236〉、「出步」〈合集 6083〉、「步從某征某方」〈合集 36482〉、「步伐」〈合集 6292〉、「步省」〈屯 412〉、「步狩」〈合集 10993〉、「步擒」〈合集 27998〉、「步射」〈合集 20731〉、「步祝」〈合集 30408〉等用法，「步」字之後帶出征伐、田狩、祭祀類動詞，用法明顯較「往」字為廣。由此看來，「步」、「往」字有帶出獻祭、禱祝意的動詞，但亦可以省略。其中的「步」字字形強調二趾的相接，引申有「緊接著」的移動用法；「往」字從止從王聲，字下或從土，有強調朝向某一所指方向的移動用法。因此，「步于某祖妣」，意即（在某祭儀之後）接著獻祭某祖妣的意思。「往于某祖妣」，意即直接獻祭於某祖妣的意思。以上，或是「步」「往」二字使用在祭祀卜辭的細微區隔。

　　（1）（2）辭對貞句命辭分作三分句。其中的（1）辭首句是「王祓（被）」的省略主語殷王武丁，次句「步于誖」，陳述殷王進行祓祭於商邑都城後，接著步行（移祭）于誖地。第三句「叶」，字即協，詢問事情諧協否？（2）辭相對言殷王不進行祓祭，就出發赴誖地，卜問將不能諧協否？對貞句屬機械式的正反卜問，各用兆多達十一次，可見殷王對此行的慎重。「步」字在這裡的用法，似又可單純的理解王的出巡，不見得兼有省略祭祀的意味。

　　（1）辭前辭干支的「申」字作∫，為一省筆字形，與常態武丁卜辭的∫形不同。（1）辭的「貞」字兩外豎筆下垂拉長，與（6）辭「貞」字豎筆和內斜筆相接的形式不同；屬同版異形。

519

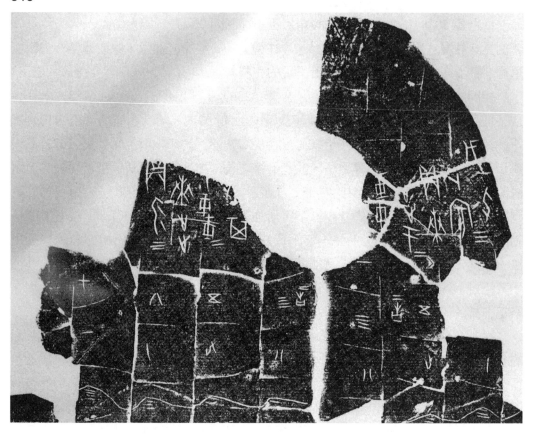

〈521〉

（10）丙辰卜，貞：帝令，隹蠤？一〔二〕三四五

（11）貞：帝弗令，隹蠤？〔一〕〔二〕三四五六七八

　　（10）（11）辭在右殘前甲的外內二側，相向書寫。（10）辭「蠤」字下有增從口，屬同版異形。二辭是正反對貞，但二者的兆序數並不相對稱。

　　「蠤」由語詞「隹（唯）」帶出，〈合集 5807〉有「自蠤」例，與〈合集 17055〉的「自夕死，黽」句例相近，見「蠤」字可理解為「黽」字的繁體。又：

　　〈合集 809〉　　王占曰：吉，黽，勿余壱。

上例由「黽」與「勿余壱」句相承接，則「黽」字於此似屬一正面意義的用字。字從女，疑即讀作「姝」字。《說文》：「姝，好也。」段玉裁注：「〈邶風〉傳曰：姝，美色也。〈衛風〉傳曰：姝，順貌。」字可作為廣義的美好、和順意。因此，（10）（11）辭對貞卜問上帝施令抑或不施令，會是好的嗎（順遂嗎）？一般將「黽」字借讀為誅，謂有誅殺意，恐非甲文中的真正用法。張秉權原釋此為人名，似亦非。由於「黽」讀「姝」，有好的意思，因此，習見的兆語「不壱黽」，自然屬於一否定語氣的用詞。

（13）貞：王入于鳧束，循？一二三

（14）貞：勿于鳧束？一二三

　　（13）（14）辭在右左後甲中間千里線，二字一行向外書寫。二辭屬正反對貞。（13）辭兆序在卜辭的下面，而文字的上排刻在分別刻有（二）（二）的兆序之旁，這兩個兆序恐屬於他辭的卜兆。（13）辭為完整句，（14）辭省前句陳述句的「王入」和後句詢問句的「循」。

　　卜辭一般的「王入」成句，而「入」字之後的後句，有接著敘述進行某事例。如：

　　〈懷 902〉　　貞：王其入，勿祝于下乙？

　　〈合集 151〉　　乎（呼）入，卲（禦）事？

　　〈英 527〉　　☑入，射于？

因此，（13）辭卜問殷王武丁入某地之後，有進行巡查的活動嗎？（13）辭的斷句，亦可為：

　　（13）貞：王入，于鳧束循？

對比的（14）辭省略句，其完整的讀法，是：

　　（14）貞：王入，勿于鳧束循？

卜辭的「循」字，有用為「循某方」。如：

　　〈合集 559〉　　　戊辰卜，㱿貞：王循土方？

　　〈合集 10104〉　　戊寅卜，亘貞：王循方？

辭意應為「循伐」之省。不省例：

　　〈合集 6399〉　　　庚申卜，㱿貞：今𢍱王循伐土方？

　　〈合集 6733〉　　　□亥卜，爭貞：王循伐方，☑？

　　〈合集 6280〉　　　貞：多☑不其循伐舌方？

卜辭另有「循祖先」例。如：

　　〈合集 7239〉　　　己卯卜，㱿貞：虫羍，循下上，若？

　　〈合集 1854〉　　　☑卜，□貞：祖丁隹（唯）循，若干王？

辭意應為「循虫（侑）」之省。不省例：

　　〈合集 272〉　　　　貞：循虫于祖乙？

　　〈合集 6209〉　　　貞：循虫于寅尹？

　　〈英 1867〉　　　　甲午卜，王貞：我虫循于大乙，酚翌乙未？

「循」字又有接言「循入」、「循出」、「出循」。如：

　　〈合集 7235〉　　　丁巳卜，貞：欠于☑王循入？

　　〈合集 7241〉　　　貞：庚申☑王循出？

　　〈合集 32〉　　　　王叀出循？

因此，「循」字本身有移動的意思。字从彳，从目專注於一線，讀為巡，有巡察、依循（沿著、順著）的用法。主語一般是「王」。「循伐某方」是指監控而攻伐某方。「循侑某祖」是指依序祭拜於某祖。

　　（13）（14）辭的「鳧束」一詞，僅於此一見，理解為地名。卜辭有見「去束」〈合集 169〉、「束人」〈合集 9636〉、「新束」〈合集 9445〉等用例，「束」字象三鋒矛形，借為地名、族名；可作佐證。

521

〈522〉

（9）貞：祖辛耊南王豕？

（10）貞：不叀若耊王？

〈丙 522〉是〈丙 521〉版的反面。

（9）（10）辭在甲反面左右後甲靠千里線，向外書寫。二辭似屬正反對貞。其中的（10）辭的「叀若」二字，拓本不清。一般卜辭只言「不若」，偶有「亡若」、「亡不若」、「弗若」例。如中間增虛字，亦只見「不隹（唯）若」的用法。例：

〈合集 17397〉　　貞：王夢，不隹若？

　　　　　　　　　貞：王夢，隹若？

過去罕見「不叀若」的句型。目前僅參張秉權的原釋文。細審拓片，「不」字的右旁鑽鑿右上處確有一似「叀」的字，但其下並不見「若」。「叀」字或屬連上（8）辭讀。（10）辭順讀為：「貞：不耊王？」然而，二辭上下文順讀，文意亦不通。循著句意重組，（9）（10）辭對貞似應讀為：

（9）貞：王耊（燎）祖辛：南、豕？

（10）貞：王不耊（燎）？

此屬移位兼省略句式，卜問殷王親自燎祭祖辛宜否。祖辛，是祖乙之子，武丁上三世直系祖。「南」，字象鐘形樂器；郭沫若釋作毃，小豕，亦備一說，但（9）辭中祭牲已用「豕」，郭釋在上下文似不好解釋。

（12）五犬于母庚？

（13）五犬？

（14）六犬？

（15）七犬？

（16）勿出？

（12）至（16）辭在右左甲尾，屬同一組的卜辭。

（12）（13）辭在右左甲尾外側，常態刻在對貞的位置。（14）（15）辭在右左甲尾的中間，似亦為另一組對貞。如此，（12）（13）二辭先卜，是正正對貞，（14）（15）二辭接著追問，是選貞的關係。以上四辭都省略祭祀動詞「出（侑）」，而其中的（13）（14）（15）三辭復省介賓語的「于母庚」。

　　殷王武丁重複卜問，用「五犬」侑祭母庚宜否，似乎都得不到鬼神正面的回應，於是重新的改用選貞的方式卜問用「六犬」抑或是「七犬」，以增加祭牲數來詢問祭祀「母庚」一事神靈能接受否。

　　（16）辭「勿出（侑）？」，在左甲尾的最下端，句似與同版在千里線右上方的（6）辭「庚戌貞：出（侑）☑？」，或甲版正面的〈丙 521〉右前甲上方的（8）辭「貞：出（侑）母庚？」句相關。此屬上下相對的正反對貞關係。「母庚」，即武丁之母，小乙的配偶妣庚。

522

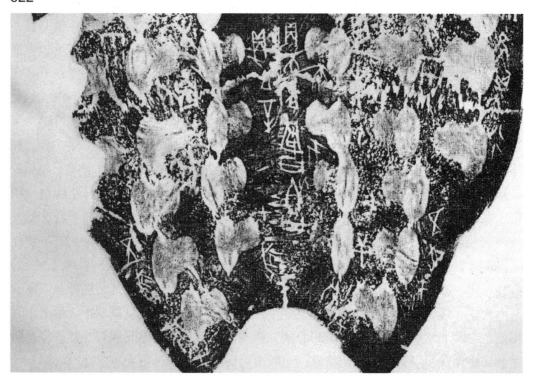

〈523〉

（1）貞：王戠〔多〕〔屯〕，不若左〔于〕下上？一二
（2）貞：王戠多屯，不左若〔于〕下上？一二

　　（1）（2）辭在右左首甲的外側，向內書寫。二辭屬反反對貞。對貞的占辭，在（2）辭的正後面，即〈丙524〉（3）辭：「王固曰：吉。若。」

　　對貞命辭前句為陳述句，後句為詢問句。張惟捷《丙編新編》575頁將後句分讀為「不若，左于下上」；「不左，若于下上」，從而認為「左」字有「負面意涵」，此說無據。「左」，象左手形，一般可讀左，指左方；有讀佐，作輔助意。但皆無負面的意思。殷人並不存在右強左弱的這種晚出的觀念。細審拓本，張秉權原釋文的「左」字，是作手形的𠂇。甲骨文字形一般是正反向無別，字實亦可隸作「又」，如讀為有，作為詞頭，常見的「又若」，即「有若」；「若又」，或只是「又（有）若」的倒裝書寫。此言「王戠多屯」一事，卜問不有順應於神靈嗎？字如讀為佑，作求佑意，「若又（佑）」與「又（佑）若」意義相當，「若」和「佑」為同意動詞。「下上」泛指眾祖先神靈。此言「王戠多屯」，卜問不為眾神靈順佑嗎？根據甲版反面的占辭只單用一「若」字，見「若佑」亦可理解為一複詞，其中又以「若」為主要動詞，「佑」有加強、補充另一同義動詞「若」的功能，言得到鬼神的順諾和保佑。目前評估以上的兩種說法，這一象手形字隸作「又」，似讀作後者的「佑」字為優。

　　（1）（2）辭命辭的前句動詞，張秉權原釋文隸从戌从奚，張惟捷隸从戌从幺从女。姚孝遂《類纂》隸从戌从奚。字示斧戌砍奚，奚象人牲反縛双手之形，上从髮辮，中間偶增「二」符示砍斷的記號，與「折」字从樹木中間偶有从二斜橫示斷木的功能相同。字有砍伐、切除意，一般後接𡥈（寇）、方國名。如：

　　〈合集564〉　　甲午卜，貞：戌多寇？二月。
　　〈合集6949〉　　□亥□，馘☒我☒獲戌亘？
　　（1）（2）辭的文例，又見於〈合集808〉；二辭或為同時所卜。
　　〈合集808〉　　丙寅卜，亘貞：王戌多屯，若于下上？
　　　　　　　　　　貞：王戌多屯，若于下上？

上例屬正正對貞的組合。由此，可見（1）（2）辭的「又若」（或顛倒作「若又」）成詞，又可單獨的書寫作「若」。

　　「王戌多屯」一例，可參：

　　〈合集824〉　　癸亥卜，賓貞：鼻來屯戌？十二月。

「來屯」一詞，一般理解為「來春」之省，作為時間詞的用法。然此上例的「來屯」置於動詞之前，作為補語，與「多屯」置於動詞之後，在語序和理解都應該不同。

　　對比「多屯」的用法，有增作「用多屯」例：

〈合集 812〉　　　貞：羽（翌）甲午用多屯？

〈合集 813〉　　　貞：用多屯？

卜辭的「用屯」，是以「屯」字的本義入文：二骨（左右牛肩胛骨）合綑為一屯。「用屯」是用一對的卜用甲骨以祭的意思：

〈合集 32187〉　　于甲戌用屯？

〈合集 32189〉　　于來乙亥用屯？

〈英 1771〉　　　癸亥卜：乙丑用侯屯？

「用侯屯」，即用侯某進貢來的甲骨。因此，（1）（2）辭的「王戕多屯」，是陳述殷王親自砍斬（修治）多組甲骨，用為祭祀問卜的材料。殷王親自整治甲骨，卜問為祖先保佑否。此為罕見一例。

（5）壬寅卜，賓貞：今十月雨？一二（二告）三四〔五〕六七八九十一

（6）貞：今十月不其雨？一二三四五六七八九〔十〕〔一〕

　　（5）（6）辭在右左甲橋兩側，各自卜問 11 次。二辭屬正反對貞。在（5）辭的反面，見〈丙 524〉（4）辭：「王固曰：其雨隹庚，其隹辛雨。弘吉。」，為占辭。殷王武丁預測說，雨將會在庚日（庚戌）或辛日（辛亥）降臨，這距離問卜日至少長達八、九日之後。因此，可推證（5）（6）辭的「雨」和「不其雨」對貞，其中的「其」字有強調「將要」的擬測未來的語氣，修飾之後的動詞「雨」。占辭的「其隹（唯）辛雨」一句，讀為「其雨唯辛」或「唯辛其雨」的移位句。

　　本辭見降雨是「弘吉」，即大吉，可見殷人占卜時內心是冀盼未來最好能下雨的。占辭刻在龜版正面對貞的（5）辭肯定句的正後面，這種正反面對應位置刻寫的技巧，似乎能給予我們了解刻手一主觀意願的方法。（5）辭兆序（二）有兆語「二告」，應該也是正面接受此條卜辭內容的另一種表達形式。

523

〈527〉

（5）戊戌其貞雨？一二三
（6）□其雨？〔一〕二三

　　本龜版是單純卜雨的卜辭，一般見在右左甲正反兩兩成組對貞。（5）（6）辭在右左後甲的上方，向外書寫。二辭理論上應是正反對貞。細審（5）辭本是「戊戌貞：其雨？」的誤書。（6）辭靠千里線上下各有一殘缺空格位置，按理應有一「不」字，（6）辭的完整句應是「不其雨？」

　　本版的（1）（2）、（3）（4）、（5）（6）為三組正反對貞，也都是卜雨卜辭，三組對貞位於甲的中下方，為同一初學的刻手所書。字的結構粗疏，筆力軟弱，如：戊、戌、酉、其等字可參，字形稍大，貞人「韋」字作特殊的橫寫，其中的從二止在口的左右方朝上書寫。

　　（7）（8）、（9）（10）、（11）（12）和（13）辭（應另有一（14）辭在左甲橋上殘缺對應處）為另四組的正反對貞，在上半前甲的右左相對位置，屬另一個資深熟練的刻手接著書寫，字的書寫結構嚴謹，字形較小，而貞人「韋」字作常態的直書。

　　整理全版的對貞，下半甲（1）（2）、（3）（4）、（5）（6）辭，加上反面〈丙 528〉在尾甲靠千里線左右兩側的（1）（2）辭，同屬一組，四對卜辭連續四天正反的問雨。作：

（1）乙未卜，韋貞：雨？一二三
（2）貞：不其雨？〔一〕二〔三〕

對比〈丙 528〉：

（1）丙申卜，韋貞：其雨？（「韋」字形橫書）
（2）□：不其雨？（殘字應為「貞」字）
（3）丁酉貞：其雨？一二三（此組「丁酉」的書寫，一橫一直）
（4）丁酉貞：不其雨？一二三
（5）戊戌貞：其雨？一二三
（6）〔不〕其雨？〔一〕二三

而刻於甲橋上半的（7）（8）、（9）（10）、（11）（12）、（13）〔（14）〕諸辭為另一組，也是四對卜辭連續四天正反的問雨。作：

（7）己酉卜，韋：其雨？一二三
（8）不其雨？一二三

（9）庚戌卜，韋：其雨？一二三

（10）不其雨？一二三

（13）辛亥卜，韋：其〔雨〕？一二三

（14）☑？一二〔三〕（卜辭序數號依張秉權原釋，但「辛亥」日自然在「壬子」日之前）

（11）壬子卜：其雨？一二三

（12）壬子卜：不雨？一二〔三〕

以上，見前後兩句都緊接在四天之間問雨，可知殷人在這時段中渴望降雨並亟需要降雨的現實心態。每一組對貞都正反各整齊的占卜三次。前一組在下甲應是初學的刻手所寫，後一組在上甲處則為熟練的刻工完成。這種同版甲骨先初手後老手的換著書寫，各自連續記載四天卜雨的卜辭，其間是否有文字指導和示範，或先練而後教的性質，則無法深考。但由此版字形的差異，自然明白當日書寫文字的刻工並非貞人，而刻工又是可以替換的。

　　至於（1）（2）辭的「雨—不其雨」，和（11）（12）辭的「其雨—不雨」，與常態的（3）（4）、（7）（8）辭的「其雨—不其雨」的區別為何？其中增添的「其」字，是一種強調將然、猶疑的語氣，抑或只是隨意增減書寫的虛字，目前也是並無確證的。無論如何，殷商甲骨用詞和語句的不穩定或靈活使用，於此同版互較中亦能看見。而同版卜雨卜辭的前辭，又分別散見作「干支卜，某貞」、「干支貞」、「干支卜」、「干支卜，某」或全省等不同的寫法，亦足見刻工書寫問卜形式時的隨意和靈活，並沒有外在人為的嚴謹規範。

527

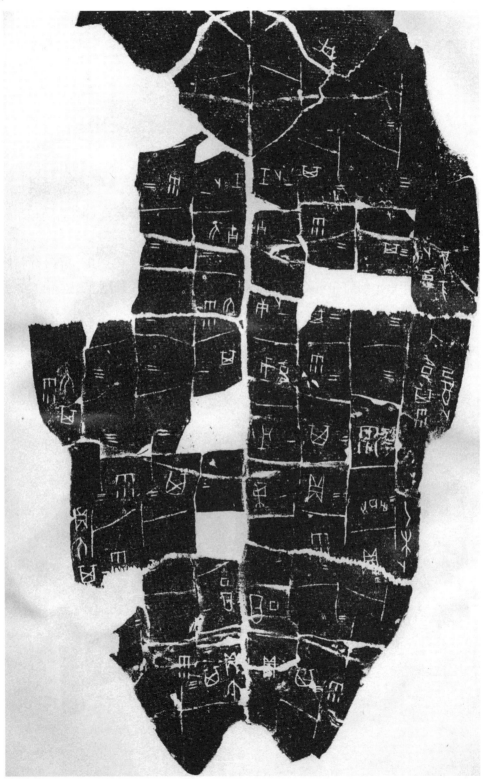

〈531〉

（7）☒〔于〕報甲：一牛？

（8）㞢？

（9）羽甲辰于報甲：一牛？一

（10）貞：宰于報甲？一（二告）

　　（7）（8）辭在殘甲右左前甲下方靠千里線兩側。二辭屬對貞的位置。（9）
（10）辭又在（7）（8）二辭的下方，屬選貞關係。

　　（7）辭殘辭之前應有祭祀動詞「㞢（侑）」，（8）辭完全省略前辭和命辭後
面的介賓語和祭牲，只剩餘一祭祀動詞。

　　（9）（10）辭相對，（9）辭亦省動詞「㞢（侑）」。（10）辭命辭屬移位
句，祭牲前移句首，句前亦省略時間詞「羽（翌）甲辰」和動詞「㞢（侑）」。二
句的完整句，應作：

　　（9）貞：翌甲辰㞢（侑）于報甲：一牛？一

　　（10）貞：翌甲辰㞢（侑）于報甲：宰？一（二告）

531

〈533〉

（1）〔戊〕子卜，〔般〕貞：王令□河，沈三牛，燎三牛，卯五牛？〔王〕固
　　　〔曰〕：丁其雨。九日丁酉〔允〕雨。一二（二告）三

（2）〔戊〕〔子〕卜，般〔貞〕：王勿令□河？二月。一二三

　　　（1）（2）辭在殘甲右左兩外側，向內書寫。二辭屬正反對貞。占辭緊接在
（1）辭命辭的肯定句之後。驗辭也見於右甲尾，接著在（1）辭之末。
　　　「令」和冀求降雨的自然神「河」字之間，應殘缺一祭儀的動詞。細審放大拓
本，（1）辭「河」字之上隱約見「酉」的下半殘筆，字或為「酚」。卜辭多見
「酚河」連用例。如：
　　　〈合集14585〉　丙子卜，般貞：乎言酚河，燎三豕、三羊、卯五牛□？
　　　〈合集14580〉　☑貞☑王乞令☑酚河，燎☑？
　　　〈合集23675〉　庚申卜，出貞：令冊並酚河？
　　　〈合集1677〉　　貞：辛酉酚河，沈宰，燎？
酚字作為酒祭的一大祭儀，下接用牲的方式：燎（火燒）、沈（投水）、卯（對
剖），句例與〈丙533〉全同。「令酚河」，指殷王呼令某人酒祭於河神。本版見
殷人祭祀河神與其後陳述的降雨，顯然有語意相承的關係。
　　　（1）辭占辭言殷王武丁判斷丁酉日將要下雨。驗辭接著言九日之後的丁酉日
果然下雨。
　　　殘甲背後刻在中間千里線上的，是正面對貞的另一條占辭：
　　　〈丙534〉（2）丁，王亦固曰：其亦雨。之夕允雨。
對貞句之後居然有兩次占辭，句例獨特。此辭似是在丁酉日的白天，殷王見仍未下
雨，故再一次的針對同卜問雨事件進行的再判斷，故起首言「王亦固曰」，是對應
（1）辭末的「王固曰」而言，這裡的「亦」，有「也」、「又」的意思。而占辭
內容中言「其亦雨」，換言之，是在「戊子」占卜日至「丁酉」之間是曾經有下過
雨，故在殷王再擬測的判斷語言中，才會增添這一「亦」字，強調的是在預測的丁
酉日冀盼會再次下雨。其後驗辭記錄結果：在當天（丁酉）傍晚果然下了雨。學界
有將二「亦」字改讀為「夜」；可商。
　　　龜版正反面的驗辭，一致記錄的「丁酉允雨」、「之夕允雨」此一結果，可見
諸辭文字的書寫，應該都在丁酉日之後才補刻在卜兆旁的。

533

〈540〉

（7）于父甲？一

（8）于父辛？一

　　（7）（8）辭在左後甲上方並排，一在內、一在外，同向外書寫。二辭下有一介畫供區隔，獨立成組。二辭或屬同意而各自獨立單卜，又或屬選貞的關係。和（7）（8）辭同類的，見龜甲背後的：

　　　　〈丙 541〉　（3）丁巳卜，爭貞：疾足，钔于父庚？

　　　　　　　　　（4）疾止，勿首钔于父辛？

　　　　　　　　　（5）勿钔于父辛？

〈丙 541〉（3）辭在右後甲上方，和正面〈丙 540〉（7）辭位置正反相接。可見〈丙 540〉（7）（8）和〈丙 541〉（3）三辭是一組，其中的〈丙 541〉（3）辭是完整句，言殷王武丁患有足疾，卜問禳祭求辟除凶疾於盤庚宜否。〈丙 541〉（3）和〈丙 540〉（7）（8）可能是選貞的關係，卜問是次足疾，是要求佑於盤庚、抑陽甲、抑小辛；三辭自然也可視作各自卜問求無恙的用法。

　　〈丙 541〉（4）辭在（3）辭的正下方，而與（5）辭在後甲的中間右左相對。（4）（5）辭下面亦有一介畫，供與下方的他辭區隔。〈丙 541〉（4）（5）辭是在上述三條選貞之後的再一次強調的占卜。二辭屬反反對貞，一再卜問武丁是次趾疾，不禳祭於父辛（小辛）宜否。「勿首钔（禳）」是一定不會進行禳祭的意思。「首」，即蔑，具有強調否定語氣的語詞，修飾前面的否定詞「勿」。「勿首」，意即「一定不會」的意思。當日武丁脛足有疾患，先是求佑於諸先伯父輩，但接著卻強調不宜求佑於小辛。可能當時占卜者的主觀看法，武丁的腿患應是和來自小辛的降災有關，但在第一次選貞詢問的結果卻沒有顯示要用祭於小辛，故才會有第二次接著用否定的方式，重複的詢問：不需要拜祭求佑於小辛適合嗎？

　　（3）辭命辭的「疾足」，張秉權的原釋文作「疾止」。細審拓片，「疾」後一字作🅧，从止，下復有从一扁圓狀物。根據詞位，一般言「疾某」的「某」，都是人體患病的部位。因此，這字似應與🅧、🅠形相當，強調腳趾上的小腿部位，或當釋作脛、足字。例：

　　　　〈合集 641〉　　　貞：于羌甲钔克🅧疾？

　　　　〈合集 13693〉　　貞：疾🅠，嬴？

　　　　〈合集 775〉反　　丁巳卜，爭：疾🅧，钔于妣庚？

　　　　　　　　　　　　　疾🅧，勿首钔于父辛？

姚孝遂《類纂》隸定此字作疋，金祥恆師《續金文編》收作足字；可備參。學界另有釋作徒；則恐非是。

540

〈546〉

（7）乙亥卜，賓貞：合囟大祈于祖乙？一
（8）乙亥卜，賓貞：祈于祖乙：三牛？一

　　（7）（8）辭在殘甲的前甲下方右左靠千里線兩側，向外書寫。二辭似屬對貞關係。二辭下和左邊有介畫區隔，應是同組的卜辭。

　　「大」，張秉權原釋文誤作「奉」字，字形可商。卜辭沒有「奉祈」連用例，但卻多見「大祈（禦）」于某祖的用法：

　　〈合集 14860〉　　乙亥卜，賓貞：乍（作）大祈（禦）自上甲？
　　〈合集 32329〉　　☑貞：甲子彫，王大祈（禦）于上甲，燎六小牢，卯九牛？
（7）辭命辭是卜問殷王結合囟其人盛大的禦祭於祖乙一事的宜否。接著的（8）辭卜問是次禦祭祖乙，是用三頭牛嗎？（7）（8）辭可能是互補的正正對貞，也可能是針對同事作先後獨立的占卜。

　　本版（8）辭的「禦于祖乙：三牛？」，和（9）辭的「叠于祖乙：四牛？」、（10）辭的「五牛？」、（11）辭的「六牛？」、（13）辭的「十牛？」，龜甲反面的〈丙 547〉（8）辭的「侑三宰于祖乙？」、（11）辭的「酉十宰……祖乙？」等，都可概見當日盛大祭祀祖乙此一活動。這裡的「祖乙」，應是仲丁之子，祖辛之父的「中宗祖乙」。本版反面有「祝于南庚」例，亦可作佐證。

546

〈548〉

（3）貞：卯帚好于父乙：🐗宰出南，曹十宰、十奴，南十？一〔二〕（二告）三
　　　四

（4）〔貞〕：勿曹父乙十奴、十宰、南十？〔一〕〔二〕〔三〕〔四〕

　　　（3）（4）辭在殘甲的右左後尾甲的兩外側，向內書寫。二辭屬正反對貞。
（3）辭的兆序（二）漏刻，（4）辭的兆序（一）至（四）統統漏刻。二辭的上方
有介畫包圍。

　　　（3）辭是完整的肯定句，命辭的前句「卯（禦）帚（婦）好于父乙」，見殷
王武丁舉行禦祭，冀求先父小乙保佑自己的配妃婦好存吉去凶，用的祭品是「🐗
宰」和「南」，接著是獻供神靈的清單，有：十宰、十個人牲和南十。（4）辭對
貞否定句，單純只針對稱冊的清單內容卜問宜否。

　　　對貞中稱冊獻神的祭品：宰是圈養的羊，奴是男的人牲，一般隸作叟字。南是
鐘形樂器；一說是穀，小豕。這裡據字形和對應的用法從前說。祭品清楚分為動
物、人牲和物品三類。

　　　由詞序看，見「數—名」和「名—數」用法的移位。其中的（3）辭「十奴」
又屬合文的關係。

548

〈549〉

（1）貞：帚好其凡虫疾？

（2）▨好弗〔其〕凡虫〔疾〕？

　　〈丙549〉是〈丙548〉的反面。

　　（1）（2）辭在中間千里線的左右兩邊，由上而下書寫。二辭屬正反對貞。

　　對比大量「骨凡有疾」的句例，見殷人普遍患有此疾。如：

〈合集709〉　　　貞：婦好骨凡虫疾？

　　　　　　　　貞：婦弗其骨凡虫疾？

〈合集13869〉　戊申卜，貞：雀骨凡虫疾？

　　　　　　　　戊申卜，貞：雀弗其骨凡虫疾？

〈合集13877〉　乙卯▨貞：𢎖其骨凡虫疾？

　　（1）（2）辭的「其凡虫疾」，似應是「其骨凡虫（有）疾」的省略。

　　「骨凡」，是婦好身體的一部分，傳統讀作「骨盤」，可備一說。目前看，「凡」取象牛肩胛骨上的臼形，是「臼」字初文。「骨臼」，指的是關節。「骨臼」在（1）（2）辭省作「臼」而不省作「骨」，見此並列詞以「臼」為主要用意，「骨」作為輔助的修飾功能。「其臼」，正強調婦好的肢體關節言，對應龜版正面〈丙548〉（3）辭的「禦婦好于父乙」句，可見是由於婦好的「骨凡有疾」，身體微恙，才會用許多祭品求佑於先父小乙，冀求小乙的賜福去災。〈丙548〉（3）（4）辭和〈丙549〉（1）（2）辭的卜問，無疑是有密切因承的關連。

549

〈555〉

（1）己丑卜，𡆥貞：王途戉，亡巷？

（2）己丑卜，𡆥貞：矢，若？

（1）（2）辭在左右前甲的上方靠外側，向內書寫。二辭位置相對應，或屬選貞的關係，又或屬二各自獨立貞卜的單辭。「貞」字，（1）辭字兩側豎筆拉長突出，（2）辭字豎筆和中間斜筆相接合；屬同版異形。

「途」，字从余从止，一般文例見「途某方」、「途眾人」、「途某人」、「途某師」，于省吾讀為屠，備一說。例：

〈合集 32899〉　庚辰貞：令望乘途危方？

〈合集 68〉　貞：王途眾人？

〈合集 32770〉　叀令途子妻？

〈合集 6051〉　乙未卜，賓貞：令永途子央于南？

〈合集 6051〉　癸巳卜，賓貞：令伐途𠂤𠂤（師）？

卜辭「伐途」連用，「途」是攻伐後的一個連續動作，字借為屠，就上下文言是合理的。

卜辭復有「途首」例，首字作。殷人或已有屠首的風習，對應「伐」祭砍首的字形，可互參。如：

〈合集 6032〉　甲戌卜，㱿貞：翌乙亥王途首，亡囚？

〈合集 6033〉　貞：翌庚辰王往途首？

本版（1）辭「王途」後一字作，勉強可隸作首，視同首字的異體，但形與首字實有出入。又考量對比（2）辭的「矢」，此字應另隸作戉，象橫置的戉形，即斧鉞字，理解為「王途（屠）」殺伐時手持砍殺工具的選擇，（1）（2）辭是卜問「王屠以鉞」抑或「王屠以矢」的順否。由二句詢問句分別作不同的「亡巷」和「若」否看，二句亦可視作二獨立句組的占卜來看待。「亡巷」和「若」一反一正詢問，句意相當。

（8）貞：㞢于寅尹：十伐、十牛？一

（9）貞：勿㞢于尹寅？一

（8）（9）辭在殘甲的右左尾甲兩側，向內書寫。二辭屬正反對貞。

「㞢」，即「侑」，冀求保佑的祭祀動詞。「寅尹」，或即成湯的先臣伊尹。

（9）辭顛倒書作「尹寅」，並省略侑祭的祭牲。

　　和（8）（9）辭相關的，見龜甲反面左右後甲下方靠千里線兩側的〈丙 556〉
（3）（4）辭：

　　　〈丙556〉（3）屮于〔寅〕尹：〔五〕伐、〔五〕牛？

　　　　　　　（4）勿屮于寅〔尹〕？

上述（3）辭兆序，見在其正面卜兆上方的（一），（4）辭兆序則殘。二辭為正反
對貞。此二辭和正面〈丙 555〉（8）（9）辭應為連續的二組對貞，分別用不同的
祭牲數侑祭於寅尹，卜問神靈應諾否。

555

〈558〉

（1）壬子卜，𣪊〔貞〕：〔我〕𢦏𦎫？王固曰：吉。𢦏。旬㞢三日甲子允𢦏。十
　　二月。一二

（2）壬子卜，𣪊貞：〔我〕〔弗〕其𢦏𦎫？〔一〕〔二〕

　　（1）（2）辭屬大字，刻於右左甲千里線兩側，向外書寫。二辭屬正反對貞，
卜問我施兵災於外族𦎫否。內容與〈丙1〉（1）（2）（3）（4）辭所卜同事：

　　〈丙1〉（1）壬子卜，〔爭〕貞：自今〔五〕日我𢦏𦎫？一二
　　　　　　（2）貞：自五日我弗其𢦏𦎫？一二
　　　　　　（3）癸丑卜，〔爭〕貞：自今至于丁巳我𢦏𦎫？王固曰：丁巳我毋
　　　　　　　　其𢦏，于來甲子𢦏。旬㞢一日癸亥車弗𢦏。之夕𢼊甲子允𢦏。一
　　　　　　　　二
　　　　　　（4）癸丑卜，〔爭〕貞：自今至于丁巳我弗其𢦏𦎫？一二
對比的看，〈丙1〉（1）（2）辭屬小字，（3）（4）辭大字書寫。同版的
「日」、「𦎫」字形和筆序都有出入，屬同版異形。

　　〈丙558〉（1）（2）辭的「𢦏」字，從戈，左上從屮形，然而屮形的三刀有
作直筆、有作弧狀搖擺，亦屬同版異形。「𢦏」字由形義流變觀察，仍應理解為
《說文》十二篇下戈部的「𢦏」：「傷也。從戈才聲。」段玉裁注：「此篆與栽、
𡡴音同而義相近，謂受刃也。」字從戈，強調用兵戈傷害意，從屮、從才部件屬聲
符的形謁。李孝定《甲骨文字集釋》3778頁：「契文火災字作𣶒，水𣲒字作𣲒，
兵𢦏字作𣥊，然每通用無別。」近人嘗試轉釋字作蠱、作戩、作芰、作戒、作捷、
作截、作翦等等，大多是離開形體分析，只按音或義上大類的轉讀，恐怕都不是事
實。

　　對比「𢦏」字作𣥊、𣥊的用例，二字形有混同的現象。例：

1.亡𢦏

　　「亡𢦏」一詞，字有作𣥊，從才聲，大量見於第三期的田狩卜辭；有作𣥊，上
訛作屮，亦見於第三期卜辭。

　　〈合集28341〉　戍，亡𣥊？
　　〈合集26888〉　其狩，亡𣥊？

2.𢦏某地

　　〈合集28139〉　王其叀叔𣥊？
　　〈合集6842〉　甲申卜，王貞：侯其𣥊崙？

3.往……𢦏

〈合集 17230〉 貞：王往走，𢦏至于家削？

〈合集 27975〉 叀戍先往，又𢦏？

而「𢦏」字形一般用於征伐卜辭，如「伐某外邦，𢦏」〈合集 6282〉、「圍某地，𢦏」〈合集 6057〉、「征，𢦏」〈合集 3061〉、「敦，𢦏」〈合集 7670〉、「𨑃，𢦏」〈合集 7711〉、「追某方，𢦏」〈合集 6873〉、「執某方，𢦏」〈合集 6892〉、「戍，𢦏」〈合集 26888〉等是。卜問的都是征伐事件的後果如何。卜辭中的「某方」例，多見「𢦏羌方」、「𢦏舌方」句。例：

〈合集 6630〉 □戌卜，㱿貞：𢦏羌、龍？

〈合集 27982〉 叀商方步，立于大乙，𢦏羌方？

〈合集 6193〉 貞：呼見舌，𢦏？

〈合集 6282〉 貞：伐舌方，𢦏？

〈英 78〉 己酉卜，永貞：我𢦏舌方？九月。

羌方、舌方都是殷王武丁以至祖庚、祖甲長年接觸的外邦，彼此互相攻伐無數次，殷王始終無法在短期間敉平對方。如「𢦏」字理解為剷除、殲滅、消滅意的翦、捷等類字義，實無法解釋卜辭中會有長期而大量的詢問對該族的「𢦏」否。更何況，卜辭除「𢦏某方」外，更有「𢦏某地」例。如：

〈合集 28036〉 叀戍𩁹，又（有）𢦏？

〈合集 5639〉 □于𦰩𢦏？

「𢦏某邑」例。如：

〈合集 7071〉 □𢦏望乘邑？

〈合集 7077〉 翌癸□雀弗其𢦏𠱾邑？

「𢦏某人」例。如：

〈合集 9472〉 貞：方其𢦏我史？

甚至有針對個人的身體而言「𢦏」者。如：

〈合集 7710〉 貞：𤕦弗其𢦏？

𤕦，似為「疾身」的合文；字如借為人名，亦無法理解句中的「𢦏」字可釋作翦滅意的用法。

更無論卜辭有就祭儀事宜而卜問事情經過的「𢦏」否。如：

〈合集 27972〉 于潭帝（禘），呼䙓羌方于之（此），𢦏？

以上句例，無論是「𢦏地」、「𢦏邑」、「𢦏人」、「𢦏身體」、「𢦏某祭」，其中的「𢦏」字都無法解釋為戰爭終結的翦除、消滅殆盡的用意。因此，這類「𢦏」字仍宜依傳統的兵災意隸作从戈才聲，讀為災字為合。字用為泛指的災禍意，強調

詢問的征伐、地望、祭祀及個人的災否，不吉利的意思。如此，相關文例都能通讀。

而𠳋字形在第一期卜辭曾一度用為方國名，為了區隔，故有「𠳋𠳋方」的用例：

〈合集 6649〉　　王固曰：吉。𠳋。之日允𠳋𠳋方。

字沿用至第三期卜辭，災害字動詞作𠳋，而名詞用法則保留从才聲的𠳋。如：

〈合集 29207〉　　叀溜犬𠳋，从，亡𠳋，𢦏（擒）？

上例的「𢦏」，亦只能讀為災。

以上是「𢦏」字用法的大致流變。

558

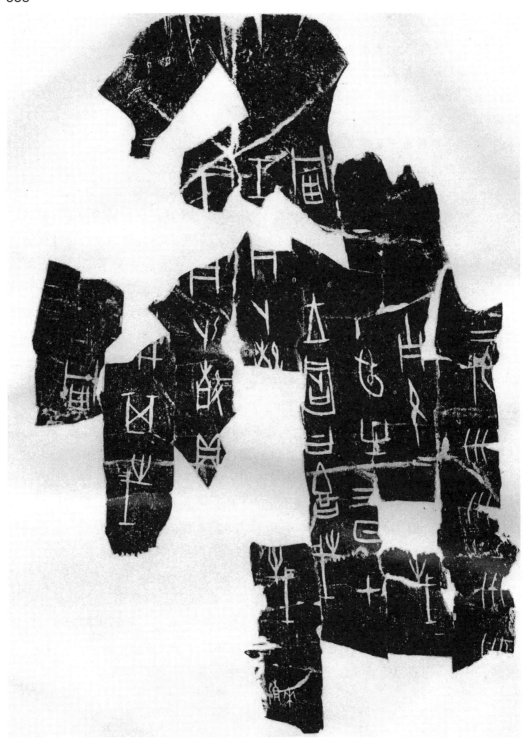

〈559〉

（1）丁巳卜，賓貞：王出臺？一二三四五六七八
（2）〔貞〕：王勿出于臺？一二三四五（二告）六七
（3）貞：王今丁巳出？一二三四
（4）貞：勿隹今丁巳出？一二三四
（5）貞：于庚申出于臺？一（二告）二〔三〕四五
（6）勿于庚申出？一二三四五

　　（1）（2）辭在右左前甲外側，向外書寫。二辭屬正反對貞。（1）辭兆序
（三）先佔據中甲的位置，因此，（1）（2）辭對應的卜兆，（1）辭有八個，
（2）辭只有七個。（3）（4）辭在右左甲橋中下方，向外書寫。二辭屬正反對
貞。（3）（4）辭是承（1）（2）辭對貞的再一次占問，強調詢問「王出」的時間
在「今丁巳」宜否，二辭省略前辭的「丁巳卜，賓」句和命辭句末「王出」的地望
介賓語「于臺（敦）」。（5）（6）辭在右左後甲至甲尾處，二辭屬正反對貞。
（5）（6）辭又是順著（3）（4）辭內容的再一組占卜，強調的是殷王如不在丁巳
日出，宜否於四天後的「于庚申」日出。（5）（6）辭也是省略前辭的「丁巳卜，
賓」，（6）辭同時省略命辭的主語「王」和句末的介賓語。

　　這是同一天的三組對貞。文字由上而下順序兩兩對應。（1）（2）辭是一般的
正反對貞句，（3）（4）辭是據（1）（2）辭再一次卜問「王出」的時間，（5）
（6）辭是據（3）（4）辭又二次卜問「王出」的另一可能時間，可見占卜者對於
（3）（4）辭的「王出」時間是猶疑不定的，所以才會有（5）（6）辭多一組的追
問。「今干支」和「于干支」相對，有近於占卜日和遠於占卜日的差別。本版沒有
記載占辭和驗辭，無法判定當日殷王武丁「出」的真正時間。

　　「出」字形作 𝕍 ，下从凵形狀，與常態作尖狀坎穴的 𝕍 形不同。

　　「臺」，王國維《觀堂集林》已釋作敦，是殷王田狩地名。字與奚〈合集
37644〉、束〈合集 5127〉同辭系聯，卜辭亦見「敦受年」〈合集 9783〉、「呼黍
于敦」〈合集 9537〉、「呼舞于敦」〈合集 13624〉、「在敦卜」〈屯 2305〉等
用例，又由「在敦執羌」〈合集 139〉，敦地應是處於殷西的邊地。

559

〈564〉

（1）一二（二告）
（2）翌丁亥勿焚，寧？三
（3）翌丁亥〔勿〕焚，寧？四
（4）五

　　（2）（3）辭在殘甲左後甲的外側，分見上下書寫。二辭屬成套卜辭中的對貞否定句，刻在兆序（三）和（四）的卜兆外側。而（2）（3）辭的上方見兆序（一）（二），下內方見兆序（五），但都不刻文字。查（2）（3）辭句意連續卜問了五次，（1）（2）（3）（4）辭是成套的關係。常態的寫法，是單作：「翌丁亥勿焚，寧？一二（二告）三四五」。這裡的卜辭文字部分書重出於兆序（三）和（四）旁邊，屬於特例。至於相對的對貞肯定句應在殘甲的右側殘缺處。

　　對比相關的文例：

　　〈合集 10408〉　　翌癸卯勿焚？
　　〈合集 10198〉　　翌戊午焚，罕（擒）？
　　〈屯 4462〉　　　　于己☒焚薯，罕（擒）有兕？
　　〈合集 14375〉　　翌戊子焚于西？

本版（2）（3）辭的命辭，宜分讀為前後句，「翌丁亥勿焚」為前句陳述句，「寧」字為後句詢問句。卜問次日丁亥日不進行焚田逐獸的活動，會安寧否。罕，即寧，有安意。卜辭習見卜問「寧風」、「寧雨」、「寧秋」、「今夕王寧」等用例。〈丙 564〉有「焚，寧」連用，與卜辭的「狩，寧」、「寧田」連用例亦可相對應理解：

　　〈合集 11006〉　　丙戌卜，𣂪貞：翌丁亥我狩，寧？
　　〈合集 33575〉　　辛巳卜，貞：王寧田，亡戈（災）？在牢卜。

字至第五期卜辭有增从宀作寧，與「亡禍」一詞互見於同辭的上下文。「禍」和「寧」字的字義清楚相對：

　　〈英 2527〉　　　丁巳卜，貞：今夕自亡𦣞（禍），寧？
　　〈英 2529〉　　　壬戌卜，貞：在獄天邑商、合、宮、衣，茲夕亡𦣞（禍），寧？

564

〈589〉

（3）貞：允隹蠱，至？一二三（二告）〔四〕

（4）貞：不隹蠱，至？一二（二告）三（不𤕫龜）〔四〕

　　（3）（4）辭在右左甲橋中間，對應向下書寫。二辭屬正反對貞。（3）（4）辭的兆序（一）在後甲靠兩旁甲橋上方；兆序（二）在前甲靠甲橋的下方，即兆序（一）的上邊；而兆序（三）和（四）則順次由上而下在兩邊的兆序（一）下面。四組卜兆並非順向排列。對比（3）（4）辭的兆語，見兆序（三）肯定句的「二告」和否定句「不𤕫龜」相對應，似分別代表著吉兆和凶兆的取捨差別。

　　「蠱」，像置虫於食皿中，或指飲食所生的毒害，字義有拓大為災患意。字是在卜辭陳述「疾」「禍」「災」「伐」「戋」等負面而具體或泛指事件之後進一步延伸卜問的情景。因此，「蠱」字屬於負面語意的廣義用字：

　　〈合集 13796〉　　有疾，不蠱？

　　〈合集 201〉　　　貞：王𡆥（禍），隹（唯）蠱？

　　〈合集 17183〉　　貞：有災，不隹（唯）蠱？

　　〈合集 6016〉　　　庚申卜，爭貞：召其伐，有蠱𦼫？

　　〈合集 5775〉　　　癸丑卜，𣪔貞：召戋，有蠱？

對比卜辭文例，「隹（唯）蠱」和「不隹（唯）蠱」正反對貞。「蠱」字有由動詞趨向於名詞的用法。例：

　　〈合集 13658〉　　㞢（有）疾齒，隹（唯）蠱？

　　　　　　　　　　　不隹（唯）蠱？

　　〈合集 201〉　　　貞：王𡆥（禍），隹（唯）蠱？

　　　　　　　　　　　貞：王𡆥（禍），不隹（唯）蠱？

　　〈合集 17184〉　　貞：隹（唯）蠱？

　　　　　　　　　　　不隹（唯）蠱？

「蠱」字過渡至「有蠱」「亡蠱」的對貞，詞性趨於穩定為名詞，獨立應用。由此看，〈丙 589〉（3）（4）辭對貞句應分讀為：

　　（3）貞：允唯蠱，至？

　　（4）貞：不唯蠱，至？

（3）辭命辭前增一副詞「允」，有誠然、果然的肯定語氣。對貞卜問語意是某至此地，會有蠱患嗎？因此，詢問句於此移位在前句。常態的句型，應作：

　　（3）貞：至，允唯蠱？

（4）貞：至，不唯蠱？

對貞的占辭和驗辭，見於龜甲的反面，即：

〈丙590〉　　　　王固曰：其來。允來。

占辭意謂殷王武丁判斷的說：（某人）將要來至殷都。卜辭中的命辭「至」和占辭的「來」，二動詞用意相對。前者是貞人客觀的以第三人稱的身份表述某人由外地「至」殷地，後者則是殷王在殷都以第一人稱的角度分析某人會自外地「來」此。其後接的驗辭「允來。」，是事後追記占卜結果，謂某人果然自外地「來」殷都。「來」字拓本模糊，隱約仍見刻在占辭「其」字的右側。

589

〈605〉

（3）□：帝若？一二三（二告）〔四〕五六七〔八〕九十〔一〕二

（4）□若？一二三〔四〕五六七八（二告）九十〔一〕二

　　（3）（4）辭在殘甲右左甲橋下內側。二辭屬正反對貞。根據殘缺的位置，卜辭文字可補作：

　　（3）〔貞〕：帝若？

　　（4）弗若？

占辭見於龜甲反面中間千里線的兩側，即：

　　〈丙606〉　（5）王固曰：吉。帝若。

卜辭對貞刻在龜版正面的右左兩旁，而占辭則見於反面的中間位置，此屬殷武丁時期習見的刻法。

　　「若」字（3）（4）辭作，上从三根波浪狀頭髮，反面的占辭（5）則作，頭髮卻省一根。二字屬同版異形。若，由人跪坐梳理頭髮形，引申有順的意思，對貞卜辭用作詢問句。本版對貞省略命辭的前句陳述句，直接的詢問上帝會順應否。

　　卜辭詢問句多見「帝若」，可知卜辭習見的「若」否多是由上帝的施予的：

　　〈合集14201〉　貞：王乍（作）邑，帝若？八月。

　　〈英1141〉　　　☑雨，帝若？

　　〈合集7407〉　　貞：王孽臤，帝若？

「帝若」順佑的對象主要是「王」，不省例：

　　〈合集14198〉　辛丑卜，㱿貞：帝若王？

　　　　　　　　　　貞：帝弗若王？

卜辭又見上帝對我們（殷人）整體施佑的「帝受（授）我又（佑）」句：

　　〈合集6270〉　　辛亥卜，㱿貞：伐舌方，帝受我又？

　　〈合集6664〉　　甲辰卜，爭貞：我伐馬方，帝受我又？

卜辭習見的「若王」，似亦為「帝（或先祖）若王」之省。如：

　　〈合集5096〉　　貞：若王？

　　　　　　　　　　弗若王？

而一般言「王若」，字亦可理解為被動式的殷王受到上帝的若佑意。例：

　　〈合集2002〉　　貞：王若？

　　　　　　　　　　貞：王不若？

〈合集 2373〉　　戊寅卜，亙貞：王若？

本版占辭見「帝若」是好的、正面的內容，與判斷兆象的「古」字前後相對。

605

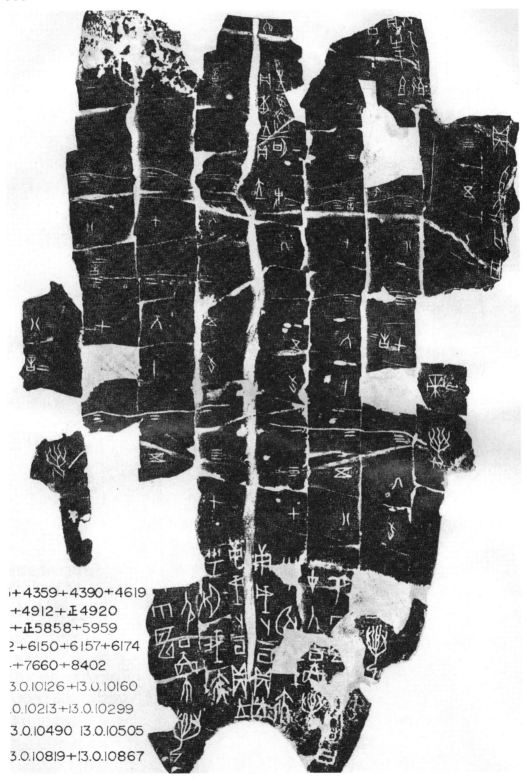

+4359+4390+4619
+4912+正4920
+正5858+5959
2+6150+6157+6174
+7660+8402
3.0.10126+13.0.10160
.0.10213+13.0.10299
3.0.10490　13.0.10505
3.0.10819+13.0.10867

〈607〉

（6）〔貞〕：㾼〔父〕王㞢〔王〕？〔一〕〔二〕

（7）貞：㾼父王弗㞢王？一二

（8）南庚㞢王？一

（9）羌甲㞢王？一

　　本版屬武丁時大龜背甲的左半邊，上面和外側殘缺。

　　（6）（7）辭在甲上左側靠邊沿上下並列，向外書寫。二辭屬正反對貞。

（8）（9）辭在甲右邊中間的位置，上下獨立書寫。

　　「㾼」字从二丙，是殷附庸族名，也用為師旅的專名：

　　〈合集 6853〉　　辛酉卜：我伐㾼？

　　〈英 1785〉　　　辛卯卜，貞：㾼其來？

　　〈合集 3438〉　　貞：自（師）㾼其㞢（有）囚（禍）？

字亦似有用為神靈的名稱。例：

　　〈合集 16478〉　　☐㾼亡其降囚（禍）？

　　〈合集 17312〉　　辛☐㾼☐其降昜？

對比（8）（9）辭，㾼族已死去的「父王」，不單是㾼族的首領，也是武丁的父
輩，可能是先王羌甲、南庚一支的後人。卜辭有「伯㾼」其人，或與「㾼父王」是
同一人的生稱和死稱：

　　〈合集 3421〉　　丁酉卜，曰：伯㾼凡夷，其眉？

本版見對「父王」的祭祀，與密切的殷旁系先王羌甲、南庚相當。於此可推測殷商
王朝中，有不同的宗族分支，彼此具備血親的關係，相互對逝去的先祖亦會共同祭
拜，而這些支族的祖先也能擁有降災、影響殷王的神力。

　　本版用單句一次直接卜問羌甲（沃甲）、南庚㞢王，而另用對貞的方式卜問
「㾼父王」會否㞢王；二者的語氣不同。占卜者無疑是相信殷先王羌甲、南庚是會
對殷王武丁不利的旁系遠祖，而㾼父王卻是武丁昔日較親近的旁支父輩，故於此用
存疑的口吻正反詢問父王可能㞢王又或可能不㞢王。

607

〈612〉

（1）乙丑子卜貞：今日又來？一

（2）乙丑子卜貞：羽日又來？一

（3）乙丑子卜貞：自今四日又來？一

（4）乙丑子卜貞：自今四日又來？一

（5）乙丑子卜貞：庚又來？一

（7）癸酉卜，㲋貞：至蜀，亡囚？一

（8）蜀？二

（9）癸酉卜，㲋貞：至蜀，亡囚？三

（10）丙戌子卜貞：我亡乍口？二

（11）又？二

（12）丙戌子卜貞：丁不舋我？二

（13）口舋？二

　　本版屬非王的子卜辭，刻寫行款方式多變，與王卜辭頗具規律的形式不同。

　　（1）（2）辭在右左甲尾靠中間千里線兩側，但一致的由右而左同向刻寫。二辭或為選貞關係，卜問同版的武丁給與舋牲的「有來」的時間，是「今日」乙丑抑或「翌日」丙寅。（3）（4）辭在左前甲和後甲靠中間千里線的左側，下上並排，亦同向往左方刻寫。二辭應是正正對貞，卜問這四天之內會有來舋否。（5）辭在右後甲上方靠千里線的右側，單獨一辭卜問。顯然舋牲於今日「乙丑」日仍未來到，故接著（1）（2）和（3）（4）辭再追問的單卜，希望確認等五天後的「庚午」日會有來舋。

　　（7）（8）辭在左右後甲的上方靠千里線兩側，同向左方書寫。（9）辭在右前甲下面靠千里線位置，亦向左方書寫。（7）（8）（9）三辭依兆序或成套卜辭，其中的（8）辭「蜀？二」，是「癸酉卜，㲋貞：至蜀，亡囚（禍）？二」的省略句，只剩下命辭前句中的地名。此成套卜辭連續三次卜問子至蜀地，亡禍否。（7）（8）（9）辭的貞人是「㲋」，而同版其他占卜的貞人卻是子親卜。諸辭貞人不同，但文字字形一樣，明顯是由同一刻工的書寫。

　　（10）（11）辭在右左後甲上方靠外沿，都由右往左書寫。二辭是正反對貞。（11）辭的「又？」是「我又（有）乍（作）口？」之省，「亡」與「又（有）」對文。

　　（12）（13）辭在右左甲橋下方靠內，對應同向由右而左書寫。二辭似為同組

的關係。

　　總的而言，本版文字皆下行書寫，而左右甲卜辭都一致由右而左向。這與王卜辭習見的書寫習慣，是在腹甲左右兩旁的朝向中間千里線下行書寫，中間靠千里線的分別朝向兩外側下行書寫，並不相同。本版對貞書寫的行款並不固定，有右左外沿對應、中間千里線右左兩側或左右兩側對應、中間千里線左側下上對應等不同方式。本版占卜的形式，有單句卜、有正反對貞、有選擇對貞、有對貞兼成套關係。而對貞句有省前辭、有省命辭的主賓語、有省詢問句，對貞中的省略句有屬肯定句，亦有屬否定句。這種不穩定的行款形式和句型，代表著早期非王一類卜辭在問卜過程的測試性和隨意性。

　　（10）（11）辭有「乍口」，讀為「作口」。卜辭的「口」字有理解為坎穴、陷阱之形，如「出」、「各」類字所從口符為居住的坎穴，「臽」、「告（埋）」類字所從口符是陷阱。乍，即作字初文，字由正在完成當中的衣服形，引申有興建、鑄造意。因此，「作口」可理解為挖掘坎穴、興建建築物的意思。本版的「口」字（坎穴）似是用作囚禁「來芻」的功能。

　　（12）（13）辭成組，（12）辭的「丁不芻我」句，其中的「丁」指殷王「武丁」的生稱，例又多見同屬非王一類的花園莊東地甲骨。對比同類卜辭，見（12）辭的「芻」是武丁提供的「來人」：

　　〈合集21527〉　　□亥〔子〕卜：丁來人，隹（唯）芻我？

「芻」字一般讀作雛，有用為動物的幼牲。例：

　　〈合集117〉　　庚申卜：呼取犰芻？

　　〈合集95〉　　貞：吳率以冕芻？

並有用為擒獲外族俘虜人牲的幼子，如「羌芻」、「方芻」、「芻……執」等例：

　　〈合集22043〉　　丁未卜，貞：令戊光有獲羌芻五十？

　　〈合集20493〉　　☑及方芻？

　　〈合集139〉　　☑秋芻奉自爻，睾六人。

　　〈合集137〉　　往芻自盘十人出（又）二。

「芻」以人為單位，泛指祭牲。（12）辭可理解為人牲，卜問武丁不提供芻牲於我否。（13）辭作省略句的「口芻」，指的是囚於坎穴的人芻。（13）辭卜問的語意，是：如無武丁提供的人牲，則用現有囚禁的人牲作祭宜否。

612

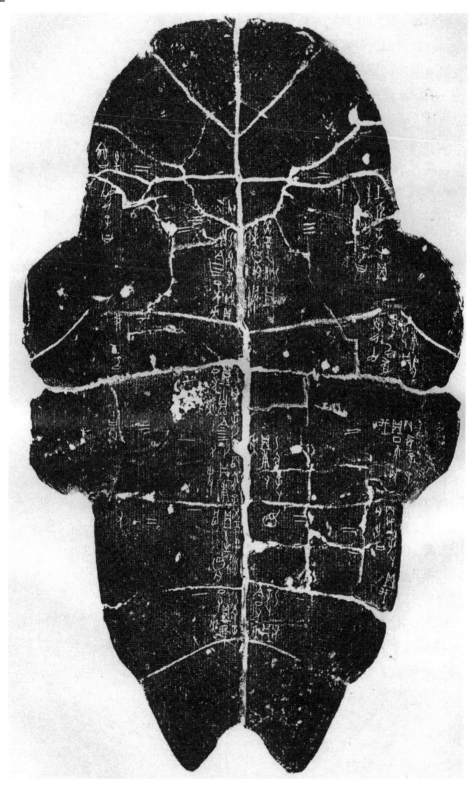

〈613〉

（1）丁亥卜：妸㞢疾，于今二月弗水？

（2）丁亥卜，貞：妸㞢疾，其水？

（3）丁亥卜：㞢歲于二示：父丙眔戊？

（4）丁亥卜：㞢歲于妣戊：盧豕，乙：妻？

（5）癸巳卜：甲午歲于入乙：牛一？一二三

本版屬非王的子卜辭。

（1）（2）辭在右左甲尾的兩外側沿，下行向內書寫。二辭屬正反對貞。

妸，活人名，或為女姓。「㞢疾」，即有疾。「水」，（1）辭字的中筆分作二豎筆弧紋，（2）辭字的中筆則作水形；二字屬同版異形。此組對貞言妸有疾患，卜問「弗水」或「其水」否。「水」字如作本義理解，在此卜辭中無法通讀。對應卜辭的「疾」字句，如：

〈合集 13659〉 □疾齒，□災？

〈合集 13717〉 子疾，不囚？

〈合集 13718〉 貞：婦姘疾，隹（唯）㞢（有）𡆥？

〈合集 13826〉 丁亥卜，貞：疾，不希祭（祟）？

「疾」字用為命辭前句陳述句的動詞，其後接的詢問句都是卜問有禍患抑或無禍患的句意。因此，本版用為動詞，作直水紋狀的「水」字，似應通讀作橫水紋的「災」字。卜辭習見的「亡災」例，其中的災字作，亦有作；可證。卜辭「亡災」的災字，另有寫作从戈的、，有用為動詞，前面修飾的否定詞亦有用「弗」，與本版的「弗水」用法相當：

〈合集 1051〉 壬辰卜，㱿貞：雀弗其𢦏祭？三月。

〈合集 6771〉 貞：我史弗其𢦏方？

〈合集 6945〉 壬午卜，㱿貞：亘弗𢦏鼓？

總括來看，本版（1）（2）辭是言妸其人有疾，卜問在當下的二月災否。

（3）辭命辭省的主語，或為「子」。同日「有歲」祭於二獨立的祖先神主，指的是子的父輩父丙和父戊。卜辭中的「父戊」省前面的稱謂語「父」，也可能是前面「父丙」的一「父」字，涵蓋修飾其後的「丙」和「戊」。其中的「父丙」一詞罕見，而「父戊」卻多見子卜辭的禦祭對象。「父戊」的祭祀，一直延續至第二、三期卜辭。同樣的，（4）辭歲祭於「妣戊」後面的「乙」，亦當即「妣乙」之省。二妣之後分別接不同的祭品，故用冒號「：」帶出，前者為一爐盛的豕肉，

後者是用 ·女的人牲。

（5）辭歲祭的「入乙」，亦作「下乙」，相當於王卜辭所稱的中宗「祖乙」。「祖乙」是王卜辭與非王卜辭共同祭拜的先祖。然而，王卜辭一般用侑、酌、祝等祭儀，與非王卜辭多改用歲、禦祭，彼此祭拜儀式並不相同。

613

國家圖書館出版品預行編目資料

殷虛文字丙編選讀

朱歧祥著. – 初版. – 臺北市：臺灣學生，2021.09
面；公分

ISBN 978-957-15-1871-8 (平裝)

1. 甲骨文　2. 研究考訂

792.2　　　　　　　　　　　　　　110013732

殷虛文字丙編選讀

著　作　者　朱歧祥
出　版　者　臺灣學生書局有限公司
發　行　人　楊雲龍
發　行　所　臺灣學生書局有限公司
地　　　址　臺北市和平東路一段 75 巷 11 號
劃　撥　帳　號　00024668
電　　　話　(02)23928185
傳　　　眞　(02)23928105
E - m a i l　student.book@msa.hinet.net
網　　　址　www.studentbook.com.tw
登記證字號　行政院新聞局局版北市業字第玖捌壹號
定　　　價　新臺幣一○○○元
出 版 日 期　二○二一年九月初版
I　S　B　N　978-957-15-1871-8

79201